개념완성

통합사회
1

교재 내용 문의
교재 내용 문의는
EBS*i* 사이트(www.ebsi.co.kr)의 학습 Q&A 서비스를
활용하시기 바랍니다.

교재 정오표 공지
발행 이후 발견된 정오 사항을
EBS*i* 사이트 정오표 코너에서 알려 드립니다.
교재 → 교재 자료실 → 교재 정오표

교재 정정 신청
공지된 정오 내용 외에 발견된 정오 사항이 있다면
EBS*i* 사이트를 통해 알려 주세요.
교재 → 교재 정정 신청

개념완성

통합사회
1

구성과 특징

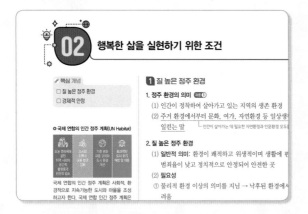

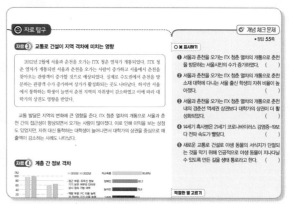

✛ 개념 정리

교과서의 핵심 개념을 이해하기 쉽게 체계적으로 정리하였고, 보충 설명이 필요한 내용은 첨삭을 추가하거나 보조단에 관련 자료를 제공하였습니다.

✛ 자료 탐구

개념 학습에서 중요하고 꼭 알아 두어야 할 자료는 분석 내용과 함께 자료 탐구에 정리하였습니다.

✛ 개념 체크 문제

개념 정리와 자료 탐구에서 학습한 내용을 간단한 확인 문제를 통해 점검할 수 있게 하였습니다.

✛ 다양한 유형의 단계별 문제 수록

기본 문제부터 서술형 문제, 1등급 대비 고난도 문제까지 다양한 유형의 단계별 문제를 제공하여 학습한 개념을 다시 한번 다지고, 학교 내신에 완벽 대비할 수 있도록 하였습니다.

대단원 마무리 정리 & 대단원 종합 문제

앞에서 학습한 내용을 종합하여 정리할 수 있도록 대단원별 마무리 정리를 제공하였습니다. 정리 후 대단원 종합 문제를 풀면서 마무리하세요.

수능 유형 문제

내신뿐만 아니라 수능까지도 대비할 수 있도록 수능 유형 문제를 구성하였습니다.

수행평가 활동지

수업에 활용할 수 있도록 수행평가 활동지를 제공하였고, 수행평가와 유사한 상황의 예시 답을 제시하여 답을 찾아갈 수 있도록 도왔습니다.

차례 & 우리 학교 교과서 찾아보기

✛ 수행평가 활동지

리베르스쿨	미래엔	비상교육	아침나라	지학사	창비교육	천재교과서
11~15	10~13	8~17	8~11	12~17	8~13	8~13
16~21	14~17	18~23	12~15	18~23	14~19	14~19
26~31	24~29	28~35	20~27	32~39	26~33	24~31
32~39	30~37	36~45	28~33	40~47	34~41	32~41
44~54	42~53	50~61	40~51	56~65	48~55	46~55
55~61	54~59	62~69	52~59	66~73	56~61	56~63
62~71	60~67	70~77	60~67	74~81	62~69	64~73
76~82	72~79	82~91	74~81	90~97	76~83	78~87
83~88	80~87	92~99	82~89	98~105	84~91	88~97
89~95	88~93	100~105	90~97	106~113	92~99	98~105
96~105	94~99	106~113	98~105	114~121	100~107	106~113
110~118	106~115	118~127	110~117	130~137	114~121	118~125
119~128	116~123	128~137	118~127	138~145	122~129	126~133
129~137	124~131	138~143	128~135	146~151	130~139	134~141

I

통합적 관점

이 단원에서 우리는

현대 사회에서 발생하는 사회현상을 바라보는 다양한 시각의 의미와 특징을 살펴보고,

인간, 사회, 환경의 탐구에 통합적 관점이 필요한 이유를 파악하여

실제 사회현상에 적용하여 탐구할 수 있는 역량을 함양한다.

01 인간, 사회, 환경을 바라보는 다양한 관점

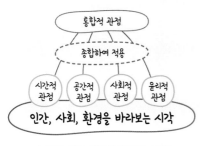

▲ 인간, 사회, 환경을 바라보는 관점

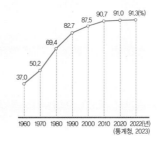

▲ 우리나라의 도시화율 변화: 시간적 관점

▲ 공정 무역: 윤리적 관점

02 통합적 관점의 필요성과 적용

▲ 통합적 관점의 필요성

시간적 관점	공간적 관점
커피가 전래된 시기는 언제 인가? 커피는 언제부터 사람 들이 즐기게 되었는가?	커피가 재배되는 지역은 어 디인가? 커피 무역이 이루 어지는 지역은 어디인가?

커피

사회적 관점	윤리적 관점
비대면 사회적 관계의 확산 이 테이크 아웃 커피 소비에 미친 영향은 무엇인가?	커피를 윤리적으로 소비하 고, 공정 무역을 해야 하는 이유는 무엇인가?

▲ 통합적 관점의 사례

01 인간, 사회, 환경을 바라보는 다양한 관점

🔗 **핵심 개념**

☐ 시간적 관점　　☐ 공간적 관점
☐ 사회적 관점　　☐ 윤리적 관점

◎ 지역
다른 장소와 특성이 구별되는 공간으로 좁게는 내가 살고 있는 행정 구역인 시군 단위부터 넓게는 아시아 대륙, 유럽 대륙 등에 이르기까지 다양한 범주로 설정할 수 있다.

◎ 자연환경과 인문환경

자연 환경	지형, 기후 등과 같이 인간 생활에 영향을 미치는 자연의 모든 요소를 의미함
인문 환경	언어, 종교 등과 같이 인간이 자연을 바탕으로 만들어 낸 환경을 의미함

◎ 사회 제도와 사회 구조

사회 제도	사회 구성원의 욕구를 충족하고 공동체의 문제를 해결하기 위해 만들어진 공식화된 절차
사회 구조	개인 간의 상호 작용이 지속되면서 나타난 사회적 관계들의 조직적인 총체

1 시간적 관점·공간적 관점의 의미와 특징 자료①

1. 시간적 관점의 의미와 특징

(1) **시간적 관점의 의미**: 사회현상을 시대적 배경과 맥락을 중심으로 바라보는 것
> 어떤 현상이나 사물 등이 서로 이어져 있는 관계나 연관을 의미한다.

(2) **시간적 관점의 특징**

① 과거의 사회현상을 분석하고, 인간 활동의 연속성과 변화를 파악함

② 사회현상이 일어나는 이유를 알고, 앞으로의 변화 방향을 예상할 수 있음

(3) **필요성**: 사회현상의 과거 자료를 분석하여 현재와의 관계 분석에 기여함

2. 공간적 관점의 의미와 특징

(1) **공간적 관점의 의미**: 자연환경과 인간의 상호 작용, 지역에 대해 관심을 갖고 사회현상을 바라보는 것

(2) **공간적 관점의 특징**

① 한 지역의 특성, 여러 지역 간의 유사점과 차이점을 파악함

② 각 지역이 네트워크를 형성하여 어떻게 상호 작용하는지와 이에 따른 지역 변화를 살펴봄

(3) **필요성**: 그 지역의 자연환경적 요소와 인문환경적 요소를 모두 살펴보면서 인간, 사회, 환경의 관계를 파악하는 데 기여함

2 사회적 관점·윤리적 관점의 의미와 특징

1. 사회적 관점의 의미와 특징

(1) **사회적 관점의 의미**: 특정한 사회현상을 사회 제도 및 사회 구조와의 관련성 속에서 이해하는 것
> 개인 및 집단과의 관계 속에서 나타나는 사회적 상호 작용이 지속적으로 발생하면서 일정한 형태로 유형화된 것을 의미한다.

(2) **사회적 관점의 특징**

① 사회현상에 영향을 주는 사회 구조와 제도, 사회적 관계 등을 분석함

② 사회현상이 발생한 원인이나 배경을 이해하고, 그 현상이 개인이나 사회에 미치는 영향을 파악할 수 있음

(3) **필요성**: 사회현상의 성격을 이해하고, 민주적인 사회생활에서 직면하는 다양한 사회문제를 파악하는 데 기여함

2. 윤리적 관점의 의미와 특징 자료②

(1) **윤리적 관점의 의미**: 인간의 욕구와 내면의 양심을 기준으로 도덕적 가치 판단을 하고, 어떤 규범을 적용할지에 초점을 두고 사회현상을 바라보는 것

(2) **윤리적 관점의 특징**

① 자신이 추구하는 가치나 그에 따른 삶의 방향을 찾음

② 더 나은 사회를 위한 규범과 가치를 설정하고, 이를 실천하는 방안을 모색함

(3) **필요성**: 다양한 현상을 도덕적 가치에 따라 평가하고, 사회가 나아가야 할 바람직한 규범적 방향 설정에 기여함

자료 ① 시간적 관점, 공간적 관점, 사회적 관점, 윤리적 관점에서의 핵심 질문들

시간적 관점	'사회현상이 언제 발생하였는가?', '사회현상은 어떻게 진행되어 왔고, 앞으로 어떻게 변화할 것인가?', '사회문제를 해결하기 위해 참고할 만한 과거의 사례에는 무엇이 있는가?' 등
공간적 관점	'사회현상이 발생한 곳은 어디인가?', '사회현상이 발생한 지역의 주민 생활은 어떠한가?', '사회현상이 발생한 지역의 자연적·인문적 특징은 무엇인가?' 등
사회적 관점	'일상생활에서 법과 제도가 우리에게 미치는 영향은 무엇인가?', '사회 제도와 사회 구조는 개인과 사회에 어떤 영향을 끼치는가?', '정책 결정 과정에서 정부와 시민의 역할은 무엇인가?' 등
윤리적 관점	'일상생활에서 사람들의 행동을 판단하는 도덕적 판단 기준은 무엇인가?', '개인의 이익이 우선인가, 사회적 이익이 우선인가?', '이해 갈등의 바람직한 해결책은 무엇인가?' 등

시간적 관점의 질문에 대한 답을 찾기 위해서 유물과 유적, 역사서, 과거 신문 기사나 통계 자료 등의 다양한 사료를 활용할 수 있다. 공간적 관점의 질문에 대한 답을 찾기 위해서 지도, 지리 책자, 지역 사진, 지역 통계 자료 등을 활용할 수 있다. 사회적 관점의 질문에 대한 답을 찾기 위해서 설문 조사, 통계 분석, 면담, 참여 관찰 등을 활용할 수 있다. 윤리적 관점의 질문에 대한 답을 찾기 위해서 동서양의 윤리 이론을 바탕으로 한 도덕적 원리에 따른 사실 판단이 필요할 수 있다.

─ 인공 지능을 의미하며, 인간의 지능이 가지는 학습, 추리, 적응, 논증 따위의 기능을 갖춘 컴퓨터 시스템을 의미한다.

─ 대화, 이미지, 이야기, 동영상, 음악 등 새로운 콘텐츠와 아이디어를 생성할 수 있는 AI를 의미한다.

자료 ② 인공 지능의 문제 해결에 대한 윤리적 기준

생성형 AI가 성희롱과 모욕, 사회적 약자 혐오 등을 학습하면서 왜곡된 대화를 하여 AI 윤리 문제가 대두되었다. 왜 인공 지능에서 이러한 편향적 사고와 혐오 사상의 문제가 일어나는 것일까? 이유는 AI 기술의 작동 원리에서 이해할 수 있다. AI가 세상을 이해하고 자신의 자아를 가지는 방식은 인간이 축적해 온 데이터를 기반으로 하기 때문에, 훈련 데이터로 사용한 특정 '사회'의 편향적 사고를 그대로 나타낼 수 있다. AI가 인간 사회에 깊이 자리 잡은 차별과 잘못된 편견마저 '닮아' 보이게 학습하는 것이 과연 옳은 일일까? 이에 AI가 잘못된 방향으로 나아가고 있다는 비판이 거세지면서 글로벌 IT 기업을 비롯해 우리나라, 유럽 연합, 미국 등에서 평등한, 착한 AI를 위한 윤리 규범 및 가이드라인을 정립하고자 하였다.

─ ○○신문, 2023. 6. 5. ─

윤리적 관점은 우리 사회가 앞으로 나아가야 할 방향을 설정하는 데 도움을 준다. 인공 지능을 활용한 기술은 인간의 존엄성, 자유, 평등, 인권, 평화, 정의 등 우리가 추구해야 할 보편적 가치를 지켜야 하는데, 이러한 보편적 가치를 훼손하는 것에 대한 바람직한 윤리적 기준이 마련되는 것이 필요하다.

O X 표시하기

① 시간적 관점은 과거의 역사적 사건과 현재의 사회현상이 인과 관계로 연결되어 있다는 점을 강조한다. (　　)

② 공간적 관점은 자연환경, 인문환경과 공간 정보를 살펴보는 관점이다. (　　)

③ 사회적 관점은 시간 속에서 인간과 사회는 어떻게 변화해 왔는지를 탐구하는 관점이다. (　　)

④ 윤리적 관점은 인간이 다른 사람의 욕구를 고려하지 않고 자신만의 욕구에 근거해서 행동한다고 본다. (　　)

적절한 말 고르기

⑤ (사회 구조, 도덕적 가치)는 개인 간의 상호 작용이 지속되면서 나타난 사회적 관계들의 조직적인 총체를 말한다.

⑥ (사회적 관점, 윤리적 관점)은 더 나은 사회를 위한 규범과 가치를 설정하고, 이를 실천하는 방안을 모색하는 관점이다.

⑦ (지역, 환경)은 다른 장소와 구별되는 공간으로 좁게는 내가 살고 있는 행정 구역부터 넓게는 아시아 대륙 등 범위가 다양하다.

빈칸 채우기

⑧ 과거부터 현재까지의 시대적 배경과 맥락을 살펴보는 관점은 (　　　) 관점이다.

⑨ 사회현상에 대한 사회 제도와 사회 구조의 영향력을 중심으로 살펴보는 관점은 (　　　) 관점이다.

⑩ 사회문제를 도덕적이고 규범적 차원에서 살펴보고, 이에 대한 방안을 살펴보는 관점은 (　　　) 관점이다.

<보기>에서 고르기

■ 보기 ■
ㄱ. 시간적 관점　　ㄴ. 사회적 관점
ㄷ. 윤리적 관점　　ㄹ. 공간적 관점

⑪ 현상이 나타나는 공간 정보에 대한 이해를 바탕으로 사회현상을 살펴보는 관점 (　　)

⑫ 규범적 방향성과 가치 등을 고려하여 사회현상을 살펴보는 관점 (　　)

기본 문제

01 (가), (나)에 해당하는 관점으로 옳은 것은? ▶ 25592-0001

> ___(가)___에서는 질문에 대한 답을 찾기 위해서 유물과 유적, 역사서, 과거 신문 기사나 통계 자료 등의 다양한 사료를 활용한다. 이와 달리 ___(나)___에서는 질문에 대한 답을 찾기 위해서 지도, 지리 책자, 지역 사진, 지역 통계 자료 등을 활용한다.

    (가)   (나)
① 시간적 관점   사회적 관점
② 시간적 관점   공간적 관점
③ 사회적 관점   윤리적 관점
④ 공간적 관점   시간적 관점
⑤ 윤리적 관점   사회적 관점

02 인간, 사회, 환경을 이해하는 관점 (가), (나)에 대한 설명으로 옳은 것은? ▶ 25592-0002

> 인간, 사회, 환경을 이해하는 관점 중 ___(가)___은 시간 속에서 인간과 사회는 어떻게 변화해 왔는지, 우리가 사는 세계는 앞으로 어떻게 변화할 것인지, 과거에는 어떤 사례가 있었는지를 찾아가는 관점이다. ___(나)___은 그 지역의 문화나 환경을 이해하기 위해 자연환경과 인문환경을 살펴보고, 그 문화의 변화로 주변 환경이 어떻게 변하는지를 탐구하는 관점이다.

① (가)는 사회의 제도, 구조, 정책 등 사회적 특성을 탐구하는 관점이다.
② (나)는 사회가 바람직한 방향으로 나아갈 수 있도록 도덕적 판단을 해야 함을 강조한다.
③ (가)는 (나)와 달리 시대적 배경과 맥락을 탐구해야 한다고 본다.
④ (나)는 (가)와 달리 인간은 독립적 존재이므로 종합적 관점에서 현상을 이해해야 한다고 본다.
⑤ (가), (나)는 모두 공간에 따라 다르게 나타나는 지리적 특성을 살펴보는 관점이다.

03 밑줄 친 '이 관점'에서 사회현상을 이해하기 위한 질문으로 가장 적절한 것은? ▶ 25592-0003

> 인간, 사회, 환경을 이해하는 관점 중 이 관점은 인간의 욕구와 내면의 양심을 기준으로 도덕적 가치 판단을 하고, 어떤 규범을 적용할지에 초점을 두고 사회현상을 바라보는 것을 의미한다. 이 관점은 다양한 사회현상을 도덕적 가치에 따라 평가하고, 사회가 나아가야 할 바람직한 규범적 방향 설정에 기여한다.

① 지금까지의 시대적 배경과 맥락은 무엇인가?
② 사회현상이 발생한 지역의 인문환경은 어떠한가?
③ 공간에 따라 다르게 나타나는 지리적 특성은 무엇인가?
④ 일상생활에서 법과 제도가 우리에게 미치는 영향은 무엇인가?
⑤ 일상생활에서 사람들의 행동을 판단하는 도덕적 판단 기준은 무엇인가?

04 인간, 사회, 환경을 이해하는 갑과 을의 관점으로 옳은 것은? ▶ 25592-0004

> 교사: 지금도 세계 여러 나라에서는 아동이 온종일 땅을 파거나 열매를 따는 노동을 하면서 제대로 대우도 받지 못하는 경우가 있다고 합니다. 이와 관련하여 탐구할 수 있는 주제를 말해 볼까요?
> 갑: 저는 아동 노동이 이루어지는 나라에서 아동 노동을 보호하는 법이 있는지, 그 나라의 제도와 법을 중심으로 살펴보겠습니다.
> 을: 저는 일반적으로 농업에 종사하는 아동 노동이 이루어지는 지역의 위치와 자연환경을 조사해 보겠습니다.

    갑   을
① 시간적 관점   윤리적 관점
② 공간적 관점   사회적 관점
③ 공간적 관점   시간적 관점
④ 사회적 관점   윤리적 관점
⑤ 사회적 관점   공간적 관점

서술형 문제

Step1 핵심 키워드 파악하기

> 25592-0005

01 ㉠, ㉡에 들어갈 인간, 사회, 환경을 이해하는 관점을 쓰시오.

교사: '이 관점'이 무엇인지 힌트를 듣고 맞춰 보세요. 정답을 알면, 손을 들고 '정답!'이라고 외쳐 주세요.

〈힌트 1〉 이 관점은 한 지역의 특성, 여러 지역 간의 유사점과 차이점을 알 수 있는 관점입니다.

학생 갑: 정답! ㉠ 입니다.

교사: 틀렸습니다. ㉠ 은 특정한 사회현상을 사회 제도 및 사회 구조와의 관련성 속에서 이해하는 것을 말합니다.

〈힌트 2〉 이 관점은 각 지역이 네트워크를 형성하여 어떻게 상호 작용하는지 분석하는 관점입니다.

학생 을: 정답! ㉡ 입니다.

교사: 네, 정답입니다.

㉠ – (   )   ㉡ – (   )

Step2 스스로 답안 작성하기

> 25592-0006

02 (가), (나)는 다문화 사회와 관련한 정책 수립을 위한 탐구 질문이다. (1) (가), (나)에 해당하는 관점을 쓰고, (2) 각 관점의 의미를 서술하시오.

(가) 우리나라의 시대별 이주민의 인구 변동과 그 배경은 무엇일까?

(나) 국내에 거주하는 이주민이나 그 자녀에 대한 바람직한 도덕적 가치 · 태도는 무엇일까?

(1) _____

(2) _____

_____

_____

1등급 도전 문제

> 25592-0007

01 교사의 질문에 대한 학생의 답변으로 가장 적절한 것은?

교사: 인간, 사회, 환경을 이해하는 관점 중 사회문제 해결을 위해 인간 행위에 대한 도덕적 가치 판단과 규범적 방향성을 고려하는 A 관점을 적용하는 것이 필요합니다. 최근 독거노인 가구의 증가 현상에 대해 A 관점을 적용하여 탐구할 주제로는 어떤 것이 있을까요?

① 갑: 노인 부양에 대한 사람들의 윤리적 가치관을 조사할 것입니다.

② 을: 도시와 농촌 지역 간 독거노인 가구 비율의 차이를 조사할 것입니다.

③ 병: 독거노인 가구를 위한 다양한 사회 복지 제도에 대해 조사할 것입니다.

④ 정: 과거 독거노인 가구 비율과 현재 독거노인 가구 비율의 추이를 조사할 것입니다.

⑤ 무: 노인 부양에 대한 경제적 비용 부담이 독거노인 가구에 미치는 영향을 조사할 것입니다.

> 25592-0008

02 밑줄 친 '지구 온난화'에 대한 공간적 관점에서의 질문으로 가장 적절한 것은?

탄소 배출로 인해 지구의 평균 기온이 상승하는 지구 온난화가 지속될 경우 각종 전염병이 확산되고, 지구 생물의 대부분이 멸종할 수 있고, 식량난이 나타날 수 있다고 전문가들은 우려하고 있다.

① 지구 온난화에 대처하는 사회 제도와 법률에는 무엇이 있을까?

② 지구 온난화 해결을 위해 노력하는 시민 단체와 국제기구 등에는 무엇이 있을까?

③ 과거부터 현재까지 탄소 배출을 줄이기 위한 국제적 노력에는 무엇이 있을까?

④ 탄소를 가장 많이 배출하는 지역과 적게 배출하는 지역의 특성은 어떠한 차이가 있을까?

⑤ 지구 온난화의 해결을 위해 인간 중심주의와 생태 중심주의 중 어떤 도덕적 가치가 필요할까?

02 통합적 관점의 필요성과 적용

🔗 핵심 개념
□ 통합적 관점
□ 통합적 관점의 탐구 과정

● **인간, 사회, 환경에 대한 탐구의 유의점**
인간, 사회, 환경은 서로 복잡하게 연계되어 있어 사실과 가치를 기준으로 구분하여 분석하는 것이 필요하다. 또한 해결 방안은 다양한 관점에서 종합적으로 모색하는 것이 필요하며, 문제 해결 과정에서 다른 문제가 나타날 가능성을 염두에 두고 해결 방안을 검토하는 것이 필요하다.

● **다양한 관점을 고려하지 못할 경우 사회문제 해결 방안 모색에서의 문제**

시간적 관점	과거의 성공 사례나 실패 사례를 반영하지 못함
공간적 관점	해당 지역의 자연환경과 인문환경을 고려하지 못함
사회적 관점	해당 지역의 사회적 관계를 파악하지 못해 사회적 갈등 발생
윤리적 관점	인권 및 보편적 가치의 훼손이 나타날 수 있음

● **통합적 관점을 적용한 탐구 수행 과정에서 필요한 태도**

개방적 태도	다양한 의견을 포용하는 태도
객관적 태도	객관적 사실을 근거로 탐구하는 태도
성찰적 태도	탐구 과정과 그 결과에 대해 검토하는 태도

1 인간, 사회, 환경에 대한 통합적 관점

1. 통합적 관점의 의미와 통합적 관점에서의 탐구 이유 `자료①`

(1) **통합적 관점의 의미**: 사회현상을 시간적 관점, 공간적 관점, 사회적 관점, 윤리적 관점 등을 모두 고려하여 종합적이고 균형 있게 살펴보는 관점

(2) **통합적 관점으로 사회문제를 탐구해야 하는 이유**
① **변화하는 현대 사회**: 기술의 급속한 발전, 학문 분야의 세분화(전문화) 경향, 구성원 간 상호 작용과 이해관계의 복잡성
② **현대 사회와 사회현상의 복잡성**
 • 현대 사회의 사회현상은 여러 분야가 긴밀하게 얽혀 있음
 • 특정한 관점만으로는 현대 사회에서 발생하는 사회문제를 해결하기 어려움

2. 통합적 관점을 통한 사회문제 해결의 의의

(1) 다양한 관점으로 탐구하면 문제의 속성을 정확히 파악하여 적절한 방안의 모색이 가능함

(2) 사회현상에 대한 근본적인 해결책 모색, 인간과 사회에 대한 통찰력 제고

> 생물학 · 화학 같은 자연 과학, 논리학 · 윤리학 같은 인문학, 정치학 · 사회학 같은 사회 과학 분야는 모두 아리스토텔레스를 할아버지로 모신다. 아리스토텔레스는 왜 그토록 많은 분야에 손대었던 것일까? 그가 보인 광범위한 관심은 아마도 '당시, 그곳'의 문제를 풀고자 하는 노력에서 나온 것일 것이다. 그가 그랬듯이 우리에게는 '지금, 이곳'에서 필요한 질문을 골라내고 그 답을 찾으려는 노력이 중요하다. 이 과정에서 필요하다면 여러 관점에서 문제를 살피는 것은 당연한 일이다. 인간이 가진 문제가 어느 한 분야의 지식으로 명쾌하게 풀리는 법은 거의 없다. 우리 앞에 놓인 복잡한 문제들은 다양한 관점에서 검토할 때 답에 다가갈 실마리를 얻을 수 있다.
> – 최재천 외, 『지식의 통섭』 –

2 통합적 관점으로 사회현상 및 사회문제 바라보기

1. 통합적 관점의 탐구 과정 `자료②`

(1) **주제 선정**: 통합적 관점에서 현상을 이해하는 데 필요한 탐구 주제를 선정함
(2) **자료 수집 및 분석**: 각 관점에 부합하는 자료를 수집하여 분석함
(3) **해결 방안 모색 및 선정**: 탐구 주제와 관련된 다양한 측면을 종합적으로 분석하여 문제 해결을 위한 다양한 방안 모색 및 선정

2. 통합적 관점의 적용 사례: 저출생 현상 ┌ 출생아 수가 적은 상태를 의미한다.

(1) **시간적 관점**: 저출생 현상이 나타나게 된 역사적 배경은 무엇인가?
(2) **공간적 관점**: 지역별 저출생 현상의 양상은 어떻게 다른가?
(3) **사회적 관점**: 저출생 현상으로 인한 사회문제는 무엇이 있을까?
(4) **윤리적 관점**: 저출생 현상에 대해 어떤 태도를 취하는 것이 바람직한가?

자료 탐구

자료 ① 통합적 관점의 필요성

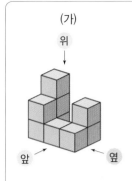
(가)

위 ↓

앞 → ← 옆

(가)를 갑은 위에서 보고, 을은 앞에서 보며, 병은 옆에서 보고 (가)의 입체적인 구조를 파악한다고 가정해 보자. (가)에 대해 갑은 ⬛ 구조라고 할 것이고, 을은 ⬛ 구조라고 할 것이며, 병은 ⬛ 구조라고 할 것이다. 이는 각각 한 측면에서만 보았기 때문에 실제의 입체적인 구조를 제대로 파악할 수 없는 것이다. 이처럼 한 측면에서만 보게 된다면 전체적인 입체적 구조를 알 수 없듯이 사회현상도 개별 관점에서만 본다면 다양한 측면을 파악하기 어려울 것이다.

우리가 탐구하고자 하는 사회현상은 인간과 사회, 환경이 서로 밀접하게 관련되어 있어 한 관점에서만 바라보면 사회현상을 제대로 파악할 수 없을 것이다. 따라서 사회현상을 제대로 파악하기 위해서는 사회현상의 여러 모습을 종합적으로 살펴보는 통합적 관점이 필요하다. 통합적 관점은 사회현상을 다양한 측면에서 종합적으로 바라보면서 각 부분의 관계를 파악하거나 전체적으로 통찰하는 것이다.

자료 ② 통합적 관점의 사례: 커피 소비와 공정 무역

시간적 관점
커피가 전래된 시기는 언제인가? 커피는 언제부터 사람들이 즐기게 되었는가?

공간적 관점
커피가 재배되는 지역은 어디인가? 커피 무역이 이루어지는 지역은 어디인가?

커피

사회적 관점
비대면 사회적 관계의 확산이 테이크 아웃 커피 소비에 미친 영향은 무엇인가?

윤리적 관점
커피를 윤리적으로 소비하고, 공정 무역을 해야 하는 이유는 무엇인가?

위 그림은 커피 소비와 공정 무역에 대해 통합적 관점에서 파악한 것이다. 제시된 내용 이외에도 시간적·공간적·사회적·윤리적 관점에서 살펴볼 수 있는 내용은 다양하다. 커피가 전래된 시기나 역사적으로 언제부터 즐기게 되었는지 파악하는 것은 시간적 관점에서의 탐구 질문에 해당하고, 커피 재배 지역이나 커피 무역이 이루어지는 지역에 대해 파악하는 것은 공간적 관점에서의 탐구 질문에 해당한다. 사회적 관계와 커피 소비의 관계를 파악하는 것은 사회적 관점에서의 탐구 질문에 해당하고, 커피의 윤리적 소비에 대해 파악하는 것은 윤리적 관점에서의 탐구 질문에 해당한다. 여기서 중요한 것은 커피 무역에 대해 단순히 하나의 측면에서만 바라보는 것이 아니라 각 관점에서 점검해 보는 것이다. 하지만 통합적 관점으로 탐구하는 것이 네 가지 관점을 모두 포함해야 한다는 것은 아니다. 사회현상에 따라서는 특정 관점을 적용하기 쉽지 않은 경우도 있다.

✔ 개념 체크 문제

• 정답 **7**쪽

○✖ 표시하기

❶ 인간, 사회, 환경은 서로 영향을 주고받는다. (　　)

❷ 현대 사회의 사회현상은 여러 분야가 긴밀하게 얽혀 있다. (　　)

❸ 고령화 문제에 대한 해결 방안을 모색하기 위해 사회적 관점에서의 탐구는 필요하지 않다. (　　)

적절한 말 고르기

❹ 사회현상은 여러 분야가 얽혀 있어 다양한 요인이 (독립적, 복합적)으로 작용하고 있다.

❺ 사회현상에 담긴 의미를 정확하게 파악하기 위해서는 (특정한, 통합적) 관점으로 살펴보는 것이 필요하다.

❻ 사회현상을 통합적으로 살펴봄으로써 인간과 사회에 대한 (통찰력, 모방력)을 기를 수 있다.

빈칸 채우기

❼ (　　　) 관점은 인간, 사회, 국가, 지구 공동체 및 환경을 개별 관점의 경계를 넘어 종합적으로 이해하는 것이다.

❽ 통합적 관점의 탐구 과정 중 (　　　) 과정은 다양한 관점에서 현상을 이해하는 데 필요한 탐구 주제를 정하는 과정이다.

〈자료〉에서 고르기

〈저출생·고령화 현상에 대한 통합적 관점 사례〉

A. 시간적 관점　　　B. 공간적 관점

통합적 관점

C. 사회적 관점　　　D. 윤리적 관점

〈각 관점별 탐구 활동〉
ㄱ. 우리나라의 연도별 인구 구조를 살펴보면서 저출생, 고령화 현상의 추이를 분석한다.
ㄴ. 지역별로 유소년 인구 비율이 높은 지역과 고령층 인구 비율이 높은 지역을 비교·분석한다.
ㄷ. 저출생, 고령화에 영향을 주는 다양한 사회 제도에 대해 조사한다.
ㄹ. 출산과 노인 부양에 대한 사회 윤리적 가치관에 대해 파악한다.

❾ A. 시간적 관점 (　　)　　❿ B. 공간적 관점 (　　)

⓫ C. 사회적 관점 (　　)　　⓬ D. 윤리적 관점 (　　)

기본 문제

> 25592-0009

01 밑줄 친 '이 관점'으로 옳은 것은?

인간의 삶과 사회현상은 단순하지 않고 복잡하게 얽혀 있다. 따라서 어떤 현상을 특정한 한 측면에서만 바라보게 될 경우 현상을 왜곡하여 이해할 수 있으므로 이 관점이 필요하다. 이 관점으로 현상을 바라보게 되면 다양한 측면에서 현상을 종합적으로 이해할 수 있어 균형 있는 관점을 가질 수 있으며 인간과 사회에 대한 통찰력을 기를 수 있다.

① 통합적 관점   ② 시간적 관점
③ 공간적 관점   ④ 사회적 관점
⑤ 윤리적 관점

> 25592-0010

02 다음 상황에 대한 통합적 관점에서의 조언으로 가장 적절한 것은?

사회자: 요즘 노인 인구 비율이 급격히 증가하면서 고령화 현상으로 인한 노인 빈곤 문제가 심각해지고 있습니다. 이러한 현상에 대해 전문가의 의견을 들어 보겠습니다.

① 노인 빈곤은 과거 통계 자료를 통해 시대적으로 파악하는 것이 필요합니다.
② 지역별로 빈곤 노인의 비율이 어떠한 차이를 보이는지 분석하는 것이 필요합니다.
③ 노인 빈곤에 대한 사회 제도가 제대로 정비되어 있는지 파악하는 것이 필요합니다.
④ 노인 빈곤이 개인 책임인지, 사회 책임인지에 대한 윤리적 판단을 내려야 합니다.
⑤ 노인 빈곤에 대해 과거 사례, 지역별 차이, 사회 제도 및 사람들의 가치관 등을 종합적으로 살펴보는 것이 필요합니다.

중요   > 25592-0011

03 A 관점의 탐구 과정으로 옳지 않은 것은?

A 관점은 사회현상을 시간적 관점(시대적 배경과 맥락), 공간적 관점(위치와 장소 등의 공간적 맥락), 사회적 관점(사회 구조 및 제도의 영향력), 윤리적 관점(윤리적 가치 및 규범적 방향) 등을 모두 고려하여 종합적이고 균형 있게 살펴보는 관점을 의미한다.

① 다양한 관점에서 이해할 수 있는 탐구 주제를 선정한다.
② 선정한 주제에 부합하는 자료를 수집하고 탐구한다.
③ 반드시 네 가지 관점에 해당하는 자료를 수집해야만 한다.
④ 단순히 하나의 측면만 바라보지 않고, 다양한 관점에서 방안을 모색한다.
⑤ 수집한 자료를 바탕으로 탐구 내용을 종합하여 사회현상을 분석하거나 살펴본다.

> 25592-0012

04 다음 내용을 주제로 한 〈보기〉의 활동과 관점을 옳게 연결한 것은?

최근 합계 출산율이 1명이 되지 않아 심각한 사회문제가 되고 있다. 이에 정부에서도 출생률 상승을 위한 해결 방안을 모색하는 등 저출생 문제를 심각하게 받아들이고 있다.

┤ 보기 ├

ㄱ. 저출생 현상의 역사적 배경을 살펴본다.
ㄴ. 지역별로 저출생 현상이 심각한 지역과 그렇지 않은 지역의 자연적, 인문적 특징을 조사한다.
ㄷ. 저출생 현상과 관련하여 이를 개선하기 위한 다양한 사회 제도는 무엇이 있는지 조사한다.
ㄹ. 저출생 현상의 책임이 개인의 책임인지, 국가의 책임인지에 대한 사람들의 의식을 조사한다.

	시간적 관점	공간적 관점	사회적 관점	윤리적 관점
①	ㄱ	ㄴ	ㄷ	ㄹ
②	ㄱ	ㄴ	ㄹ	ㄷ
③	ㄱ	ㄷ	ㄴ	ㄹ
④	ㄴ	ㄷ	ㄹ	ㄱ
⑤	ㄷ	ㄹ	ㄱ	ㄴ

서술형 문제

1등급 도전 문제

> 25592-0015

Step1 핵심 키워드 파악하기

> 25592-0013

01 다음 사례는 플라스틱 쓰레기 배출 문제를 통합적 관점에서 탐구하려는 계획이다. A~D 관점이 무엇인지 쓰시오.

〈플라스틱 쓰레기 배출 문제〉

A 관점		B 관점
	통합적 관점	
C 관점		D 관점

A 관점: 플라스틱 쓰레기 배출량의 연도별 변화 분석하기
B 관점: 플라스틱 쓰레기 배출이 많은 지역과 적은 지역의 특성 비교하기
C 관점: 플라스틱 쓰레기 배출 감소에 대한 사회 제도 및 법률 조사하기
D 관점: 플라스틱 쓰레기 배출 감소를 위한 개인의 도덕적 의식 및 태도 조사하기

A 관점 – (   ) 관점 B 관점 – (   ) 관점
C 관점 – (   ) 관점 D 관점 – (   ) 관점

Step2 스스로 답안 작성하기

> 25592-0014

02 (가)에 들어갈 관점이 무엇인지 쓰고, 그 의미를 서술하시오.

> 우리가 일상생활에서 겪는 사회현상은 다양한 요인이 복합적으로 작용하여 나타난다. 예를 들면 커피의 소비와 생산은 지역에 따라 다르게 나타난다. 커피 소비와 생산은 역사적으로 분석할 수 있고, 그 나라의 경제 제도나 사회 제도와 밀접하게 연관되어 있다. 또한 커피 소비 과정에서 공정 무역 커피를 소비하려는 사람들의 태도와 의식이 나타나기도 한다. 따라서 사회현상을 올바르게 이해하기 위해서는 ___(가)___ 관점에서 탐구하는 것이 필요하다.

01 고령화 현상을 바라보는 갑~정의 관점에 대한 설명으로 옳은 것은?

> 갑: 1960년대 이후 노인 인구 비율이 높아지면서 고령화가 진행되고 있어.
> 을: 농촌 지역에서 도시 지역으로 젊은 층이 계속 이주하면서 도시 지역에 비해 농촌 지역의 고령화가 심각해지고 있어.
> 병: 고령화로 인해 우리 사회가 노인 부양을 위해 부담해야 할 사회 복지 부담이 커지고 있어.
> 정: 고령화로 인한 노인 부양에 대한 사람들의 윤리적 가치관이 달라지고 있어.

① 갑은 사회적 관점을 바탕으로 한다.
② 을의 관점은 공간 정보에 대한 이해를 바탕으로 한다.
③ 병의 관점은 도덕적 가치 판단과 규범적 방향성을 고려한다.
④ 정의 관점은 시대적 맥락을 중심으로 현상을 살펴본다.
⑤ 사회 제도의 측면에서 현상을 살펴보는 관점은 병의 관점이 아닌 정의 관점이다.

> 25592-0016

02 다음 자료는 인간, 사회, 환경을 바라보는 관점에 대한 학생들의 형성 평가 답안을 정리한 것이다. 각 진술에 대해 모두 옳게 응답한 학생은?

*인간, 사회, 환경을 이해하는 관점에 대한 진술이 옳으면 '○', 틀리면 '×'를 표시하시오.					
진술	갑	을	병	정	무
시간적 관점은 공간적 관점과 달리 사료를 통해 과거와 현재의 관계를 탐구한다.	○	○	○	○	×
사회적 관점은 윤리적 관점과 달리 정치, 경제, 문화 등 사회 제도의 측면에서 탐구한다.	○	○	×	×	×
윤리적 관점은 공간적 관점과 달리 자연환경과 인문환경이 인간에게 미치는 영향을 탐구한다.	○	×	○	×	×

① 갑   ② 을   ③ 병   ④ 정   ⑤ 무

대단원 마무리 정리

01 | 인간, 사회, 환경을 바라보는 다양한 관점

❶ □□□□
- 사회현상을 시대적 배경과 맥락에 초점을 두고 바라보는 관점을 의미함
- 오늘날 인류의 정신적·물질적 토대를 알 수 있고, 사회현상이 일어나는 이유를 알며, 앞으로의 변화 방향을 예상할 수 있음

❷ □□□□
- 자연환경과 인간의 상호 작용, 지역에 대해 관심을 갖고 사회현상을 바라보는 관점을 의미함
- 한 지역의 특성, 여러 지역 간의 유사점과 차이점을 알 수 있고, 각 지역이 네트워크를 형성하여 어떻게 상호 작용하는지와 이에 따른 지역 변화를 살펴보는 데 유용함

❸ □□□□
- 특정한 사회현상을 사회 제도 및 사회 구조와의 관련성 속에서 이해하는 관점을 의미함
- 사회를 분석함으로써 개인의 사고방식과 행위를 이해할 수 있고, 사회현상이 발생한 원인이나 배경을 이해하고, 그 현상이 개인이나 사회에 미치는 영향을 파악하는 데 유용함

❹ □□□□
- 인간의 욕구와 내면의 양심을 기준으로 도덕적 가치 판단을 하고, 어떤 규범을 적용할지에 초점을 두고 사회현상을 바라보는 관점을 의미함
- 사회현상을 도덕 규범과 도덕적 가치에 따라 평가하여 사회의 바람직한 방향을 제시하고, 한 개인의 바람직하고 행복한 삶을 위한 의사 결정, 사회 구성원과 밀접히 관련된 다양한 사회문제와 관련된 가치 갈등 해결을 위한 방안을 모색하는 데 기여함

02 | 통합적 관점의 필요성과 적용

인간, 사회, 환경에 대한 **❺** □□□□
- 사회현상을 시간적 관점(시대적 배경과 맥락), 공간적 관점(위치와 장소 등의 공간적 맥락), 사회적 관점(사회 구조 및 제도의 영향력), 윤리적 관점(윤리적 가치 및 규범적 방향) 등을 모두 고려하여 종합적이고 균형 있게 살펴보는 관점을 의미함
- 다양한 관점으로 탐구하면 문제의 속성을 정확히 파악하여 적절한 방안 모색, 사회현상에 대한 근본적인 해결책 모색, 인간과 사회에 대한 통찰력 제고에 기여함

통합적 관점으로 사회현상 및 사회문제 바라보기
- 주제 선정, 자료 수집 및 분석, 해결 방안 모색 및 선정으로 탐구를 진행함

정답 ❶ 시간적 관점 ❷ 공간적 관점 ❸ 사회적 관점 ❹ 윤리적 관점 ❺ 통합적 관점

> 25592-0017

01 인간, 사회, 환경을 이해하는 A 관점에 대한 설명으로 옳은 것은?

> A 관점은 현상이 나타나는 공간적 맥락을 살펴보는 관점이다. A 관점을 통해 한 지역의 특성, 여러 지역 간의 유사점과 차이점을 알 수 있다.

① 시대적 맥락과 배경을 살펴보는 것을 중시한다.
② 위치, 장소와 같은 지역에 대해 관심을 갖고 사회현상을 바라본다.
③ 과거와 현재의 관계를 분석하고 미래의 변화 방향을 예측하고자 한다.
④ 인간의 욕구와 내면의 양심을 기준으로 도덕적 가치 판단을 내리는 것에 중점을 둔다.
⑤ 개인을 둘러싼 사회 제도 및 사회 구조를 분석하면서 개인의 사고방식을 이해하고자 한다.

> 25592-0018

02 다음 자료의 (가)에 들어갈 내용으로 가장 적절한 것은?

> 〈다양한 측면에서 바라보기〉
> – 생성형 AI로 인한 다양한 사회문제에 대해 –
> 생성형 AI가 점차 확산되면서 전 세계적으로 다양한 문제가 발생하고 있다.
> 1. 사회적 관점: 생성형 AI로 인한 문제를 해결하기 위한 사회 제도에는 무엇이 있는가?
> 2. 윤리적 관점: ┌─────(가)─────┐
> ⋮

① 생성형 AI로 인한 문제가 지역 간, 국가 간에 어떠한 차이를 보이는가?
② 생성형 AI로 인해 훼손될 보편적 가치를 회복하기 위한 도덕적 기준은 무엇인가?
③ 최근에 생성형 AI로 인한 다양한 문제가 과거에 비해 증가한 사례에는 무엇이 있는가?
④ 생성형 AI로 인해 나타날 문제를 해결하기 위한 법적 기반 및 제도에는 무엇이 있는가?
⑤ 생성형 AI로 인해 나타날 피해 보상을 위한 기준을 마련하기 위한 사회적 방식에는 무엇이 있을까?

> 25592-0019

03 다음 갑 모둠의 활동에 부각된 인간, 사회, 환경을 이해하는 관점에 대한 설명으로 옳은 것은?

> 교사: 우리나라 독도에 대해 갑 모둠에서는 어떤 관점을 반영하여 탐구를 진행했는지 발표해 보세요.
> 갑 모둠: 저희 모둠에서는 삼국사기(1145년), 19세기 초에 작성된 일본 지도 등 다수의 사료와 문헌을 조사하여 독도가 대한민국의 고유 영토라는 사실을 확인하였습니다.

① 과거를 살펴봄으로써 현재 일어나고 있는 현상이나 문제를 올바르게 이해한다.
② 사회 속에서 바람직하고 행복한 삶의 도덕적 기준과 판단의 확립을 중시한다.
③ 복합적인 사회문제를 개선하기 위한 다양한 정책적 대안을 모색하고자 한다.
④ 사회의 법과 같은 사회 제도가 인간과 사회 및 환경에 미칠 수 있는 영향을 파악한다.
⑤ 다양한 지역 간의 공통점과 차이점을 이해하고, 사회현상에 대한 자연환경 및 인문환경의 영향을 파악한다.

> 25592-0020

04 다음 글에 나타난 인간, 사회, 환경을 이해하는 관점이 부각되는 질문으로 가장 적절한 것은?

> 어떠한 사회현상이 발생한 원인이나 배경을 이해하고, 그 현상이 개인이나 사회에 미칠 영향을 알아보기 위해서는 그와 관련된 사회 제도나 사회 구조의 특성을 살펴보는 것이 무엇보다 필요하다.

① 사회현상이 발생한 지역의 자연환경은 어떠한가?
② 사회현상은 시대적 흐름 속에서 어떠한 변화가 나타났는가?
③ 사회현상이 발생한 지역의 자연적·인문적 특징은 무엇인가?
④ 일상생활에서 사람들의 행동을 판단하는 도덕적 판단 기준은 무엇인가?
⑤ 일상생활에서 법과 사회 제도가 우리에게 미치는 영향에는 무엇이 있는가?

대단원 종합 문제

> 25592-0021

05 다음에서 강조하는 인간, 사회, 환경을 바라보는 관점에 부합하는 진술로 가장 적절한 것은?

> 사회현상을 이해하기 위해서는 다양한 학문적 관점에서 얻어진 지식을 통합하여 총체적으로 이해하려는 것이 중요하다. 이는 인간의 삶과 사회현상을 제대로 이해하는 데 기여할 수 있다. 따라서 복잡하고 다면적인 의미를 제대로 이해할 수 있고, 다각적인 해결 방안도 모색하기 위해 다양한 관점에서 살펴보려는 노력이 필요하다.

① 새로운 지식 탐구 과정은 중요하지 않다.
② 각각의 고유한 학문적 관점으로만 보는 것이 중요하다.
③ 다양한 관점의 경계를 넘어 종합적으로 탐구하는 것이 필요하다.
④ 사회 구조, 제도의 영향보다 도덕적 가치를 중심으로 탐구해야 한다.
⑤ 다양한 관점의 융합보다 개별적이고 특정한 관점의 독자성을 중시해야 한다.

> 25592-0022

06 그림은 학생이 수업 시간에 배운 내용을 정리한 것이다. (가)에 들어갈 내용으로 가장 적절한 것은?

〈인간, 사회, 환경을 바라보는 관점〉
(가)
• 이유 1. 현상의 복잡성: 우리가 일상생활에서 접하는 사회현상은 복잡하고 다양하게 얽혀 있음
• 이유 2. 편협한 이해: 한 관점에서만 탐구할 경우 전체적인 것을 파악하기 어려움
• 결론: 여러 관점에서 탐구할 경우 사회현상을 종합적으로 파악할 수 있음

① 통합적 관점의 탐구 필요성
② 시간적 맥락 분석을 통한 미래 예측
③ 규범적이고 도덕적인 가치 확립의 중요성
④ 자연환경과 인문환경의 공간적 특징 분석
⑤ 사회 제도 및 사회 구조가 개인의 행위에 미치는 영향 파악

> 25592-0023

07 (가)~(라)는 공정 무역에 대해 다양한 관점에서 탐구할 수 있는 활동들을 나타낸다. 이에 대한 설명으로 옳은 것은?

① ㉠은 ㉡과 달리 도덕적 가치 판단을 중시한다.
② (가)에는 '공정 무역을 장려하기 위한 국가 정책 조사하기'가 들어갈 수 있다.
③ (나)에는 '지리적 특성을 고려한 지역별 공정 무역 방안 계획하기'가 들어갈 수 있다.
④ (다)에는 '현지 주민들의 인권과 삶의 방식을 존중하는 공정 무역 관계자의 태도 알아보기'가 들어갈 수 있다.
⑤ (라)에는 '과거와 다른 현재의 무역 방식 변화와 공정 무역의 역사적 과정 조사하기'가 들어갈 수 있다.

> 25592-0024

08 밑줄 친 부분에 들어갈 내용으로 가장 적절한 것은?

> 우리는 인간과 환경, 사회를 탐구할 때 아리스토텔레스의 탐구 과정을 배울 필요가 있다. 그는 현대의 자연 과학, 인문학, 사회 과학 등에 해당하는 다양한 분야에 관심을 가지고 특정 문제를 풀려고 노력하였다. 이는 특정의 한 관점에서만 살펴보면서 답을 찾는 것은 한계가 나타날 수밖에 없으므로 다양한 관점에서 문제를 해결하려는 시도를 한 것이다. 따라서 사회문제를 해결하기 위해 사회현상을 _____

① 다양한 관점에서 종합하여 살펴보아야 한다.
② 일부의 특정 관점에서만 살펴보는 것이 필요하다.
③ 자연 과학 전문가에게 문제의 분석을 맡겨야 한다.
④ 공간적 관점을 중심으로 사회현상을 탐구해야 한다.
⑤ 시간의 흐름 속에서 사회현상이 나타나는 맥락을 탐구해야 한다.

수능 유형 문제

> 25592-0025

01 다음은 전염병 대유행 문제에 관한 수업 장면이다. 갑, 을의 관점에 대한 옳은 설명만을 〈보기〉에서 고른 것은?

교사: 전염병 대유행 문제에 대해 다양한 관점에서 발표해 볼까요?

갑: 전염병 대유행 문제는 중세 시대 흑사병 창궐 등 역사적으로도 나타났던 문제입니다.

을: 전염병 대유행 문제는 국가나 지역별로 확산되는 양상에서 공간적 차이를 보입니다.

┤ 보기 ├
ㄱ. 갑은 시간적 배경과 맥락을 중심으로 발표하였다.
ㄴ. 을은 사회가 지향해야 할 가치와 규범을 통해 살펴본다.
ㄷ. 갑은 을과 달리 시간의 흐름 속에서 파악한다.
ㄹ. 을은 갑과 달리 통합적 관점에서 탐구한다.

① ㄱ, ㄴ ② ㄱ, ㄷ ③ ㄴ, ㄷ ④ ㄴ, ㄹ ⑤ ㄷ, ㄹ

> 25592-0026

02 다음은 사막화 문제 해결 방안 모색에 대한 갑~정의 발표 내용이다. 갑~정의 관점에 대한 설명으로 옳은 것은? (단, 갑~정은 각각 시간적 관점, 공간적 관점, 사회적 관점, 윤리적 관점 중 하나의 입장에서 발표함.)

갑: 사막화로 인해 경제적 궁핍에 처한 주민들을 위한 다양한 정책적 지원 방안에 대해 조사했어요.

을: 1960년대 후반부터 사막화의 피해를 예방하기 위한 국제 사회의 노력들을 역사적으로 살펴보았어요.

병: 사막화가 두드러지는 지역의 자연환경 및 인문환경의 특징에 대해 조사했어요.

정: 인간 중심주의에 의해 나타난 사막화 예방을 위해 인간과 자연의 조화로운 공존의 가치를 강조하는 학자들의 의견을 정리했어요.

① 갑은 도덕적 가치 판단을 중심으로 바라보고 있다.
② 을은 시대적 배경과 맥락을 중심으로 바라보고 있다.
③ 병은 사회 제도적 측면에서 분석하고 있다.
④ 정은 자연환경과 인문환경의 관계를 파악하고 있다.
⑤ 정과 달리 갑은 시공간을 초월한 공통적이고 보편적인 규범을 중심으로 바라본다.

> 25592-0027

03 저출생 현상과 관련하여 A~D에서 탐구할 수 있는 적절한 활동만을 〈보기〉에서 고른 것은?

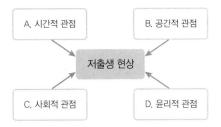

┤ 보기 ├
ㄱ. A: 우리나라 인구 구조의 연도별 변화 분석하기
ㄴ. B: 결혼과 출산에 대한 가치관 및 태도 알아보기
ㄷ. C: 저출생 현상에 영향을 준 사회 제도 조사하기
ㄹ. D: 출생률이 낮은 지역의 지역적 특성 조사하기

① ㄱ, ㄴ ② ㄱ, ㄷ ③ ㄴ, ㄷ
④ ㄴ, ㄹ ⑤ ㄷ, ㄹ

> 25592-0028

04 (가)에 들어갈 내용으로 가장 적절한 것은?

복잡한 사회현상은 통합적 관점으로 탐구하는 것이 필요하다. 예를 들어 '우리 사회의 삶의 만족도는 OECD 국가 평균보다 낮다.'라는 것을 탐구하려면, 우리 사회의 연도별 삶의 만족도 변화, 삶의 만족도가 높은 국가들의 지역적 특성, 삶의 만족도와 사회 제도, 도덕적 가치관과의 관계에 대한 검토가 필요하다. 만약 누군가 "사회현상은 개별 관점에서만 깊이 있게 탐구하는 것이 바람직하다."라고 주장한다면 이는 우리 사회의 삶의 만족도가 ┃ (가) ┃을 간과하는 것이다.

① 개인 심리와 밀접한 관련이 있음
② 공간적 맥락에서 탐구할 수 없는 것임을
③ 종합적이고 통합적인 검토가 필요함
④ 한 가지 관점으로 살펴보는 것이 효과적임
⑤ 한 분야의 권위 있는 전문가 분석이 필요함

II

인간, 사회,
환경과 행복

이 단원에서 우리는

다양한 행복의 기준에 대한 이해를 바탕으로
삶의 목적으로서의 행복의 의미를 성찰하고,
질 높은 정주 환경의 조성, 경제적 안정, 민주주의의 실현, 도덕적 실천이
행복한 삶을 실현하기 위한 중요한 조건임을 이해한다.

01 행복의 기준과 의미

▲ 소크라테스

2021~2023년 삶의 만족도 국가 순위

순위	국가	점수
49	카자흐스탄	6,188
50	사이프러스	6,068
51	일본	6,060
52	대한민국	6,058
53	필리핀	6,048
54	베트남	6,043
55	포르투갈	6,030
56	헝가리	6,017
57	파라과이	5,977
58	타이	5,976
59	말레이시아	5,975
60	중국	5,973

▲ 삶의 만족도

▲ 국민 행복 지수 항목

02 행복한 삶을 실현하기 위한 조건

▲ 행복한 삶을 실현하기 위한 조건

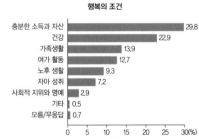

행복의 조건

항목	%
충분한 소득과 자산	29,8
건강	22,9
가족생활	13,9
여가 활동	12,7
노후 생활	9,3
자아 성취	7,2
사회적 지위와 명예	2,9
기타	0,5
모름/무응답	0,7

▲ 청년 세대가 생각하는 행복의 조건

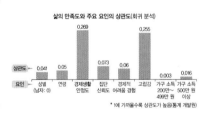

삶의 만족도와 주요 요인의 상관도(회귀 분석)

요인	상관도
성별(남자: 0)	0,041
연령	0,05
경제생활 안정도	0,269
집단 신뢰도	0,073
경제적 어려움 경험	0,06
고립감	0,255
가구 소득 200만~499만 원	0,003
가구 소득 500만 원 이상	0,016

* 1에 가까울수록 상관도가 높음(통계 개발원)

▲ 삶의 만족도와 주요 요인의 상관도

01 행복의 기준과 의미

🔗 **핵심 개념**

☐ 행복의 의미 ☐ 행복의 기준
☐ 시대적 상황 ☐ 지역적 여건

● 헬레니즘 시대
유럽, 아시아, 아프리카에 걸친 제국을 건설한 알렉산드로스 대왕이 사망한 시기부터 로마가 이집트를 지배하기 전까지의 시기를 말한다.

● 쾌락의 역설
감각적이고 순간적인 쾌락만을 즐기려 하면 더 강도가 높은 쾌락을 원하게 되어 결국에는 쾌락보다 고통과 근심을 겪게 된다는 말이다.

● 스토아학파
키티온의 제논이 창시한 헬레니즘 시대의 철학 학파로 금욕과 평온한 삶을 살 것을 주장하였다.

● 원죄
최초의 인간 아담이 신의 계율을 어기고 선악과를 따 먹으면서 생겨난 죄로, 그리스도교에서는 모든 인간이 태어날 때부터 원죄를 지니고 있다고 본다.

● 벤담과 밀의 공리주의
벤담은 쾌락의 양적 차이만을 고려하였다. 반면에 벤담의 제자 밀은 쾌락에는 질적 차이도 있으며, 쾌락의 가치를 측정할 때 양과 질을 함께 고려해야 한다고 보았다.

● 도가 사상가 노자의 행복관
노자는 인위적인 규범과 제도가 더해지지 않은 자연 그대로의 소박(素朴)한 본성을 유지하는 무위자연(無爲自然)의 삶을 이상적이라고 보았다.

1 행복의 의미와 기준

1. 행복의 일반적 의미: 생활에서 충분한 만족과 기쁨을 느끼는 상태

2. 행복의 기준 자료①

(1) **시대적 상황에 따른 행복의 기준:** 같은 지역이라도 시대에 따라 지배적인 가치와 사상, 사회 모습 등이 변하며 행복의 기준에 영향을 줌

선사 시대	• 자연재해나 동물의 위협으로부터 안전을 확보하는 것 • 식량을 확보하여 생존하는 것
고대 그리스 시대	아리스토텔레스: 행복은 인간 삶의 궁극적 목적이며 최고선임. 이성을 탁월하게 발휘할 때 행복이 실현된다고 봄
헬레니즘 시대	• 공통점: 마음의 평온함을 얻는 것이 행복임 • 에피쿠로스: 정신적 쾌락을 통해 행복에 이를 수 있음. 참된 쾌락은 육체에 고통이 없고 마음에 불안이 없는 평온한 삶을 살 때 얻을 수 있다고 봄 └ 외부의 자극으로 일어나는 비이성적인 마음의 움직임과 충동을 말하며 • 스토아학파: 정념에 방해받지 않는 초연한 태도로 자연의 질서에 따라 사는 것을 행복으로 봄
중세 시대	원죄로부터 구원받으려면 신의 은총을 통해 영원하고 완전한 존재인 신과 하나가 되어야 한다고 봄 ┌ 그리스도교에서는 완전한 행복을 위해서는 └ 신에게 귀의(歸依)해야 한다고 보았다.
근대 시대	• 기본적 권리를 중시하며 자유와 평등을 보장받는 것을 행복으로 봄 • 벤담: 쾌락의 충족을 행복이라고 보고 최대 다수의 최대 행복을 가져오는 행위를 해야 한다고 봄

※ 헬레니즘 시대 항목 내 작은 주석: 스토아학파는 정념에서 벗어날 때 행복에 이를 수 있다고 보았다.

(2) **지역적 여건에 따른 행복의 기준** 자료②

구분	의미	행복의 기준
자연환경	기후, 지형 등과 같은 자연 상태의 환경	• 건조 기후 지역에서 깨끗한 물을 확보하는 것 • 일조량이 부족한 냉대 기후 지역에서 충분하게 햇볕을 쬐는 것
인문환경	정치, 경제, 종교, 문화 등과 같은 인간의 활동으로 형성되는 환경	• 경제적으로 빈곤한 지역에서 빈곤에서 벗어나는 것 • 분쟁과 전쟁이 있는 지역에서 평화로운 삶을 사는 것 • 민주주의가 정착되지 않은 지역에서 정치적 자유를 실현하는 것 • 종교를 억압하는 지역에서 종교의 자유를 실현하는 것 • 유교 문화권에서 하늘이 부여한 도덕적 본성을 보존하고 인(仁)을 실현하는 것 • 대승 불교 문화권에서 불성(佛性)을 바탕으로 수행을 통해 해탈의 경지에 이르는 것

┌ 대승 불교에서는 생명을 지닌 모든 존재에게 부처에 이를
└ 수 있는 성품이 본래 갖추어져 있다고 보았다.

자료① 서양 사상가들의 행복관

— 아리스토텔레스는 행복이 특정한 상태가 아니라 삶에서 실천해야 하는 것이라고 보았다.

• 인간적인 좋음은 덕에 따른 영혼의 활동이다. 덕이 여럿이라면 그중 최상이며 가장 완전한 덕에 따르는 영혼의 활동이 인간적인 좋음일 것이다. 한 마리의 제비가 봄을 만드는 것도 아니며 좋은 날 하루가 봄을 만드는 것도 아니니까. 그렇듯 행복한 하루나 짧은 시간이 지극히 복되고 행복한 사람을 만드는 것도 아니다. – 아리스토텔레스, 『니코마코스 윤리학』 –

• 쾌락이 인생의 목적이라고 우리가 말할 때, 무지하거나 우리의 견해에 동의하지 않거나 오해하는 일부 사람들의 생각처럼 방탕한 자의 쾌락을 말한다거나 관능적 향락에서 주어지는 쾌락을 말하는 게 아니라, 몸에 괴로움도 없고 영혼에 동요도 없는 상태를 말한다. – 에피쿠로스, 『메노이케우스에게 보내는 편지』 –
— 에피쿠로스는 감각 기관의 작용에 따른 쾌락은 괴로움을 가져올 수 있으므로 정신적인 쾌락을 추구해야 한다고 보았다.

• 지금까지 네가 얼마나 길을 잃고 방황했는지 모른다. 그리고 결국 어디에서도 좋은 삶(행복)은 발견되지 않았다. 그것은 부, 명성, 향락에도 없고 어디에도 없다. 그럼 좋은 삶(행복)은 어디에 있는가? 인간 내면의 자연이 추구하는 바를 행하는 데 있다. – 아우렐리우스, 『자기 자신에게 이르는 것들』 –

서양 사상가들은 행복한 삶을 살기 위해서는 이성을 바탕으로 덕을 갖추어야 한다고 보았다. 아리스토텔레스는 이성이 탁월하게 발휘되는 영혼의 상태인 덕에 따르는 영혼의 활동이 행복이라고 보았다. 헬레니즘 시대의 에피쿠로스학파와 스토아학파는 마음의 평온함에 이를 때 행복을 실현할 수 있다고 보았다. 에피쿠로스학파는 이성으로써 욕구를 분별하고 절제하는 검소한 삶을 살아갈 때 마음의 평온함에 이를 수 있다고 보았으며, 스토아학파는 이성의 명령이자 자연의 법칙인 자연법에 따르는 삶을 살 때 마음의 평온함에 이를 수 있다고 보았다.

자료② 공자의 행복관

"거친 밥을 먹고 (고깃국이 아니라) 물을 마시고, (좋은 베개가 아니라) 팔베개를 하고 자는 속에도 즐거움이 있다. 정의롭지 못한 부귀(富貴)는 나에게 뜬구름과 같다." 거친 밥이나 냉수를 국으로 먹어야 하는 상황은 공자조차도 실제로 반길 상황은 아니지만 그것을 벗어나는 것이 불의와 바꾸는 대가라면 차라리 이것들 속에서 마음의 자유를 즐긴다는 말이다. 이를 공자는 한마디로 설명한다. "가난할지라도 도(道)를 즐기고, 부유하더라도 예를 좋아하는 것"이 가장 좋은 상황, 곧 행복한 상황이라고 설명한다.
– 안외순, 「공자의 행복관: 『논어』를 중심으로」 –

공자는 배움을 통해 얻는 기쁨과 친구와 교류하며 얻는 즐거움, 그리고 도덕적 인격을 갖춘 군자의 삶을 통해 좋은 삶, 즉 행복한 삶을 살 수 있다고 보았다. 행복한 삶은 '배우고 익히는 학습 과정', '남과 더불어 살아가는 삶', '자기완성의 군자적 삶'의 실천에 의해 완성된다. 공자에 따르면, 이러한 행복한 삶은 군자가 인(仁)에 의한 정치를 펼칠 때 가능하다.
공자는 사랑의 정신이며 인간다움인 인을 실현해야 한다고 주장하였다.

O ✘ 표시하기

❶ 시대적 상황과 상관없이 행복의 기준은 동일하다. ( )

❷ 에피쿠로스는 정신적 쾌락을 통해 행복에 이를 수 있다고 보았다. ( )

❸ 강수량이 적은 건조 기후 지역은 물이 부족하므로 깨끗한 물을 확보하는 것이 행복의 조건이 된다. ( )

❹ 경제와 같은 인문환경도 자연환경과 마찬가지로 인간의 행복에 영향을 미친다. ( )

적절한 말 고르기

❺ 스토아학파는 정념에 방해받지 않는 초연한 태도로 자연의 질서에 (따라, 구애받지 않고) 살아야 한다고 보았다.

❻ 유교 문화권에서는 하늘이 부여한 도덕적 본성을 보존하고 (인, 불성)을 실현해야 한다고 보았다.

빈칸 채우기

❼ 선사 시대에는 주변 환경으로부터 안전을 확보하고 식량을 확보하여 (   )하는 것이 행복의 기준이었다.

❽ 민주주의가 정착되지 않은 지역에서는 정치적 (   )을/를 실현하는 것이 행복의 기준이 될 수 있다.

❾ 원죄로부터 (   )받으려면 신의 은총을 통해 영원하고 완전한 존재인 신과 하나가 되어야 한다.

❿ 분쟁과 전쟁으로 삶의 터전이 파괴당하고 생명이 위협받는 사람들에게는 (   )로운 삶이 필요하다.

<보기>에서 고르기

보기
ㄱ. 행복 ㄴ. 정념의 지배
ㄷ. 정신적 쾌락 ㄹ. 육체적 쾌락
ㅁ. 마음의 평온함

⓫ 에피쿠로스가 추구한 것 ( )

⓬ 스토아학파가 추구한 것 ( )

서로 관련된 내용 연결하기

⓭ 아리스토텔레스 •   • ㉠ 이성과 덕

⓮ 벤담 •   • ㉡ 최대 다수의 최대 행복

⓯ 자연환경 •   • ㉢ 종교와 문화

⓰ 인문환경 •   • ㉣ 기후와 지형

2 삶의 목적으로서의 행복

1. 삶의 목적과 행복

(1) 삶의 목적의 중요성

① 삶의 목적이 없으면 현실에 안주하거나 감각적 쾌락만을 추구하고 고통스럽고 힘든 일을 회피할 수 있음

② 삶의 목적을 추구하는 것은 행복을 주고 삶에서 부딪치는 어려움을 이겨 낼 수 있는 원동력이 됨

③ 인간은 학업 성취, 부, 명예 등 다양한 삶의 목적을 추구하지만 결국에는 행복하게 사는 것이 인간의 목적임 → 행복은 다른 것을 위한 수단이 아니라 <u>그 자체로 추구하는 삶의 궁극적 목적임</u>

└ 행복은 그 자체로 완전성을 지닌 목적이다.

(2) 행복의 객관적 기준과 주관적 기준

① 객관적 기준

- 주거, 소득, 고용, 수명 등 수치화하여 비교가 가능한 지표
- 행복한 삶을 위해 기본적으로 필요한 의식주나 경제력 등과 같은 물질적 조건

② 주관적 기준 **자료 ③**

- 행복감, 자아실현 등 자기의 견해나 관점을 기초로 하여 자신의 삶에 대해 느끼는 만족도
- 상황과 여건에 따라 사람마다 다르게 나타날 수 있음

2. 진정한 행복

(1) 진정한 행복의 의미

① 진정한 행복은 어느 한 가지 기준만을 충족한다고 해도 실현되지 않음. 진정한 행복은 행복의 객관적 기준과 주관적 기준을 조화롭게 추구할 때 얻을 수 있음

② 삶의 목적으로서의 진정한 행복은 순간적이고 감각적인 즐거움이 아니라 삶 전체를 통해 느끼는 지속적이고 정신적인 즐거움임

(2) 진정한 행복을 위해 필요한 자세 **자료 ④**

① 자신이 소중하게 여기는 가치와 자신이 어떤 상황에서 즐거움과 만족을 느끼는지에 대해 성찰함으로써 행복의 진정한 의미를 깨달아야 함

② 의미 있는 목표를 세우고 이를 달성하고자 노력해야 함

③ 즐거운 마음 상태를 유지하는 것뿐만 아니라 자신의 잠재 가능성을 실현하고 <u>타인에게 선한 영향력을 끼치는 등</u> 바람직한 가치를 실현해야 함

④ 자신이 처한 외적 환경에 불만을 가지고 낙담하기보다는 더 나은 상태로 나아가기 위해 노력하는 적극적이고 긍정적인 삶의 태도를 가져야 함

└ 인간은 다른 사람과 더불어 살아가는 존재이므로
다른 사람의 행복도 중요하게 생각해야 한다.

◎ 어떤 사람이 행복할까?

10년간의 세계 행복 보고서 결과를 살펴보면 다음과 같은 특징을 가진 개인이 더 행복하다는 결론을 얻을 수 있다.

- 상호 신뢰할 수 있고, 관대하며, 서로 돕고 사는 사람
- 삶의 중요한 결정을 내리는 데 있어서 자유로운 사람
- 소득이 높고 건강이 좋은 상태인 사람

이 결론은 내적 미덕과 외적인 조건을 가진 사람들이 행복에 다다른다고 주장한 아리스토텔레스의 관점과 일맥상통한다.

– 국회 미래 연구원, 「세계 행복 보고서 10년의 결과」 –

◎ 행복한 삶에 대한 아우구스티누스의 관점

그리스도교 사상가 아우구스티누스는 행복한 삶은 없어지거나 변화하는 것을 통해서는 얻을 수 없고, 정신의 현명함을 통해서만 얻을 수 있다고 보았다. 아우구스티누스는 진리를 통해 최고의 법도인 신에 이르는 자는 누구든지 행복하다고 주장하였다.

자료 ③ **2024년 세계 행복 보고서**

2021~2023년 삶의 만족도 국가 순위

49 카자흐스탄	6.188
50 사이프러스	6.068
51 일본	6.060
52 대한민국	6.058
53 필리핀	6.048
54 베트남	6.043
55 포르투갈	6.030
56 헝가리	6.017
57 파라과이	5.977
58 타이	5.976
59 말레이시아	5.975
60 중국	5.973

행복 지수가 가장 높은 나라는 핀란드(7.741)이고, 덴마크 (7.583), 아이슬란드(7.525) 도 높은 행복 지수를 보였다. 행복 지수가 가장 낮은 나라는 아프가니스탄(1.721)이다.

(worldhappiness.report)

세계 행복 보고서는 국제 연합 산하 자문 기구인 지속가능발전 해법 네트워크에서 매년 140여 개 국가를 대상으로 행복과 관련된 설문 조사를 실시하여 행복 지수를 산출하고 순위를 매겨 발표하는 보고서이다. 우리나라는 2024년 보고서에서 6,058점 (0~10점 범위)으로 조사 대상 국가 가운데 52위를 차지하였다. 세계 행복 보고서는 응답자가 자신의 삶에 대해 평가하여 답한 값을 최근 3년(2021~2023년) 평균치로 계산하여 국제 순위를 표시한다.

O ✖ 표시하기

❶ 행복은 다른 것을 위한 수단이 아니라 그 자체로 추구하는 삶의 목적이다. ( )

❷ 자신에게 주어지는 힘든 일을 최대한 회피할 때 궁극적 행복을 실현할 수 있다. ( )

❸ 행복의 객관적 기준은 수치화하여 비교가 가능한 지표이다. ( )

❹ 행복을 위해서는 타인에 대한 관심을 버리고 자신의 즐거운 마음 상태 유지만을 최우선 목표로 삼아야 한다. ( )

적절한 말 고르기

❺ 삶의 목적이 (있으면, 없으면) 현실에 안주하거나 감각적 쾌락만을 추구할 수 있다.

❻ 행복의 주관적 기준은 사람이 처한 상황과 여건 (에 따라 다르게, 과 상관없이 동일하게) 나타난다.

❼ 삶의 목적으로서의 진정한 행복은 (순간적이고 감각적인, 지속적이고 정신적인) 즐거움이다.

빈칸 채우기

❽ 삶의 목적을 추구하는 것은 행복을 주고 삶에서 부딪치는 어려움을 이겨 낼 수 있는 ( )이/가 된다.

❾ 진정한 행복은 행복의 객관적 기준과 주관적 기준을 ( )롭게 추구할 때 얻을 수 있다.

❿ 진정한 행복을 위해서는 자신의 잠재 가능성을 실현하고 타인에게 ( ) 영향력을 끼치려고 노력해야 한다.

자료 ④ **성찰하는 삶의 중요성**

소크라테스는 검토 과정에서 산파술(문답법)을 통해 젊은이들이 자신의 무지를 자각하고 스스로 진리를 찾을 수 있도록 도왔다.

진리와 덕에 관해 자신과 남들을 검토하고 있는 것들에 관해 매일 이야기하는 것이 인간에게 최대의 선입니다. 검토함이 없는 삶은 인간다운 삶이 아니라고 말한다면, 여러분은 저를 믿지 않을 것입니다. 여러분! 어려운 것은 죽음을 면하는 것이 아닙니다. 오히려 비열함을 면하는 것이 훨씬 더 어렵습니다.

– 플라톤, 『소크라테스의 변명』 –

고대 그리스의 철학자 소크라테스는 "성찰(검토)하지 않는 삶은 살 가치가 없다." 라고 주장하며 성찰하는 삶의 중요성을 강조하였다. 플라톤의 대화편 『소크라테스의 변명』에는 재판정에서 행한 소크라테스의 연설이 수록되어 있다. 소크라테스는 자신의 무지를 자각하고 자신과 타인의 생각을 검토하고 성찰할 때 진리를 파악할 수 있다고 주장하였다. 그리고 진리를 파악한 사람은 그에 따른 덕을 행하며 행복한 삶을 산다고 주장하였다.

〈보기〉에서 고르기

보기
ㄱ. 의식주
ㄴ. 경제력
ㄷ. 자아실현
ㄹ. 가족과의 사랑
ㅁ. 친구와의 우정

⓫ 행복의 객관적 기준 ( )

⓬ 행복의 주관적 기준 ( )

서로 관련된 내용 연결하기

⓭ 행복의 의미를 깨닫기 위한 조건 • • ㉠ 성찰

⓮ 삶의 궁극적 목적 • • ㉡ 행복

> 25592-0029

01 다음 글의 입장으로 적절한 것만을 〈보기〉에서 고른 것은?

> 어떤 사람들은 돈과 권력을 원하기도 하고, 다른 사람들은 건강과 쾌락을 원하기도 한다. 하지만 이들에게 그것들 자체가 삶의 궁극적 목적이냐고 묻는다면 대부분 그렇지는 않다고 대답할 것이다. 왜냐하면 돈, 권력, 건강, 쾌락은 궁극적으로는 행복을 얻기 위한 수단이며, 이것들이 없다고 해서 행복이 불가능한 것도 아니기 때문이다. 돈을 얻고도 행복하지 않다면 돈은 쓸모가 없을 것이다. 몸은 건강하지만 마음은 불행한 상황을 누구도 원하지 않을 것이다. 따라서 인간의 모든 행위는 결국 행복을 위한 것이다.

─[보기]─
ㄱ. 돈과 권력이 없다면 행복한 삶을 살 수 없다.
ㄴ. 행복하려면 권력 획득을 바라지 말아야 한다.
ㄷ. 몸이 건강한 사람이 모두 행복한 사람은 아니다.
ㄹ. 행복을 위한 수단을 행복 그 자체로 보아서는 안 된다.

① ㄱ, ㄴ ② ㄱ, ㄷ ③ ㄴ, ㄷ
④ ㄴ, ㄹ ⑤ ㄷ, ㄹ

> 25592-0030

02 다음 글의 입장으로 가장 적절한 것은?

> 모든 사람에게 행복의 기준을 일률적으로 적용할 수는 없다. 왜냐하면 행복의 기준은 시대적 상황이나 지역적 여건에 따라 다를 수 있기 때문이다. 같은 지역이라도 시대에 따라 지배적인 가치와 사상, 사회 모습 등이 변하며 행복의 기준에 영향을 준다. 그뿐만 아니라 기후나 지형 같은 자연환경이나 인간의 활동으로 형성되는 인문환경도 행복의 기준에 영향을 준다.

① 행복의 기준은 사람마다 상대적일 수 있다.
② 인문환경과 달리 자연환경은 변화하지 않는다.
③ 사막 지역 거주자에게는 물보다 햇볕이 필요하다.
④ 문화 차이가 행복의 기준에 영향을 주지는 않는다.
⑤ 과거의 행복 기준을 현대에도 동일하게 적용해야 한다.

> 25592-0031

03 갑, 을 사상가가 모두 긍정의 대답을 할 질문으로 가장 적절한 것은?

> 갑: 육체에 고통이 없고 마음에 불안이 없는 상태에 이를 때 행복을 얻을 수 있다.
> 을: 정념에 방해받지 않은 초연한 태도로 자연의 질서에 따른 삶을 살 때 행복을 얻을 수 있다.

① 정념의 명령에 따르면 고통이 사라지는가?
② 육체적 쾌락이 진정한 행복을 가져오는가?
③ 금욕적 태도에서 벗어나 자연을 따라야 하는가?
④ 쾌락 획득 시에 고통이 생기는 것은 불가능한가?
⑤ 행복은 평온한 마음 상태에서 실현될 수 있는가?

> 25592-0032

04 (가), (나)에 들어갈 말이 옳게 짝지어진 것은?

(가)환경	기후, 지형 등과 같은 환경
(나)환경	정치, 경제, 종교 등과 같은 환경

	(가)	(나)		(가)	(나)
①	인문	자연	②	자연	인문
③	일반	특수	④	특수	일반
⑤	일반	자연			

> 25592-0033

05 다음 글의 입장으로 옳지 <u>않은</u> 것은?

> 어떤 행동이 공동체의 행복을 증가시키는 경향이 고통으로 인해 행복을 감소시키는 경향보다 더 클 경우, 그 행동은 공리의 원칙 혹은 공리에 일치한다고 말할 수 있다. 정부의 정책도 공동체의 행복을 증가시키는 경향이 고통으로 인해 행복을 감소시키는 경향보다 더 클 경우, 공리의 원칙에 일치한다거나 이 원칙에 의하여 명령된다고 말할 수 있다. 우리는 공리의 원칙을 따라야 한다.

① 공동체의 행복을 증진하는 행위를 해야 한다.
② 고통을 감소시키는 것은 공리의 원칙에 어긋난다.
③ 많은 사람에게 고통만 주는 행동은 비도덕적이다.
④ 의회는 행복을 다량 산출하는 법을 제정해야 한다.
⑤ 정책이 공동체의 행복 증진에 기여하는지 검토해야 한다.

06 ⟩ 25592-0034
ㄱ, ㄴ에 들어갈 내용이 옳게 짝지어진 것은?

> 행복의 기준에는 ⬜ ㉠ ⬜ 기준과 ⬜ ㉡ ⬜ 기준이 있다. ⬜ ㉠ ⬜ 기준은 주거, 소득, 고용, 수명 등 수치화하여 비교가 가능한 지표와 같은 기준이다. 반면에 ⬜ ㉡ ⬜ 기준은 행복감, 자아실현 등 자기의 견해나 관점을 기초로 하여 자신의 삶에 대해 느끼는 만족도와 같은 기준이다.

	㉠	㉡		㉠	㉡
①	주관적	객관적	②	정신적	물질적
③	주관적	정신적	④	객관적	주관적
⑤	객관적	물질적			

07 ⟩ 25592-0035
다음 자료들은 우리나라의 지역별 삶의 만족도이다. 그림에 대한 적절한 설명만을 〈보기〉에서 고른 것은?

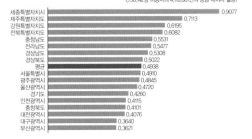

대한민국 시도별 삶의 만족도 (1년 6개월 동안 ○○○ 같이가치(나의 안녕지수)에 축적된 1,756,142명 이용자의 4,110,081건의 응답 데이터 활용)

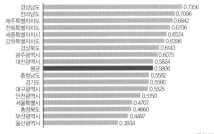

대한민국 시도별 환경 분야 행복도

(국회 미래 연구원)

⟨ 보기 ⟩
ㄱ. 수도권 주민의 행복도가 평균보다 더 높다.
ㄴ. 도시 주민의 행복도를 높이는 것은 불가능하다.
ㄷ. 광역시 주민의 삶의 만족도가 특별시 주민보다 낮다.
ㄹ. 환경적 요인이 주민의 행복도에 영향을 미칠 수 있다.

① ㄱ, ㄴ ② ㄱ, ㄷ ③ ㄴ, ㄷ ④ ㄴ, ㄹ ⑤ ㄷ, ㄹ

08 〔중요〕 ⟩ 25592-0036
다음 글의 입장으로 가장 적절한 것은?

> 우리는 인간의 기능을 어떤 종류의 삶으로 규정하고, 이 삶을 다시 이성을 동반하는 영혼의 활동과 행위로 규정한다. 따라서 훌륭한 인간의 기능은 이것들을 잘, 그리고 훌륭하게 행하는 것이다. 그래서 각 기능은 자신의 고유한 덕에 따라 수행될 때 완성된다. 만약 그렇다면 인간적인 좋음, 즉 행복은 덕에 따르는 영혼의 활동일 것이다.

① 이성 능력의 발휘는 행복한 삶과 무관하다.
② 인간의 여러 기능마다 덕이 따로 있지는 않다.
③ 행복은 감각적 쾌락을 통해서만 얻을 수 있다.
④ 인간은 덕에 따르는 삶을 살 때 행복할 수 있다.
⑤ 인간이 자신의 기능을 훌륭하게 행하는 것은 불가능하다.

09 ⟩ 25592-0037
다음 글에서 강조하는 내용으로 가장 적절한 것은?

> 진정한 행복은 어느 한 가지 기준만을 충족한다고 실현되는 것이 아니다. 삶의 목적으로서의 행복은 순간적이고 감각적인 즐거움이 아니라 삶 전체를 통해 느끼는 지속적이고 정신적인 즐거움이다. 이를 위해서는 자신이 소중하게 여기는 가치와 자신이 어떤 상황에서 즐거움과 만족을 느끼는지에 대해서 성찰해 보아야 한다. 이러한 성찰 이후에야 진정한 행복의 의미를 깨달을 수 있다.

① 행복의 실현을 삶의 목적으로 삼아서는 안 된다.
② 참된 행복은 질 높은 주거와 고소득으로 실현된다.
③ 현재의 순간적인 쾌락을 절대 놓치지 않아야 한다.
④ 참된 행복을 위해서는 자기반성의 과정이 필요하다.
⑤ 사회의 행복 기준에 맞추기만 하면 행복은 저절로 이루어진다.

서술형 문제

Step1 핵심 키워드 파악하기

> 25592-0038

01 행복의 객관적 기준과 주관적 기준에 대해 설명하고, 진정한 행복을 얻기 위해 필요한 자세를 서술하시오.

예시 답안 행복의 객관적 기준은 행복한 삶을 위해 기본적으로 필요한 (   )(이)나 경제력 등과 같은 물질적 조건으로, 수치로 비교 가능한 기준이다. 반면에 주관적 기준은 행복감과 같이 스스로 자신의 삶에 느끼는 (   )을/를 말한다. 진정한 행복을 위해서는 객관적 기준과 주관적 기준을 조화롭게 추구해야 한다.

> 25592-0039

02 (1) (가), (나)에서 표시된 A, B 지역의 자연환경을 고려하여 해당 지역 사람들의 행복의 기준을 쓰고, (2) 이러한 차이가 나타나게 된 원인을 자연환경 측면에서 서술하시오.

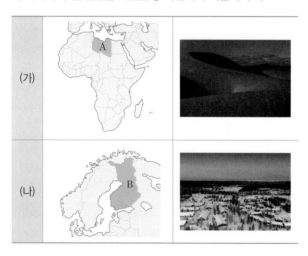

(1) A – (   ) B – (   )

(2) **예시 답안** A 지역은 (   ) 기후 지역으로 비가 잘 내리지 않아 사람들이 믿고 마실 수 있는 (   )이/가 부족하다. 따라서 이 지역 사람들에게 중요한 행복의 기준은 (   )을/를 확보하는 것이다. B 지역은 (   ) 기후 지역으로 겨울이 길고 매우 춥다. 특히 겨울철에는 낮이 극도로 짧아진다. 따라서 이 지역 사람들에게 중요한 행복의 기준은 충분한 (   )을/를 쬐는 것이다.

Step2 스스로 답안 작성하기

> 25592-0040

03 그림은 A국이 만든 국민 행복 지수의 항목들을 나타낸 것이다. 이 그림을 바탕으로 A국이 중시하는 행복의 기준을 두 가지 기준으로 나누어 서술하시오.

*거버넌스: '국가 경영' 또는 '공공 경영'을 말하며, 행정을 '거버넌스'로 보기도 한다.

> 25592-0041

04 다음 사례의 A국 국민들이 바라는 행복에 대해 200자 내외로 서술하시오.

> 한 여성이 종교적 복장을 제대로 하지 않았다는 이유로 경찰에 체포된 후 의문사한 사건으로 인해 A국에는 대규모 시위가 발생했다. 이 여성의 사망 일주기에는 정부의 단속에도 불구하고 "여성, 생명, 자유!", "독재를 멈춰라!" 구호가 곳곳에서 울렸다. 아무리 짓밟아도 이 여성의 사망 이전으로는 돌아가지 않겠다는 이들이 목숨을 걸고 다시 거리로 나온 것이다.

1등급 도전

> 25592-0042

01 다음 글의 입장으로 가장 적절한 것은?

> 욕망들 가운데 어떤 것들은 자연적이고 어떤 것들은 근거 없는 것들임을 고려해야 한다. 그리고 자연적인 것들 가운데 어떤 것들은 필수적인 것이고 어떤 것들은 단순히 자연적인 것에 불과하며, 필수적인 것들 가운데 어떤 것들은 행복을 위해 필요한 것이고 어떤 것들은 몸의 평정을 위해 필요한 것이다. 이것들에 관한 고찰은 우리로 하여금 모든 선택과 기피를 몸의 건강과 영혼의 평정에 연관시킬 수 있게 해 주기 때문이다. 몸의 건강과 영혼의 평정이야말로 행복한 삶의 목적이니까.

① 마음의 평온함과 행복한 삶은 양립할 수 없다.
② 행복을 실현할 때 이성의 역할은 존재하지 않는다.
③ 욕망 자체는 악이지만 행복한 삶을 위해 필요하다.
④ 몸에 고통이 없는 상태가 곧 참된 행복의 상태이다.
⑤ 자연적이고 필수적인 욕망만을 최소한으로 충족해야 한다.

> 25592-0043

02 다음은 행복의 기준에 관한 수업에서 학생이 필기한 내용이다. ㉠~㉤에 대한 설명으로 적절하지 **않은** 것은?

> • 지역적 여건에 따른 행복의 기준
> 1. ㉠ 자연환경: ……
>   예 ……
> 2. ㉡ 인문환경: ……
>   예 ㉢ 경제적으로 빈곤한 지역에서 빈곤에서 벗어나는 것
>   ㉣ 유교 문화권에서 하늘이 부여한 도덕적 본성을 보존하고 인(仁)을 실현하는 것
>   ㉤ 대승 불교 문화권에서 불성(佛性)을 바탕으로 수행을 통해 해탈의 경지에 이르는 것

① ㉠: 기후, 지형 등과 같은 자연 상태의 환경을 의미한다.
② ㉡: 정치, 경제, 종교, 문화 등과 같은 인간의 활동으로 형성되는 환경을 의미한다.
③ ㉢: 정부의 복지 제도나 타국의 원조로 실현할 수 있다.
④ ㉣: 인간다움을 바탕으로 사랑을 실천할 때 인을 실현할 수 있다.
⑤ ㉤: 수행을 통해 해탈하면 불성을 형성할 수 있다.

> 25592-0044

03 교사의 질문에 대해 적절한 대답을 한 학생만을 있는 대로 고른 것은?

> 행복을 바라지 않는 사람이 있을까? 우리가 어떤 모습으로 살고 있는지와 상관없이 우리는 결국 행복을 위해 살고 있다. 그래서 우리는 행복을 위해 어떤 것을 하거나 하지 않을 수 있으며, 고난이 왔을 때 낙담하지 않을 수 있다. 만약 삶의 지향점이 없다면 육체적 쾌락만을 추구하거나 쉬운 일만 하려 할 수 있다.

교사
윗글의 관점에서 삶의 목적과 행복의 관계에 대해 말해 볼까요?

행복은 명예나 사회적 지위와 같은 삶의 목적을 추구하기 위한 수단입니다.

갑

삶의 목적이 없으면 감각적 쾌락만을 추구하거나 힘든 일을 회피할 수 있습니다.

을

삶의 목적으로서 행복을 추구하는 것은 삶에서 부딪치는 어려움을 이겨 낼 수 있게 합니다.

병

① 갑
② 병
③ 갑, 을
④ 을, 병
⑤ 갑, 을, 병

> 25592-0045

04 그림의 강연자가 지지할 주장으로 옳지 **않은** 것은?

> 어떤 사람은 저에게 사형을 피해 이곳을 떠나 침묵을 지키며 조용히 살기를 권합니다. 그러나 저는 그렇게 살 수 없습니다. 진리와 덕에 관해 저 자신과 남들을 검토하고 있는 것들에 관해 매일 이야기하는 것이 인간에게 최대의 선입니다. 검토함이 없는 삶은 인간다운 삶이 아니라고 말한다면, 여러분은 저를 믿지 않을 것입니다. 여러분! 어려운 것은 죽음을 면하는 것이 아닙니다. 오히려 비열함을 면하는 것이 훨씬 더 어렵습니다.

① 자신에 대한 성찰이 없는 삶은 살 가치가 없다.
② 인간의 최고선 중 하나는 덕에 대해 아는 것이다.
③ 인간은 바람직한 삶에 대해 검토하며 살아야 한다.
④ 타인의 주장에 대한 비판적 분석은 적절하지 않다.
⑤ 자신의 생명보다 중시하는 삶의 목적이 존재할 수 있다.

02 행복한 삶을 실현하기 위한 조건

🔗 핵심 개념

☐ 질 높은 정주 환경
☐ 경제적 안정

◉ 국제 연합의 인간 정주 계획(UN Habitat)

도농 연속체에 걸친 지역 사회의 공간적 불평등과 빈곤의 감소	도시와 지역의 공동 번영 강화	기후변화 대응 강화와 도시 환경 개선	효과적인 도시 위기 예방 및 대응

국제 연합의 인간 정주 계획은 사회적, 환경적으로 지속가능한 도시와 마을을 조성하고자 한다. 국제 연합 인간 정주 계획은 2020~2023 전략 계획에서 공간적 불평등과 빈곤의 감소, 도시와 지역의 공동 번영 강화, 기후변화 대응 강화와 도시 환경 개선, 효과적인 도시 위기 예방 및 대응을 변화 영역으로 제시하였다.

◉ 이중환의 『택리지』에서 제시하는 정주 환경

이중환은 지리(地理, 풍수지리에 맞는 명당), 생리(生利, 생활하는 데 이로움이 되는 지리적 위치), 인심(人心, 넉넉하고 좋은 인심), 산수(山水, 빼어난 경치)가 좋은 곳에 터를 잡아 살아야 한다고 보았다.

◉ 맹자의 항산(恒産)과 항심(恒心)

맹자는 일반 백성들은 안정적인 생업인 항산이 없으면 도덕적인 마음인 항심도 유지하기 어렵다고 보았다. 따라서 맹자는 백성의 선행을 위해 통치자가 가족을 부양할 수 있는 생업을 먼저 보장해 주어야 한다고 주장하였다.

◉ 이스털린의 역설

소득이 증가해도 행복이 증가하지 않고 정체되는 현상으로 미국의 경제학자 이스털린이 처음 제기하였다. 소득이 낮은 상태에서 증가하면 행복도도 상승하지만, 소득이 일정 수준에 도달하면 소득 증가가 행복도 상승에 큰 영향을 끼치지 않는다는 주장이다.

1 질 높은 정주 환경

1. 정주 환경의 의미 자료①

(1) 인간이 정착하여 살아가고 있는 지역의 생존 환경
(2) 주거 환경에서부터 문화, 여가, 자연환경 등 일상생활의 전 영역을 광범위하게 일컫는 말 └ 인간이 살아가는 데 필요한 자연환경과 인문환경 모두를 말한다.

2. 질 높은 정주 환경

(1) **일반적 의미**: 환경이 쾌적하고 위생적이며 생활에 편리한 시설을 갖추고 있고, 범죄율이 낮고 정치적으로 안정되어 안전한 곳
(2) **필요성**
① 물리적 환경 이상의 의미를 지님 → 낙후된 환경에서는 인간다운 삶을 살기 어려움
② 행복한 삶을 위해 인간다운 삶을 누릴 수 있는 질 높은 정주 환경이 필요함

3. 정주 환경의 질을 높이기 위한 구체적인 노력

주거 환경의 안락함, 편리함 증진	쾌적하고 살기 좋은 주거 생활을 보장하기 위한 정부의 주택 개발 정책 및 대중교통 시설의 확충
교육과 의료 시설 확충	각종 학교나 병원 등을 설립 및 확충하는 등 국민들에게 일정한 교육과 의료 혜택을 제공
삶의 질 개선을 위한 시설 확충	인간다운 생활을 위한 문화·여가·예술·체육·복지·치안 시설 마련
생태 환경의 조성	깨끗한 자연환경을 조성하고 인간과 자연이 조화와 공존을 이룰 수 있도록 도심 내 녹지 공간을 확대

2 경제적 안정

1. 경제적 안정의 의미와 필요성 자료②

(1) **의미**: 생활에 필요한 재화나 서비스를 안정적이고 일정하게 누릴 수 있는 상태
(2) **필요성**
① 경제적으로 궁핍한 상황에서는 기본적인 삶의 조건들이 충족되기 어려움
② 행복한 삶을 위해 삶의 질을 유지하기 위한 일정 수준 이상의 소득이 필요함
└ 경제적 안정은 개인의 행복한 삶뿐만 아니라 안정적인 사회 유지를 위한 중요한 조건이다.

2. 경제적 안정을 위한 구체적인 노력

경제 활성화	일자리를 창출하고 실업자를 줄여 고용 안정을 도모하며 최저 임금을 보장함
복지 제도 마련	• 질병, 실직 등 갑작스러운 상황에 대비할 수 있는 복지 제도를 마련함 • 질 높은 교육과 건강 관리를 위한 제도적 노력이 필요함
경제적 불평등 해소	소외 계층이 절대 빈곤이나 질병으로 고통받지 않고, 소득 격차로 인해 상대적 박탈감에 시달리지 않도록 지나친 경제적 불평등을 해소해야 함

자료 ① 볼노브의 주거 공간에 대한 입장

집의 담은 대규모 일반 공간으로부터 특별하고 사적인 공간을 떼어 냄으로써 내부 공간과 외부 공간을 구분한다. 짐멜이 말했듯이, 경계를 정하는 동시에 그것을 넘어서는 능력으로 규정된 인간은 가장 눈에 띄기 쉬운 담으로 경계를 정한다. 내부 공간과 외부 공간이라는 두 영역은 체험 공간 전체 구조의 기본을 이루고, 나아가 인간 삶의 기본이 된다. 두 공간은 성격이 전혀 다르다. 외부 공간은 인간이 세계에 나가 활동하는 공간이고, 저항을 극복하고 적을 막아 내야 하는 곳으로서 보호받지 못하는 공간, 위험과 희생의 공간이다. 만일 세계에 외부 공간만 존재한다면 실존주의자들의 말대로 인간은 영원히 쫓기듯 망명자로 머물 것이다. 바로 그래서 인간에게는 집이라는 공간이 필요하다. 그곳은 인간이 혹 닥칠지 모르는 위협에 대한 끝없는 경계심을 내려놓을 수 있는 안정과 평화의 영역이고 뒤로 물러나 긴장을 풀 수 있는 공간이다.

└ 지금 여기에 있는 구체적인 개인, 주체적이고 개별적인 인간 존재를 가리킨다. ─ 볼노브, 『인간과 공간』 ─

볼노브는 외부 공간의 긴장을 풀 수 있는 주거 공간에서 인간은 자유롭고 편안하게 움직일 수 있고 평화를 얻을 수 있다고 보았다.

┌ 국가가 모든 사회 구성원에게 일정 수준의 소득을 무조건 지급하는 것으로 최근 인공 지능과 로봇 기술의 발전으로 인한 경제적 불평등에 대한 대책으로 주목받고 있다.

자료 ② 기본 소득 제도의 장점과 단점

기본 소득 제도의 장점은 간단하다는 점이다. 현재 사회 복지 제도는 조사를 통해 대상자를 선정하고 부정 수급을 관리해야 하기 때문에 복잡하고 행정 비용을 많이 발생시키며 비효율적이다. 기본 소득 제도는 이러한 행정 비용과 비효율을 발생시키지 않으며 수급자의 낙인 문제도 걱정할 필요가 없다. 또한 개인의 직업 선택 시 경제적 제약을 줄여 훈련 및 교육을 통한 직업 능력 제고 기회를 증가시킨다. 무엇보다 자동화 및 디지털화로 인한 사회적 이득을 재분배하는 효과적인 제도가 될 수 있다는 점에서 주목받고 있다. 그러나 기본 소득 제도에 대한 반대 목소리도 크다. 첫째, 재원 소요가 크다. 재원 조달을 위한 세금 인상은 물가 인상을 초래하고 결국 빈곤층이 가장 큰 피해를 입는다. 둘째, 개인의 근로 동기를 약화시킬 수 있다. 기본 소득이 생기면 근로 시간을 줄이거나 근로를 중단할 유인이 커진다. 또한 바람직하지 않은 이민자를 유인할 우려도 제기된다. 셋째, 기본 소득 제도로 현재의 사회 복지 제도를 대체하는 것이 빈곤 및 불평등 감소에 효과적인지도 명확하지 않다. 고소득자에게도 동일하게 지원하는 반면 특별한 수요가 있는 장애인, 한부모 가구 등의 수요를 반영하지 않기 때문에 공공 재원의 비효율적 사용을 초래하고 소득 불평등을 높일 것이라는 지적을 받고 있다.

─ 이선영, 「EU 기본 소득 제도 논의 동향」 ─

기본 소득 제도는 점점 심화되는 경제적 불평등과 빈곤 문제에 대응하기 위한 방법으로 제안되었다. 핀란드, 네덜란드, 미국 등의 나라에서 실험적으로 실시하였으나 아직 전면 실시하는 국가는 없다. 최근 인공 지능과 로봇 기술 발전에 따라 대체될 직업과 그에 따른 사회문제에 대한 우려가 생겨나고 있다. 이러한 문제에 대처하기 위해 기본 소득 제도가 논의되고 있다.

○✖ 표시하기

❶ 질 높은 정주 환경을 평가할 때 문화나 여가 같은 요소도 포함된다. (　　)

❷ 행복은 생활에서 만족감을 느끼는 것이므로 행복과 경제적 안정은 서로 관련이 없다. (　　)

❸ 정주 환경의 질을 판단할 때는 물리적 환경의 특징만을 고려하면 된다. (　　)

❹ 경제적 안정은 개인의 행복한 삶뿐만 아니라 안정적인 사회 유지를 위한 주요 조건이다. (　　)

적절한 말 고르기

❺ 인간과 자연이 조화와 공존을 이룰 수 있도록 도심 내 녹지 공간을 (확대, 축소)해야 한다.

❻ 이스털린의 역설은 소득이 일정 수준에 도달하면 소득이 증가해도 행복이 (증가, 감소)하지 않고 정체되는 현상을 말한다.

❼ 기본 소득 제도는 기존 복지 제도를 운영하기 위한 행정 비용과 비효율을 줄일 수 있지만 개인의 근로 동기를 (강화, 약화)시킬 수 있다는 지적도 받고 있다.

빈칸 채우기

❽ 국제 연합의 인간 정주 계획(UN Habitat)은 2020~2023 전략 계획에서 공간적 불평등과 (　　　)의 감소, 도시와 지역의 공동 번영 강화, 기후변화 대응 강화와 도시 환경 개선 등을 변화 영역으로 제시하였다.

❾ 근로자들의 고용 안정을 도모하고 생계유지를 위해 (　　　)을/를 보장해야 한다.

❿ 맹자는 백성들은 안정적인 생업인 (　　　)이/가 없으면 도덕적인 마음인 (　　　)도 유지하기 어렵다고 보았다.

<보기>에서 고르기

┌ 보기 ┐
ㄱ. 대기 　　 ㄴ. 문화 　　 ㄷ. 치안
ㄹ. 토양 　　 ㅁ. 보건 및 위생 서비스
└──────────────────┘

⓫ 자연환경 (　　)

⓬ 인문환경 (　　)

┌ 보기 ┐
ㄱ. 지리(地理) 　 ㄴ. 생리(生利) 　 ㄷ. 인심(人心)
ㄹ. 인구(人口) 　 ㅁ. 산수(山水)
└──────────────────┘

⓭ 이중환이 제시한 살기 좋은 곳의 조건 (　　)

● **민주주의와 행복**
직접 민주주의 제도를 채택한 주들이 있는 스위스 시민을 대상으로 한 연구에서 직접 민주주의 제도가 많은 지역의 주민들이 해당 제도가 부족한 지역의 주민들보다 행복도가 높다는 연구 결과가 있다. 이것은 시민이 자신이 속한 지역의 문제에 대해 토론하고 지역의 의사 결정에 참여하는 과정에서 자율성과 관계성의 욕구를 충족할 수 있었기 때문으로 보인다.
– 서울대학교 행복 연구 센터 –

● **시민 단체**
사회의 여러 가지 문제를 해결하기 위하여 정부 기관이 아닌 민간이 중심이 되어 만든 조직이다. 사회 개혁, 사회 복지, 환경, 인권 등 공익과 관련된 일을 한다.

● **증자(曾子)의 일일삼성(一日三省)**
논어에 따르면, 공자의 제자 증자는 매일 세 가지를 성찰하였다고 한다. 성찰의 내용은 다른 사람을 위해 일을 도모하는 데 충실하지 않았는지, 벗과 함께 사귀는 데 신의를 잃지 않았는지, 스승에게 배운 것을 익히지 못하지는 않았는지에 대한 것이었다.

3 민주주의 발전 자료③

1. 민주주의 발전의 필요성

(1) **민주주의의 의미**: 시민이 주권자로서 정치권력을 행사하는 정치 제도

(2) 시민의 정치적 의사가 반영되지 않는 독재 국가나 권위주의적 정치 체제에서는 시민의 기본적 인권이 보장되지 않기 때문에 시민이 삶에 만족을 느끼기 어려움

(3) 시민의 정치적 의사가 잘 반영되는 민주 국가에서는 법과 제도를 통해 시민의 자유와 권리를 보장하여 시민 각자가 원하는 삶의 방식을 자유롭게 추구하며 행복도를 높일 수 있음
└ 권리와 함께 의무의 수행이 필요하며, 타인의 자유를 침해하지 않는 범위 내에서 자유 추구가 필요하다.

2. 민주주의 실현을 위한 구체적인 노력

민주적 제도 마련	독재나 권력의 횡포 등을 막아 국민의 권리와 의무를 보호하기 위한 법치주의, 선거 제도, 권력 분립 제도, 언론 자유 보장, 의회 제도, 복수 정당 제도 등의 민주적 제도 마련
시민의 적극적인 정치 참여	시민이 권리와 의무를 이해하고 주인의식을 바탕으로 적극적으로 정치에 참여하는 민주적 문화 형성

3. 정치 참여의 다양한 방법

투표권 행사	시민은 주권자로서 선거 등을 통해 자신의 의사를 표현
직접적인 정치 참여	• 자신이 직접 후보자로 입후보하여 공직자로 선출되어 활동 • 집회, 시위 등과 같은 직접적 의사 표현
능동적 의견 제시와 국가 정책 감시	국가 정책이 결정되는 과정에서 시민의 의견을 적극 전달하고, 국가 정책이 시민의 의견을 제대로 반영하고 있는지 지속적으로 감시해야 함
사회 조직을 통한 참여	정당, 이익 집단, 시민 단체 등에 가입하여 활동

4 도덕적 실천

1. 도덕적 실천의 의미와 성찰의 필요성

(1) **도덕적 실천의 의미**: 타인을 배려하거나 곤경에 처한 삶을 돕는 행동

(2) **성찰의 필요성**: 자신의 이익과 욕망만을 추구하면 타인과 공동체에 해를 입히고 공동체 전체의 행복도를 낮출 수 있음 → 자신의 행위와 삶을 도덕적 관점에서 성찰하고 도덕적 실천을 할 때 삶의 가치를 이해하고 행복이 증대될 수 있음

2. 도덕적 실천의 자세 자료④
┌ 입장을 바꾸어 다른 사람의 처지를 생각하는 역지사지(易地思之)의 마음이 필요하다.

(1) 성찰을 바탕으로 도덕적 가치를 기준으로 삼아 옳은 행동을 하는 도덕적 실천이 필요함 → 옳지 않은 일을 보면 이를 바로잡는 노력을 해야 함

(2) 어려움에 처한 사람을 자발적으로 돕고 타인과 더불어 살아가는 노력을 하는 과정에서 만족감을 느낄 수 있음 → 자존감과 행복감을 높이는 데 기여할 수 있음

(3) 자신과 타인의 행복을 함께 추구하여 공동체의 행복 실현을 위해 노력해야 함
→ 사회적 자본이 형성되고 자신과 공동체 모두의 행복 실현이 가능해짐
└ 퍼트넘이 제시한 개념으로 개인이나 집단에 이익을 주는 신뢰, 네트워크, 규범, 제도 등 무형의 자본이다.

자료 ③ 민주주의와 행복의 증진

> 거버넌스는 정부를 포함하여 다양한 공공 활동을 하는 조직을 경영하는 것을 말한다. 바람직한 거버넌스는 통치나 지배보다는 다양한 구성원 사이의 관계와 소통을 통해 실현될 수 있다.

바람직한 거버넌스와 행복에 관한 기존 연구 결과는 정부의 질 중에서 특히 효율적 차원, 혹은 기술적 차원의 정부의 질을 강조하는 것이었다. 하지만 행복의 주요한 다른 요인, 특히 소득을 추가적으로 고려하여 분석한 결과, 기존 연구와 비슷한 자료를 사용하여 연구했음에도 민주주의의 지표인 참여와 책임성의 측면을 개선하는 것이 행복의 증진에 도움이 된다는 결과를 얻었다. 구체적으로, 소득의 조절 변수 효과를 분석한 결과 정부의 효과성, 규제의 질, 법의 지배, 부패의 통제 등 정부의 기술적 질이 행복에 미치는 영향은 소득이 증가함에 따라 줄어드는 데 비해, 민주주의를 표상하는 참여와 책임성은 그렇지 않았다. 또한 소득과 건강을 통제한 모형에서 기술적 질은 행복에 대한 효과가 없고, 참여와 책임성을 높이는 것만이 행복 증진에 효과가 있었다. 더욱이 이러한 결과는 소득 수준이 높은 선진국들보다 소득 수준이 낮은 국가들 사이에서 나타나, 참여와 책임성을 높이는 정책이 개발 도상국들의 행복을 증진할 수 있다는 결과를 얻을 수 있었다.

– 우창빈, 「바람직한 거버넌스가 국민의 행복에 미치는 영향」 –

현대 사회에서는 정부의 역할이 크므로 정부가 개인의 행복에 미치는 영향도 크다. 따라서 정부의 정치 체제가 어떤 특징을 가지는지에 따라 개인의 행복도도 달라질 수 있다. 위의 연구에 따르면, 참여와 책임성을 높이는 민주주의 정치 체제에서 사는 사람이 그렇지 않은 정치 체제에서 사는 사람보다 더 행복감을 느낀다. 이는 사람은 정치 공동체의 가치와 규범을 창출하는 절차에 참여할 때 심리적 만족감을 얻는다는 것을 보여 준다.

자료 ④ 타인을 위한 자기희생에 대한 밀의 입장

공리주의는 인간이 타인의 행복을 위해서 자기 자신의 행복을 희생할 수 있다는 것을 인정한다. 공리주의가 부정하는 것은 단지 그런 희생 자체가 좋다는 것이다. 공리주의는 이해 당사자들의 행복의 총합을 증가시키지 못하는 희생은 낭비된 희생으로 간주한다. 공리주의가 찬양하는 유일한 자기희생은 인류 전체나 인류 전체의 집합적 이익의 한계 내에서 개인들의 행복이나 행복을 위한 수단을 확보하는 데 기여하는 자기희생이다.

> 공리주의는 행위와 관련된 이해 당사자들의 행복을 공평하게 고려하라고 요구함으로써 개인의 행복과 사회 전체의 행복을 조화하려고 한다.

– 밀, 「공리주의」 –

공리주의 사상가 밀은 개인이 타인을 위해 자기를 희생할 수 있지만 자기희생 자체가 선은 아니라고 보았다. 밀은 인류 전체의 행복을 위한 자기희생만을 긍정하였다.

• 정답 15쪽

O ✕ 표시하기

❶ 민주주의는 시민이 주권자로서 정치권력을 행사하는 정치 제도이다. ( )

❷ 어려움에 처한 사람을 보았을 때 역지사지(易地思之)의 마음이 필요하다. ( )

❸ 민주주의 제도의 발전과 시민의 행복은 직접적인 관련이 없다. ( )

❹ 도덕적 실천을 위해 자신에 대한 성찰을 바탕으로 보편적인 도덕적 가치를 기준으로 삼아야 한다. ( )

적절한 말 고르기

❺ 시민의 행복 증진을 위한 국가의 독재는 (수용해야, 거부해야) 한다.

❻ 행복한 삶을 위해서는 시민 각자가 원하는 삶의 방식을 자유롭게 추구하게 (해야 한다, 해서는 안 된다).

❼ 자신의 이익과 욕망만을 추구하면 타인과 공동체에 (이익을, 해를) 주고 공동체 전체의 행복도를 (높일, 낮출) 수 있다.

빈칸 채우기

❽ 공리주의 사상가 밀은 자기희생 자체가 선이 아니라 인류 전체의 ( )을/를 위한 자기희생만이 정당화될 수 있다고 보았다.

❾ 퍼트넘이 제시한 사회적 자본은 개인이나 집단에 이익을 주는 ( ), 네트워크, 규범, 제도 등 무형의 자본이다.

〈보기〉에서 고르기

┌─ 보기 ─────────────────────
ㄱ. 스승에게 배운 것을 익혔는가?
ㄴ. 친구와 사귈 때 신의를 지켰는가?
ㄷ. 자신의 이익과 손해를 잘 계산하였는가?
ㄹ. 타인을 위해 일을 도모할 때 충실하였는가?
ㅁ. 옳고 그름을 따지지 않고 타인에게 완전히 동화되었는가?
└──────────────────────────

❿ 증자가 매일 성찰한 세 가지 ( )

> 25592-0046

01 밑줄 친 ㉠을 실현하기 위한 방법으로 적절한 것만을 〈보기〉에서 고른 것은?

국제 연합 인간 정주 계획은 사회적, 환경적으로 지속 가능한 공간을 조성하고자 한다. 국제 연합 인간 정주 계획은 2020~2023 전략 계획에서 ㉠ 공간적 불평등과 빈곤의 감소, 도시와 지역의 공동 번영 강화 등을 변화 영역으로 제시하였다.

┤ 보기 ├
ㄱ. 저소득층을 위한 저렴한 주택을 개발하여 공급한다.
ㄴ. 고급 주택 밀집 지역에 문화 예술 시설을 건설한다.
ㄷ. 다양한 사회 계층이 부담 없이 이용할 수 있는 대중교통 시설을 확충한다.
ㄹ. 도심 재개발을 통해 조성한 공간을 고가에 분양하여 개발 예산을 회수한다.

① ㄱ, ㄴ   ② ㄱ, ㄷ   ③ ㄴ, ㄷ
④ ㄴ, ㄹ   ⑤ ㄷ, ㄹ

> 25592-0047

02 다음 글의 입장으로 가장 적절한 것은?

많은 사람들이 주택 부족과 주택 가격에 대해 걱정하지만, 일부는 주택 부족을 이용하여 경제적 이익을 얻으려 한다. 물론 주택 매매 시에 이익 증진 여부를 고려해야 한다. 그런데 주택의 가치를 경제적 관점으로만 보게 되면 정주 환경의 중요성을 망각할 수 있다. 질 높은 정주 환경이 가지는 의미를 현대인들이 바르게 고찰하지 않는다면 현대인의 삶은 불행해질 수 있다. 가격이 비싼 주택이 있는 곳이 반드시 질 높은 정주 환경을 지닌 것은 아니다. 정주 환경의 질을 높이기 위해서는 좋은 주택뿐만 아니라 다양한 요소들이 필요하다.

① 정주 환경이 인간의 행복에 영향을 미치지는 않는다.
② 깨끗한 자연환경만 마련되면 질 높은 정주 환경이 된다.
③ 주택 부족 상황을 재산 증식 기회로 보아서는 안 된다.
④ 정주 환경의 질은 주택의 가격으로만 결정되지 않는다.
⑤ 정주 환경을 평가할 때 주택의 입지와 주변 시설을 고려해서는 안 된다.

〈중요〉

> 25592-0048

03 다음 글의 입장으로 옳지 <u>않은</u> 것은?

이스털린의 역설은 소득이 증가해도 행복이 증가하지 않고 정체되는 현상으로 미국의 경제학자 이스털린이 처음 제기하였다. 소득이 낮은 상태에서 상승하면 행복도 상승하지만, 소득이 일정 수준에 도달하면 소득 상승이 행복도 상승에 큰 영향을 끼치지 않는다는 주장이다. 따라서 정부와 개인은 행복의 증가를 위해 소득의 증대뿐만 아니라 행복의 다른 조건을 충족시키기 위한 노력도 병행해야 한다.

① 경제적 안정은 행복을 실현하기 위한 조건이다.
② 행복도 상승에는 다양한 요소가 영향을 끼친다.
③ 소득 수준은 삶에 대한 만족감에 항상 정비례한다.
④ 절대 빈곤에 처한 사람에게는 소득 증대가 필요하다.
⑤ 정부는 국민의 행복한 삶을 위해 경제를 활성화해야 한다.

> 25592-0049

04 다음 자료는 청년 세대가 생각하는 행복의 조건이다. 자료에 대한 적절한 설명만을 〈보기〉에서 고른 것은?

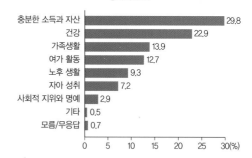

행복의 조건

항목	(%)
충분한 소득과 자산	29.8
건강	22.9
가족생활	13.9
여가 활동	12.7
노후 생활	9.3
자아 성취	7.2
사회적 지위와 명예	2.9
기타	0.5
모름/무응답	0.7

┤ 보기 ├
ㄱ. 청년 세대는 건강보다 자아 성취를 중시한다.
ㄴ. 청년 세대는 행복을 실현할 때 경제적 안정을 중요하게 여긴다.
ㄷ. 청년 세대 중 일부는 행복의 주관적 기준을 충족해야 한다고 생각한다.
ㄹ. 청년 세대는 정주 환경을 선택할 때 여가 시설 유무를 전혀 고려하지 않을 것이다.

① ㄱ, ㄴ   ② ㄱ, ㄷ   ③ ㄴ, ㄷ
④ ㄴ, ㄹ   ⑤ ㄷ, ㄹ

> 25592-0050

05 다음 글의 입장으로 적절하지 않은 것은?

직접 민주주의적 제도를 채택한 주들이 있는 스위스 시민을 대상으로 한 연구에서 직접 민주주의적 제도가 많은 지역의 주민들이 해당 제도가 부족한 지역의 주민들보다 행복도가 높다는 연구 결과가 있다. 이것은 시민이 자신이 속한 지역의 문제에 대해 토론하고 지역의 의사 결정에 참여하는 과정에서 자율성과 관계성의 욕구를 충족할 수 있었기 때문으로 보인다. 따라서 시민이 자신의 의사를 직접적으로 반영할 수 있는 기회를 확대해야 한다.

① 민주주의의 발전이 행복 실현의 조건일 수 있다.
② 시민의 정치 참여는 투표권 행사로 제한되어야 한다.
③ 타인과의 긍정적 관계를 통해 행복도가 높아질 수 있다.
④ 삶의 방식을 스스로 결정할 수 있는 사회가 행복한 사회이다.
⑤ 시민의 정치적 의사가 반영되는 사회일수록 행복도가 높을 수 있다.

> 25592-0051

06 밑줄 친 ㉠, ㉡에 대한 설명으로 적절하지 않은 것은?

시민의 정치 참여는 민주주의 발전과 공익 실현을 위한 것이어야 한다. 시민이 정치에 참여하는 방법에는 투표권 행사, 직접 정치 참여, 의견 제시, ㉠ 국가 정책 감시, ㉡ 사회 조직을 통한 참여 등이 있다.

① ㉠: 시민 단체 등이 정책과 정책 수행 과정을 검증할 수 있다.
② ㉠: 시민의 의견이 국가 정책에 반영되는지 지속적으로 살펴보는 것이다.
③ ㉡: 정당의 당원으로 활동하며 정권 획득을 위해 노력하는 것도 포함된다.
④ ㉡: 이익 집단의 이익을 위해 정책 결정권자와의 지연과 학연을 이용하는 것이다.
⑤ ㉠과 ㉡: 민주주의 국가의 주권자로서 민주주의를 실현하기 위한 노력이다.

> 25592-0052

07 다음 갑 사상가가 지지할 주장으로 적절한 것만을 〈보기〉에서 고른 것은?

갑의 제자가 갑에게 물었다. "평생 지켜야 할 한마디 말이 있습니까?" 그러자 갑이 대답하였다. "그것은 서(恕)이다. 자신이 바라지 않는 것을 다른 사람에게 시키려 하지 마라[己所不欲勿施於人]."라고 답했다.

┤ 보기 ├
ㄱ. 타인의 마음을 자신처럼 고려해야 한다.
ㄴ. 자신이 하기 싫은 일을 공동체에 미루어도 무방하다.
ㄷ. 자신의 행위가 타인에게 미칠 영향을 따져 보아야 한다.
ㄹ. 행복은 자신의 욕망을 충족하고 이익을 최대화할 때 실현된다.

① ㄱ, ㄴ   ② ㄱ, ㄷ   ③ ㄴ, ㄷ
④ ㄴ, ㄹ   ⑤ ㄷ, ㄹ

> 25592-0053

08 다음 글의 입장으로 가장 적절한 것은?

행복이라는 이름으로 갖는 전적인 안녕과 자기 처지에 대한 만족도 선의지가 없는 경우에는 사람을 오만하게 만들기도 한다. 따라서 행해야 할 원칙 전체를 바로잡아 이런 원칙을 보편적이고 목적에 합당하게 만드는 선의지가 있어야 한다. 이 선의지는 행복이라는 이름으로 갖는 전적인 안녕과 자기 처지에 대한 만족이 마음에 미치는 영향을 올바르게 한다. 그래서 선의지는 행복을 누릴 만한 자격에서 없어서는 안 되는 조건인 것 같다.

① 행복은 인간의 마음에 좋은 영향만을 준다.
② 보편적으로 옳은 행위를 추구할 필요는 없다.
③ 행복한 사람은 모두 선의지를 발휘하고 있다.
④ 행복의 실현과 도덕의 실천은 양립할 수 없다.
⑤ 선의지가 있는 사람은 행복을 누릴 만한 자격을 갖는다.

서술형 문제

Step1　핵심 키워드 파악하기

> 25592-0054

01 다음 글의 밑줄 친 ㉠, ㉡과 관련된 정주 환경의 질을 높이기 위한 구체적인 노력을 두 가지로 서술하시오.

> 정주 환경의 질은 ㉠ 주거 환경의 안락과 편리함, ㉡ 교육과 의료 시설 유무, 삶의 질과 관련된 시설 유무, 그리고 생태 친화적 환경 유무에 영향을 받는다.

예시 답안 정주 환경의 질을 높이기 위해서는 살기 좋은 주거 생활을 보장하기 위한 정부의 (　　　　) 개발 정책 및 대중교통 시설의 확충이 필요하다. 또한 각종 (　　　　)와/과 병원 등을 설립 및 확충하여 주민들에게 일정한 교육과 (　　　　) 혜택이 돌아가게 해야 한다.

> 25592-0055

02 행복한 삶을 실현하기 위해 도덕적 실천이 필요한 이유를 구체적으로 서술하시오.

예시 답안 도덕적 실천은 타인을 배려하거나 곤경에 처한 사람을 돕는 행동이다. 자신의 이익과 욕망만을 추구하면 도덕적 실천을 하지 않아도 행복할 수 있다고 생각할 수 있다. 그러나 이기적인 행동은 공동체에 해가 될 뿐만 아니라 자신에게도 손해를 끼칠 수 있다. 결국 이기적 행동은 공동체 전체의 (　　　　)을/를 낮추게 될 수 있다. 따라서 자신의 행위와 삶을 도덕적 관점에서 (　　　　)하고 도덕적 실천을 할 때 삶의 가치를 이해하고 행복이 증대될 수 있다는 점을 명심해야 한다.

Step2　스스로 답안 작성하기

> 25592-0056

03 다음 글의 갑이 제시하는 질 높은 정주 환경의 특징을 서술하시오.

> 갑은 『택리지』에서 지리(地理, 풍수지리에 맞는 명당), 생리(生利, 생활하는 데 이로움이 되는 지리적 위치), 인심(人心, 넉넉하고 좋은 인심), 산수(山水, 빼어난 경치)가 좋은 곳에 터를 잡아 살아야 한다고 주장하였다.

> 25592-0057

04 다음 자료를 바탕으로 자신이 매일 성찰해야 할 세 가지를 스스로 정하여 서술하시오.

> 논어에 따르면, 공자의 제자 증자는 매일 세 가지를 성찰하였다고 한다. 성찰의 내용은 다른 사람을 위해 일을 도모하는 데 충실하지 않았는지, 벗과 함께 사귀는 데 신의를 잃지 않았는지, 스승에게 배운 것을 익히지 못하지는 않았는지에 대한 것이었다.

1등급 도전 문제

> 25592-0058

01 다음 글의 입장으로 가장 적절한 것은?

집의 내부 공간과 외부 공간이라는 두 영역은 체험 공간 전체 구조의 기본을 이루고, 나아가 인간 삶의 기본이 된다. 두 공간은 성격이 전혀 다르다. 외부 공간은 인간이 세계에 나가 활동하는 공간이고, 보호받지 못하는 공간, 위험과 희생의 공간이다. 만일 세계에 외부 공간만 존재한다면 인간은 영원히 망명자로 머물 것이다. 그래서 인간에게는 집이라는 공간이 필요하다. 그곳은 인간이 닥칠지 모르는 위협에 대한 끝없는 경계심을 내려놓을 수 있는 안정과 평화의 영역이고 긴장을 풀 수 있는 공간이다.

① 외부 공간에서 내부 공간의 위협을 벗어날 수 있다.
② 인간의 삶에 안심할 수 있는 고유 공간이 필요하다.
③ 인간의 삶은 평화로운 내부 공간에서만 이루어진다.
④ 내부 공간과 외부 공간은 본질적으로 동일한 공간이다.
⑤ 인간은 위험을 극복하고 외부 공간에만 계속 머물러야 한다.

> 25592-0059

02 다음 신문 칼럼의 입장으로 적절하지 <u>않은</u> 것은?

○○신문　　　**칼 럼**　　　○○○○년 ○월 ○일

고대 동양 사상가 맹자는 일반 백성들은 안정적인 생업인 항산(恒產)이 없으면 도덕적인 마음인 항심(恒心)도 유지하기 어렵다고 주장한 바 있다. 그의 말처럼 절대 빈곤 상태에서는 인간다운 삶을 살기 어렵다. 이런 상황에서는 바람직한 가치의 추구는 물론 행복을 실현하는 것도 불가능하다. 따라서 국가는 절대 빈곤이 발생하기 전에 경제를 활성화하고 복지 제도를 확충해야 한다. 또한 지나친 경제적 불평등이 발생하지 않도록 주의해야 한다. 불행한 시민이 다수인 사회는 오래 존속하기 힘들다.

① 경제적 안정이 없다면 도덕적 실천을 하기 어렵다.
② 국가는 복지 정책을 확대하고 충실하게 집행해야 한다.
③ 경제적 불평등의 심화는 공동체의 행복에 영향을 준다.
④ 시민의 경제적 안정은 도덕적 사회 질서 유지를 위해서도 필요하다.
⑤ 국가는 절대 빈곤에 처한 시민이 도덕심을 유지할 때만 경제적 지원을 해야 한다.

> 25592-0060

03 다음 자료에 대한 설명으로 적절한 것만을 〈보기〉에서 고른 것은?

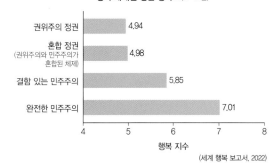

정치 체제별 평균 행복도(0~10점)

정치 체제	행복 지수
권위주의 정권	4.94
혼합 정권 (권위주의와 민주주의가 혼합된 체제)	4.98
결함 있는 민주주의	5.85
완전한 민주주의	7.01

(세계 행복 보고서, 2022)

〔 보기 〕
ㄱ. 인권 보장과 행복은 상호 독립적인 관계에 있다.
ㄴ. 정치 체제가 구성원의 행복 수준에 영향을 끼친다.
ㄷ. 권위주의가 강해질수록 시민의 행복감이 증가한다.
ㄹ. 시민의 정치적 의사가 잘 반영될수록 시민의 삶의 만족도가 높아진다.

① ㄱ, ㄴ　② ㄱ, ㄷ　③ ㄴ, ㄷ　④ ㄴ, ㄹ　⑤ ㄷ, ㄹ

> 25592-0061

04 다음 가상 편지를 쓴 사상가가 지지할 주장으로 옳지 <u>않은</u> 것은?

○○에게
타인의 행복을 위해서 자기 자신의 행복을 희생하는 것이 도덕적 실천이라고 할 수 있는지에 대해 자네가 물었기에 답하려 하네. 타인을 위해 자신의 행복을 희생하는 것은 도덕적 실천으로 인정될 수 있네. 다만 내가 부정하는 것은 단지 그런 희생 자체가 좋다는 주장이네. 공리주의는 이해 당사자들의 행복의 총합을 증가시켜야 한다고 본다네. 공리주의가 찬양하는 유일한 자기희생은 인류 전체의 이익을 증진하는 데 기여하는 자기희생이라네. ……

① 도덕적 행위의 목적은 행복을 실현하는 것이다.
② 행위의 도덕성은 결과의 유용성에 따라 결정된다.
③ 최대 행복을 산출하는 행위가 도덕적으로 정당화된다.
④ 행복을 증진하지 않아도 희생 그 자체는 선이 될 수 있다.
⑤ 타인을 위해 자기 행복을 희생하는 것은 도덕적일 수 있다.

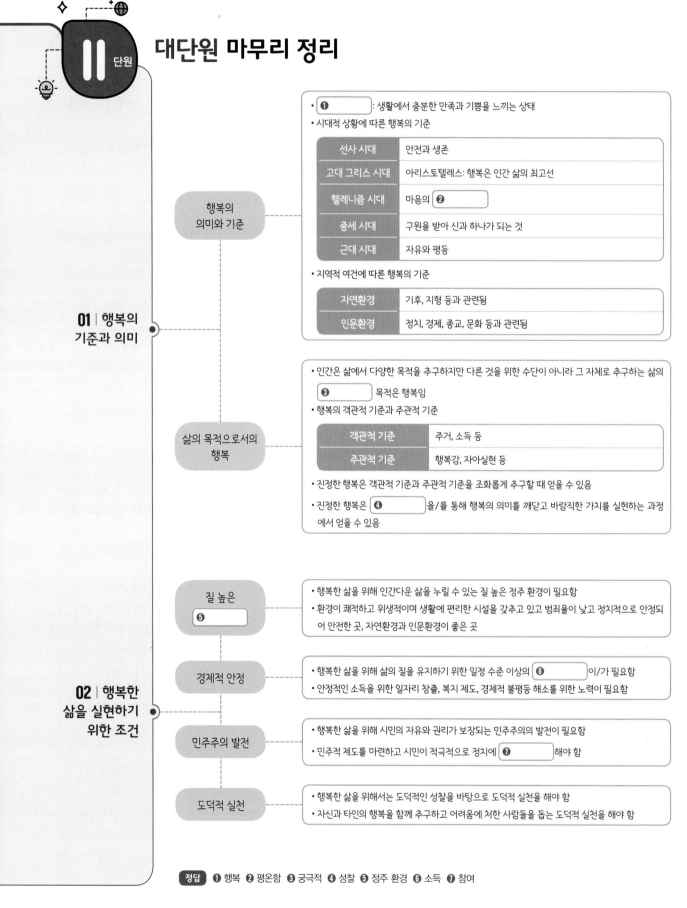

01 | 행복의 기준과 의미

행복의 의미와 기준

- **①** [   ]: 생활에서 충분한 만족과 기쁨을 느끼는 상태
- 시대적 상황에 따른 행복의 기준

선사 시대	안전과 생존
고대 그리스 시대	아리스토텔레스: 행복은 인간 삶의 최고선
헬레니즘 시대	마음의 **②** [ ]
중세 시대	구원을 받아 신과 하나가 되는 것
근대 시대	자유와 평등

- 지역적 여건에 따른 행복의 기준

자연환경	기후, 지형 등과 관련됨
인문환경	정치, 경제, 종교, 문화 등과 관련됨

삶의 목적으로서의 행복

- 인간은 삶에서 다양한 목적을 추구하지만 다른 것을 위한 수단이 아니라 그 자체로 추구하는 삶의 **③** [   ] 목적은 행복임
- 행복의 객관적 기준과 주관적 기준

객관적 기준	주거, 소득 등
주관적 기준	행복감, 자아실현 등

- 진정한 행복은 객관적 기준과 주관적 기준을 조화롭게 추구할 때 얻을 수 있음
- 진정한 행복은 **④** [   ]을/를 통해 행복의 의미를 깨닫고 바람직한 가치를 실현하는 과정에서 얻을 수 있음

02 | 행복한 삶을 실현하기 위한 조건

질 높은 ⑤ [   ]

- 행복한 삶을 위해 인간다운 삶을 누릴 수 있는 질 높은 정주 환경이 필요함
- 환경이 쾌적하고 위생적이며 생활에 편리한 시설을 갖추고 있고 범죄율이 낮고 정치적으로 안정되어 안전한 곳, 자연환경과 인문환경이 좋은 곳

경제적 안정

- 행복한 삶을 위해 삶의 질을 유지하기 위한 일정 수준 이상의 **⑥** [   ]이/가 필요함
- 안정적인 소득을 위한 일자리 창출, 복지 제도, 경제적 불평등 해소를 위한 노력이 필요함

민주주의 발전

- 행복한 삶을 위해 시민의 자유와 권리가 보장되는 민주주의의 발전이 필요함
- 민주적 제도를 마련하고 시민이 적극적으로 정치에 **⑦** [   ]해야 함

도덕적 실천

- 행복한 삶을 위해서는 도덕적인 성찰을 바탕으로 도덕적 실천을 해야 함
- 자신과 타인의 행복을 함께 추구하고 어려움에 처한 사람들을 돕는 도덕적 실천을 해야 함

정답 ❶ 행복 ❷ 평온함 ❸ 궁극적 ❹ 성찰 ❺ 정주 환경 ❻ 소득 ❼ 참여

대단원 종합 문제

> 25592-0062

01 다음을 주장한 사상가의 입장으로 적절한 것만을 〈보기〉에서 고른 것은?

> 인간을 포함한 모든 사물은 자신의 궁극적 목적에 이르면 멈춘다. 모든 운동이란 목적의 획득을 향한 것이기 때문이다. 그런데 지성의 궁극적 목적이자 완전한 행복은 신적 실체를 보는 것이다. 창조된 지성인 인간은 신과 특정 방식으로 하나가 됨으로써 신을 본다.

보기

ㄱ. 신과의 합일이 인간의 최고 행복이다.
ㄴ. 신의 구원이 없어도 인간의 궁극적 목적을 실현할 수 있다.
ㄷ. 행복은 불완전한 행복과 영원하고 완전한 행복으로 구분된다.
ㄹ. 인간은 사물과 달리 완전한 행복에 이르러도 다른 궁극적 목적을 추구한다.

① ㄱ, ㄴ   ② ㄱ, ㄷ   ③ ㄴ, ㄷ
④ ㄴ, ㄹ   ⑤ ㄷ, ㄹ

> 25592-0063

02 다음 자료를 통해 추론할 수 있는 내용으로 가장 적절한 것은?

> **○○신문**
>
> 국가는 국민의 안전을 위해 최선을 다해야 한다. 특히 갑작스러운 재난에 대처할 수 있는 정보를 최대한 빨리 전달하는 체계를 갖추어야 한다. 갑작스러운 재난에 대비하지 못할 경우 국민이 불행한 삶을 경험할 수 있다.

> 오늘 10:00 폭염 경보. 야외 활동을 자제하세요. 충분히 물을 마시고 그늘에서 휴식을 취하는 등 건강 관리에 유의하세요. [행정안전부]
>
> 오늘 20:45 호우 예보 발령. 하천 주변 산책로, 계곡, 급경사지, 농수로 등 위험 지역에는 가지 마시고, 하천 범람에 주의하세요. [행정안전부]
>
> 지하 주택, 지하상가, 지하 주차장 등 지하 바닥에 물이 차오르거나 하수구 역류 시 즉시 전기를 차단하고, 가스를 잠근 후 지상으로 대피하세요. [서울특별시청]

① 생활 안전 문제는 개인적 차원에서만 대처해야 한다.
② 국가는 시민의 자유로운 선택에 개입해서는 안 된다.
③ 종교를 바탕으로 인간의 삶의 문제를 극복할 수 있다.
④ 행복은 마음의 문제일 뿐 외부 환경은 중요하지 않다.
⑤ 국가는 국민의 행복한 삶을 위해 재난 대비에 힘써야 한다.

> 25592-0064

03 ㉠에 들어갈 내용으로 가장 적절한 것은?

> 고대 서양 사상가 갑은 같은 사람이 행복을 다르게 말하기도 한다고 보았다. 병들었을 때는 건강을, 가난할 때는 부를 행복이라고 한다는 것이다. 그에 따르면, 행위의 목적은 다양하지만, 그 자체로 추구되는 것은 행복뿐이다. 그리고 행복은 특정 상태가 아니라 덕에 따르는 정신의 활동이다. 그런데 어떤 사람들은 사람이 행복을 원하는 것은 유전자가 생존하는 데 도움이 되기 때문이라고 주장한다. 즉 행복은 유전자의 자기 복제를 위한 수단에 불과하다는 것이다. 그들은 사람이 생존을 유지할 수 있는 상태라면 행복한 상태라고 본다. 갑이라면 이들의 주장이 ㉠ 을 간과하고 있다고 반론할 것이다.

① 사람이 행위하는 목적이 다양할 수 없음
② 행복은 활동이 아니라 특정 상태일 뿐임
③ 행복은 생명체의 생존을 위한 기능일 뿐임
④ 사람이 행복을 바라는 것은 종(種)의 유지를 위한 것임
⑤ 행복은 궁극적인 목적이며 덕에 따르는 정신의 활동임

> 25592-0065

04 다음 글에서 추론할 수 있는 내용으로 가장 적절한 것은?

> 선행이 정신 건강에 도움이 된다는 연구 결과가 나왔다. 연구진은 선행을 '어느 정도 비용을 지불하면서 타인에게 도움이 되거나 타인을 행복하게 하는 행동'으로 정의하고, 실험 참가자에게 선행을 하게 하였다. 그 결과 선행을 실천한 사람들의 삶의 만족도가 개선되었다. 선행이 실험 참가자들이 타인과 사회적으로 연결돼 있다고 느끼게 함으로써 삶의 만족도 향상에 도움을 준 것이다. 따라서 우리는 선행을 통해 행복을 증진하는 노력을 해야 한다.

① 선행의 실천으로 자존감과 행복감을 높일 수 있다.
② 선행을 통해 삶의 만족도 증진을 추구해서는 안 된다.
③ 인간관계에서 행복을 경험하는 경우는 존재하지 않는다.
④ 행복하려면 타인이 아닌 자신의 즐거움을 증진해야 한다.
⑤ 타인을 위해 시간을 쓰는 것은 자신에게 도움이 되지 않는다.

05 다음 글에서 강조하는 행복에 대한 관점으로 옳지 <u>않은</u> 것은? ＞25592-0066

> 배우고 수시로 익히니, 또한 기쁘지 아니한가? 벗이 먼 곳에서 찾아오니, 또한 즐겁지 아니한가? 남이 알아주지 않아도 성내지 아니하니, 또한 군자(君子)가 아니겠는가?

① 행복한 삶은 도덕적 인격을 갖출 때 가능하다.
② 훌륭한 친구들과 교류할 때 기쁨을 얻을 수 있다.
③ 행복하기 위해 의도적으로 노력하지 말아야 한다.
④ 진리를 추구하는 과정은 행복 실현에 도움이 된다.
⑤ 타인의 평가에 흔들리지 말고 올바름을 추구해야 한다.

06 🔖서술형 다음을 주장한 사상가의 입장에서 〈문제 상황〉 속 A에게 제시할 조언을 서술하시오. ＞25592-0067

> 이해 당사자의 수를 계산하고, 행위가 갖는 좋은 경향의 정도를 합산하라. 저울이 쾌락 쪽으로 기울면 그 행위가 좋은 경향을, 고통 쪽으로 기울면 그 행위가 나쁜 경향을 띠는 것이다.
>
> 〈문제 상황〉
> 친구와의 약속에 늦은 고등학생 A는 예약한 택시를 타려다가 어린아이 두 명을 데리고 급하게 택시를 찾는 여성을 보고 택시를 양보해야 할지 고민하고 있다.

07 다음 가상 편지를 쓴 사상가가 지지할 주장으로 옳지 <u>않은</u> 것은? ＞25592-0068

> ○○에게
> 어떤 삶을 살아가야 하는지에 대한 자네의 질문에 대답하려 하네. 우리는 만물의 근본 원리인 도(道)에 따라 살아야 하네. 이를 위해 인위적인 규범과 제도에서 벗어나 문명의 편리한 도구가 있어도 쓰지 않는 자연 그대로의 소박한 삶을 살아야 하네. 요컨대 무위자연(無爲自然)의 삶을 살아야 하네. ……

① 타고난 본성에 따라 살면 행복할 수 있다.
② 도의 관점에서 모든 것을 바라보아야 한다.
③ 문명의 결과물이 행복한 삶을 방해할 수 있다.
④ 자연의 순리에 따라 소박한 삶을 살아야 한다.
⑤ 국가는 법률로써 자연스러움을 실현해야 한다.

08 (가)의 입장에서 (나) 지역의 선결 과제로 정부에 제시할 수 있는 조언으로 가장 적절한 것은? ＞25592-0069

(가)	정주 환경은 주거 환경에서부터 문화, 여가, 자연환경 등 일상생활의 전 영역을 광범위하게 일컫는 말이다. 질 높은 정주 환경은 물리적 환경 이상의 의미를 지닌다. 낙후된 환경에서는 인간다운 삶을 영위하기 어렵다.
(나)	 ◀ 쓰레기가 쌓인 동네를 걷고 있는 아이들

① 어린이의 미래와 성장을 위한 교육 시설을 만드세요.
② 저렴한 주택을 공급하여 주택 부족 상황을 개선하세요.
③ 주민들의 이동 편의를 위해 대중교통 시설을 확충하세요.
④ 소득 보장을 위해 주민들에게 최저 임금을 보장하세요.
⑤ 정주 환경의 질을 높이기 위해 깨끗한 환경을 조성하세요.

09 다음 자료에 대한 설명으로 적절한 것만을 〈보기〉에서 있는 대로 고른 것은? ＞25592-0070

삶의 만족도와 주요 요인의 상관도(회귀 분석)

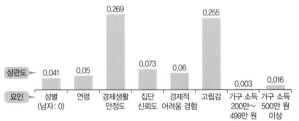

상관도	0.041	0.05	0.269	0.073	0.06	0.255	0.003	0.016
요인	성별 (남자: 0)	연령	경제생활 안정도	집단 신뢰도	경제적 어려움 경험	고립감	가구 소득 200만~ 499만 원	가구 소득 500만 원 이상

* 1에 가까울수록 상관도가 높음(통계 개발원)

보기
ㄱ. 인간관계가 좋을수록 삶의 만족도가 높아질 수 있다.
ㄴ. 경제적 안정성이 삶의 만족도에 가장 큰 영향을 준다.
ㄷ. 성별보다 소득의 절대적 크기가 더 중요한 행복의 요인이다.
ㄹ. 경제생활이 불안정하거나 외로움을 호소하는 사람들을 위한 사회적 배려가 필요하다.

① ㄱ, ㄴ ② ㄴ, ㄷ ③ ㄷ, ㄹ
④ ㄱ, ㄴ, ㄹ ⑤ ㄱ, ㄷ, ㄹ

> 25592-0071

10 다음 글의 ㉠~㉢에 대한 설명으로 적절한 것만을 〈보기〉에서 고른 것은?

『택리지』의 복거총론(卜居總論)은 주거를 선정하는 기준으로 ㉠ 지리(地理) · ㉡ 생리(生利) · ㉢ 인심(人心) · ㉣ 산수(山水)를 들었다. 지리는 풍수(風水)에서 말하는 지리의 뜻이고, 생리는 생활을 윤택하게 하는 데 유리한 위치를 말한다. 인심은 세상 풍속이 아름다운 곳을 추구하는 기준이다. 또한 산수는 사람들을 즐겁게 하고 인심을 순박하게 하는 데 중요하다고 믿었다.

◀ 보기 ▶
ㄱ. ㉠은 바람과 물이 풍부한 지형을 찾으려는 것이다.
ㄴ. ㉡은 생활에 필요한 경제적 이점을 확인하는 것이다.
ㄷ. ㉢은 주변에 거주하는 사람들이 선한 마음을 지니고 있는지를 고려하는 것이다.
ㄹ. ㉣은 안전을 위해 산속 깊은 곳과 물이 가까운 곳을 피해야 한다는 것이다.

① ㄱ, ㄴ   ② ㄱ, ㄷ   ③ ㄴ, ㄷ
④ ㄴ, ㄹ   ⑤ ㄷ, ㄹ

> 25592-0072

11 다음 글의 입장으로 적절하지 <u>않은</u> 것은?

선거에 투표하는 것에서 멈추는 것이 아니라 자기 삶의 문제를 직접 결정할 수 있는 기회가 확대될수록 사람들은 더 만족감을 느낀다. 결과가 자신이 원하는 대로 되지 않아도 정치적 결정에 참여하는 것 자체가 행복감을 상승시켜 줄 수 있는 것이다. 따라서 정책 결정 기관은 일방적으로 중요 정책을 결정하기보다 시민의 참여를 통해 정책을 결정해야 한다.

① 민주적 결정 과정이 시민의 행복을 증진할 수 있다.
② 시민의 정치 참여가 투표권 행사에 그쳐서는 안 된다.
③ 시민은 자신과 관련된 문제를 스스로 결정하길 원한다.
④ 직접적인 정치 참여 기회가 많을수록 행복감이 상승된다.
⑤ 시민 편의를 위해 정부와 전문가만의 협의를 통해 정책을 결정해야 한다.

> 25592-0073

12 다음 글에서 강조하는 내용으로 가장 적절한 것은?

도덕적 성찰은 과거를 회고하기 위한 것이 아니라 미래를 만들어 가기 위한 것이다. 자신을 살펴 잘못을 고친다면 더 바람직한 사람이 될 수 있고, 더 좋은 인간관계를 형성할 수 있다. 도덕적 성찰을 통한 배움은 단순히 지식을 익히는 것이 아니라 실천을 통해 체화되는 것이다. 따라서 도덕적 성찰을 통한 배움을 평생 지속해야 한다.

① 덕성은 도덕적 성찰을 통해 함양되기 어렵다.
② 도덕적 성찰은 인격의 개선과 진보의 과정이다.
③ 도덕적 지식의 습득으로 도덕적 성찰이 완성된다.
④ 자신에 대한 반성으로 더 좋은 사람이 될 수는 없다.
⑤ 인간은 더 이상 성찰이 필요 없는 단계에 이르러야 한다.

서술형

> 25592-0074

13 다음과 같은 〈문제 상황〉에 대해 국가가 취할 수 있는 구체적인 노력을 서술하시오.

〈문제 상황〉
A는 중산층 가장으로 대출을 받아 주택을 사고 자녀 교육비로 매월 백만 원을 지출하고 있다. 그러나 불경기로 해고를 당하여 교육비와 대출 이자를 감당하기 어렵게 되었다.

> 25592-0075

14 다음 글에서 강조하는 내용으로 가장 적절한 것은?

사회적 자본은 삶의 질을 향상시키고 경제적 이익을 가져다준다. 개인이 공동체 활동에 참여하면, 소속감과 소통의 즐거움과 같은 사회적 보상을 얻을 수 있다. 이런 사회적 보상은 삶의 만족도를 향상시킨다. 즉, 개인이 행복하기 위해서는 소득이 일정 수준 이상으로 상승하는 것뿐만 아니라 신뢰할 수 있는 사람들과의 관계가 확대되는 것도 필요하다.

① 사회적 자본은 개인의 행복 증진과 무관하다.
② 공동체 활동을 멀리할 때 행복을 실현할 수 있다.
③ 사회의 행복을 위해 기본적인 생계도 포기해야 한다.
④ 행복한 사회의 실현을 위해 사회적 자본을 형성해야 한다.
⑤ 구성원 사이의 신뢰가 경제적 이익을 산출하지는 않는다.

> 25592-0076

01 다음은 갑, 을 사상가들의 가상 대화이다. 갑, 을의 입장으로 적절한 것만을 〈보기〉에서 있는 대로 고른 것은?

쾌락이 없어서 괴로울 때는 쾌락의 필요성을 느끼지만, 괴로워하고 있지 않을 때는 더 이상 쾌락이 필요하지 않습니다. 그렇기 때문에 우리는 쾌락을 행복한 삶의 처음이자 끝이라고 말하는 것입니다.

쾌락은 적절할 때는 선이 되지만, 그 자체로 선은 아닙니다. 그런데 최고선인 행복은 그 자체로 선이어야 합니다. 모든 사물의 궁극적 목적은 신이므로 인간의 궁극적 목적인 최고선은 창조주인 신에 가까워져 하나가 되는 것입니다.

갑   을

┤ 보기 ├
ㄱ. 갑: 쾌락 그 자체는 선이지만 모든 쾌락을 선택해야 하는 것은 아니다.
ㄴ. 을: 쾌락을 누리는 것은 신의 명령을 어기는 것이다.
ㄷ. 을: 인간이 최고선을 누리려면 신의 은총이 필요하다.
ㄹ. 갑과 을: 고통이 없는 순간에 쾌락을 더 추구해야 한다.

① ㄱ, ㄷ   ② ㄱ, ㄹ   ③ ㄴ, ㄹ
④ ㄱ, ㄴ, ㄷ   ⑤ ㄴ, ㄷ, ㄹ

> 25592-0077

02 다음 글의 입장으로 가장 적절한 것은?

사람들은 행복한 곳에 살려고 한다. 행복한 곳은 어디일까? 돈이 행복을 결정한다면 부유한 나라가 행복한 곳일 것이다. 실제로 국가가 부유해지면 복지 수준이 상승하고 삶의 질이 향상된다. 그러나 부유한 국가의 시민이 가장 행복한 것은 아니다. 왜냐하면 행복은 경제력, 인간관계, 건강, 사회적 자유, 선행 등에 영향을 받기 때문이다. 따라서 스스로 정립한 가치관에 맞는 주거지를 선택해야 한다.

① 경제적 풍요를 기준으로 거주지를 선택해야 한다.
② 가치에 대한 성찰을 통해 행복을 실현할 수 있다.
③ 사회의 일반적 행복관에 맞추는 삶을 살아야 한다.
④ 자유롭지 않아도 경제력이 높다면 모두가 행복하다.
⑤ 주거의 복지 수준과 삶의 질은 서로 상관관계가 없다.

> 25592-0078

03 다음을 주장한 사상가의 입장에서 〈문제 상황〉 속 A에게 제시할 조언으로 가장 적절한 것은?

행복은 덕에 따르는 영혼의 활동으로 생겨나는 것이지 어떤 소유물처럼 소유하는 것이 아니다. 행복하다는 것은 삶과 활동에서 생겨난다. 따라서 지극히 행복한 사람은 선한 친구가 필요하다.

〈문제 상황〉
고등학생 A는 친한 친구가 다른 학생을 괴롭히는 것을 알게 되었다. A는 친구에게 괴롭힘을 그만두라고 하고 싶지만 사이가 멀어질 것 같아 고민하고 있다.

① 만족스러운 현재 상황을 변화시키려고 하지 마세요.
② 친구에게 충고할 때의 이익을 최우선으로 고려하세요.
③ 개인마다 가치관이 다르므로 함부로 충고하지 마세요.
④ 행복한 학교생활을 위해 교우 관계를 유지하는 것이 최우선임을 명심하세요.
⑤ 친구에게 바른 삶을 권하는 것은 자신의 행복 실현에 도움이 됨을 명심하세요.

> 25592-0079

04 다음 자료에 대한 설명으로 적절하지 않은 것은?

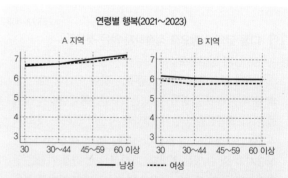

연령별 행복(2021~2023)

A 지역 / B 지역
— 남성 ······ 여성

2024년 세계 행복 보고서에 따르면, A 지역과 B 지역의 행복도 수치(0~10점 범위, 중간 수준 5), 성별 간 행복도는 달랐다. 또한 연령에 따른 변화 양상도 달랐다.

① A 지역 30대의 행복도가 B 지역의 30대보다 높다.
② A 지역은 연령이 증가할수록 행복도도 함께 증가한다.
③ B 지역은 남성보다 여성의 행복도가 상대적으로 낮다.
④ B 지역은 연령이 증가할수록 행복도가 계속 하락한다.
⑤ A와 B 지역 모두 중간 수준 이상의 행복도를 유지한다.

05 (가)의 사상가 갑, 을의 입장을 (나) 그림으로 탐구하고자 할 때, A~C에 들어갈 적절한 질문만을 〈보기〉에서 있는 대로 고른 것은?

> 25592-0080

(가)	갑: 우리가 무엇을 행할까를 결정할 뿐만 아니라 무엇을 해야 하는가를 지시해 주는 것은 오직 고통과 쾌락뿐이다. 우리는 공리의 원칙에 따라 쾌락을 최대화해야 한다. 을: 쾌락에 휩쓸리지 않도록 경계하라. 쾌락을 즐길 때와 그 쾌락을 즐긴 다음에 후회하고 자신을 비난하게 될 때를 생각하라. 자연에 일치하지 않고 살면 불행해진다.
(나)	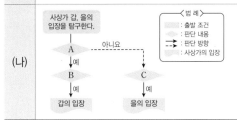

〖 보기 〗
ㄱ. A: 행복의 정도는 쾌락의 양에 달려 있는가?
ㄴ. A: 행복의 실현이 행위와 선택의 기준인가?
ㄷ. B: 공리에 따라 쾌락과 고통을 최대화해야 하는가?
ㄹ. C: 자연에 따르는 사람은 정념에 초연할 수 있는가?

① ㄱ, ㄴ   ② ㄱ, ㄹ   ③ ㄷ, ㄹ
④ ㄱ, ㄴ, ㄷ   ⑤ ㄴ, ㄷ, ㄹ

> 25592-0081

06 갑, 을의 입장으로 가장 적절한 것은?

갑: 기본 소득제를 실시해야 한다. 기본 소득제는 행정 비용이 현재보다 적으며, 직업 선택 시 경제적 제약을 줄여 직업 능력을 높일 수 있다. 자동화와 디지털화의 이득을 실업자에게 재분배하여 불평등을 완화할 수 있다.
을: 기본 소득제를 실시해서는 안 된다. 재원 조달을 위한 세금 인상은 빈곤층에게 더 부담을 준다. 또한 기본 소득이 생기면 일을 하지 않는 개인이 생길 수 있다. 고소득자도 수혜를 받으므로 소득 불평등을 높인다.

① 갑: 기본 소득제로 인한 행정 비용 증가를 고려해야 한다.
② 갑: 사회 변화로 인한 실업까지 정부가 도와줄 수 없다.
③ 을: 기본 소득제는 사회 계층의 소득 평준화를 실현한다.
④ 을: 기본 소득을 받으면 누구나 근로 의욕이 높아질 것이다.
⑤ 갑과 을: 국가는 국민의 경제적 불평등을 완화해야 한다.

> 25592-0082

07 다음 신문 칼럼의 입장으로 가장 적절한 것은?

○○신문	칼 럼	○○○○년 ○월 ○일

현대인은 고향 상실을 경험하고 있다. 고향 상실은 현대인이 살아갈 주택이 없음을 의미하지 않는다. 이것은 현대인이 살고 있는 땅과 거주함의 참된 의미에 대해 숙고하지 않는다는 것을 의미한다. 따라서 우리는 땅과 거주함의 의미에 대해 숙고하고 거주함에 대해서 배워야 한다. 거주함의 근본 특성은 죽을 자들인 인간이 자신이 살아가고 있는 세계에 존재하는 것들을 보살피는 것이다. 인간은 세계 안의 존재들을 돌보고 보호해야 한다.

① 거주하고 있는 땅의 경제적 가치를 파악해야 한다.
② 인간이 거주함에 대해서 학습해야 하는 것은 아니다.
③ 고향 상실은 도시 주민이 고향을 찾지 않는 현상이다.
④ 세계 안의 존재들을 보살필 때 참된 거주를 할 수 있다.
⑤ 거주함의 의미에 대해 숙고하는 것은 주택 부족에 대처하기 위함이다.

> 25592-0083

08 다음을 주장한 사상가의 입장으로 적절한 것만을 〈보기〉에서 고른 것은?

나는 지금 무언가를 하도록 부름을 받고 있다. 그렇다면 지금 자신이 지켜야 할 기준에 눈을 돌려야 한다. 그 기준은 외적인 것에 대한 욕구나 회피와 무관하다. 다음으로, 타인이 어떻게 말하는지, 어떻게 행동하는지에 눈을 돌린다. 악의로 그렇게 하는 것이 아니다. 상대방을 비난하기 위해서가 아니고, 내가 같은 잘못을 저지르지 않았는지 되돌려 살펴보기 위해서이다. 나도 이런 잘못을 저질렀지만, 지금은 그렇지 않다. 신이며 자연인 이성 덕분이다.

〖 보기 〗
ㄱ. 타인을 검토하는 것은 타인을 비난하기 위함이다.
ㄴ. 이성을 따른다면 올바른 판단과 실천을 할 수 있다.
ㄷ. 인간이 지켜야 할 기준은 욕구 충족을 위한 것이다.
ㄹ. 성찰을 통해 동일한 과오를 반복하지 않을 수 있다.

① ㄱ, ㄴ ② ㄱ, ㄷ ③ ㄴ, ㄷ ④ ㄴ, ㄹ ⑤ ㄷ, ㄹ

자연환경과 인간

인간과 자연은 서로 어떻게 영향을 주고받는지 살펴보며,
바람직한 자연관을 정립한다.
이를 통해 환경 문제 해결에 관심을 가지며
생태시민으로서의 자세를 가진다.

01 자연환경과 인간 생활

▲ 열대 기후 지역의 고상 가옥

▲ 건조 기후 지역의 흙벽돌집

▲ 해안 침식이 발생한 해안

02 인간과 자연의 관계

자연을 바라보는 관점

> 인간
> 중심주의

> 생태
> 중심주의

▲ 자연을 바라보는 관점

▲ 생태 도시(독일 프라이부르크)

▲ 우리 조상들이 남겨 두었던 까치밥

03 환경 문제 해결을 위한 다양한 노력

▲ 산성비로 파괴된 삼림(독일)

▲ 사막화로 황폐해진 아랄해(우즈베키스탄)

▲ 생태시민의 자세

01 자연환경과 인간 생활

🔗 **핵심 개념**

☐ 자연환경   ☐ 기후

☐ 지형   ☐ 자연환경의 변화

◑ 이동식 화전 농업
토양이 척박한 열대 기후 지역에서 숲에 불을 질러 조성한 농경지에 농작물을 재배하고, 토양이 다시 척박해지면 다른 지역으로 이동한 후 같은 방식으로 농사를 짓는다.

◑ 플랜테이션
열대 기후 지역에서 선진국의 자본과 기술, 원주민의 노동력을 결합하여 넓은 농경지에서 커피, 카카오 등의 기호 작물과 천연고무 등의 원료 작물을 대규모로 재배하는 상업적인 농업이다.

계절에 따라 주기적으로 풍향이 달라지는 바람으로, 여름에는 해양에서 대륙으로, 겨울에는 대륙에서 해양으로 분다.

◑ 수목 농업
고온 건조한 여름철 기후를 잘 견디는 올리브, 오렌지, 포도, 코르크 참나무 등을 재배하는 농업 방식이다.

◑ 혼합 농업
농작물 재배와 가축 사육을 결합한 농업 형태이다.

◑ 고산 도시

열대 기후 지역의 고산 지대는 덥고 습한 저지대보다 연중 온화하여 고산 도시가 발달하였다. 에콰도르의 수도 키토는 안데스 산지의 해발 고도 약 2,853m에 위치한 대표적인 고산 도시이다.

❶ 자연환경이 인간 생활에 미치는 영향

1. 자연환경과 인간 생활: 기후, 지형, 식생, 토양 등의 자연환경은 주민 생활에 많은 영향을 끼침

2. 기후에 따른 생활양식의 차이 자료① 자료②

열대 기후 지역	• 연중 기온이 높음 → 얇고 바람이 잘 통하는 의복, 음식물이 상하지 않도록 기름에 볶거나 튀기고 향신료를 많이 사용하는 음식 • 강수량이 많은 지역 → 고상 가옥 발달 • 열대 우림 기후 지역 → 밀림과 플랜테이션 발달 • 사바나 기후 지역 → 건기와 우기가 뚜렷한 지역으로 초원이 형성되어 다양한 동물이 서식, 이동식 화전 농업과 플랜테이션 발달
건조 기후 지역	• 강수량보다 증발량이 많고 기온의 일교차가 큼 • 사막 기후 지역 → 흙벽돌집, 스텝 기후 지역 → 이동식 천막 • 오아시스 농업, 관개 농업을 하고 유목으로 양, 염소 등을 사육함
온대 기후 지역	• 아시아의 온대 계절풍 지역 지역에서는 벼농사 발달 • 여름이 고온 건조한 지중해성 기후 지역에서는 수목 농업 발달 • 서부 유럽의 서안 해양성 기후 지역에서는 혼합 농업과 목축업 발달
냉대 기후 지역	• 짧은 여름과 춥고 긴 겨울이 나타나며, 기온의 연교차가 큼 • 풍부한 침엽수림(타이가) → 통나무집, 임업 발달
한대 기후 지역	• 북극해 연안과 남극 일대에 분포하는 기후로 주민들은 순록 유목, 수렵, 어로 활동을 하며 살아감 → 최근 고유의 문화 쇠퇴 • 가죽이나 털로 만든 의복, 눈과 얼음으로 만든 임시 거처

> 사막 기후 지역 주변에 분포하며, 짧은 우기에 키 작은 풀이 자라 초원을 형성한다.

3. 지형 조건에 따른 생활양식의 차이

산지 지역	• 해발 고도가 높고 경사가 급한 지역 → 거주에 불리 • 밭농사, 목축업, 관광 산업 등 발달
해안 지역	• 국제 교류에 유리하며, 조차가 큰 곳에서는 갯벌이 발달 • 어업, 양식업, 임해 공업, 관광 산업 등 발달
평야 지역	• 농업, 교통로로 이용, 촌락 및 도시 발달 • 대하천 주변의 비옥한 평야 지역에 많은 사람이 거주함
독특한 지형 발달 지역	• 카르스트 지형, 화산 지형, 빙하 지형 등 독특한 지형 경관 • 관광 산업 발달 → 탑 카르스트(베트남), 온천(아이슬란드), 피오르(노르웨이) 등

> 석회암이 화학적 풍화 작용(용식 작용)을 받아 형성되며 강수량이 풍부한 지역에서 잘 발달한다.

4. 자연환경 변화가 인간 삶에 미치는 영향 자료③

(1) **지구 온난화:** 세계 곳곳에서 홍수, 가뭄 등 이상 기상 현상이 빈번해짐

   ① 해수면 상승으로 인한 저지대 침수, 사막화로 인한 황폐화

   ② 북극해 지역은 빙하가 녹으면서 새로운 항로의 가능성이 높아짐

(2) 과학기술이 발달하면서 인간은 자연환경의 제약을 극복하고 있음

자료 **1** 세계의 기후 구분

대평양
대서양
인도양
0°

고도가 높은 산지에서는 저지대와 다른 기후가 나타나며, 특히 열대 고산 지역에서는 연중 온화한 기후가 나타나 도시가 발달하기도 한다.

열대 기후
■ 열대 우림 기후
■ 열대 몬순 기후
□ 사바나 기후

건조 기후
□ 스텝 기후
▨ 사막 기후

고산 기후
▨ 고산 기후

온대 기후
■ 온난 습윤 기후
▨ 서안 해양성 기후
▨ 지중해성 기후
□ 온대 겨울 건조 기후

냉대 기후
□ 냉대 겨울 건조 기후
□ 냉대 습윤 기후

한대 기후
■ 툰드라 기후
■ 빙설 기후

(구드 세계 지도, 2016)

기후는 한 지역에서 여러 해 동안 반복적으로 나타나는 대기 현상의 종합적이고 평균적인 상태로 기온, 강수, 바람 등의 기후 요소로 구성된다. 기후 요소는 위도, 해발 고도, 수륙 분포 등 기후 요인의 영향을 받아 지역적 차이가 발생한다. 일반적으로 저위도에서 고위도로 가면서 열대 기후, 건조 기후, 온대 기후, 냉대 기후, 한대 기후 순으로 나타난다.

자료 **2** 기후와 전통 가옥의 구조

(가) 경사가 급한 지붕

두꺼운 벽 (나) 평평한 지붕

작은 창

좁은 골목

지면에서 띄워진 바닥

▲ 고상 가옥

▲ 흙벽돌집

(가)의 주재료는 나무와 나뭇잎이며, (나)는 흙벽돌이다. (가)는 연중 강수량이 많은 열대 우림 기후 지역의 전통 가옥으로 지붕의 경사가 급하고, 바닥이 지면에서 띄워진 가옥이다. (나)는 강수량이 거의 없는 사막 기후 지역의 전통 가옥으로 나무가 자라기 어려워 주로 흙벽돌로 집을 짓는다. 또 기온의 일교차가 크기 때문에 외부 공기의 차단을 위해 창문이 작으며, 벽이 두껍다.

자료 **3** 면적이 감소하고 있는 차드호

□ 1972년
□ 1987년
□ 2007년

알제리 리비아
니제르 차드 수단
나이지리아
카메룬

(디르케 세계 지도, 2022)

차드호는 기후변화로 지속되는 가뭄, 무분별한 관개로 인해 1970년대와 비교하여 호수의 면적이 약 90% 줄어들었다. 이로 인해 국경을 접하고 있는 나라 간 물과 식량을 둘러싼 경쟁이 심화되었다. 그 결과 분쟁이 끊이지 않았고, 수많은 난민이 발생하고 있다.

❶ 열대 기후 지역은 기온이 높으므로 주민들은 얇고 바람이 잘 통하는 의복을 입는다.　　　　　(　　)

❷ 일 년 내내 비가 많이 내리는 지역의 전통 가옥은 지붕이 평평하다.　　　　　(　　)

❸ 사막 기후 지역은 강수량보다 증발량이 많으며, 기온의 일교차가 크다.　　　　　(　　)

❹ 갯벌은 수심이 얕고 조차가 큰 곳에서 잘 발달한다.　　　　　(　　)

❺ 여름이 짧고 겨울이 춥고 긴 냉대 기후 지역에서는 활엽수림이 주로 분포한다.　　　　　(　　)

적절한 말 고르기

❻ 여름이 고온 (건조, 습윤)한 지중해성 기후 지역에서는 포도, 올리브 등을 재배하는 수목 농업이 발달한다.

❼ 평야는 해발 고도가 낮고 지표면이 평평하여 농경에 (불리, 유리)하고, 인간 생활에 적합하다.

❽ 한대 기후 지역은 기후변화와 현대 문명의 전파로 원주민 고유의 문화가 (발전, 쇠퇴)하고 있다.

빈칸 채우기

❾ 열대 기후가 나타나는 지역의 고산 지대는 덥고 습한 저지대보다 연중 기후가 온화하여 (　　　)이/가 발달하기도 한다.

❿ 지구 온난화에 따라 (　　　) 지역의 빙하가 녹으면서 새로운 항로의 가능성이 높아지고 있다.

⓫ 열대 우림 지역에서 나타나는 농업 형태로 커피, 카카오 등의 기호 작물과 천연고무 등의 원료 작물을 대규모로 재배하는 상업적 농업을 (　　　)(이)라고 한다.

서로 관련된 내용 연결하기

⓬ 산지 지역 •　　　　• ㉠ 온천

⓭ 화산 지형 •　　　　• ㉡ 피오르

⓮ 빙하 지형 •　　　　• ㉢ 목축업

2 안전하고 쾌적한 환경에서 살아갈 시민의 권리

1. 자연재해의 의미와 특징

(1) **의미**: 기후, 지형 등의 자연환경 요소들이 인간의 안전한 생활을 위협하면서 피해를 주는 현상

(2) **특징**

① 인명과 재산 피해 유발

② 지리적 특성으로 인해 특정 지역에서 반복적으로 발생하는 경향이 있음

2. 자연재해의 종류와 대책 자료❸ 자료❹

(1) **자연재해의 종류와 영향**

기후적 요인	홍수	• 일시에 많은 비가 집중되어 발생 • 시가지와 농경지 등이 침수되는 피해 발생
	가뭄	• 오랜 기간 비가 내리지 않거나 강수량이 적어 물 부족을 겪는 현상 • 농작물이 말라 죽고, 용수 부족 • 다른 자연재해보다 진행 속도가 느리지만 피해 범위는 넓음
	태풍	• 저위도 해상에서 발생하여 중위도 지역으로 이동하는 열대 저기압 • 강한 바람과 집중 호우를 동반한 피해 유발
	대설	• 많은 눈이 짧은 시간에 내리는 현상 • 교통 혼잡과 비닐하우스 같은 시설물 붕괴 유발
지형적 요인	화산	• 용암, 화산재, 화산 가스 등이 분출 → 주거지와 농경지를 덮치고, 항공기 운항에 지장을 초래
	지진	• 땅이 흔들리고 갈라지면서 건축물과 도로 등이 붕괴하여 많은 사상자와 재산 피해 유발 • 지각판의 경계에서 주로 발생(환태평양 조산대와 알프스·히말라야 조산대)
	산사태	• 집중 호우나 지진으로 토양층이 순식간에 흘러 내려가는 현상 • 무분별한 산지 개발로 심화되고 있음

(2) **자연재해에 대한 대책**

① 사전 예측 시스템 구축 및 예방 조치, 방어 시설물 구축

② 재해 발생 시 신속한 복구 대책 수립

3. 안전하고 쾌적한 환경 속에서 살아갈 시민의 권리

(1) **헌법에서 규정하고 있는 안전권과 환경권**

① 우리나라 헌법 제34조, 제35조

② 헌법에 근거한 법률: 「자연재해 대책법」, 「재난 및 안전 관리 기본법」, 「국민 안전 교육 진흥 기본법」 등

③ 주체에 따른 노력

국가	• 첨단 과학기술을 활용한 재난 관리, 국가 재난 관리 정보 시스템 ┌ 여러 기관이나 부서별로 관리되는 각종 재난 관련 정보를 통합하고 연계한 시스템이다. • 재해 발생 시 즉각적인 복구와 보상 지원 및 정책 수립
시민	• 재난 대응 훈련 등에 적극적인 참여 • 공동체의 안전을 위해 함께 노력하는 시민 의식 함양

핵심 개념

☐ 자연재해 　☐ 쾌적한 환경
☐ 안전권 　　☐ 환경권

○ **풍수해·지진 재해 보험**
홍수, 태풍, 대설, 지진, 산사태 등으로 건물, 시설 등이 피해를 보았을 때 그 피해를 보상해 주는 보험으로, 보험료의 절반 이상을 국가 및 지방 자치 단체에서 보조해 준다.

○ **내진 설계**
지진에 견딜 수 있도록 건축물의 기초를 설계하는 방식이다.

○ **자연재해와 관련된 우리나라 헌법 조항**

제34조 ⑥ 국가는 재해를 예방하고 그 위험으로부터 국민을 보호하기 위하여 노력하여야 한다.
제35조 ① 모든 국민은 건강하고 쾌적한 환경에서 생활할 권리를 가지며, 국가와 국민은 환경 보전을 위하여 노력하여야 한다.

○ **국민 재난 안전 포털**
(http://www.safekorea.go.kr)
재난 및 안전관리 기본법 제74조에 의거 국민의 재난 안전을 도모하기 위하여 다양한 재난 안전 정보를 종합적으로 제공한다.

자료 ③ 기후적 요인에 따른 자연재해 피해(2009~2018년)

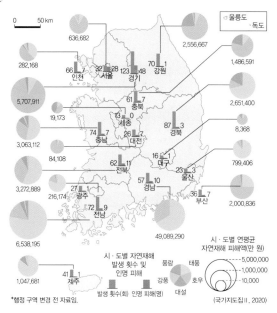

우리나라는 계절별 날씨 변화가 심하며, 계절에 따라 발생하는 자연재해 또한 차이가 있다. 봄에는 가뭄과 산불, 여름에는 태풍과 호우, 폭염, 가을에는 태풍, 겨울에는 한파와 대설이 발생한다. 가장 큰 피해를 유발하는 자연재해는 태풍과 호우이다. 제주, 경남, 전남 등 남부 지역은 태풍에 의한 피해가 큰 편이며, 강원은 대설에 의한 피해가 상대적으로 큰 편이다. 최근 기후변화의 영향으로 여름은 더 길어지고 무더워지며, 겨울은 더 짧고 추워지는 경향이 나타나면서 자연재해의 발생 빈도가 늘어나고 피해가 커지고 있다.

자료 ④ 우리의 안전을 위협하는 해안 침식과 싱크홀

▲ 해안 침식이 발생한 해안 ▲ 싱크홀이 발생한 지역

인간 활동의 영향으로 자연환경이 변화하면서 우리의 안전이 위협받는 사례가 증가하고 있다. 대표적 사례로 해안 침식과 싱크홀이 있다. 해안 침식의 원인으로는 지구 온난화로 인한 해수면 상승과 방파제, 하굿둑, 수중보 등의 인공 구조물, 해안 개발로 인해 모래 공급이 원활하지 않은 것 등이 있다. 이에 따라 해안 침식으로 인한 해안 도로 유실 등의 피해가 증가하고 있다. 싱크홀은 자연적인 현상이었지만, 최근 도시에서 상하수관의 손상에 따른 누수, 굴착 공사 부실 등으로 지반이 약해지면서 발생하는 것이 대부분이다.

○✗ 표시하기

❶ 기후적 요인에 의한 자연재해에는 태풍, 홍수, 지진 등이 있다. ( )

❷ 환태평양 조산대에서는 화산 활동이 자주 발생한다. ( )

❸ 우리나라 헌법에는 국민이 자연재해로부터 보호받을 권리를 보장하고 있다. ( )

❹ 홍수 피해를 줄이기 위해서는 제방을 건설하고, 댐과 저수지를 건설하는 방법도 있다. ( )

적절한 말 고르기

❺ 가뭄은 다른 자연재해보다 진행 속도가 (느리지만, 빠르지만) 피해 범위는 (넓은, 좁은) 편이다.

❻ 태풍은 (고위도, 저위도) 해상에서 발생하여 중위도로 이동하는 열대 저기압이다.

❼ (국가, 시민)은/는 재해 발생 시 즉각적인 복구와 보상 지원 및 정책을 수립해야 한다.

빈칸 채우기

❽ 화산 활동으로 발생하는 화산재와 화산 가스는 주거지 및 농경지를 덮치거나 ( ) 운항의 차질을 가져온다.

❾ ( )은/는 일시에 많은 비가 내릴 때 발생하며, 시가지와 농경지 등이 침수되어 인명 및 재산 피해를 주는 기후적 요인에 의한 자연재해이다.

❿ 지진과 화산 활동은 지각이 불안정한 판의 ( ) 부근에서 잘 나타난다.

⓫ 우리나라의 ( ) 제34조와 제35조에서는 국민의 안전권과 환경권을 규정하고 있다.

서로 관련된 내용 연결하기

⓬ 홍수 •   • ㉠ 겨울

⓭ 태풍 •   • ㉡ 여름철

⓮ 대설 •   • ㉢ 여름~초가을

> 25592-0084

01 사진 속 주민들이 사는 지역의 생활 모습에 대한 설명으로 가장 적절한 것은?

▲ 페루 원주민의 모습

① 벼농사가 발달해 있다.
② 열량이 높은 육류 위주의 음식을 먹는다.
③ 게르라고 하는 이동식 천막에서 생활한다.
④ 오아시스 근처에서 밀과 대추야자를 재배한다.
⑤ 기온의 일교차가 크고 햇빛이 강해 주민들은 모자를 쓴다.

중요
> 25592-0085

02 사진의 전통 가옥이 나타나는 지역의 특징으로 옳은 것만을 〈보기〉에서 고른 것은?

┤ 보기 ├
ㄱ. 기온의 연교차가 크다.
ㄴ. 타이가라 불리는 침엽수림이 발달해 있다.
ㄷ. 계절풍의 영향을 받는 지역은 주로 벼를 재배한다.
ㄹ. 플랜테이션을 통해 바나나와 기름야자를 재배한다.

① ㄱ, ㄴ   ② ㄱ, ㄷ   ③ ㄴ, ㄷ
④ ㄴ, ㄹ   ⑤ ㄷ, ㄹ

[03~04] 지도는 세계의 기후 지역을 나타낸 것이다. 물음에 답하시오.

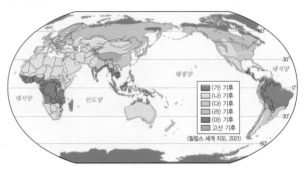

(가) 기후
(나) 기후
(다) 기후
(라) 기후
(마) 기후
고산 기후
(필립스 세계 지도, 2021)

중요
> 25592-0086

03 지도의 (마) 기후 지역에서 주로 볼 수 있는 생활 모습으로 옳은 것만을 〈보기〉에서 고른 것은?

┤ 보기 ├
ㄱ. 주민들은 순록 유목, 수렵 활동을 한다.
ㄴ. 가옥은 지붕이 평평하고 흙벽돌로 만든다.
ㄷ. 동물의 가죽이나 털로 만든 의복을 입는다.
ㄹ. 침엽수림이 풍부해 통나무집이 발달해 있다.

① ㄱ, ㄴ   ② ㄱ, ㄷ   ③ ㄴ, ㄷ   ④ ㄴ, ㄹ   ⑤ ㄷ, ㄹ

> 25592-0087

04 다음 글의 A, B에 해당하는 지역을 지도의 (가)~(마)에서 고른 것은?

A: 최한월 평균 기온이 18℃ 이상이고, 지역에 따라 일 년 내내 강수량이 많은 지역과 건기와 우기가 나뉘는 지역도 있다. 높은 기온과 습도에 상하지 않도록 기름에 볶거나 튀기는 요리가 발달했으며, 향신료를 많이 사용한다.
B: 기후가 온화하여 다른 기후 지역보다 인간이 거주하기에 유리한 편이다. 계절에 따라 구할 수 있는 식재료가 풍부하여 음식의 종류가 다양하고, 의복과 주택의 형태도 지역에 따라 다양하다.

	A	B			A	B
①	(가)	(다)		②	(가)	(라)
③	(나)	(라)		④	(나)	(마)
⑤	(다)	(마)				

> 25592-0088

05 자료의 (가)에 들어갈 내용으로 가장 적절한 것은?

발표 주제: [(가)]

사례 1: 그린란드에서는 여름철 기온이 상승하면서 상추, 감자 등의 작물 재배가 가능해졌다. 하지만, 바다표범 사냥, 얼음낚시 등 전통적인 방식으로 생업을 하는 주민들에게는 큰 시련이 되고 있다.

사례 2: 지구 온난화로 아프리카에 있는 킬리만자로산 정상부의 빙하가 줄고 있다. 이에 따라 빙하가 녹은 물을 농업용수와 식수로 사용하던 지역 주민들이 큰 불편을 겪고 있다.

---

① 농업을 통한 지역 경제 활성화 방안
② 빙하 확대에 따른 주민 생활의 변화
③ 기후와 지형에 따른 전통 가옥의 차이
④ 특수한 지형을 이용한 지역 발전 방안
⑤ 자연환경의 변화로 인한 인간 생활의 변화

> 25592-0089

06 (가), (나)와 같은 전통 음식을 먹는 지역의 기후로 옳은 것은?

(가) 음식물의 부패를 막고자 기름에 튀기거나 소금과 향신료를 많이 사용함.

(나) 가축의 젖과 고기, 밀, 보리, 대추야자를 이용한 요리가 발달함.

	(가)	(나)
①	온대 기후	건조 기후
②	열대 기후	냉대 기후
③	열대 기후	건조 기후
④	냉대 기후	열대 기후
⑤	냉대 기후	온대 기후

> 25592-0090

07 자료는 긴급 재난 문자 내용이다. (가)에 대한 설명으로 옳은 것만을 〈보기〉에서 고른 것은?

안전 안내 문자
2024-06-12 08:26 ○○군 인근에서 [(가)]
⚠ 발생 ▲건물 밖으로 나갈 때는 계단 이용
▲야외 넓은 곳으로 대피하세요.(◇◇시청)

┤ 보기 ├

ㄱ. 주로 봄철에 자주 발생한다.
ㄴ. 판과 판의 경계인 일본에서는 빈번하게 발생한다.
ㄷ. 강한 바람과 많은 비를 동반하여 풍수해를 입힌다.
ㄹ. 바다 밑에서 일어나 파도가 급격히 높아지는 해일(쓰나미)이 발생하기도 한다.

① ㄱ, ㄴ   ② ㄱ, ㄷ   ③ ㄴ, ㄷ
④ ㄴ, ㄹ   ⑤ ㄷ, ㄹ

🔵중요

> 25592-0091

08 (가), (나) 자연재해에 대한 설명으로 옳은 것은?

(가)   (나)

① (가)는 지형적 요인에 의해 발생하는 자연재해이다.
② (나)는 기후적 요인에 의해 발생하는 자연재해이다.
③ (가)는 (나)보다 화재를 유발할 가능성이 크다.
④ (가)는 (나)보다 우리나라에서 발생 빈도가 높다.
⑤ (가), (나) 모두 겨울철에 주로 발생한다.

서술형 문제

Step1 핵심 키워드 파악하기

> 25592-0092

01 사진은 싱가포르에서 흔히 볼 수 있는 경관이다. 이처럼 싱가포르에서 지붕이 덮여 있는 길이나 육교를 많이 볼 수 있는 이유를 기후 특징과 관련지어 서술하시오.

예시 답안 싱가포르는 일 년 내내 덥고 (　　　)이/가 많이 내리는 (　　　) 기후 지역이다. 따라서 (　　　)을/를 막고 (　　　)을/를 피할 수 있는 (　　　)이나 덮개가 도시 곳곳에 발달해 있다.

> 25592-0093

02 (1) (가), (나)와 같은 전통 가옥이 나타나는 기후를 쓰고, (2) 이러한 차이가 나타나게 된 원인을 기후 특징과 관련지어 서술하시오.

(가)　　　　　　　(나)

(1) (가) – (　　　　　　) (나) – (　　　　　　)

(2) 예시 답안 열대 기후 지역 중 (　　　) 기후 지역은 연중 (　　　)이/가 높고 강수량이 (　　　) 때문에 (　　　)을/를 피하기 위해 가옥의 바닥을 (　　　)(으)로부터 높이 띄워 만든다. 건조 기후 지역 중에서 (　　　) 기후 지역은 낮과 밤의 (　　　)이/가 큰 편이어서 외부 공기와의 접촉을 가급적 적게 하기 위해 가옥의 벽이 (　　　) 창문의 수가 적으며 창문의 크기도 (　　　) 짓는다.

Step2 스스로 답안 작성하기

> 25592-0094

03 (가)에 들어갈 말을 쓰고, 이와 같은 헌법 조항으로 보장되는 권리를 두 가지 서술하시오.

> [　(가)　]와 관련한 우리나라의 헌법 조항
>
> 제34조 ⑥ 국가는 재해를 예방하고 그 위험으로부터 국민을 보호하기 위하여 노력하여야 한다.
> 제35조 ① 모든 국민은 건강하고 쾌적한 환경에서 생활할 권리를 가지며, 국가와 국민은 환경 보전을 위하여 노력하여야 한다.

> 25592-0095

04 자료는 아프리카의 차드호에 관한 것이다. 차드호의 변화와 그에 따른 영향에 대해 서술하시오.

(디르케 세계 지도, 2022)

차드호는 한때 전 세계에서 여섯 번째로 큰 담수호였지만, 지속적인 가뭄으로 현재는 원래 수량의 90% 이상이 줄어들었다.

1등급 도전 문제

> 25592-0096

01 (가), (나) 전통 가옥이 나타나는 기후 지역의 상대적 특성을 그래프로 나타낼 때, A, B에 들어갈 항목으로 옳은 것은?

(가) (나)

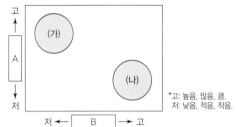

*고: 높음, 많음, 큼.
저: 낮음, 적음, 작음.

	A	B
①	위도	식생 밀도
②	위도	연 강수량
③	식생 밀도	연 강수량
④	식생 밀도	기온의 일교차
⑤	기온의 일교차	위도

> 25592-0098

03 자료는 여행 노트의 일부이다. (가), (나) 지역을 지도의 ㉠~㉢에서 고른 것은?

촬영 지역: (가)
내용: 빙하의 침식으로 형성된 거대한 피오르

촬영 지역: (나)
내용: 석회암이 용식되어 형성된 섬과 바위 기둥

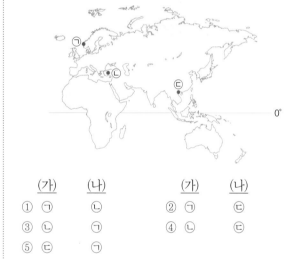

	(가)	(나)			(가)	(나)
①	㉠	㉡		②	㉠	㉢
③	㉡	㉠		④	㉡	㉢
⑤	㉢	㉠				

> 25592-0097

02 그래프는 지도에 표시된 두 지역의 기온과 강수량을 나타낸 것이다. 두 지역의 기후 차이의 가장 큰 요인은?

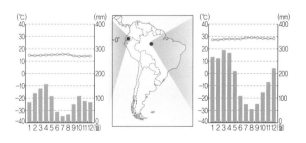

① 위도   ② 해류   ③ 수륙 분포
④ 해발 고도   ⑤ 바다와의 거리

> 25592-0099

04 그래프는 세 지역의 기후에 따른 자연재해 피해액을 나타낸 것이다. (가)~(다)에 대한 설명으로 옳은 것은? (단, (가)~(다)는 각각 대설, 태풍, 호우 중 하나임.)

*자연재해 피해액은 2009~2018년 누적치임. (국가 지도집 II, 2020)

① (가)는 열대 해상에서 발생하여 중위도로 이동한다.
② (나)는 강한 비바람을 동반한 열대 저기압이다.
③ (다)는 시가지와 농경지의 침수 피해를 가져온다.
④ (가)는 (다)보다 연평균 피해액이 적다.
⑤ (나)는 겨울철에, (다)는 여름철에 주로 발생한다.

02 인간과 자연의 관계

핵심 개념

□ 인간 중심주의
□ 이분법적 세계관
□ 도구적 가치

◎ 이분법적 세계관
인간과 자연을 분리하여 자연은 인간을 위한 수단이라고 인식하는 세계관이다.

◎ 내재적 가치
외부로부터의 평가에서 독립하여 존재 그 자체 안에서 갖는 가치이다.

◎ 도덕적 고려
인간이 어떠한 행동을 하기에 앞서 이에 관한 도덕적 책임을 져야 하는지 생각해 보는 것이다.

◎ 베이컨(Bacon, F.)
영국의 철학자이자 정치가로, "아는 것이 힘이다."라고 주장하면서 과학적 지식의 유용성을 강조하였다.

◎ 데카르트(Descartes, R.)
프랑스의 철학자이자 수학자이다. "나는 생각한다. 그러므로 나는 존재한다."라고 주장하였다. 인간의 정신을 물질과 구분되는 존엄한 것으로 본 반면에 자연을 단순한 물질 또는 기계로 보는 이분법적 자연관을 정립하였다.

◎ 칸트(Kant, I.)
독일의 철학자이다. 칸트는 인간은 목적적 존재이기에 서로에게 직접적인 의무를 갖지만 인간이 아닌 존재에 대해서는 간접적인 의무만을 갖는다고 보았다.

1 자연에 대한 다양한 관점

1. 인간 중심주의

(1) **의미**: 인간과 자연의 관계에서 인간을 가장 가치 있는 존재로 여기고 인간의 이익이나 행복을 우선으로 고려하는 관점임

(2) **특징**

┌ 인간만이 생명권, 자유권, 행복 추구권과 같은 기본적인 권리를 지닌다고 본다.

이분법적 세계관	• 인간과 자연을 둘로 나누어서 바라봄 • 인간만이 이성을 지니고 있으며, 인간은 자연으로부터 독립된 존재이자 자연보다 우월한 존재로서 유일하게 내재적 가치를 지님
자연의 도구적 가치 강조	• 자연은 그 자체로 가치 있는 존재가 아니라 인간의 생존과 복지를 위한 도구에 불과하다고 봄 • 인간은 자연을 이용할 권리를 지니며, 자연에 관한 행위의 옳고 그름은 그 행위가 인간의 필요와 이익에 얼마나 유용한가에 달려 있음
도덕적 고려의 대상: 인간만	• 인간만이 도덕적 지위를 지닌 유일한 존재임 • 인간만이 직접적인 도덕적 고려의 대상이며, 인간이 아닌 존재는 도덕적 고려의 대상이 아님

(3) **대표적인 사상가** 자료①

① **베이컨**: 자연 과학적 지식을 활용하여 자연을 정복하고 물질적 혜택과 복지를 증진해야 한다고 봄
┌ 과학의 목적은 자연을 정복해 인간의 물질적 생활을 향상시키는 것이라고 주장하였다.

② **데카르트**: 인식 주체와 인식 대상을 구분하고 인식 주체인 인간이 인식 대상인 자연을 이용하고 정복하는 것을 정당화함

③ **칸트**: 인간 이외의 동물과 자연은 도덕적 고려의 대상에 해당하지 않으나 인간성 실현을 위해 그들을 함부로 대하면 안 된다고 봄

(4) **인간 중심주의의 의의와 한계**

의의	• 자연을 개발과 극복의 대상으로 여겨 자연으로부터 이익을 추구하게 함 • 자연현상의 객관적 이해를 도와 과학 기술의 발전과 인간의 삶을 풍요롭게 하는 데 이바지하였음
한계	• 지나친 인간 중심주의는 자연에 대한 지배와 착취를 정당화하고 자연을 인간의 필요를 충족하기 위한 수단으로만 취급함 • 지나친 인간 중심주의는 자원 고갈과 환경 오염, 생태계 파괴 등과 같은 자연의 위기를 초래할 수 있음

┌ 산업화·도시화 과정에서 발생한 환경 파괴가 심각한 자연의 위기를 초래하고 있다.

(5) 인간 중심주의의 한계를 극복하기 위해 동물 중심주의, 생명 중심주의, 생태 중심주의와 같은 다양한 자연관이 등장함 자료②

2. 생태 중심주의

(1) **의미**: 인간과 자연의 관계에서 인간의 이익보다는 인간을 포함한 생태계 전체의 균형과 안정을 먼저 고려하는 관점임

• 정답 25쪽

자료 ❶ 인간 중심주의의 대표적 사상가: 베이컨과 칸트

• 인간은 자연의 사용자 및 해석자로서 자연의 질서에 대해 실제로 관찰하고, 고찰한 것만큼 무엇인가를 할 수 있으며, 이해할 수 있다. 그 이상의 것은 알 수도 없고, 할 수도 없다. 인간의 지식이 곧 인간의 힘이다. 원인을 밝히지 못하면 어떤 효과도 낼 수 없다. 자연은 오로지 복종함으로써만 복종시킬 수 있기 때문이다. 자연의 고찰에서 원인으로 인정되는 것이 작업에서는 규칙의 역할을 한다.   – 베이컨, 『신기관』 –

└ 인간이 자연보다 우월한 존재이며 자연을 지배해야 한다고 본다.

• 비록 무생물이라 할지라도 자연 안에 있는 아름다운 대상을 파괴해 버리려는 성향은 자기 자신에 대한 인간의 의무와 대립한다. 또한 생명이 있는 피조물인 동물을 폭력적으로 다루는 것은 자기 자신에 대한 인간의 의무와 더욱 대립한다. 그렇게 함으로써 동물의 고통에 대한 인간의 공감이 무뎌지고, 결과적으로는 타인과의 관계에서 도덕성에 대단히 유익한 천성적 소질이 약화되기 때문이다.   – 칸트, 『윤리 형이상학』 –

베이컨은 인간이 자연의 사용자로서 자연의 질서를 관찰하고 지식을 얻은 만큼 자연에 대해 힘을 행사할 수 있다고 보았다. 칸트는 자연 파괴와 동물을 학대하는 것에 반대하였다. 하지만 칸트는 동물을 학대하지 말아야 하는 것은 인간의 직접적인 의무가 아니라 인간성 실현을 위한 간접적인 의무에 불과하다고 주장하였다.

○✗ 표시하기

❶ 자연을 바라보는 인간의 관점에는 대표적으로 인간 중심주의와 생태 중심주의가 있다.   (   )

❷ 인간 중심주의는 인간과 자연을 분리하여 바라보는 이분법적 세계관에 바탕을 두고 있다.   (   )

❸ 인간 중심주의는 인간의 이익보다 자연의 이익을 우선적으로 고려하는 관점이다.   (   )

❹ 인간 중심주의는 자연을 그 자체로 가치 있는 존재로 바라본다.   (   )

적절한 말 고르기

❺ (인간, 생태) 중심주의는 자연을 인간의 생존과 복지를 위한 수단으로만 여기는 관점이다.

❻ 데카르트에 따르면, (인간, 자연)은 정신을 소유한 존엄한 존재이지만 (인간, 자연)은 의식이 없는 물질이다.

❼ (인간, 생태) 중심주의에 따르면, 인간은 다른 모든 존재와 구분되는 우월한 존재이다.

┌ 도덕적 고려의 대상을 인간으로부터
│ 동물까지 확대하는 관점이다.

자료 ❷ 동물 중심주의와 생명 중심주의

┌ 도덕적 고려의 대상을 인간과 동물뿐만 아니라
│ 모든 생명체로 확대하는 관점이다.

• 한 존재의 본성이 어떠하든, 평등의 원리는 그 존재의 고통을 다른 존재의 동일한 고통과 동일하게 취급할 것을 요구한다. 따라서 쾌고 감수 능력은 다른 존재의 이익에 관심을 가질지의 여부를 판가름하는 유일한 경계가 된다.   – 싱어, 『동물 해방』 –

• 인간은 다른 생명 의지에 대해서도 자신의 생명 의지를 대할 때와 마찬가지로 생명에 대해 외경심을 가져야 한다고 느끼게 된다. 선(善)이란 생명을 유지하는 것, 생명을 촉진하는 것이다. 반면 악(惡)은 생명을 파괴하는 것, 생명을 저해하는 것이다.   – 슈바이처, 『나의 생애와 사상』 –

동물 중심주의인 싱어는 공리주의에 기초하여 도덕적 고려의 기준을 쾌고 감수 능력으로 보며 동물도 쾌락과 고통을 느끼므로 도덕적 고려의 대상이라고 주장하였다. 또한 생명 중심주의자인 슈바이처는 모든 생명은 살고자 하는 의지를 지니고 있으며, 그 자체로 신성하다는 생명 외경을 강조하였다.

빈칸 채우기

❽ 인간 중심주의는 자연의 (   ) 가치를 강조한다.

❾ 인간 중심주의는 인간만이 (   ) 지위를 지닌 유일한 존재이기 때문에 인간만을 직접적인 도덕적 고려의 대상이라고 본다.

❿ 인간 중심주의는 자연에 대한 인간의 지배와 착취를 정당화하고 자연을 인간의 (   )을/를 충족하기 위한 수단으로만 취급하게 한다.

〈보기〉에서 고르기

┌ 보기 ┐
ㄱ. 내재적 가치   ㄴ. 도덕적 고려

⓫ 인간이 어떠한 행동을 하기에 앞서 이에 관한 도덕적 책임을 져야 하는지 생각해 보는 것   (   )

⓬ 외부로부터의 평가에서 독립하여 존재 그 자체 안에서 갖는 가치   (   )

◎ **전일론**
전체로서의 자연환경, 생태계의 보존에 초점을 맞추는 환경 윤리 이론으로, 생태 중심주의가 여기에 해당한다. 이 입장은 도덕적 고려의 대상을 동식물이나 생명을 가진 개별 존재를 넘어 무생물을 포괄한 생태계 전체로 확대한다.

◎ **레오폴드(Leopold, A.)**
미국의 과학자이자 생태학자. 환경 윤리학자로, 저서 『모래 군의 열두 달』에서 '대지 윤리'를 강조하였다. '환경 윤리의 아버지'라고 불리며 평생 자연을 지키고 조화롭게 살고자 노력하였다.

◎ **환경 파시즘**
생태계 전체의 선(善)을 위해 인간이 포함된 개별 생명체의 선을 희생할 수 있다고 보는 극단적 생태 중심주의의 입장을 비판하는 용어이다.

◎ **생태 관광**
자연환경, 고유문화, 역사 유적의 보전, 생태적으로 양호한 지역에 대한 관찰과 학습, 관광 사업과 관광객의 지속가능한 관광 활동 등을 포괄하는 관광이다.

◎ **생태 도시(독일 프라이부르크)**

도시 전체 면적의 약 40%가 숲으로 이루어져 있고 재생 에너지를 적극적으로 이용하고 있다. 자전거와 전차 위주의 교통 체계도 갖추고 있다.

◎ **슬로 시티**
지역이 원래 가지고 있던 자연환경, 문화 등을 지키면서 지역민이 주체가 되는 지역 문화·경제 살리기 운동이다.

---

(2) **특징**

전일론적 관점	• 인간을 포함한 자연 전체를 하나로 봄 • 자연은 인간, 동물, 식물, 환경 등 다양한 구성원이 유기적으로 연결되어 있는 생태계임 • 인간은 자연으로부터 독립된 존재가 아니라 다른 생명체와 마찬가지로 자연의 한 구성원임
자연의 내재적 가치 강조	• 자연은 인간의 이익과 무관하게 그 자체로 가치를 지니고 있음 • 자연의 어떠한 존재도 인간의 이익을 위한 수단으로만 고려되어서는 안 된다고 봄
도덕적 고려의 대상: 생태계 전체	• 인간은 인간뿐만 아니라 생태계 전체에 대한 도덕적 의무를 지님 • 자연에 관한 행위의 옳고 그름은 그것이 생태계의 균형과 안정에 얼마나 이바지하느냐에 달려 있음

(3) **대표적인 사상가: 레오폴드** 자료 ③

① 대지 윤리: 생태계 전체를 하나의 유기체로 보고 공동체의 범위를 인간에서 동물, 식물, 무생물을 포함한 대지까지 확대하는 입장임

② 인간은 생명 공동체의 한 구성원이므로 생태계의 안정을 유지할 의무가 있으며, 생태계의 균형을 파괴하는 무분별한 개입을 자제해야 한다고 봄

└─ 생태계 내의 무생물과 생물들이 상호 의존하고 있는 균형 잡힌 먹이 사슬

(4) **생태 중심주의의 의의와 한계**

의의	• 상호 의존성에 바탕을 둔 생태계 전체에 대한 관심을 강조함 • 인간에게 생태계를 보존해야 할 의무가 있다는 점을 일깨움으로써 환경 문제를 해결하는 데 도움을 줌
한계	• 생태 중심주의를 지나치게 강조하여 모든 자연 개발을 중단해야 한다는 비현실적인 주장을 하기도 함 • 지나친 생태 중심주의는 환경 파시즘으로 이어질 우려가 있음

② 인간과 자연의 바람직한 관계

1. 인간과 자연은 공존하는 관계

(1) 인간은 다른 생명체와 공존하는 유기적 관계를 맺으며 살아가야 함

(2) 인간과 자연은 서로 대립하거나 한쪽을 파괴하지 않고, 조화롭게 공존해야 하는 관계임

2. 인간과 자연이 공존하기 위한 노력 자료 ④   ── 생태계의 한 구성원으로서 지녀야 할 역할과 책임에 관한 의식

(1) **생태 공동체 의식을 정립**: 자연 친화적 삶을 살고 미래 세대의 생존과 복지, 동식물을 포함한 생태계 전체의 보전까지도 함께 고려해야 함

(2) 인간과 자연의 관계는 유기적 관계이며 공존하는 관계임을 강조하는 동양의 자연관에서 시사점을 얻어야 함   인간과 자연의 조화를 추구한다. ┘

(3) 지속가능한 개발과 보존을 위한 노력

① 자연과 조화를 이루는 개발을 하고 자연을 보존해야 함

② 생태 관광, 생태 도시, 생태 통로, 슬로 시티 등은 인간의 필요와 욕구에 따라 개발이 불가피하더라도 자연 파괴를 최소화할 수 있음을 보여 주는 사례임

자료 ③ **생태 중심주의의 대표적 사상가: 레오폴드**

> 대지 윤리는 인간을 대지 공동체의 정복자에서 그 구성원으로 변화시키는 것이다. 공동체의 구성원은 동료나 전체 공동체에 대해 존경심을 가져야 한다. 대지 윤리는 인간에게 자원들(흙, 물, 식물, 동물 등)의 사용, 관리, 혹은 변화를 금지하지 않는다. 그러나 그들이 계속 존재할 권리, 비록 일부 지역에 국한되더라도 자연 상태 그대로 생존할 권리는 보장되어야 한다. 어떤 것이 생명 공동체의 온전성, 안정성, 아름다움을 보전하는 경향이 있다면 옳고, 그렇지 않다면 그르다.
> ┗ 도덕 공동체를 대지로 확장 – 레오폴드, 『모래 군의 열두 달』 – 하고 이를 존중해야 한다.

레오폴드는 대지란 자연의 모든 존재가 서로 그물망처럼 얽혀 있는 생명 공동체라고 하며 대지 윤리를 주장하였다. 대지 윤리는 인간이 대지의 한 구성원일 뿐이며 자연은 인간의 이해와 상관없이 내재적 가치를 지니므로 흙과 물, 동식물과 인간까지 포괄하는 자연 전체가 도덕적 고려의 대상이 되어야 한다고 보는 입장이다.

자료 ④ **동양의 자연관: 유교, 불교, 도가**

자연과 인간이 하나되는 유교의 이상적 경지이다.

> • 유교에서는 만물이 본래적 가치를 지니고 있다고 보고, 인간과 자연이 조화를 이루는 천인합일(天人合一)의 경지를 추구한다. 또한 인간이 하늘의 도(道)를 본받아 다른 인간을 사랑하고 어질게 행동하는 인(仁)을 베푸는 것을 바람직한 삶으로 파악한다.
> • 불교에서는 연기설에 따라 자연의 만물이 독립적으로 존재하는 것이 아니라 서로 밀접하게 관계를 맺고 상호 의존한다고 본다. 또한 만물의 상호 의존성을 자각하여 모든 생명을 소중히 여기고 자비를 베풀 것을 강조한다.
> • 도가에서는 무위자연(無爲自然)을 추구하며, 인간의 의지나 욕구와 상관없이 존재하는 자연의 가치와 아름다움을 강조한다. 또한 인간은 자연의 한 부분으로서 자연의 섭리에 순응하고 자연과 조화를 이루어야 한다고 본다.
> ┗ 모든 존재와 현상은 무수한 원인과 조건에 의해 생겨나며, 그 원인과 조건이 없어지면 결과도 사라지게 된다는 이론이다.

전통적으로 동양에서는 자연 속 개개의 사물이 서로 의존해서 존재한다는 점과 개개의 존재가 서로 간의 균형과 협동을 통해 조화를 이루어야 한다는 점을 강조한다.

○✗ 표시하기

❶ 생태 중심주의는 인간과 자연의 관계에서 인간의 이익보다는 인간을 포함한 생태계 전체의 균형과 안정을 먼저 고려하는 관점이다.　　　　　(　　　)

❷ 전일론적 관점에 따르면 자연은 인간, 동물, 식물, 환경 등 다양한 구성원이 유기적으로 연결되어 있는 생태계이다.　　　　　　　　　　　(　　　)

❸ 생태 중심주의는 생태계 전체보다는 개별 생명체에 더 관심을 가져야 한다고 본다.　　　(　　　)

❹ 인간과 자연의 바람직한 관계를 이루기 위해서는 인간이 자연보다 우월한 위치에 있다고 생각해야 한다.　　　　　　　　　　　　　(　　　)

적절한 말 고르기

❺ (인간, 생태) 중심주의는 인간은 자연으로부터 독립된 존재가 아니라 다른 생명체와 마찬가지로 자연의 한 구성원일 뿐이라고 본다.

❻ (베이컨, 레오폴드)은/는 생태계를 흙과 물을 포함한 수많은 존재가 서로 균형을 맞추며 살아가는 공동체로 파악하고 이를 존중해야 한다고 보았다.

❼ (인간, 생태) 중심주의는 인간을 포함한 생태계 전체의 균형과 안정을 먼저 고려하는 관점이다.

빈칸 채우기

❽ 생태 중심주의는 자연의 (　　　) 가치를 강조한다.

❾ 생태 중심주의는 인간뿐만 아니라 생태계 전체가 도덕적 (　　　)을/를 지닌다고 본다.

❿ 레오폴드는 인간이 (　　　)의 한 구성원이므로 생태계의 안정을 유지할 의무가 있으며, 생태계의 균형을 파괴하는 무분별한 개입을 자제해야 한다고 보았다.

〈보기〉에서 고르기

┤ 보기 ├
ㄱ. 전일론　　　　　ㄴ. 생태 공동체 의식

⓫ 생태계의 한 구성원으로서 지녀야 할 역할과 책임에 관한 의식　　　　　　　　　　　　(　　　)

⓬ 전체는 단순히 부분들의 집합이 아니라 각 부분이 밀접하게 연결·결합되어 하나의 독립적인 실체를 이룬다는 이론　　　　　　　　　　　　(　　　)

01 그림의 강연자가 지지할 입장으로 적절한 것만을 〈보기〉에서 고른 것은?

> 25592-0100

우리는 자연의 일부분이며, 자연은 우리의 일부분입니다. 들꽃은 우리의 누이이고, 순록과 말과 독수리는 우리의 형제입니다. 사람이 땅을 파헤치는 것은 자신의 삶도 파헤치는 것입니다. 자연은 내재적 가치를 지닌 존재이며, 인간에게 종속되어 있는 것이 아니며, 인간이 오히려 자연의 한 구성원으로 포함되어 있는 것입니다.

┤ 보기 ├
ㄱ. 인간은 생태계의 정복자가 되어야 한다.
ㄴ. 인간은 자연의 구성원임을 인식해야 한다.
ㄷ. 인간은 자연을 도덕적 고려의 대상으로 보아야 한다.
ㄹ. 인간은 자연의 가치를 유용성의 측면으로만 평가해야 한다.

① ㄱ, ㄴ   ② ㄱ, ㄷ   ③ ㄴ, ㄷ
④ ㄴ, ㄹ   ⑤ ㄷ, ㄹ

> 25592-0101

02 다음에서 강조하는 자연관의 입장에서 부정의 대답을 할 질문으로 가장 적절한 것은?

자연은 그 자체로 가치 있는 존재가 아니라 인간의 생존과 복지를 위한 도구에 불과하다. 또한 인간은 자연을 이용할 권리를 지니며, 자연에 관한 행위의 옳고 그름은 그 행위가 인간의 필요와 이익에 얼마나 유용한가에 달려 있다.

① 인간은 자연의 대상들을 이용할 수 있는 권리를 지니고 있는가?
② 인간은 자신뿐만 아니라 자연에 대한 도덕적 의무를 지니고 있는가?
③ 인간은 자연을 효율적으로 통제하기 위해 기술을 발전시켜야 하는가?
④ 과학 기술의 발전을 위해 자연에 대한 지속적인 탐구를 중시해야 하는가?
⑤ 자연에 대한 행위의 옳고 그름은 인간의 삶에 도움이 되는지의 여부에 달려 있는가?

중요

> 25592-0102

03 다음을 주장한 사상가의 입장에만 모두 '✔'를 표시한 학생은?

인간은 자연의 지배자이자 소유자가 될 수 있다. 인간은 정신을 지닌 존재로서 인식의 주체이지만, 자연은 정신을 지니고 있지 않으며 인식의 대상일 뿐이다.

입장 \ 학생	갑	을	병	정	무
인간만이 존엄한 존재로서 자연의 주인이 될 수 있다.	✔			✔	✔
인식 주체인 인간이 인식 대상인 자연을 이용할 수 있다.	✔	✔		✔	
이성을 지닌 인간이 자연을 지배하고 정복하는 것이 정당하다.			✔	✔	✔
자연은 정신적 요소를 가지며 자연의 질서에 따라 작동하는 존재이다.		✔	✔		✔

① 갑   ② 을   ③ 병   ④ 정   ⑤ 무

> 25592-0103

04 다음을 주장한 사상가의 입장으로 가장 적절한 것은?

인간의 지식이 곧 인간의 힘이다. 원인을 밝히지 못하면 어떤 효과도 낼 수 없다. 자연은 오로지 복종함으로써만 복종시킬 수 있기 때문이다. 자연의 고찰에서 원인으로 인정되는 것이 작업에서는 규칙의 역할을 한다.

① 인간과 자연은 동등한 지위를 지닌 생명 공동체이다.
② 인간은 자연과 마찬가지로 내재적 가치를 지니고 있다.
③ 인간은 자연을 지배와 복종의 대상으로 보아서는 안 된다.
④ 인간은 자연을 인류의 복지를 위한 수단으로 이용해야 한다.
⑤ 인간은 자연의 일부이므로 독립적인 존재로 보아서는 안 된다.

> 25592-0104

05 ㉠에 들어갈 적절한 진술만을 〈보기〉에서 있는 대로 고른 것은?

> 인간 중심주의는 인간은 자연의 일부가 아니라 자연으로부터 독립된 존재이며, 인간만이 이성을 지닌 존재라는 점에서 다른 자연적 존재보다 우월하고 고귀하다고 본다. 따라서 인간 중심주의는 자연을 그 자체로 가치 있는 존재가 아니라 인간의 욕구 충족을 위한 도구에 불과하다고 본다. 하지만 이러한 입장을 지나치게 강조할 경우 [㉠]는 비판을 받을 수 있다.

┤ 보기 ├
ㄱ. 자연에 대한 인간의 지배와 착취를 정당화할 수 있다
ㄴ. 자연 속에서 살아가는 인간의 삶에 큰 피해를 줄 수 있다
ㄷ. 자연현상의 객관적 이해를 도와 과학 기술의 발전에 기여한다
ㄹ. 자원이 고갈되고 환경이 오염되는 등 자연의 위기를 초래할 수 있다

① ㄱ, ㄴ   ② ㄴ, ㄷ   ③ ㄷ, ㄹ
④ ㄱ, ㄴ, ㄹ   ⑤ ㄱ, ㄷ, ㄹ

> 25592-0105

06 다음을 주장한 사상가의 입장으로 적절하지 <u>않은</u> 것은?

> 대지 윤리는 인간에게 자원들(흙, 물, 식물, 동물 등)의 사용, 관리, 혹은 변화를 금지하지 않는다. 그러나 그들이 계속 존재할 권리, 비록 일부 지역에 국한되더라도 자연 상태 그대로 생존할 권리는 보장되어야 한다.

① 자연의 모든 존재가 도덕적 지위를 지니고 있다.
② 자연 전체가 도덕적 고려의 대상이 되어야 한다.
③ 인간은 생태계에서 가장 우월한 지위를 갖는 존재이다.
④ 생태계의 안정을 해치는 무분별한 개입을 해서는 안 된다.
⑤ 도덕 공동체의 범위를 식물, 동물, 토양, 물을 포함하는 대지로 확장해야 한다.

🏷 중요

> 25592-0106

07 다음은 갑, 을 사상가들의 가상 대화이다. 갑, 을의 공통된 입장만을 〈보기〉에서 고른 것은?

> 인식 주체와 인식 대상을 구분하고 인식 주체인 인간이 인식 대상인 자연을 이용하고 정복하는 것은 정당합니다.

> 맞습니다. 인간 이외의 동물과 자연은 도덕적 고려의 대상이 아니므로 이용할 수 있으나, 인간성 실현을 위해 그들을 함부로 대하면 안 됩니다.

갑

을

┤ 보기 ├
ㄱ. 자연을 그 자체로 가치가 있는 존재로 여겨야 한다.
ㄴ. 인간 이외의 존재들도 도덕적으로 고려되어야 한다.
ㄷ. 인간은 자연으로부터 독립된 존재라고 보아야 한다.
ㄹ. 인간은 다른 자연적 존재들보다 우월하고 귀한 존재이다.

① ㄱ, ㄴ   ② ㄱ, ㄷ   ③ ㄴ, ㄷ
④ ㄴ, ㄹ   ⑤ ㄷ, ㄹ

> 25592-0107

08 ㉠에 들어갈 내용으로 가장 적절한 것은?

> 개발과 보존 사이에 갈등이 생겼을 때 어느 하나를 선택하기가 쉽지 않다. 성장과 개발은 환경 보존을, 환경 보존은 성장과 개발을 가로막는 측면이 있다. 이런 개발과 보존의 딜레마에 대한 바람직한 해결책으로 등장한 것이 바로 [㉠]이다.

① 인간과 자연이 공생할 수 있는 지속가능한 개발
② 환경론자들과 개발론자들이 다수결로 합의한 개발
③ 환경을 훼손하더라도 경제 발전의 유용성만을 추구하는 개발
④ 미래 세대의 이익이 아닌 현세대의 모든 필요만을 충족시키기 위한 개발
⑤ 자연은 인간을 위한 도구일 뿐이라는 인식하에 물질적 풍요만을 추구하는 개발

서술형 문제

Step1 핵심 키워드 파악하기

> 25592-0108

01 사진과 같이 우리 조상들이 까치밥을 남겨 두는 이유는 무엇인지 서술하시오.

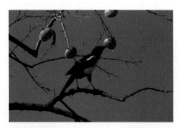

* 까치밥: 까치 따위의 날짐승이 먹으라고 따지 않고 몇 개 남겨 두는 과일

예시 답안 우리 조상들이 까치밥을 남겨 둔 것은 (   ) (으)로부터 나는 것은 (   )만의 것이 아니므로 자연을 구성하는 다른 대상들이 함께 나누어 사용해야 한다고 생각 했기 때문이다. 즉, 우리 조상들은 자연과 인간이 (   ) (으)로 함께 살아가는 관계라고 보았다.

> 25592-0109

02 (1) ㉠에 들어갈 말을 쓰고, (2) ㉠을 지나치게 강조하면 생기는 문제점을 서술하시오.

> ㉠   은/는 다음과 같은 특징을 가진다. 먼저 인 간을 포함한 자연 전체를 하나로 보는 전일론적 관점을 취한다. 이러한 관점에 따르면 자연은 인간, 동식물, 환경 등과 같은 다양한 구성원이 유기적으로 엮여 있는 생태계 이다. 따라서 인간은 자연과 독립적으로 존재할 수 없다.

(1) ㉠ – (   )

(2) 예시 답안 (㉠   )을/를 지나치게 강조하게 되면 모 든 (   ) 개발을 중단해야 한다는 비현실적인 주장 을 할 수 있으며, (   )(으)로 이어질 우려가 있다.

Step2 스스로 답안 작성하기

> 25592-0110

03 (1) 다음 내용을 주장한 사상가를 쓰고, (2) 이 사상가의 자연관에 대해 서술하시오.

> 동물을 잔인하게 다루는 것은 인간 자신에 대한 의무 를 훨씬 더 심각하게 거스르는 것이다. 그래서 인간은 이 러한 것을 삼가야 할 의무를 지니고 있다. 왜냐하면, 이 는 인간의 고통이라는 공유된 감정을 무디게 하며, 사람 간의 관계의 도덕성에 이바지할 수 있는 자연적인 소질을 약화시키고, 점차 그 소질을 제거하기 때문이다.

(1)

(2)

> 25592-0111

04 다음 글을 읽고, 생태 관광이 필요한 이유에 대해 서술 하시오.

> 생태 관광이란 '생태와 경관이 우수한 지역에서 자연의 보전과 현명한 이용을 추구하는 자연 친화적인 관광'으로 대규모 단체 관광이 자연환경을 훼손하고 지역 사회에 부 정적인 영향을 미치는 것을 극복하고자 나타난 대안으로 대두되었다. '자연 관광'이나 '공정 여행'에서 한 걸음 더 나아가 지역의 자연과 문화의 보전에 기여하고, 지역 주민 의 삶의 질을 향상시키며 생태 교육과 해설을 통해 참여자 가 환경의 소중함을 느끼는 여행이 바로 생태 관광이다.

1등급 도전 문제

> 25592-0112

01 다음을 주장한 사상가의 입장에서 〈문제 상황〉 속 A에게 제시할 조언으로 가장 적절한 것은?

> 인간은 생태계 전체를 하나의 유기체로 보고 공동체의 범위를 인간에서 동물, 식물, 토양, 물을 포함한 대지까지 모두 포괄하는 것으로 확대하려는 윤리를 따라야 한다.
> 〈문제 상황〉
> A는 갯벌 매립과 관련한 정책 보고서를 작성하다가 갯벌을 매립하면 많은 경제적 이익을 얻을 수 있지만, 갯벌 생태계가 파괴될 수 있다는 점을 알게 되었다. 그래서 A는 보고서에 제시할 정책에 대해 고민하고 있다.

① 갯벌이 지닌 경제적인 가치만을 고려하여 결정하세요.
② 갯벌보다 인간이 더 가치 있음을 고려하여 결정하세요.
③ 갯벌 생태계 자체의 내재적 가치를 고려하여 결정하세요.
④ 갯벌은 도덕적 고려의 대상이 아님을 고려하여 결정하세요.
⑤ 갯벌은 어떤 경우에도 개발되어서는 안 된다는 점을 고려하여 결정하세요.

> 25592-0113

02 그림은 노트 필기 내용이다. ㉠~㉤ 중 적절하지 <u>않은</u> 것은?

> **주제: 인간 중심주의**
>
> 1. 의미: 인간과 자연의 관계에서 인간의 이익이나 행복을 우선으로 고려하는 관점 ·········· ㉠
> 2. 특징
>   • 인간과 자연을 둘로 나누어서 바라보는 이분법적 세계관을 취함 ·········· ㉡
>   • 자연의 내재적 가치를 강조함 ·········· ㉢
>   • 인간만을 도덕적 고려의 대상으로 바라봄 ·········· ㉣
> 3. 한계: 지나친 인간 중심주의는 자연에 대한 지배와 착취를 정당화하고 자연을 인간의 필요를 충족하기 위한 수단으로만 취급함 ·········· ㉤

① ㉠   ② ㉡   ③ ㉢   ④ ㉣   ⑤ ㉤

> 25592-0114

03 (가)~(다) 사상들의 공통된 자연관으로 가장 적절한 것은?

> (가) 인간과 자연의 조화를 이루는 천인합일(天人合一)의 경지를 추구한다.
> (나) 자연이 내재된 질서에 따라 스스로 알아서 자연스럽게 움직인다는 무위자연(無爲自然) 원리를 바탕으로 인간이 자연과 조화를 이루어야 한다.
> (다) 모든 현상이 인간과 동식물, 무생물까지 포함한 우주의 만물이 서로 그물망처럼 관련을 맺고 있는 연기(緣起)의 원리에 따라 움직인다.

① 자연은 인간이 관리하고 통제해야 할 대상이다.
② 자연은 인간의 행복만을 위해 이용해야 할 대상이다.
③ 자연의 모든 존재는 인간에게 영향을 주지 않는다.
④ 인간과 자연은 상호 의존적이고 조화로운 관계이다.
⑤ 인간과 자연은 서로 영향을 주지 않는 독립적인 관계이다.

> 25592-0115

04 갑이 을에게 제기할 수 있는 비판으로 가장 적절한 것은?

> 갑: 자연의 만물이 독립적으로 존재하는 것이 아니라 서로 밀접하게 관계를 맺고 상호 의존한다. 또한 만물의 상호 의존성을 자각하여 모든 생명을 소중히 여기고 자비를 베풀어야 한다.
> 을: 인간은 자연의 사용자이자 자연의 해석자로서 자연의 질서를 실제로 관찰하고 고찰한 만큼 이해할 수 있으며, 무엇인가를 할 수 있다. 자연은 오직 복종함으로써만 복종시킬 수 있다.

① 자연과 인간은 상호 의존적 관계임을 간과한다.
② 자연과 인간은 기계와 같은 존재임을 간과한다.
③ 자연은 인간의 이익을 위해서만 존재함을 간과한다.
④ 자연의 가치는 오로지 유용성으로 평가되어야 한다는 점을 간과한다.
⑤ 자연에 대한 지식을 획득하여 자연을 잘 이용해야 한다는 점을 간과한다.

03 환경 문제 해결을 위한 다양한 노력

● 자정 능력
오염된 땅이나 물 등이 물리·화학·생물학적 작용으로 저절로 깨끗해지는 자연의 능력을 의미한다.

● 온실 효과
태양에서 방출되는 복사 에너지를 지구가 흡수하고 지구의 복사 에너지를 우주로 방출하는 과정에서 우주로 빠져나가야 할 온실가스가 지구 복사 에너지를 흡수하여 지구 대기의 평균 기온을 높이는 현상이다.

● 염화 플루오린화 탄소(CFCs)
프레온 가스라고도 불리는 염소와 불소를 포함한 유기 화합물을 일컫는다. 주로 냉장고나 에어컨 등의 냉매, 단열제 등으로 사용된다.

● 시기별 오존층 변화

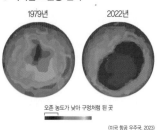

1979년   2022년

오존 농도가 낮아 구멍처럼 된 곳

(미국 항공 우주국, 2023)

1 환경 문제의 원인과 종류

1. 환경 문제의 원인
(1) 산업 발달, 인구 증가에 따른 자원 소비의 증가
(2) 무분별한 자연 개발에 따른 생태계 파괴

2. 환경 문제의 특징
(1) 자정 능력의 한계를 넘어서 인간의 생존을 위협할 수준임
(2) 환경 문제가 발생한 지역이나 국가의 경계를 넘어 인접한 지역이나 국가 및 전 지구에 영향을 미치는 경우가 많음
(3) 현세대뿐만 아니라 미래 세대의 생존까지 위협할 수 있음

3. 다양한 환경 문제
(1) **우리나라의 환경 문제**: 인구와 산업 시설의 밀집으로 도시에서의 환경 문제 심화, 최근 <u>미세 먼지</u> 문제 심화 등   ┌ 눈으로 분간하기 어려운 지름 10마이크로미터(μm) 이하의, 아주 작은 먼지를 말한다.
(2) **전 지구적 피해를 유발하는 지구 온난화** 자료①
① 원인: 화석 에너지 소비 증가로 인한 온실가스 배출량 증가
② 영향: 극지방의 빙하 면적 감소, 해수면 상승 → 저지대 침수, 기상 이변 발생
(3) **환경 문제의 종류** 자료②

유형	원인	영향
산성비	공장 매연, 자동차 배기가스 증가 등	토양과 바닷물의 산성화, 풀이나 나무가 말라 죽는 고사(枯死) 등
오존층 파괴	염화 플루오린화 탄소(CFCs)의 사용 증가 등	피부암, 안과 질환 증가, 농작물 수확량 감소 등
열대림 파괴	무분별한 벌목과 개간, 목축 등	동식물의 서식지 감소, 생물종 다양성 감소, 지구 온난화 가속화 등
사막화	극심한 가뭄과 인간의 과도한 경작과 목축 등	토양의 황폐화, 사막 면적 확대로 인한 황사 빈도 증가 등
미세 먼지	자동차와 발전소의 오염 물질과 국외에서 유입된 오염 물질 등	대기 중의 농도 증가로 호흡기 질환 증가 등
해양 오염	선박에서 유출되는 원유, 바다로 버려지는 쓰레기와 오폐수 등	바닷물이 오염되고 바다에 쓰레기가 쌓여 <u>쓰레기 섬</u>을 만드는 등 해양 환경 훼손 등
미세 플라스틱	플라스틱으로 만들어진 일회용품의 과도한 사용과 배출 등	인간의 몸속에 침투하여 생명을 위협, 물과 생태계 오염 등

┌ 크기 5mm 이하의 작은 플라스틱으로 해양 생태계 파괴의 원인이 된다.

┌ 바다로 유입된 쓰레기는 해류의 흐름이 약한 곳에 모여 쓰레기 섬을 형성한다.

자료 ❶ 지구 온난화에 의한 이상 기후

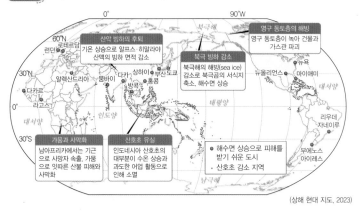

(상해 현대 지도, 2023)

지구 온난화로 지역에 따라 폭염, 호우, 가뭄 등의 기상 이변이 자주 발생한다. 이로 인해 홍수, 산사태 등 자연재해가 빈번해지고 그 피해 정도도 커지고 있다.

○✖ 표시하기

❶ 화석 에너지 자원의 사용량이 증가하면서 지구의 평균 기온이 상승하고 있다. ( )

❷ 오늘날 지구의 대기와 하천 등 자연의 자정 능력은 점점 커지고 있다. ( )

❸ 염화 플루오린화 탄소의 사용으로 산성비 피해가 더욱 심화하고 있다. ( )

❹ 환경 문제는 오염이 발생한 지역이나 국가를 벗어난 다른 지역에 영향을 주지 않는다. ( )

❺ 열대림은 산소를 배출하고 대기 중의 이산화 탄소를 흡수하는 기능을 한다. ( )

적절한 말 고르기

❻ 환경 문제는 산업 발달뿐만 아니라 인구 (증가, 감소)에 따른 자원 소비 증가로 발생한다.

❼ 오존층 파괴로 인해 피부암, 안과 질환은 (증가, 감소)하고, 농작물 수확량은 (증가, 감소)한다.

❽ 지구 온난화로 인해 극지방의 빙하 면적은 (증가, 감소)하고 해수면이 (상승, 하강)한다.

자료 ❷ 세계의 주요 환경 문제

❶ 산성비로 파괴된 산림 (독일)

❷ 사막화로 황폐해진 아랄해(우즈베키스탄)

❸ 해수면 상승으로 침수 위기에있는 가옥(키리바시)

(도해 지도 자료, 2023/하크 세계 지도, 2022)

■ 사막화가 진행되는 지역　□ 열대림이 감소하는 지역
■ 수질 오염이 심한 수역　　□ 산성비가 많이 내리는 지역

❹ 개발로 파괴되는 열대림 (가봉)

❺ 쓰레기로 오염된 해양 (브라질)

빈칸 채우기

❾ 전 지구적 피해를 유발하는 지구 온난화는 화석 에너지 소비 증가로 인한 ( ) 증가가 가장 큰 원인이다.

❿ ( ) 플라스틱은 인간의 몸속에 침투하여 생명을 위협하고 물과 생태계를 오염시킨다.

⓫ 해양 오염에는 바닷물이 오염되는 것 외에도 바다에 쓰레기가 쌓여 ( )이/가 만들어지는 피해도 있다.

서로 관련된 내용 연결하기

⓬ 산성비　　　•　　　　• ㉠ 온실 효과

⓭ 사막화　　　•　　　　• ㉡ 기근 발생

⓮ 열대림 파괴•　　　　• ㉢ 건축물 부식

🔑 핵심 개념

☐ 국제 협약   ☐ 정부의 노력
☐ 시민 사회의 노력   ☐ 기업의 노력
☐ 생태시민으로서의 노력

● 온실가스 배출권 거래 제도
정부가 온실가스를 배출하는 사업장을 대상으로 일 년 단위로 배출권을 할당하여 그 범위 내에서 온실가스를 배출할 수 있도록 한다. 그리고 사업장의 온실가스 배출량을 평가하여 여분 또는 부족분의 온실가스에 대해서는 사업장 간 거래를 허용하는 제도이다.

● 환경 영향 평가 제도
정부 기관 또는 민간에서 대규모 개발 사업을 계획할 때 개발 사업이 환경에 미치는 영향을 미리 예측, 평가해 개발 사업이 환경에 미치는 악영향을 예방하는 제도이다.

● 지구를 살리는 환경 기념일
환경 기념일은 환경 문제의 심각성을 알리기 위해 지정한 날로 3월 22일은 세계 물의 날, 7월 3일은 세계 비닐봉지 없는 날, 9월 22일은 세계 차 없는 날, 10월 1일은 세계 채식인의 날 등 다양한 기념일이 있다.

● 녹색 소비
제품을 구매, 사용, 폐기하는 전 과정에 걸쳐 친환경적인 가치를 고려하는 소비 행위를 의미한다.

2 환경 문제를 해결하기 위한 다양한 노력

1. 환경 문제의 해결 방향

(1) 개인이나 개별 국가만의 노력으로 해결하기 어려우며, 국제적 협력이 필요

(2) **주요 국제 협약** 자료③

람사르 협약	습지의 파괴를 막고 물새가 서식하는 습지대 보호
몬트리올 의정서	오존층 보호를 위해 염화 플루오린화 탄소의 사용 금지
바젤 협약	유해 폐기물의 국가 간 이동 및 처리 통제
파리 협정	기후변화를 막기 위해 선진국, 개발 도상국 등 모든 참여국의 온실가스 감축

2. 환경 문제 해결을 위한 노력

(1) **정부의 노력**

① 국제 사회의 노력에 대한 참여: 온실가스 배출권 거래 제도에 참여

② 적정한 환경 기준에 대한 법률적·제도적 정비

환경 오염 발생 규제	오염 물질 배출 사업자 또는 소비자의 처벌 및 부담금 부과
환경 오염 발생 예방	• 친환경 산업 육성, 친환경 제품에 관한 정보 제공 등 • 「환경 정책 기본법」, 「자연환경 보전법」 등의 법률 제정 및 환경 영향 평가 제도 등의 제도 시행

③ 정부, 시민 사회, 기업 등이 환경 문제 해결에 참여할 수 있는 협력 체제 구축

(2) **기업의 노력**

① 제품의 생산, 유통, 폐기 과정에서 환경에 미치는 영향을 고려

② 사회적 책임을 가지고 환경에 미치는 부정적 영향을 최소화해야 함

생산	• 오염 물질 정화 시설 설치 및 노후 시설 교체 • 친환경 기술 개발 및 친환경 제품의 생산 • 에너지 고효율 제품의 생산과 태양광, 풍력 등 신·재생 에너지 개발 등의 환경 기술 개발에 투자 • 기술 혁신을 통해 오염 물질 배출을 최소화하고 RE100에 참여 ┐기업이 사용하는 전력 100%를 재생 에너지로 충당하겠다는 캠페인이다.
유통	유통 과정 간소화 및 친환경 상품 우선 공급 및 진열
폐기	과대 포장 지양, 폐기물을 회수하여 재활용·재가공하여 새로운 제품 생산

(3) **시민 사회의 노력** 자료④

① 환경 문제 해결 과정에서 정부, 기업, 시민 간 가교 역할

② 시민 단체의 주요 기능 ┐공익 추구를 위해 시민을 중심으로 자발적으로 결성한 비정부 기구(NGO)로 그린피스와 세계자연기금이 대표적이다.

감시 기능	• 환경 오염 유발 행위에 대한 견제 및 환경 문제 관련 현장 조사 • 여론 형성을 통해 정부의 환경 정책 결정 과정에 의견 제시
지원 기능	• 환경 운동을 비롯한 다양한 환경 보호 활동 기획 및 참여 유도 • 환경 보호 실천 방안 교육

(4) **생태시민으로서의 노력** 자료⑤

① 생태 전환적 사고를 바탕으로 생태시민으로서의 자질 함양

② 생태 감수성을 바탕으로 인간과 자연이 유기적으로 연결되어 있음을 인식

③ 일상생활에서 친환경적인 생활 방식을 실천하며, 녹색 소비를 실천
└ 옷을 구매할 때 환경에 부담을 주는 패스트 패션보다는 오래 입을 수 있는 옷을 구매한다.

자료③ 환경 문제 해결을 위한 국제 협약

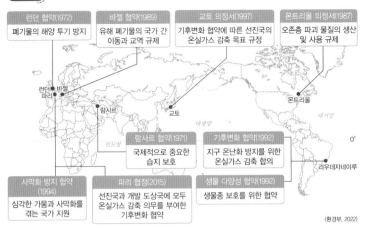

런던 협약(1972) 폐기물의 해양 투기 방지

바젤 협약(1989) 유해 폐기물의 국가 간 이동과 교역 규제

교토 의정서(1997) 기후변화 협약에 따른 선진국의 온실가스 감축 목표 규정

몬트리올 의정서(1987) 오존층 파괴 물질의 생산 및 사용 규제

람사르 협약(1971) 국제적으로 중요한 습지 보호

기후변화 협약(1992) 지구 온난화 방지를 위한 온실가스 감축 합의

사막화 방지 협약(1994) 심각한 가뭄과 사막화를 겪는 국가 지원

파리 협정(2015) 선진국과 개발 도상국에 모두 온실가스 감축 의무를 부여한 기후변화 협약

생물 다양성 협약(1992) 생물종 보호를 위한 협약

(환경부, 2022)

전 지구적으로 발생하고 있는 환경 문제는 개별 국가만의 노력으로는 해결하기 어려워 국제 사회의 공동의 노력과 협력이 필요하다. 따라서 선진국뿐만 아니라 개발 도상국 등 많은 국가가 환경 문제 해결을 위한 노력에 동참하고, 국제 협약을 체결·이행하기 위해 노력해야 한다.

자료④ 그린 워싱(Green washing)

▲ 플라스틱 병을 종이 병처럼 홍보

그린 워싱(Green washing)은 친환경을 뜻하는 'Green'과 세탁을 뜻하는 'White washing'의 합성어로, 일반 제품을 친환경 소재로 만든 제품인 것처럼 상품을 설명·광고하는 것이다. 이로 인해 기업에 대한 소비자의 신뢰가 떨어진다. 시민 사회는 기업의 잘못된 그린 워싱 마케팅을 감시한다.

자료⑤ 생태시민의 자세

3 생태 활동을 실천하고 습관으로 만들기

2 기후 위기, 환경 문제에 민감성 갖기 / 느끼고

4 생태 활동의 실천 경험을 공유하고 확산하기 / 나누고

1 기후변화, 환경 문제의 원인 이해하기 / 배우고

지구를 구하는 생태시민

5 사회적으로 연대하여 정책과 기업의 변화 촉구하기 / 말하고

행하고

현재 지구는 기후변화를 포함한 다양한 환경 문제로 위기에 처해 있다. 우리는 지구의 자연을 잠시 빌려서 사용하고 있다. 따라서 다음 세대에게 온전한 상태로 돌려주어야 할 책임이 있다. 우리는 인간과 자연이 공존하며 지속가능할 수 있는 생태 전환적 사고를 바탕으로 환경 문제를 인식하고 인간과 자연환경의 조화를 추구하는 생태시민의 자질을 함양해야 한다.

> 25592-0116

01 다음은 수업 장면 중 일부이다. 교사의 질문에 가장 적절하게 답한 학생은?

이 그림이 나타내는 환경 문제의 원인은 무엇일까요?

① 갑: 화산 폭발 때문입니다.
② 을: 오존층 파괴 때문입니다.
③ 병: 해수면 하강 때문입니다.
④ 정: 삼림 면적 증가 때문입니다.
⑤ 무: 화석 에너지 사용 증가 때문입니다.

중요

> 25592-0117

02 다음 글의 ㉠~㉣에 대한 설명으로 옳은 것만을 〈보기〉에서 있는 대로 고른 것은?

> • 산업화 이후 사람들이 자연을 무분별하게 개발하고 ㉠ 이/가 확산하면서 인간의 활동이 자연의 ㉡ 자정 능력의 한계를 넘어서게 되었다. 이에 따라 전 지구적으로 각종 환경 문제가 발생하고 있다.
> • 대표적인 환경 문제에는 기후변화, 대기·물·토양 오염, ㉢ 열대림 파괴, 사막화 등이 있다. 특히, 화석 에너지 사용으로 ㉣ 온실가스 배출량이 증가하면서 지구의 평균 기온이 상승하고, 이로 인해 이상 기상 현상과 해수면 상승 등의 문제가 발생하고 있다.

┤ 보기 ├
ㄱ. ㉠에는 '인간 중심주의'가 들어갈 수 있다.
ㄴ. ㉡은 오염된 물이나 땅이 저절로 깨끗해지는 능력을 의미한다.
ㄷ. ㉢은 주로 침엽수림으로 이루어져 있다.
ㄹ. ㉣은 이산화 탄소가 대표적이다.

① ㄱ, ㄴ   ② ㄱ, ㄷ   ③ ㄴ, ㄷ
④ ㄱ, ㄴ, ㄹ   ⑤ ㄴ, ㄷ, ㄹ

중요

> 25592-0118

03 주요 환경 문제를 정리한 노트의 (가)~(라)에 들어갈 내용으로 옳은 것만을 〈보기〉에서 고른 것은?

> 1. 환경 문제
> (1) 오존층 파괴
> • 원인: (가)
> • 영향: 피부암, 백내장 등의 질병 유발
> • 관련 국제 협약: (나)
> (2) 사막화
> • 원인: (다)
> • 영향: (라)
> • 관련 국제 협약: 사막화 방지 협약

┤ 보기 ├
ㄱ. (가)-온실가스 증가
ㄴ. (나)-몬트리올 의정서
ㄷ. (다)-염화 플루오린화 탄소의 증가
ㄹ. (라)-토양의 황폐화

① ㄱ, ㄴ   ② ㄱ, ㄷ   ③ ㄴ, ㄷ
④ ㄴ, ㄹ   ⑤ ㄷ, ㄹ

> 25592-0119

04 자료는 환경 문제 (가)에 관한 것이다. 이에 대한 설명으로 가장 적절한 것은?

주요 발생 시기: 3~4월

발원지   ➡ (가)의 이동 경로   0   500 km

(가)는 편서풍을 타고 우리나라까지 이동하며, 흙먼지와 오염 물질을 포함하고 있다.

① 열대림이 파괴된다.
② 해양 환경이 훼손된다.
③ 생물종 다양성이 감소한다.
④ 해안 저지대의 침수 피해가 발생한다.
⑤ 호흡기 질환과 같은 신체적 피해를 유발한다.

[05~06] 지도는 국제 환경 협약을 나타낸 것이다. 물음에 답하시오.

(환경부, 2022)

중요

〉25592-0120

05 지도의 A~E 환경 협약에 대한 설명으로 옳은 것은?

① A-유해 폐기물의 국가 간 이동 및 처리를 통제한다.
② B-오존층 파괴 문제를 해결하기 위한 협약이다.
③ C-이산화 탄소 배출량 감축이 주요 목표이다.
④ D-국제적으로 중요한 습지 보호를 목표로 한다.
⑤ E-기후변화에 대응하기 위한 협정으로 2015년에 체결되었다.

〉25592-0121

06 (가), (나)에 해당하는 국제 협약을 지도의 A~E에서 골라 옳게 연결한 것은?

(가) 기후변화에 대응하기 위해 196개 참여국 모두에게 온실가스 감축 의무를 부과하였다.
(나) 협약이 발효된 이후 남극 대륙 위에 위치한 오존 구멍이 줄어드는 성과를 이루었다.

	(가)	(나)		(가)	(나)
①	B	C	②	B	D
③	C	D	④	D	A
⑤	E	A			

〉25592-0122

07 다음은 환경 문제 해결을 위한 내용이다. (가), (나) 주체의 활동으로 옳은 설명만을 〈보기〉에서 고른 것은?

┌──────────────────────────────────┐
│ (가) 은/는 자연환경 보전, 자원 소비 절감, 환경 오염 물질 배출 규제 등을 위한 법과 제도를 만들고, 이를 어기면 처벌하기도 한다. 또한, 친환경 산업을 육성하고 에너지 절약 실천 방안을 홍보하기도 한다. |
│ (나) 은/는 상품을 생산, 유통, 폐기하는 과정에서 환경에 미치는 부정적 영향을 최소화하려고 노력한다. 또한, 친환경 기술 개발 및 친환경 상품을 생산하고 신·재생 에너지의 사용을 확대하기 위해서 노력한다. |
└──────────────────────────────────┘

┤보기├
ㄱ. (가)는 에너지 소비 효율 등급 표시제를 실시한다.
ㄴ. (가)는 여러 시민 단체와 연대하여 환경 보호 운동 및 정부의 환경 정책을 감시한다.
ㄷ. (나)는 최근 RE100에 참여하기 위해 노력하고 있다.
ㄹ. (나)는 주로 생태환경 훼손을 막기 위해 감시하고 시민들의 관심과 참여를 이끄는 역할을 한다.

① ㄱ, ㄴ ② ㄱ, ㄷ ③ ㄴ, ㄷ ④ ㄴ, ㄹ ⑤ ㄷ, ㄹ

〉25592-0123

08 다음은 학생이 작성한 노트의 일부이다. (가)에 들어갈 내용으로 옳지 <u>않은</u> 것은?

┌──────────────────────────────────┐
│ 환경 문제 해결을 위한 생태시민의 자세 │
│ 1. 디지털 탄소 발자국 줄이기 │
│   (1) 디지털 탄소 발자국 │
│   정보 통신 기기와 서비스의 생산과 소비, 폐기에 이르는 전 과정에서 발생하는 이산화 탄소의 양을 의미 │
│   (2) 디지털 탄소 발자국을 줄이는 방법 │
│   ┌────────────────┐ │
│   │   (가)   │ │
│   └────────────────┘ │
└──────────────────────────────────┘

① 스마트폰 밝기 낮추기
② 컴퓨터 절전 상태로 설정하기
③ 필요 없는 전자 우편 삭제하기
④ 영상 자동 재생 기능 차단하여 사용하기
⑤ 영상은 다운로드보다 스트리밍으로 시청하기

서술형 문제

Step1 핵심 키워드 파악하기

〉25592-0124

01 사진은 버려진 플라스틱을 활용한 친환경 섬유로 만든 가방이다. 이와 같은 노력을 기업들이 하게 된 원인과 구체적인 노력의 내용을 서술하시오.

예시 답안 최근 옷을 빠르고 값싸게 공급하는 (   ) (으)로 버려지는 (   )이/가 많아져 환경 문제가 심각해졌다. 이에 따라 환경을 생각하는 기업들은 버려진 옷을 (   )하거나 (   )을/를 활용한 (   )을/를 만드는 등의 노력을 하고 있다.

〉25592-0125

02 그림은 플라스틱 용기를 종이로 만든 것처럼 홍보하고 있는 것이다. (1) 이와 같은 행위를 무엇이라 하는지 쓰고, (2) 이것의 정의와 문제점을 서술하시오.

(1) (   )

(2) **예시 답안** (   )은/는 (   )와/과 세탁의 합성어로 일반 제품을 (   )인 것처럼 상품을 설명하거나 (   )하는 것을 말한다. 이와 같은 행위의 문제점은 정상적으로 환경을 위해 노력하는 기업들에 대한 (   )의 (   )이/가 하락할 수 있다는 것이다.

Step2 스스로 답안 작성하기

〉25592-0126

03 다음은 파리 협정의 주요 내용이다. (1) 파리 협정과 관련 있는 환경 문제를 쓰고, (2) 파리 협정이 이전의 교토 의정서와 어떤 점이 다른지 서술하시오.

- **기온**: 지구 평균 온도 상승 폭을 산업화 이전과 비교해 1.5℃까지 제한
- **○○ 가스 배출 목표**: 가능한 빠른 시일 내에 ○○ 가스 배출 감축, 5년마다 감축 이행 결과 점검
- **차별화**: 선진국이 더 많은 책임을 지고 개발 도상국에 지원

(1)

(2)

〉25592-0127

04 다음 자료는 몽골의 사막화에 관한 것이다. 몽골의 사막화의 원인을 자연적, 사회적 요인으로 나누어 서술하시오.

국제 연합 개발 계획의 자료에 따르면 몽골은 자연 상태의 목초지에서 생존할 수 있는 가축보다 약 3,000만 마리나 더 많은 가축을 사육하고 있으며, 특히 캐시미어를 얻기 위한 염소 사육이 증가하고 있다고 한다. 그런데 염소는 풀을 뿌리째 먹는 습성이 있어 문제가 되고 있다.

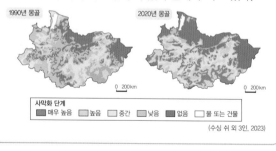

(수싱 쉬 외 3인, 2023)

1등급 도전 문제

> 25592-0128

01 자료의 (가)에 대한 설명으로 옳은 것만을 〈보기〉에서 고른 것은?

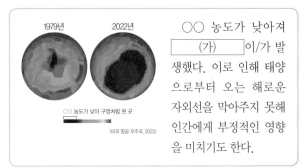

○○ 농도가 낮아져 (가) 이/가 발생했다. 이로 인해 태양으로부터 오는 해로운 자외선을 막아주지 못해 인간에게 부정적인 영향을 미치기도 한다.

┤ 보기 ├

ㄱ. 건축물이 부식되고 삼림이 파괴된다.
ㄴ. 각종 피부 질환과 안구 질환이 증가한다.
ㄷ. 극지방의 빙하가 녹으면서 해수면이 상승한다.
ㄹ. 염화 플루오린화 탄소의 사용량 증가로 발생한다.

① ㄱ, ㄴ ② ㄱ, ㄷ ③ ㄴ, ㄷ ④ ㄴ, ㄹ ⑤ ㄷ, ㄹ

> 25592-0129

02 다음은 수업 장면 중 일부이다. 학생의 답변으로 옳지 않은 것은?

각 주체별로 어떤 노력을 하고 있을까요?

◎ 환경 문제 해결을 위한 다양한 주체의 노력

1. 국제 사회   2. 정부
3. 기업   4. 시민 사회
5. 개인

① 갑: 개인은 환경 영향 평가를 실시합니다.
② 을: 정부는 환경 관련 법률을 제정합니다.
③ 병: 국제 사회는 환경 관련 국제 협약을 체결하기 위해 노력합니다.
④ 정: 시민 사회는 각종 정책과 사업을 환경 보전 측면에서 감시합니다.
⑤ 무: 기업은 RE100 참여 및 ESG(환경 사회 기업 지배 구조) 경영을 실시합니다.

> 25592-0130

03 (가)~(다)에 해당하는 환경 협약이 체결된 도시를 지도의 A~C에서 고른 것은? (단, (가)~(다)는 각각 A~C 중 하나임.)

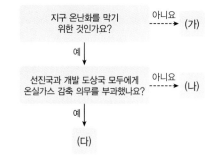

	(가)	(나)	(다)		(가)	(나)	(다)
①	A	B	C	②	A	C	B
③	B	A	C	④	C	A	B
⑤	C	B	A				

> 25592-0131

04 자료의 ㉠~㉤에 대한 설명으로 옳지 않은 것은?

환경 문제 해결을 위해 개인은 ㉠ 생태시민으로서의 자질을 함양하기 위해 노력해야 한다. 이를 위해 ㉡ 인간과 자연의 공존과 지속가능성을 추구해야 한다. 또 제품의 생산이나 유통이 환경에 미치는 영향을 고려하여 ㉢ 을/를 실천하며, ㉣ 일상생활에서 친환경적인 생활 방식을 실천해야 한다. 더 나아가 생태시민은 ㉤ 지역의 문제뿐만 아니라 전 지구적 환경 문제에도 관심을 기울여야 한다.

① ㉠은 환경과 인간의 공존과 지속가능한 삶을 위해 노력하는 시민이다.
② ㉡을 위해서는 생태 전환적 사고가 필요하다.
③ ㉢에는 '녹색 소비'가 들어갈 수 있다.
④ ㉣을 위해 채식보다는 육류를 더 섭취한다.
⑤ ㉤을 위해서는 세계시민으로서의 자세가 필요하다.

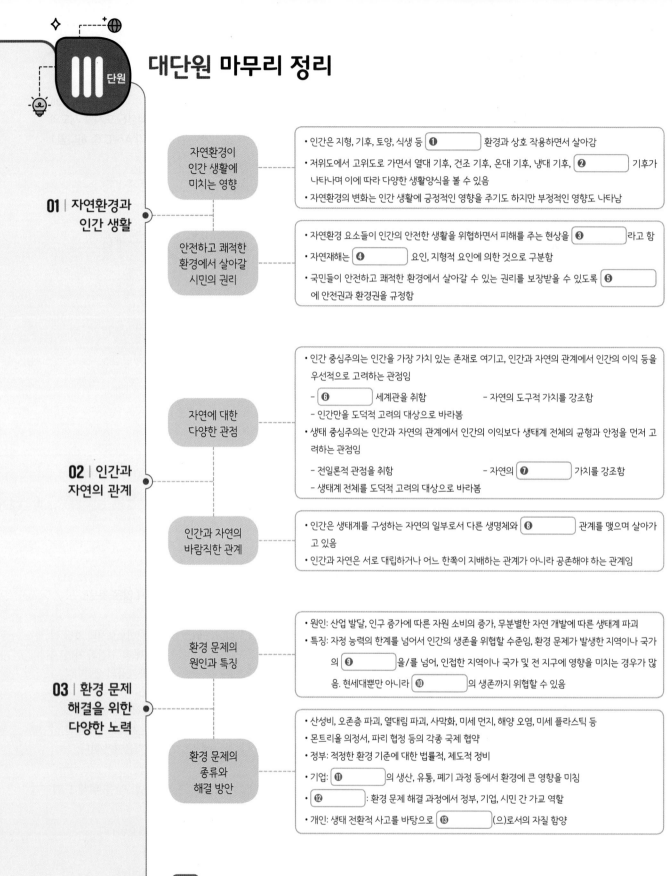

자연환경과 인간 생활

자연환경이 인간 생활에 미치는 영향

- 인간은 지형, 기후, 토양, 식생 등 **❶** [   ] 환경과 상호 작용하면서 살아감
- 저위도에서 고위도로 가면서 열대 기후, 건조 기후, 온대 기후, 냉대 기후, **❷** [   ] 기후가 나타나며 이에 따라 다양한 생활양식을 볼 수 있음
- 자연환경의 변화는 인간 생활에 긍정적인 영향을 주기도 하지만 부정적인 영향도 나타남

01 | 자연환경과 인간 생활

안전하고 쾌적한 환경에서 살아갈 시민의 권리

- 자연환경 요소들이 인간의 안전한 생활을 위협하면서 피해를 주는 현상을 **❸** [   ] 라고 함
- 자연재해는 **❹** [   ] 요인, 지형적 요인에 의한 것으로 구분함
- 국민들이 안전하고 쾌적한 환경에서 살아갈 수 있는 권리를 보장받을 수 있도록 **❺** [   ] 에 안전권과 환경권을 규정함

자연에 대한 다양한 관점

- 인간 중심주의는 인간을 가장 가치 있는 존재로 여기고, 인간과 자연의 관계에서 인간의 이익 등을 우선적으로 고려하는 관점임
  - **❻** [   ] 세계관을 취함   - 자연의 도구적 가치를 강조함
  - 인간만을 도덕적 고려의 대상으로 바라봄
- 생태 중심주의는 인간과 자연의 관계에서 인간의 이익보다 생태계 전체의 균형과 안정을 먼저 고려하는 관점임
  - 전일론적 관점을 취함   - 자연의 **❼** [   ] 가치를 강조함
  - 생태계 전체를 도덕적 고려의 대상으로 바라봄

02 | 인간과 자연의 관계

인간과 자연의 바람직한 관계

- 인간은 생태계를 구성하는 자연의 일부로서 다른 생명체와 **❽** [   ] 관계를 맺으며 살아가고 있음
- 인간과 자연은 서로 대립하거나 어느 한쪽이 지배하는 관계가 아니라 공존해야 하는 관계임

환경 문제의 원인과 특징

- 원인: 산업 발달, 인구 증가에 따른 자원 소비의 증가, 무분별한 자연 개발에 따른 생태계 파괴
- 특징: 자정 능력의 한계를 넘어서 인간의 생존을 위협할 수준임, 환경 문제가 발생한 지역이나 국가의 **❾** [   ] 을/를 넘어, 인접한 지역이나 국가 및 전 지구에 영향을 미치는 경우가 많음. 현세대뿐만 아니라 **❿** [   ] 의 생존까지 위협할 수 있음

03 | 환경 문제 해결을 위한 다양한 노력

환경 문제의 종류와 해결 방안

- 산성비, 오존층 파괴, 열대림 파괴, 사막화, 미세 먼지, 해양 오염, 미세 플라스틱 등
- 몬트리올 의정서, 파리 협정 등의 각종 국제 협약
- 정부: 적정한 환경 기준에 대한 법률적, 제도적 정비
- 기업: **⓫** [   ] 의 생산, 유통, 폐기 과정 등에서 환경에 큰 영향을 미침
- **⓬** [   ] : 환경 문제 해결 과정에서 정부, 기업, 시민 간 가교 역할
- 개인: 생태 전환적 사고를 바탕으로 **⓭** [   ] (으)로서의 자질 함양

정답 ❶ 자연 ❷ 한대 ❸ 자연재해 ❹ 기후적 ❺ 헌법 ❻ 이분법적 ❼ 내재적 ❽ 유기적 ❾ 경계 ❿ 미래 세대 ⓫ 제품 ⓬ 시민 사회 ⓭ 생태시민

대단원 종합 문제

> 25592-0132

01 (가), (나)에 해당하는 지역을 지도의 A∼D에서 고른 것은?

(가)	(나)
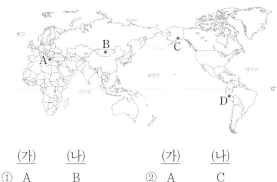	
유목을 통해 양이나 염소를 기르며, 고기와 유제품을 먹는다.	해발 고도가 높고 연중 우리나라의 봄과 같은 날씨가 나타난다.

	(가)	(나)		(가)	(나)
①	A	B	②	A	C
③	B	C	④	B	D
⑤	C	D			

> 25592-0133

02 밑줄 친 ㉠의 이유로 가장 적절한 것은?

지역마다 기후, 지형 등의 자연환경이 다르다. 인간은 자연환경에 적응하며 고유한 생활양식을 만들어 왔다. 특히 음식의 조리법은 기후에 따라 다르게 나타나는데, 덥고 습한 지역에서는 음식을 만들 때 ㉠ 기름에 볶거나 튀기고, 다양한 향신료를 많이 사용한다.

① 육식을 금기시하기 때문이다.
② 기온의 연교차가 크기 때문이다.
③ 음식의 보온을 유지하기 위해서이다.
④ 식량 부족 문제를 해결하기 위해서이다.
⑤ 음식이 부패하지 않게 하기 위해서이다.

> 25592-0134

03 다음 자료의 ㉠∼㉣에 대한 설명으로 옳은 것만을 〈보기〉에서 있는 대로 고른 것은?

지도처럼 인류 문명이 발달했던 지역은 기후가 온화하고 큰 강이 흐르는 주변 지역으로 ㉡ 농사에 유리하다. 그러나 비가 오면 강이 ㉢ 하는 경우가 많아 안전을 위해 ㉣ 제방을 쌓고 배수로를 만들어야 했다.

보기

ㄱ. ㉠은 나일강 주변에 형성된 문명이다.
ㄴ. ㉡에는 '물을 구하기 쉬워'가 들어갈 수 있다.
ㄷ. ㉢에는 '범람'이 들어갈 수 있다.
ㄹ. ㉣의 과정에서 문명이 형성되었다.

① ㄱ, ㄴ   ② ㄱ, ㄷ   ③ ㄴ, ㄷ
④ ㄱ, ㄴ, ㄹ   ⑤ ㄴ, ㄷ, ㄹ

> 25592-0135

04 (가), (나) 자연재해에 대한 설명으로 옳은 것만을 〈보기〉에서 고른 것은?

(가)	(나)

보기

ㄱ. (가)는 기후적 요인에 의한 자연재해이다.
ㄴ. (가)를 대비하기 위해서는 내진 설계가 필요하다.
ㄷ. (나)는 지형적 요인에 의한 자연재해이다.
ㄹ. 우리나라에서 (나)는 (가)보다 여름철에 발생할 가능성이 높다.

① ㄱ, ㄴ   ② ㄱ, ㄷ   ③ ㄴ, ㄷ
④ ㄴ, ㄹ   ⑤ ㄷ, ㄹ

> 25592-0136

05 다음 글에 나타난 자연관에 대한 설명으로 가장 적절한 것은?

> 생태계의 모든 것은 나름의 존재 이유가 있으므로, 그 자체의 가치를 존중해야 한다. 또한, 모든 생명체는 자연의 일부이며 인간 역시 자연의 일부이고 인간과 자연 전체는 서로 끊임없이 영향을 주고받으며 유기적으로 연결되어 있다.

① 인간과 자연의 관계를 이분법적으로 바라본다.
② 자연을 그 자체로서 가치 있는 존재로 바라본다.
③ 자연을 인간의 이익을 위한 수단으로만 바라본다.
④ 자연은 인간과 달리 내재적 가치를 지님을 강조한다.
⑤ 자연은 인간과 달리 도덕 공동체에 포함됨을 강조한다.

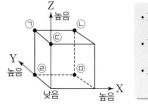

> 25592-0137

06 다음 글을 읽고 동양의 자연관에 대해 서술하시오.

> 동양의 선인(先人)들은 자연을 단순히 우리 삶을 개선하기 위해 존재하는 도구로만 파악하지 않았다. 선인들에게 자연은 사람의 원천이며 그 자체로 이상적 존재였다. 그래서 그들은 인간과 자연의 조화를 추구하고 나아가 인간이 자연과 하나 됨을 이상으로 여겼다.

> 25592-0138

07 다음을 주장한 서양 사상가의 입장으로 가장 적절한 것은?

> 이성이 없지만 생명이 있는 동물들을 잔학하게 다루는 것은 인간의 자기 자신에 대한 의무에 어긋난다. 그리고 자연 중에 생명이 없지만 아름다운 것을 파괴하려는 성향도 인간의 자기 자신에 대한 의무에 어긋난다.

① 모든 생명체의 도덕적 지위를 인정해야 한다.
② 인간과 동물을 동일하게 대우하는 것이 도덕적이다.
③ 인간과 동물은 모두 도덕적 행위의 주체가 될 수 있다.
④ 인간만이 아니라 모든 생명체가 내재적 가치를 지닌다.
⑤ 동물을 학대하지 말아야 하는 것은 인간의 간접적 의무에 해당한다.

> 25592-0139

08 (가)의 입장에 비해 (나)의 입장이 갖는 상대적 특징을 그림의 ㉠~㉺ 중에서 고른 것은?

> (가) 도구적 자연관을 토대로 인간만이 내재적 가치를 지니며, 자연을 그 자체로 가치 있는 존재가 아니라 인간의 생존과 복지를 위한 수단으로만 여겨야 한다.
> (나) 생태적 위기 극복을 위해 인간뿐만 아니라 무생물에 대해서도 도덕적 고려를 해야 하며, 생태계를 구성하는 요소들 간의 관계에 주목해야 한다.

- X: 인간과 자연 간에 위계질서가 있음을 강조하는 정도
- Y: 자연이 내재적 가치를 지님을 강조하는 정도
- Z: 인간의 이익보다 생태계의 조화를 중시하는 정도

① ㉠　　② ㉡　　③ ㉢　　④ ㉣　　⑤ ㉤

> 25592-0140

09 그림의 수업 장면에서 교사의 질문에 적절한 대답을 한 학생만을 있는 대로 고른 것은?

인간과 자연이 공존하기 위해서는 어떻게 해야 할까요?

■ 인간과 자연의 공존 방안

생태 공동체 의식을 정립해야 합니다. — 갑

인간과 자연이 공생하는 정책을 마련해야 합니다. — 무

자연과 조화를 이루는 개발을 해야 합니다. — 정

인간 중심적 관점에서 자연을 개발해야 합니다. — 을

미래 세대가 아니라 현 세대의 이익을 위해 자연을 이용해야 합니다. — 병

① 갑, 정　　② 갑, 무　　③ 을, 병
④ 갑, 정, 무　　⑤ 을, 병, 정

서술형 > 25592-0141

10 다음 자료의 현상이 지속될 경우 나타날 긍정적 사례와 부정적 사례를 한 가지씩 서술하시오.

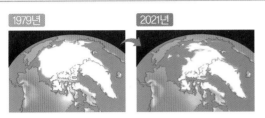

그림은 북극의 빙하 감소세를 보여준다. 북극해에 떠 있는 빙하는 지난 40여 년 동안 빠른 속도로 감소하고 있다.

> 25592-0142

11 자료는 환경 협약에 관한 것이다. (가), (나)에 해당하는 내용으로 옳은 것은?

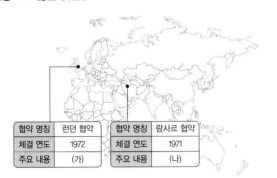

협약 명칭	런던 협약		협약 명칭	람사르 협약
체결 연도	1972		체결 연도	1971
주요 내용	(가)		주요 내용	(나)

	(가)	(나)
①	오존층 파괴 물질 규제	습지 보호
②	폐기물 해양 투기 방지	습지 보호
③	폐기물 해양 투기 방지	사막화 방지
④	유해 폐기물 국제 이동 규제	습지 보호
⑤	유해 폐기물 국제 이동 규제	사막화 방지

> 25592-0143

12 다음은 어느 자연재해에 대한 재난 문자의 일부이다. (가)에 대한 설명으로 옳은 것은?

> **긴급 재난 문자**
> [◇◇ 고등학교] (가) 경보 발령에 따른 안전 수칙 안내 ▲상습 침수 지역은 우회하여 안전한 길로 보행하세요. ▲강한 바람과 호우가 예상되니 간판 등 낙하물에 주의하세요.

① 지형적 요인에 의한 자연재해이다.
② 우리나라에서는 겨울에 주로 발생한다.
③ 열대 저기압이 통과할 때 주로 발생한다.
④ 무더위로 인한 일사병 등을 유발할 수 있다.
⑤ 판과 판의 경계에 위치한 국가에서 자주 발생한다.

> 25592-0144

13 다음은 수업 내용 중 일부이다. 교사의 질문에 대해 옳지 않은 대답을 한 학생을 고른 것은?

> 환경 문제를 해결하기 위해 다양한 주체들의 노력이 필요합니다. 그중에서 개인이 각 가정에서 실천할 방안을 이야기해 볼까요?

① 갑: 컴퓨터는 절전 기능을 설정해 놓습니다.
② 을: 가까운 곳은 가능한 한 걸어서 이동합니다.
③ 병: 에어컨을 사용할 때 적정 온도를 유지합니다.
④ 정: 사용하지 않는 전자 제품의 플러그는 뽑아 놓습니다.
⑤ 무: 전자 메일은 가능한 삭제하지 않고 보관해 놓습니다.

01 다음 자료는 두 지역의 대표적인 음식을 소개한 것이다. (가) 지역과 비교한 (나) 지역의 상대적 특징을 그림의 A~E에서 고른 것은?

> 25592-0145

(가)	(나)
음식이 부패하지 않도록 향신료를 많이 사용하고, 튀기거나 볶는 요리가 발달하였다. 이중 똠얌꿍은 향신료와 새우, 고수, 라임 등을 넣은 음식이다.	야자나무과에 속한 대추야자의 열매는 주로 오아시스 농업으로 재배되는데, 해당 지역 주민들의 훌륭한 탄수화물 공급원으로 중요한 주식 중 하나이다.

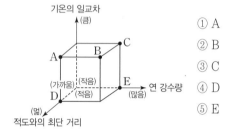

① A
② B
③ C
④ D
⑤ E

02 다음 자료와 같은 현상이 지속될 경우 우리나라에서 나타날 변화로 가장 적절한 것은?

> 25592-0146

지구 온난화에 따른 농작물의 재배 지역 북상

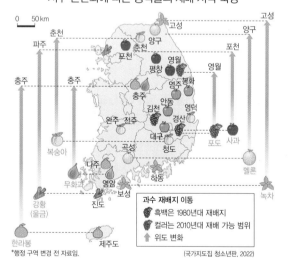

*행정 구역 변경 전 자료임.   (국가지도집 청소년판, 2022)

① 봄꽃의 개화 시기가 늦어질 것이다.
② 하천의 결빙 일수가 증가할 것이다.
③ 단풍의 절정 시기가 빨라질 것이다.
④ 한류성 어종의 어획량이 증가할 것이다.
⑤ 해안 저지대의 침수 가능성이 높아질 것이다.

03 자료에 제시된 ㉠ 지형의 주된 형성 원인으로 옳은 것은?

> 25592-0147

뤼르키예의 대표적인 관광지인 파묵칼레는 ㉠ 흰색의 계단 모양 지형이 독특하다. 자연적인 가치가 커서 유네스코 세계 유산으로 지정되었다.

① 화산 활동
② 파랑의 퇴적 작용
③ 파랑의 침식 작용
④ 빙하의 침식 작용
⑤ 석회암의 화학적 풍화 작용

04 (가)의 갑, 을 사상가들의 입장을 (나) 그림으로 표현할 때, A~C에 해당하는 옳은 진술만을 <보기>에서 있는 대로 고른 것은?

> 25592-0148

(가)	갑: 지식은 힘이다. 방황하고 있는 자연을 인간의 이익에 봉사하도록 해야 한다. 자연은 구속되어야 하고 과학자의 목적은 자연의 비밀을 밝혀내는 것이다. 을: 대지 윤리는 인간이라는 존재를 대지 공동체의 정복자에서 그 구성원으로 변화시킨다. 공동체의 구성원으로서 인류는 동료 구성원들과 전체 공동체에 대해 존경심을 가져야 한다.
(나)	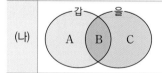 A: 갑만의 입장 / B: 갑과 을의 공통 입장 / C: 을만의 입장

보기

ㄱ. A: 인간만이 도덕적 지위를 지니는 존재이다.
ㄴ. B: 인간은 도덕적으로 대우받아야 할 존재이다.
ㄷ. B: 자연의 모든 존재를 도덕적으로 고려해야 한다.
ㄹ. C: 인간은 자연에 대해 도덕적 의무를 수행해야 한다.

① ㄱ, ㄷ
② ㄱ, ㄹ
③ ㄴ, ㄷ
④ ㄱ, ㄴ, ㄹ
⑤ ㄴ, ㄷ, ㄹ

> 25592-0149

05 다음을 주장한 동양 사상의 입장에만 모두 '✔'를 표시한 학생은?

인간이 하늘의 도(道)를 본받아 다른 인간을 사랑하고 어질게 행동하는 인(仁)을 베푸는 것을 바람직한 삶으로 파악해야 한다.

입장 \ 학생	갑	을	병	정	무
모든 생명체와 자연의 가치를 존중해야 한다.	✔			✔	✔
하늘과 인간이 하나 되는 경지를 추구해야 한다.	✔	✔		✔	
인간은 다른 생명체와 유기적 관계를 맺으며 살아가야 한다.			✔	✔	✔
자연과 인간은 서로 영향을 주지 않는 관계임을 인식해야 한다.		✔	✔	✔	

① 갑 ② 을 ③ 병 ④ 정 ⑤ 무

> 25592-0150

06 (가)를 주장한 사상가의 입장을 (나) 그림으로 탐구하고자 할 때, A, B에 들어갈 옳은 질문만을 〈보기〉에서 있는 대로 고른 것은?

(가)	자연은 비록 무생물이지만 아름답다는 것을 고려할 때, 자연을 무자비하게 파괴하고자 하는 성향은 인간의 자신에 대한 의무를 거스르는 것이다.

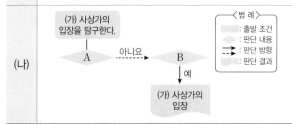

(나)	

〈범례〉
: 출발 조건
: 판단 내용
→ : 판단 방향
: 판단 결과

보기

ㄱ. A: 인간은 자연에 대해 직접적 의무를 가지는가?
ㄴ. A: 인간은 동물을 가혹하고 잔인하게 다루어도 되는가?
ㄷ. B: 인간보다 자연이 우월한 지위를 가지는가?
ㄹ. B: 자연에 대한 인간의 태도는 도덕성과 관련 있는가?

① ㄱ, ㄴ ② ㄴ, ㄷ ③ ㄷ, ㄹ
④ ㄱ, ㄴ, ㄹ ⑤ ㄱ, ㄷ, ㄹ

> 25592-0151

07 다음 자료의 (가)~(마)에 들어갈 내용으로 옳은 것은?

주제	지구적 환경 문제	
모둠	조사 내용	조사 항목
1	오존층 파괴의 요인	→ (가)
2	사막화 확대 지역	→ (나)
3	지구 온난화 관련 협약	→ (다)
4	열대림 파괴 대책	→ (라)
5	산성비의 피해	→ (마)

① (가)-염화 플루오린화 탄소의 사용량
② (나)-북극해 연안 지역
③ (다)-런던 협약
④ (라)-화석 연료 사용량
⑤ (마)-피부 및 안구 질환 발병률

> 25592-0152

08 자료의 (가), (나)의 활동에 대한 설명으로 옳은 것만을 〈보기〉에서 있는 대로 고른 것은? (단, (가), (나)는 각각 시민 사회, 정부 중 하나임.)

오늘날 환경 문제는 전 세계적으로 발생하고 있으며, 시간이 갈수록 그 양상도 더욱 심각해지고 있다. 이에 　(가)　는 환경 문제 해결을 위해 다양한 정책을 세우고 자연환경을 체계적으로 보전, 관리하기 위해 노력하고 있다. 　(나)　는 환경 문제 유발 행위의 감시와 문제 제기 등 다양한 활동에 관심을 가지고 참여하고 지원한다.

보기

ㄱ. (가)는 환경 관련 법을 만들고 집행한다.
ㄴ. (나)는 생산 활동의 주체로 친환경 상품을 생산·유통한다.
ㄷ. (나)는 시민의 환경 의식 함양에 영향을 주며, (가)의 정책 결정 과정에 영향을 미친다.
ㄹ. (가), (나) 모두 국제 사회와 연대 및 협력하기도 한다.

① ㄱ, ㄴ ② ㄱ, ㄷ ③ ㄴ, ㄷ
④ ㄱ, ㄷ, ㄹ ⑤ ㄴ, ㄷ, ㄹ

IV

문화와 다양성

이 단원에서 우리는

다양한 문화권의 특징을 이해하고,

문화 변동의 양상과 전통문화의 의의를 파악하며,

다문화 사회의 특성을 이해하고 다양성 존중의 태도를 함양한다.

01 세계의 다양한 문화권

▲ 타코(멕시코)

▲ 모스크(튀르키예)

▲ 송끄란 축제(타이)

02 문화 변동과 전통문화

▲ 커피: 문화 전파의 사례

▲ 간다라 불상: 그리스 문화의 영향을 받은 불상

▲ 줄다리기: 유네스코 무형유산에 등재

03 문화 상대주의와 보편 윤리

문화를 바라보는 다양한 태도
- 자문화 중심주의
- 문화 사대주의
- 문화 상대주의

▲ 문화를 바라보는 다양한 태도

▲ 티베트의 장례 문화(천장)

▲ 중국의 전족

04 다문화 사회와 문화적 다양성 존중

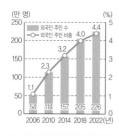

(만 명) / (%)

외국인 주민 수
외국인 주민 비중

1.1 / 54 (2006)
2.3 / 114 (2010)
3.2 / 157 (2014)
4.0 / 205 (2018)
4.4 / 226 (2022)

▲ 국내 거주 외국인 주민 수

▲ 이태원의 이슬람 거리

▲ 안산 다문화 마을 특구

핵심 개념
□ 문화   □ 문화권
□ 자연환경 □ 인문환경

● **문화 경관**
인간이 환경과 상호 작용하는 과정에서 땅 위에 만들어 놓은 모든 생활 모습을 의미한다.

● **전통 가옥의 재료**
사막 지역에서는 비가 거의 내리지 않아 나무와 같은 가옥의 재료를 구하기 어려워 주변에서 쉽게 구할 수 있는 흙으로 집을 짓는다. 또한, 높은 산지 지역에서는 주위의 돌을 이용하여 집을 짓는다.

● **세계의 종교별 신자 비율**

크리스트교 31.1(%)
기타 22.2
이슬람교 24.9
힌두교 15.2
불교 6.6

(Pew Research Center, 2020)

● **이슬람교의 영향을 받은 국기**

▲ 알제리

▲ 튀르키예

▲ 파키스탄

▲ 리비아

이슬람교의 영향을 강하게 받은 국가의 국기에는 이슬람교의 중요한 상징인 초승달과 별이 표현되어 있다.

● **할랄(Halal)**
이슬람 율법에 제시되어 있는 이슬람교도에게 허용되는 것을 말하고, 할랄에서 허용하는 재료와 조리법으로 만든 식품을 할랄 식품이라고 한다.

1 문화권 형성에 영향을 주는 요인

1. 문화
(1) **의미**: 인간이 환경과 상호 작용하는 과정에서 만들어졌으며, 사회 구성원들과 공유하고 있는 사회 전반의 생활양식
(2) **구성**: 유형적 요소(의복, 음식, 가옥 등), 무형적 요소(언어, 종교 등)

2. 문화권
(1) **의미**: 문화적 특성이 비교적 넓은 지표 공간에 걸쳐 유사하게 나타나는 범위
(2) **특징**
① 동일한 문화권 내에서는 비슷한 생활양식과 문화 경관이 나타남
② 기후, 지형과 같은 자연환경과 종교, 산업과 같은 인문환경의 영향을 받아 형성
③ 두 지역의 특성이 함께 나타나는 지리적 범위인 점이 지대가 존재

3. 문화권 형성에 영향을 주는 자연환경 자료①
(1) **자연환경**: 기후, 지형 등은 의복, 음식, 주거 형태 등에 영향을 줌

가옥	• 전통 가옥의 재료는 주변에서 쉽게 구할 수 있는 것을 사용 • 기후에 따라 재료가 달라짐 – 건조 기후 지역 → 흙 – 냉대 기후 지역 → 통나무 – 산지 지역 → 돌 • 기후에 따라 구조가 달라짐 – 덥고 습한 지역 → 바람이 잘 통하는 개방적 구조 및 고상 가옥 – 비나 눈이 많이 내리는 지역 → 지붕의 경사가 급함
의복	• 열대 기후 → 통풍이 잘되는 가벼운 옷차림 • 건조 기후 → 얇은 천으로 온몸을 감싸는 옷 • 한대 기후 → 동물의 가죽이나 털로 만든 두꺼운 옷
음식	• 고온 다습한 아시아 계절풍 기후 지역 → 쌀을 주식으로 하는 음식 문화 • 건조 기후 지역과 유럽 → 밀과 고기를 이용한 음식 문화 • 남아메리카의 고산 지역 → 감자와 옥수수를 이용한 음식 문화

4. 문화권 형성에 영향을 주는 인문환경 자료②

종교	• 불교: 절, 불상, 탑 • 이슬람교: 돼지고기 금기, 할랄 산업 발달, 모스크 • 크리스트교: 십자가, 성당, 교회 • 힌두교: 쇠고기 금기, 갠지스강의 목욕 의식
산업	• 산업은 주민들의 경제활동에 영향을 끼쳐 문화권 형성에 중요하게 작용 • 전통 산업에 따라 농경 문화권, 유목 문화권 등이 형성

자료 ❶ 세계의 음식 문화권

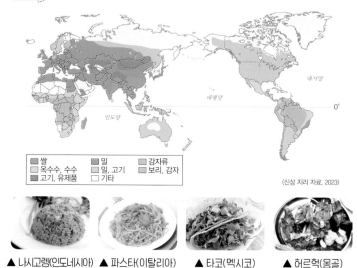

대서양
태평양
인도양
0°

□ 쌀 □ 밀 □ 감자류
□ 옥수수, 수수 □ 밀, 고기 □ 보리, 감자
■ 고기, 유제품 □ 기타

(신상 지리 자료, 2023)

▲ 나시고랭(인도네시아) ▲ 파스타(이탈리아) ▲ 타코(멕시코) ▲ 허르헉(몽골)

자연환경에 따라 서로 다른 음식 문화를 형성하는데, 이는 문화권을 구분하는 기준이 되기도 한다. 계절풍의 영향으로 벼농사를 주로 하는 동아시아에서는 쌀을 주식으로 하는 음식 문화가 발달하였고, 유럽이나 건조 기후 지역에서는 밀 농사를 지어 빵이나 면을 활용한 음식 문화가 발달하였다. 또한, 남아메리카의 고산 지역은 감자나 옥수수를 이용한 음식 문화가 발달하였다.

❶ 인간이 환경과 상호 작용을 하면서 형성한 의식주, 언어, 종교 등의 생활양식을 문화라고 한다. (   )

❷ 문화적 특성이 유사하게 나타나는 공간 범위를 문화권이라고 한다. (   )

❸ 문화권 형성에는 기후, 지형 등의 자연환경과 종교, 산업 등 인문환경이 영향을 준다. (   )

❹ 열대 기후 지역에서는 지열과 습기를 피하기 위해 고상 가옥이 발달한다. (   )

❺ 고온 다습한 아시아 계절풍 지역에서는 밀과 고기를 주식으로 하는 음식 문화가 발달하였다. (   )

❻ 비나 눈이 (많이, 적게) 내리는 지역에서는 지붕의 경사를 급하게 만든다.

❼ 기후에 따라 가옥의 재료가 달라지는데 (건조, 냉대) 기후 지역에서는 통나무를 많이 사용한다.

❽ (불교, 크리스트교)를 믿는 지역에서는 성당이나 교회를 볼 수 있다.

자료 ❷ 세계의 종교 문화권

대서양
태평양
인도양
0°

■ 크리스트교
□ 이슬람교
□ 힌두교
■ 불교
■ 토속 신앙
□ 자료 없음

(디르케 세계 지도, 2021)

▲ 크리스트교(독일) ▲ 불교(타이) ▲ 이슬람교(튀르키예) ▲ 힌두교(인도)

세계의 주요 종교를 기준으로 문화를 구분하면 크리스트교 문화권, 불교 문화권, 이슬람교 문화권, 힌두교 문화권 등으로 나눌 수 있다.

❾ (   )은/는 인간이 환경에 적응하는 과정에서 땅위에 만들어 놓은 모든 생활 모습을 의미한다.

❿ (   )은/는 이슬람 율법에 제시되어 있는 이슬람교도에게 허용되는 것을 의미한다.

⓫ 남아메리카 고산 지역에서는 (   )와/과 감자를 이용한 음식 문화가 발달하였다.

⓬ 불교   •   • ㉠ 십자가

⓭ 힌두교   •   • ㉡ 불상, 탑

⓮ 이슬람교   •   • ㉢ 갠지스강

⓯ 크리스트교 •   • ㉣ 돼지고기 금기

핵심 개념

- □ 동양 문화권
- □ 유럽 문화권
- □ 아메리카 문화권
- □ 건조 문화권
- □ 아프리카 문화권
- □ 오세아니아 문화권
- □ 북극 문화권

◉ 한·중·일의 젓가락

젓가락의 길이와 재료는 각 나라의 음식 문화에 따라 조금씩 다르다. 길이는 중국이 가장 길고, 일본이 가장 짧다. 대한민국은 주로 금속 재질을, 중국과 일본은 주로 나무를 사용한다.

◉ 크리스트교
세계에서 신자 수가 가장 많은 종교로 가톨릭교와 개신교, 동방 정교로 구분된다.

◉ 툰드라 기후
한대 기후 중 가장 더운 달의 평균 기온이 10℃ 이하인 기후이다.

---

2 다양한 문화권의 특징과 삶의 방식 자료③ 자료④

1. 동양 문화권 — 벼농사가 발달하였다.

동아시아	유교와 불교 문화, 젓가락과 한자 사용
동남아시아	• 불교, 이슬람교, 크리스트교 등 종교가 다양함 • 플랜테이션 농업 발달
남부 아시아	민족, 언어가 다양하며, 힌두교를 중심으로 이슬람교와 불교 등이 다양하게 섞여 있음

2. 유럽 문화권 — 크리스트교 중심의 생활 방식이 발달하였다.

북서 유럽	• 게르만족과 개신교의 비율이 높으며, 산업 혁명의 발상지임 • 편서풍의 영향으로 연중 습윤하며, 혼합 농업과 낙농업 발달
남부 유럽	• 라틴족과 가톨릭교의 비율이 높으며, 관광 산업 발달 • 여름철 고온 건조한 기후를 바탕으로 수목 농업 발달
동부 유럽	슬라브족과 동방 정교가 우세

3. 아메리카 문화권

앵글로 아메리카	• 북서 유럽의 식민 지배를 받은 미국과 캐나다 → 주로 개신교와 영어 • 세계 경제의 중심지 역할
라틴 아메리카	• 남부 유럽의 식민 지배 영향 → 가톨릭교, 에스파냐어와 포르투갈어 사용 • 혼혈 인종(민족)이 많으며, 다양한 문화 발달

4. 건조 문화권

분포	주로 건조 기후인 북부 아프리카와 서남아시아, 중앙아시아 일대
특징	대부분 이슬람교를 믿으며, 아랍어 사용, 전통적으로 유목과 오아시스 농업 발달 → 석유 개발과 도시화의 영향으로 정착 생활로 변화

└ 이란, 튀르키예, 중앙아시아 지역 등에서는 다른 언어를 사용한다.

5. 아프리카 문화권

분포	사하라 사막 남쪽 지역으로 대부분 열대 기후
특징	• 유럽의 식민 지배로 인한 종족과 국경의 불일치, 정치적 불안정 등으로 분쟁이 많음 • 종교와 언어 등이 매우 복잡, 부족 단위의 토착 문화 존재, 토착 신앙의 비율이 높음. 이동식 화전 농업과 플랜테이션 농업 발달

6. 오세아니아 문화권과 북극 문화권

오세아니아 문화권	• 오스트레일리아, 뉴질랜드, 태평양의 섬 지역으로 관광 산업 발달 • 유럽 문화의 영향으로 영어 사용, 개신교 비율이 높음 • 원주민인 오스트레일리아의 애버리지니와 뉴질랜드의 마오리족의 문화
북극 문화권	• 북극해 연안의 툰드라 기후 지역 • 네네츠족, 이누이트, 라프족 등이 순록 유목 및 사냥, 어로 활동 → 최근 현대 문명의 전파로 전통적 생활양식이 사라지고 있음

자료 탐구

자료 ③ 세계의 다양한 문화권

북서유럽 문화권 / 동부 유럽 문화권 / 유럽 문화권 / 북극 문화권 / 남부 유럽 문화권 / 동아시아 문화권 / 앵글로아메리카 문화권 / 건조 문화권 / 동양 문화권 / 아메리카 문화권 / 대서양 / 남부 아시아 문화권 / 동남아시아 문화권 / 태평양 / 아프리카 문화권 / 인도양 / 오세아니아 문화권 / 라틴 아메리카 문화권

(하크 세계 지도, 2022, 기타)

세계의 문화권은 크게 동양 문화권, 유럽 문화권, 건조 문화권, 아프리카 문화권, 아메리카 문화권, 오세아니아 문화권, 북극 문화권 등으로 구분할 수 있다. 세계의 문화권은 자연적·인문적 특징에 의해 구분되며 같은 문화권에 속하더라도 문화적 특징이 다르므로 하위의 문화권으로 세부적으로 구분할 수도 있다.

자료 ④ 문화권의 특징이 나타나는 세계의 축제

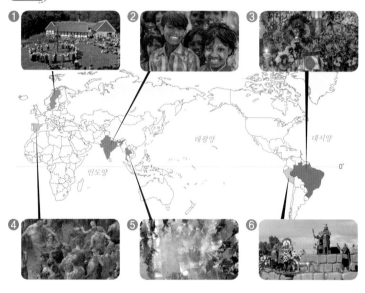

태평양 / 대서양 / 인도양 / 0°

❶ 스웨덴 하지 축제: 고위도에 위치한 스웨덴은 겨울이 길기 때문에 하지를 특별하게 여기고 여름에 축제를 즐긴다.
❷ 인도의 홀리 축제: 힌두교의 봄맞이 의식으로 다양한 색의 염료 가루를 탄 물을 서로에게 뿌려 시각적으로 화려하다.
❸ 브라질의 리우 카니발: 유럽에서 전파된 가톨릭교와 브라질 원주민의 전통 그리고 아프리카에서 넘어온 흑인 노예들의 문화가 어우러져 탄생하였다.
❹ 에스파냐 부뇰 토마토 축제: 특산물인 토마토를 이용한 축제로 토마토 값 폭락에 분노한 농부들이 토마토를 던지며 시위한 것에서 유래되었다는 설이 있다.
❺ 타이의 송끄란 축제: 우기가 오기 전에 시작하는 축제로 서로에게 물을 뿌려 축복을 기원한다.
❻ 페루 쿠스코 태양제: 과거 잉카 제국의 수도 쿠스코에서 개최하는 축제로 태양신에게 지내는 의식에서 시작되었다.

✅ 개념 체크 문제

• 정답 35쪽

○✗ 표시하기

❶ 북서 유럽 문화권은 게르만족과 개신교가 우세하다. ( )

❷ 앵글로아메리카 문화권과 라틴 아메리카 문화권은 애팔래치아 산맥을 기준으로 나뉜다. ( )

❸ 동아시아 문화권은 젓가락과 한자를 사용하는 공통점이 있다. ( )

❹ 북극 문화권은 북극해 연안의 툰드라 기후 지역에 분포한다. ( )

적절한 말 고르기

❺ 남부 유럽은 여름철 (고온 건조, 고온 습윤)한 기후 조건을 바탕으로 수목 농업이 발달하였다.

❻ 라틴 아메리카는 (북서, 남부) 유럽의 식민 지배의 영향을 받았다.

❼ 건조 문화권은 대부분 건조 기후인 (북부, 남부) 아프리카와 서남아시아, 중앙아시아 일대이다.

빈칸 채우기

❽ 남부 아시아의 종교는 ( )이/가 중심이지만, 이슬람교와 불교 등이 섞여 있다.

❾ 건조 문화권은 대부분 ( )을/를 믿으며, 언어는 ( )을/를 주로 사용한다.

❿ 아프리카 문화권은 ( ) 사막 남쪽 지역으로 대부분 열대 기후이다.

⓫ 오세아니아 문화권의 뉴질랜드는 원주민인 ( )의 문화가 있다.

서로 관련된 내용 연결하기

⓬ 아프리카 문화권 •   • ㉠ 개신교

⓭ 동아시아 문화권 •   • ㉡ 유교·불교

⓮ 북서 유럽 문화권 •   • ㉢ 이동식 화전 농업

01 세계의 다양한 문화권 **81**

> 25592-0153

01 (가)~(다)에 대한 옳은 설명만을 〈보기〉에서 있는 대로 고른 것은?

        (가)   은/는 인간이 환경과 상호 작용하는 과정에서 만들고 사회 구성원들이 공유하고 있는 사회 전반의 생활양식을 의미한다.   (가)   (적) 특성이 비교적 넓은 범위에 걸쳐 유사하게 나타나는 범위를   (나)   (이)라고 한다. 그리고 서로 다른   (나)   이/가 만나는 지역에서는   (다)   이/가 나타난다.

┤ 보기 ├

ㄱ. (가)는 옷과 음식, 종교 등을 통해 나타난다.

ㄴ. (나)는 다양한 문화 요소를 기준으로 구분할 수 있다.

ㄷ. (나)의 경계는 대체로 국경과 일치한다.

ㄹ. (다)는 두 지역의 특성이 함께 나타나는 지리적 범위이다.

---

① ㄱ, ㄴ   ② ㄱ, ㄷ   ③ ㄴ, ㄷ

④ ㄱ, ㄴ, ㄹ   ⑤ ㄴ, ㄷ, ㄹ

> 25592-0154

02 (가)~(다)와 같은 전통 가옥을 볼 수 있는 지역에 대한 설명으로 옳은 것은?

(가)   (나)   (다)

① (가) 지역에는 주로 침엽수림이 분포한다.

② (나)의 주민들은 전통적으로 유목 생활을 한다.

③ (다)는 높은 산지 지역에서 발달한다.

④ (다)는 (나)보다 최난월 평균 기온이 낮다.

⑤ (가)~(다) 가옥 구조의 차이는 인문환경이 주로 영향을 주었다.

[03~04] 지도는 세계의 종교 문화권을 나타낸 것이다. 물음에 답하시오.

(디르케 세계 지도, 2021)

> 25592-0155

03 지도의 A~D에 대한 설명으로 옳은 것은?

① A 신자들은 돼지고기를 금기시한다.

② B 신자들은 갠지스강에서 종교 의식을 한다.

③ C의 대표적인 종교 경관은 불상과 탑이다.

④ D 신자들은 할랄 식품을 많이 소비한다.

⑤ 세계의 신자 수는 B가 A보다 많다.

> 25592-0156

04 자료의 (가), (나)와 같은 종교 건축물을 볼 수 있는 곳을 지도의 A~D에서 고른 것은?

(가)	(나)
고딕 건축 양식의 성당으로 종탑과 십자가를 볼 수 있다.	돔형 구조물이 눈에 띄는 사원으로 주변의 첨탑이 특징이다.

    (가)   (나)   (가)   (나)

①   A   B   ②   A   D

③   B   C   ④   C   B

⑤   D   A

[05~06] 지도는 세계의 문화권을 나타낸 것이다. 물음에 답하시오.

(하크 세계 지도, 2022, 기타)

중요

> 25592-0157

05 A~E 문화권에 대한 설명으로 옳은 것은?

① A에서는 주로 이슬람교를 믿고, 아랍어를 사용한다.

② B는 근대 산업과 자본주의 사상의 진원지이다.

③ C에서는 계절풍의 영향으로 벼농사가 발달하였다.

④ D에서는 주로 영어를 사용하고 개신교를 믿는다.

⑤ E는 유럽인이 진출하면서 유럽의 언어와 종교 등이 전파되었다.

> 25592-0158

06 (가), (나) 문화권을 지도의 A~E에서 고른 것은?

(가) 주민들은 지하수나 외래 하천을 활용하여 대추야자나 밀 등을 재배하는 오아시스 농업에 종사하기도 한다. 최근에는 과학기술의 발달로 관개 농업이 확대되고 있으며, 도시에서 정착 생활을 하는 사람이 증가하고 있다.

(나) 이 지역의 주민들은 전통적으로 이동식 화전 농업이나 수렵 및 채집 생활을 하였다. 일부 지역에서는 유럽 식민 지배의 영향으로 플랜테이션이 발달하였다.

	(가)	(나)		(가)	(나)
①	B	A	②	B	C
③	C	A	④	C	B
⑤	D	A			

> 25592-0159

07 다음 글에서 설명하는 축제가 열리는 국가를 지도의 A~E에서 고른 것은?

우기가 찾아오기 전에 열리는 축제이다. 서로에게 물을 뿌려주며 축복을 기원해 준다.

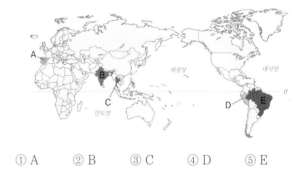

① A　　② B　　③ C　　④ D　　⑤ E

> 25592-0160

08 지도는 세계의 언어 문화권을 나타낸 것이다. A~E 언어에 대한 설명으로 옳은 것은?

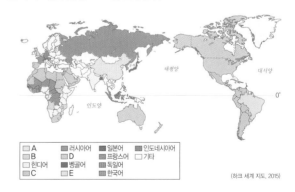

☐ A	☐ 러시아어	■ 일본어	■ 인도네시아어
☐ B	☐ D	☐ 프랑스어	☐ 기타
☐ 힌디어	■ 벵골어	☐ 독일어	
☐ C	☐ E	☐ 한국어	

(하크 세계 지도, 2015)

① 오세아니아는 식민 지배를 통해 B가 전파되었다.

② D 사용자가 많은 지역은 크리스트교의 신자 수 비중이 높다.

③ A는 C보다 공용어로 사용되는 국가 수가 많다.

④ 아메리카에 전파된 C와 E는 북서 유럽의 영향 때문이다.

⑤ E는 A보다 사용자 수가 많다.

서술형 문제

Step1 핵심 키워드 파악하기

> 25592-0161

01 (1) (가), (나) 사진 속 전통 복장이 주로 나타나는 기후를 쓰고, (2) 의복 문화에 차이가 나는 원인을 서술하시오. (단, (가), (나)는 각각 사막 기후와 열대 우림 기후 중 하나임.)

(가)   (나)

(1) (가) – (   ) 기후 (나) – (   ) 기후

(2) **예시 답안** (   ) 기후 지역의 주민들은 일 년 내내 덥고 습해 (   ) 옷차림을 한다. (   ) 기후 지역 주민은 모래바람과 (   )을/를 막기 위해 (   )을/를 입는다. 이와 같은 차이는 지역에 따라 (   )이/가 다르기 때문이다.

> 25592-0162

02 (1) 다음 화폐를 사용하는 국가의 주요 종교와 문화권을 쓰고, (2) 문화권의 특징을 언어와 경제활동 측면에서 서술하시오.

앞면   뒷면

(1) 종교 – (   ) 문화권 – (   )

(2) **예시 답안** 주민의 대부분은 (   )을/를 사용하고 전통적으로 (   )와/과 (   ) 생활을 하였다. 그러나 최근 자원 개발과 (   )이/가 진행되면서 정착 생활을 하는 경우가 늘어나고 있다. 또한 (   ) 자원으로 인한 국제적인 (   )이/가 많은 편이다.

Step2 스스로 답안 작성하기

> 25592-0163

03 지도는 세계의 문화권을 나타낸 것이다. 이 중 (1) (가), (나)의 문화권 이름을 쓰고, (2) (가), (나) 문화권의 특징을 종교, 자연환경, 언어 측면에서 서술하시오.

(하크 세계 지도, 2022, 기타)

(1) _____

(2) _____

_____

_____

> 25592-0164

04 (1) 지도에 표시된 국가에서 개최되는 사진 속 축제의 이름을 쓰고, (2) 축제의 특징을 이 국가의 지리적 위치 및 자연환경과 관련지어 서술하시오.

(1) _____

(2) _____

1등급 도전 문제

> 25592-0165

01 (가), (나)와 같은 전통 가옥을 볼 수 있는 지역에 대한 설명으로 옳은 것은?

① (가)의 주민들은 대부분 돼지고기를 금기시한다.
② (나)의 주민들은 온몸을 감싸는 얇은 천으로 만든 옷을 즐겨 입는다.
③ (가)는 (나)보다 연평균 기온이 높다.
④ (가)는 (나)보다 저위도 지역에 위치한다.
⑤ (가), (나) 모두 쌀을 주식으로 하는 음식 문화가 나타난다.

> 25592-0166

02 다음 글의 ㉠~㉢에 대한 설명으로 옳지 <u>않은</u> 것은?

- 사회 구성원은 가치관, 종교, 관습, 의복, 음식 등의 생활 양식을 공유하는데, 이를 ㉠ <u>문화</u>라고 한다. 그리고 문화적 특성이 유사하게 나타나는 공간 범위를 ⎡ ㉡ ⎤(이)라고 한다.
- ㉢ <u>고산 지대나 건조 기후 지역처럼 토양이 척박한 곳</u>에서는 목축업이 널리 행해지는데 주로 ㉣ <u>유목</u>의 형태로 이루어지는 경우가 많다.
- ㉤ <u>종교</u>와 산업 등은 문화권을 형성하는 요인인 동시에 문화권 간 차이를 나타내는 중요한 특징이다.

① ㉠은 자연환경과 인문환경의 상호 작용으로 형성된다.
② ㉡에는 '문화권'이 들어갈 수 있다.
③ 남아메리카의 ㉢에서는 고기와 밀을 주식으로 하는 음식 문화가 발달한다.
④ ㉣은 건조 기후와 한대 기후 지역에서 이루어진다.
⑤ ㉤의 영향으로 건조 문화권에서는 모스크를 볼 수 있다.

> 25592-0167

03 자료는 세 국가의 전통 음식을 나타낸 것이다. (가)~(다) 국가를 지도의 A~C에서 고른 것은?

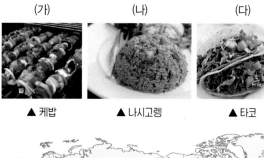

▲ 케밥   ▲ 나시고렝   ▲ 타코

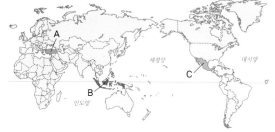

	(가)	(나)	(다)		(가)	(나)	(다)
①	A	B	C	②	A	C	B
③	B	A	C	④	B	C	A
⑤	C	B	A				

> 25592-0168

04 (가) 국가를 지도의 A~E에서 고른 것은?

유럽의 영향을 받아 주로 영어를 사용하고 개신교를 믿는 주민이 많다. 이민자가 많아 인종 구성이 복잡하고 다양한 문화가 발달하였다. 일부 지역에는 원주민의 문화가 남아 있다. 특히 ⎡ (가) ⎤은/는 프랑스의 식민 지배를 받아 영어와 프랑스어를 공용어로 지정하였으며, ◇◇주는 현재에도 프랑스 전통이 많이 남아 있다.

① A   ② B   ③ C   ④ D   ⑤ E

02 문화 변동과 전통문화

핵심 개념

☐ 내재적 요인　☐ 외재적 요인
☐ 문화 동화　☐ 문화 병존
☐ 문화 융합

◐ 문화 변동의 내재적 요인과 외재적 요인

내재적 요인	한 사회 내부에서 새롭게 등장하여 그 사회의 문화 변동을 초래함
외재적 요인	다른 사회의 문화 체계와 접촉 및 교류를 통해 다른 문화 요소가 전해져 문화 변동을 초래함

◐ 문화 접변

서로 다른 사회가 비교적 장기간에 걸쳐 접촉하면서 문화 전파 등에 의해 문화 요소의 교류가 이루어짐으로써 한쪽 사회 또는 양쪽 사회 모두의 문화 체계에서 변화가 나타나는 현상을 의미한다.

◐ 강제적 문화 접변, 자발적 문화 접변

강제적 문화 접변	정복 등과 같은 지배적 입장에 있는 사회의 문화 요소가 피지배 사회에 강제적으로 이식되어 나타나는 문화 변동
자발적 문화 접변	스스로 다른 사회의 문화 요소를 자기 사회의 문화 체계 속으로 받아들임으로써 나타나는 문화 변동

◐ 문화 변동 양상

문화 동화	A+B=B
문화 병존	A+B=A, B
문화 융합	A+B=C

*A는 전통문화 요소, B는 외래문화 요소, C는 제3의 문화 요소, '+'는 문화 교류, '='는 결과를 의미함

1 문화 변동의 요인과 양상

1. 문화 변동의 의미와 요인

(1) **의미**: 문화가 새로운 문화 요소의 등장이나 다른 문화와의 접촉을 통해 끊임없이 상호 작용하면서 변화하는 현상

(2) **문화 변동의 요인**

① **내재적 요인**: 발명, 발견

구분	의미	사례
발명	존재하지 않았던 기술이나 사물 등을 새롭게 만들어 내는 행위나 그 결과물	증기 기관, 바퀴, 자동차 등
발견	이미 존재하고 있었으나 알려지지 않았던 사물이나 원리 등을 찾아내는 행위나 그 결과물	불, 비타민, 지하자원 등

② **외재적 요인**: 문화 전파 **자료①** ┌ 교통, 통신의 발달은 문화 변동의 외재적 요인을 더욱 확대시킨다.

구분	의미	사례
직접 전파	서로 다른 문화를 향유하는 사람들 간의 직접적인 접촉에 의한 전파	교역, 전쟁, 혼인 등에 의한 음식의 전파 등
간접 전파	인쇄물, 텔레비전, 인터넷 등과 같은 매개체를 통해 이루어지는 전파	대중 매체(인터넷) 등을 통한 음악 전파 등
자극 전파	다른 사회의 문화 요소에서 아이디어를 얻거나 자극을 받아 새로운 문화 요소가 만들어지는 것	알파벳에서 착안하여 발명한 체로키 문자 등

2. 문화 변동의 양상 **자료②**

(1) **문화 동화** ┌ 문화적 정체성이 약한 상태에서 외래문화가 유입될 경우 문화 동화가 나타날 가능성이 높다.

의미	한 사회의 문화 요소가 다른 사회 문화 체계 속에 흡수되어 정체성을 상실하는 현상
특징	전통문화의 상실로 인해 구성원들에게 정체성의 혼란이 발생, 문화적 다양성 훼손
사례	유럽인의 문화와 접촉한 아메리카 원주민이 자기 문화를 상실한 것

(2) **문화 병존**

의미	서로 다른 사회의 문화 요소가 한 사회의 문화 체계 속에서 함께 존재하는 현상
특징	각 사회의 문화적 정체성이 유지되면서 문화적 다양성에 기여함
사례	자국을 식민 지배한 나라의 언어와 자국의 전통 언어를 공용어로 함께 사용하는 것

(3) **문화 융합**

의미	기존 문화 요소와 외래문화 요소가 결합하여 기존 문화 요소들의 성격이 유지되면서도 다른 성격을 지닌 제3의 문화를 형성하는 현상
특징	• 외래문화 요소를 문화 수용자가 재해석하고 재구성한 결과임 • 다른 사회의 문화 요소를 받아들일 때 자문화 정체성을 상실하지 않음
사례	아프리카계 흑인들의 고유 음악과 서양 음악이 결합되어 만들어진 재즈

자료 ① 문화 전파의 유형

(가)	(나)	(다)
커피는 약 17세기에 베네치아 상인들의 교역 과정에서 오스만 제국으로부터 이탈리아로 전파되어 이탈리아 전역에 유행하였다.	케이팝을 인터넷 매체를 통해 접한 외국 청소년들이 한국 가수들의 춤을 따라하는 축제를 즐기고 있다.	북아메리카 체로키족은 유럽인과 접촉하면서 접한 알파벳에 자극을 받아 새로운 체로키 문자를 만들었다.

(가)의 커피는 교역을 통해 다른 사회로 전파된 것으로 직접 전파, (나)의 케이팝은 인터넷과 같은 대중 매체를 통해 전파되는 것으로 간접 전파, (다)의 체로키 문자는 다른 사회의 문화 요소에서 자극받아 만들어진 것으로 자극 전파의 사례에 해당한다.

자료 ② 사례로 살펴보는 문화 변동 양상

(가)	(나)	(다)
말리, 니제르, 차드, 세네갈, 콩고 민주 공화국의 공통점	싱가포르의 공휴일	간다라 불상
	Vesak Day Hari Raya Haji National Day Deepavali Christmas Day	
이 나라 국민들은 공식적으로 '프랑스어'를 사용하고 있다. 이는 오랜 식민 지배 과정에서 프랑스어 사용을 강요당하였으며, 그 결과 다양한 부족의 고유한 언어가 사라지게 되었다.	싱가포르는 다양한 믿음과 종교적 배경을 가진 사람들이 많다. 그래서 싱가포르의 공휴일에는 불교, 기독교, 이슬람교, 힌두교 휴일이 최소 하나씩 들어가 있다.	알렉산더 대왕의 원정과 문화 융합 정책으로 서양의 문화가 융화된 독특한 미술이 생겨났다. 특히 그리스 미술과 인도의 불교 문화가 결합하여 서구형 이목구비의 불상 조각이 만들어졌다.

(가)에서 아프리카 일부 국가들의 공용어가 자신들의 언어가 아닌 프랑스어로 대체된 것은 문화 동화의 사례이다. (나)에서 싱가포르의 공휴일에 여러 종교의 휴일이 포함된 것은 문화 병존의 사례이다. (다)의 간다라 불상은 그리스 문화와 불교 문화의 결합으로 나타난 것으로 문화 융합의 사례이다.

○✖ 표시하기

❶ 전파는 문화 변동의 내재적 요인에 해당한다. (　　)

❷ 직접 전파는 인쇄물, 텔레비전, 인터넷 등과 같은 매개체를 통해 일어나는 전파이다. (　　)

❸ 존재하지 않았던 기술이나 사물 등을 만들어 내는 행위나 그 결과물은 발명이다. (　　)

❹ 발견은 문화 변동의 외재적 요인에 해당한다. (　　)

적절한 말 고르기

❺ 문화 변동의 요인 중 알려지지 않았던 문화 요소를 찾아내는 것을 (발견, 발명)이라고 한다.

❻ (간접 전파, 자극 전파)는 다른 사회의 문화 요소에서 아이디어를 얻거나 자극을 받아 새로운 발명이 일어나는 것이다.

빈칸 채우기

❼ 새로운 문화 요소의 등장이나 다른 문화 체계와의 접촉을 통해 한 사회의 문화 체계에 변화가 나타나는 현상을 (　　)(이)라고 한다.

❽ (　　)은/는 전파에 의해 서로 다른 문화가 장기간 접촉하여 문화 변동이 일어나는 현상이다.

❾ 유럽인의 문화와 접촉한 아메리카 원주민이 자기 문화를 상실한 현상은 문화 변동 양상 중 (　　)에 해당한다.

<보기>에서 고르기

┤보기├

ㄱ. 한 사회의 문화 요소가 다른 사회의 문화 체계 속에 흡수되어 정체성을 상실하는 현상

ㄴ. 서로 다른 사회의 문화 요소가 한 사회의 문화 체계 속에서 나란히 존재하는 현상

ㄷ. 기존 문화 요소와 외래문화 요소가 결합하여 기존 문화 요소들의 성격을 지니면서도 다른 성격을 지닌 제3의 문화를 형성하는 현상

❿ 문화 병존 (　　)

⓫ 문화 융합 (　　)

⓬ 문화 동화 (　　)

핵심 개념

□ 전통문화 □ 창조적 계승

○ 세시 풍속
세시 풍속은 음력 정월부터 섣달까지 해마다 같은 시기에 반복되어 전해 오는 고유의 풍속이다. 오늘날 전통적인 세시 풍속은 퇴색했지만 정월 보름, 설날과 추석, 동지 등의 풍속은 전승되고 있다.

○ 유대감
여러 개인이나 한 집단에 속한 여러 개인들 사이에 연결되어 있는 공통된 느낌을 의미한다.

○ 문화 정체성
다른 문화와 구별되는 한 문화의 고유한 특성이다.

○ 문화 산업
문화 예술의 상품화를 통해 부가 가치를 창출해 내는 산업이다.

2 전통문화의 의의와 창조적 계승

1. 전통문화가 현대 사회에서 가지는 의의

(1) **전통문화의 의미**: 한 사회에서 과거에 형성되어 세대 간 전승을 통해 오늘날까지 사람들의 생활에 영향을 미치고 있는 고유한 문화

(2) **사례**: 농경 문화에서 비롯된 협동과 상부상조의 정신, 효 사상, 김치, 온돌, 세시 풍속 등
　　└ 서로 의지하고 도와주는 것

▲ 유네스코 무형유산에 등재된 협동과 상부상조의 정신을 보여 주는 줄다리기 ┆ ▲ 우리의 효 문화 등 전통문화를 체험하는 외국인의 모습

(3) **전통문화의 기능**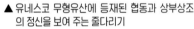
① 사회 구성원의 유대감을 강화하고, 사회 유지와 통합에 기여함
② 문화 정체성을 유지하고 자긍심을 고취시킴
③ 세계 문화의 다양성 증진에 기여함
④ 국가 이미지 개선, 문화 산업 육성에 기여함

2. 전통문화의 창조적 계승
　　　　　┌ 옛것을 본받아 새로운 것을 창조한다는 법고창신(法古創新)처럼 전통문화가
　　　　　　새로운 창조의 기본이 될 수 있다.

(1) **전통문화의 창조적 계승의 의미**: 고유의 전통문화를 지켜 내는 것뿐만 아니라 전통문화가 가진 가치를 깨닫고 시대적 변화에 맞게 재창조한다는 것

(2) **전통문화의 창조적 계승을 위해 필요한 태도**: 우리 전통문화의 정체성을 유지하면서도 다른 나라의 문화를 능동적으로 수용하는 자세가 필요함

(3) **전통문화의 창조적 계승 방안** 자료4
① 필요성: 교통·통신 수단의 발달에 따라 세계화가 진행되면서 문화 간의 접촉과 교류가 활발해지고 있어 창조적 계승이 필요해짐
② 전통문화의 창조적 계승 방안
• 전통문화를 현대적으로 재평가함
• 전통문화가 현대 사회의 새로운 문화 요소들과 조화를 이룰 수 있도록 재구성하거나 개선함
• 새로운 문화 요소나 외래문화 요소를 비판적으로 수용하여 전통문화와의 조화를 이루려는 노력이 필요함
• 외래문화의 장점을 주체적으로 받아들이는 한편 전통문화의 가치를 발견하고 창조적으로 계승함

자료 ③ 전통문화와 관련된 헌법 조항

헌법 제9조   국가는 전통문화의 계승·발전과 민족 문화의 창달에 노력하여야 한다.

헌법 제69조   대통령은 취임에 즈음하여 다음의 선서를 한다.
"나는 헌법을 준수하고 …… 민족 문화의 창달에 노력하여 대통령으로서의 직책을 성실히 수행할 것을 국민 앞에 엄숙히 선서합니다."

우리나라 헌법에서는 여러 조항을 통해 문화 국가의 원리를 천명함과 동시에 전통문화의 계승·발전과 민족 문화의 창달은 국가의 의무 사항이라는 점을 강조하고 있다. 또한 헌법에서 규정하는 대통령 선서를 통해 대통령은 민족 문화의 창달에 노력해야 할 헌법상의 책무가 있음을 강조하고 있다.

○✗ 표시하기

❶ 전통문화는 세계 문화의 다양성 증진에 기여하지 못한다.   (   )

❷ 전통문화는 사회 구성원의 유대감을 강화한다.   (   )

❸ 전통문화의 창조적 계승은 전통문화의 모습을 변형하지 않고 있는 그대로 물려주는 것을 의미한다.   (   )

적절한 말 고르기

❹ 전통문화는 한 사회에서 과거에 형성되어 세대 간 (단절, 전승)을 통해 오늘날까지 사람들의 생활에 영향을 미치고 있는 고유한 문화를 의미한다.

❺ 전통문화의 창조적 계승을 위해 새로운 문화 요소나 외래문화 요소를 (비판적, 무비판적)으로 수용하여 전통문화와 조화를 이루려는 노력이 필요하다.

❻ 우리 전통문화의 정체성을 유지하면서도 다른 나라의 문화를 (수동적, 능동적)으로 수용하는 자세가 필요하다.

❼ 전통문화는 우리 사회 구성원의 (유대감, 적대감) 형성에 많은 영향을 끼친다.

자료 ④ 우리나라 문화유산의 가치를 친근하게 느끼게 한 반가 사유상 상품화

반가 사유상은 반가(한쪽 다리를 구부려 다른 쪽 다리의 허벅다리 위에 올려놓고 앉는 자세)의 자세로 한 손을 뺨에 대고 인간의 생로병사를 고민하며 깊은 생각에 잠긴 불상으로 세계적으로 인정받는 우리의 문화 요소이다. 이러한 반가 사유상을 재해석하고 재창조하여 모형으로 만들어 이를 판매하거나 관람객들을 위해 연등으로 제작하여 전시하기도 한다.

반가 사유상 상품화를 통해 우리의 전통문화 요소가 전 세계인의 사랑을 받을 수 있다는 것을 보여 주는 것으로, 전통 문화를 세계화한 좋은 사례로 볼 수 있다.

빈칸 채우기

❽ 문화 (   )(이)란 한 문화에 속한 사람들이 공유하는 동질감 또는 그 문화에 대한 자긍심을 의미한다.

❾ 과거에서 오늘날까지 오랜 시간 동안 이어 온 우리 고유의 생활 양식을 (   )(이)라고 한다.

❿ 전통문화의 (   ) 계승은 고유의 전통문화를 지켜내는 것뿐만 아니라 전통문화가 가진 가치를 깨닫고 시대적 변화에 맞게 재창조한다는 의미이다.

〈보기〉에서 고르기

┌ 보기 ┐
ㄱ. 외래문화 수용 거부
ㄴ. 새로운 문화와의 조화 추구
ㄷ. 전통문화를 있는 그대로 보존
ㄹ. 전통문화를 현대적으로 재평가

⓫ 전통문화의 창조적 계승 방안   (   )

기본 문제

> 25592-0169

01 표는 질문을 통해 문화 변동의 요인을 구분한 것이다. A~D를 옳게 연결한 것은? (단, A~D는 각각 발견, 발명, 직접 전파, 자극 전파 중 하나임.)

질문	응답			
	A	B	C	D
문화 변동의 내재적 요인인가?	아니요	아니요	예	예
알려지지 않았던 문화 요소를 찾아냈는가?	아니요	아니요	예	아니요
기존에 없던 새로운 문화 요소를 만들어 냈는가?	예	아니요	아니요	예

	A	B	C	D
①	발명	발견	자극 전파	직접 전파
②	직접 전파	자극 전파	발명	발견
③	직접 전파	자극 전파	발견	발명
④	자극 전파	직접 전파	발명	발견
⑤	자극 전파	직접 전파	발견	발명

> 25592-0170

02 다음 자료의 A국과 B국에 나타난 문화 변동에 대한 설명으로 옳은 것은?

A국의 갑은 선조 대대로 이어져 오던 전통 음식에서 아이디어를 얻어 새로운 발효 음식 ★★을 만들었다. 이 발효 음식이 A국 사람들이 즐기는 음식이 되었고, A국 드라마에 등장한 ★★을 본 B국 사람들은 건강에 좋다는 이유로 ★★을 만들어 먹는 것이 유행하였다. 이러한 상황을 알게 된 A국의 식품 회사에서는 B국에 ★★ 생산 공장을 세워 B국 사람들에게 판매하였다.

① A국에서는 발견에 의한 문화 변동이 나타났다.
② B국에서는 내재적 요인에 의한 문화 변동이 나타났다.
③ A국에서는 B국과 달리 직접 전파에 의한 문화 변동이 나타났다.
④ B국에서는 A국과 달리 간접 전파에 의한 문화 변동이 나타났다.
⑤ B국에서는 A국과 달리 새로운 요소의 등장으로 인한 문화 변동이 나타났다.

> 25592-0171

03 자료의 갑국과 을국에 나타난 문화 변동에 대한 설명으로 옳은 것은?

- 갑국에서는 A국 출신 이민자들이 듣는 A국 전통 음악이 갑국에 널리 알려져 갑국 사람들이 듣게 되었다. 이후 갑국의 전통 악기에 A국의 전통 음악을 가미한 새로운 성격의 음악이 등장하여 갑국에서 유행하였다.
- 을국에서는 오랜 기간 식민 지배를 한 B국의 강요에 의하여 을국의 언어를 사용하지 못하고 B국의 언어를 사용하게 되었다. 이후 B국에서 독립한 을국에서는 을국의 언어와 B국의 언어를 함께 사용하고 있다.

① 갑국에서는 간접 전파에 의한 문화 변동이 나타났다.
② 을국에서는 내재적 요인에 의한 문화 변동이 나타났다.
③ 갑국에서는 을국과 달리 문화 융합이 나타났다.
④ 을국에서는 갑국과 달리 자문화의 정체성이 상실되었다.
⑤ 갑국과 을국에서는 강제적인 문화 변동이 발생하였다.

> 25592-0172

04 다음은 문화 접변의 결과에 대한 사례이다. (가), (나)에 들어갈 문화 변동의 양상으로 옳은 것은?

- (가) 의 사례: 갑국 국민들은 전통적으로 손으로 음식을 먹었다. 그러나 을국과의 교류를 통해 수저를 사용하는 을국의 문화를 수용하면서 전통적인 방식 외에 수저를 함께 사용하여 음식을 먹게 되었다.
- (나) 의 사례: 병국에서는 전통 민간 신앙과 정국의 종교가 접목되어 새로운 종교가 창조되었고, 병국 국민들은 이를 믿게 되었다.

	(가)	(나)
①	문화 병존	문화 동화
②	문화 병존	문화 융합
③	문화 융합	문화 동화
④	문화 융합	문화 병존
⑤	문화 동화	문화 병존

> 25592-0173

05 다음 갑국의 문화 변동 양상에 대한 옳은 설명만을 〈보기〉에서 고른 것은?

시기	문화 변동 양상
t 시기	A＋B＝B
t＋1 시기	C＋D＝C, D
t＋2 시기	E＋F＝ef

표는 시기별 갑국의 문화 변동 양상을 나타낸다. A, C, E는 각각 갑국의 의복, 주거, 음식 문화 요소이고, B, D, F는 각각 을국의 의복, 주거, 음식 문화 요소이다. '＋'는 교류 과정을, '＝'는 문화 변동의 결과를 의미한다. ef는 E와 F의 요소가 결합된 제3의 새로운 문화 요소이다.

【 보기 】

ㄱ. t 시기에 의복 분야에서 문화 동화가 나타났다.
ㄴ. t＋1 시기에 주거 분야에서 새로운 문화 요소가 만들어졌다.
ㄷ. t＋2 시기에 음식 분야에서 외래문화 요소가 재해석되고 재구성되어 갑국에 정착되었다.
ㄹ. t 시기, t＋2 시기에서는 t＋1 시기와 달리 자문화 정체성이 상실되었다.

① ㄱ, ㄴ　② ㄱ, ㄷ　③ ㄴ, ㄷ　④ ㄴ, ㄹ　⑤ ㄷ, ㄹ

중요

> 25592-0174

06 표는 질문에 대한 응답을 통해 문화 변동 양상 A～C를 구분한 것이다. 이에 대한 설명으로 옳은 것은? (단, A～C는 각각 문화 동화, 문화 병존, 문화 융합 중 하나임.)

질문	응답		
	A	B	C
자문화 정체성이 유지되는가?	예	예	아니요
전통문화 요소와 외래문화 요소가 함께 나란히 존재하는가?	아니요	예	아니요

① A는 문화 동화이다.
② B는 내재적 요인에 의한 문화 변동 양상이다.
③ C는 직접 전파가 아닌 간접 전파에 의해 나타난다.
④ A는 B와 달리 새로운 문화 요소가 만들어진다.
⑤ B는 C와 달리 외래문화 요소의 등장으로 나타난다.

> 25592-0175

07 다음은 전통문화에 대한 필자의 주장을 나타낸 것이다. (가)에 들어갈 내용으로 가장 적절한 것은?

오랜 세월에 걸쳐 이어져 온 전통문화는 우리만의 고유하고 훌륭한 가치를 유지하고 존속시켜 준다. 그런데 최근에는 이러한 전통문화가 약화되고 우리만의 고유성이 사라지면서 문화가 획일화되는 문제가 나타나고 있다. 이는 우리 고유의 독특한 모습을 잃게 되어 우리 사회를 지탱시켜 주는 중요한 가치를 상실하게 되는 결과를 초래할 수 있다. 이에 우리는 전통문화가 　(가)　임을 생각하며 우리만의 전통문화를 잃지 않기 위한 노력해야 할 것이다.

① 문화 변동의 원동력
② 다른 사회와 구별되는 정체성의 원천
③ 서로 다른 사회와의 갈등을 초래하는 원인
④ 극단적인 민족주의로 인한 피해 발생의 요인
⑤ 과거의 모습을 그대로 지속·유지시키는 도구

> 25592-0176

08 다음 교사의 질문에 대한 학생의 발표 내용으로 가장 적절한 것은?

최근 우리나라의 전통문화 요소에 대한 의미를 새롭게 재해석하여 발전 방안을 찾으려는 다양한 노력이 나타나고 있습니다. 이렇게 하는 이유는 무엇일까요?

① 다른 사회와 같은 문화적 양식으로 통일해야 하기 때문입니다.
② 오래전부터 전해져 오는 전통문화를 그대로 보존하기 위해서입니다.
③ 세계화 시대에 전통문화의 가치를 높이고 더욱 발전시킬 수 있기 때문입니다.
④ 우리나라보다 질적으로 낮은 수준의 다른 사회의 문화를 수용해야 하기 때문입니다.
⑤ 다른 사회의 문화가 우리보다 우수하기에 그 사회의 문화로 대체되어야 하기 때문입니다.

서술형 문제

Step1 핵심 키워드 파악하기

> 25592-0177

01 [자료1]은 문화 변동 요인을 질문에 따라 구분한 것이고, [자료2]는 문화 변동 요인에 대한 사례를 나타낸 것이다. (1) [자료1]의 문화 변동 요인 A~E가 각각 무엇인지 쓰고, (2) [자료2]의 사례에서 갑국과 을국의 문화 변동 요인의 공통점과 차이점을 각각 한 가지씩 쓰시오.

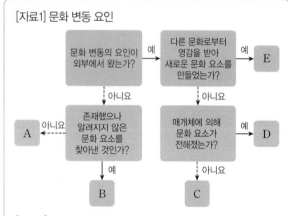

[자료1] 문화 변동 요인

[자료2] 문화 변동 요인 사례

(가) 갑국에서는 전통적으로 내려오던 발효 원리를 이용해 새로운 발효 음식을 만들어 사람들이 먹게 되었다.

(나) 종교가 없던 을국에서는 병국 국교에서 착안하여 새로운 종교가 만들어졌고, 사람들이 믿음을 갖게 되었다.

(1) A – (   )   B – (   )

　　C – (   )   D – (   )

　　E – (   )

(2) **예시 답안** 갑국의 문화 변동 요인은 발명이고, 을국의 문화 변동 요인은 자극 전파이다. 갑국과 을국의 문화 변동 요인의 공통점은 새로운 문화 요소가 (   )된다는 것이고, 차이점은 갑국의 문화 변동 요인은 을국의 문화 변동 요인과 달리 (   ) 요인에 해당한다는 것이다.

Step2 스스로 답안 작성하기

> 25592-0178

02 다음 갑국의 문화 변동 양상에 대한 사례를 보고 (1) 문화 변동 양상 (가)~(다)가 무엇인지 쓰고, (2) 문화 변동 양상 (가), (나)와 다른 (다)만의 특징을 한 가지 서술하시오.

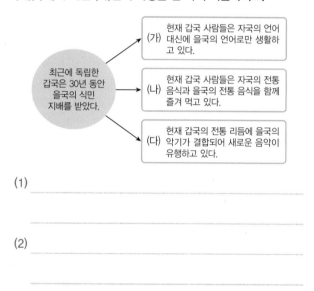

(1)

(2)

> 25592-0179

03 다음 전통문화의 계승과 발전을 위한 방안과 관련하여 밑줄 친 부분에 들어갈 내용을 서술하시오.

오늘날 문화의 세계화로 문화 간의 접촉과 교류가 활발해지는 상황에서 김치, 비빔밥의 세계 시장 진출, 한국 영화 및 문화 콘텐츠 산업의 수출 확대, 한국 소설의 해외 번역본 출간 등 우리 문화가 세계 각 지역에서 관심과 각광을 받고 있다. 우리 문화의 정체성을 유지하면서도 외래문화를 능동적으로 수용하였기에 가능한 것이다. 따라서 전통문화의 계승과 발전을 위해 우리는 _____

1등급 도전 문제

• 정답과 해설 **40**쪽

> 25592-0180

01 자료의 A국과 B국에 나타난 문화 변동에 대한 설명으로 옳은 것은?

- 자신들의 고유한 문자를 가지고 있지 않았던 A국에서 A국 국민인 갑은 B국의 선교사들을 통해 알려진 B국 문자의 모양과 발음에서 아이디어를 얻어 B국 문자와는 다른 독특한 문자를 만들었다.
- B국에 거주하고 있는 A국 사람들 집단에서 즐겨 먹는 A국의 전통 음식이 B국 사람들에게 알려졌다. B국 국민인 을이 자신들의 전통 향신료와 A국의 전통 음식을 결합한 새로운 형태의 음식을 만들었다.

① A국에서는 내재적 요인에 의해 문화가 변동되었다.
② B국에서는 전통문화가 소멸되었다.
③ A국에서는 B국과 달리 자극 전파가 발생하였다.
④ B국에서는 A국과 달리 새로운 문화 요소가 등장하였다.
⑤ A국과 B국에서는 강제적인 문화 변동이 발생하였다.

> 25592-0181

02 자료의 갑국과 을국의 t 시기 대비 t+1 시기의 문화 변동에 대한 설명으로 옳은 것은?

표는 t 시기, t+1 시기의 갑국과 을국의 의류 문화 요소를 나타낸다. t 시기에는 갑국과 을국은 어떤 사회와도 교역이 없었는데, t+1 시기에 갑국과 을국은 양국 간의 교역 과정에서 의류 문화 요소가 교류되었다.

구분	갑국	을국
t 시기	○ □	● ■
t+1 시기	▣ ○	○ □

* ○, □, ●, ■, ▣는 모두 의류 문화 요소이고, ▣는 □와 ■가 결합한 제3의 문화 요소이다.

① 갑국에서는 내재 요인에 의한 문화 변동이 나타났다.
② 을국에서는 간접 전파에 의한 문화 변동이 나타났다.
③ 갑국에서는 문화 동화가 나타났다.
④ 을국에서는 문화 병존이 나타났다.
⑤ 갑국에서는 을국과 달리 새로운 문화 요소가 만들어졌다.

> 25592-0182

03 갑국과 을국의 문화 변동 양상에 대한 설명으로 옳은 것은?

- 갑국에서는 불교, 이슬람교, 크리스트교 등 다양한 종교의 기념일을 공휴일로 지정하고 있다. 이는 국교를 비롯한 다양한 국가에서 이주해 온 이주민들의 종교를 있는 그대로 인정하여 갑국 내에 정착되어 나타난 현상이다.
- 을국에서는 유럽 대륙이나 아프리카 대륙 등의 이주민들이 정착하여 살게 되었다. 이곳에서는 을국 전통 악기를 활용하여 서양의 멜로디, 아프리카 대륙 특유의 가창 방식이 어우러진 새로운 형식의 음악이 만들어져 을국에서 유행하고 있다.

① 갑국에서는 문화 동화가 나타났다.
② 을국에서는 전통적인 문화 정체성이 유지되었다.
③ 갑국에서는 을국에서와 달리 직접 전파에 의해 문화 변동이 나타났다.
④ 을국에서는 갑국에서와 달리 전통문화 요소와 외래문화 요소가 나란히 공존하는 현상이 나타났다.
⑤ 갑국과 을국에서는 기존에 없었던 새롭게 창조된 문화 요소가 나타났다.

> 25592-0183

04 A에 대한 설명으로 옳은 것은?

- A는 우리 사회가 갖는 고유한 정체성을 보여 주는 대표적인 요소를 의미한다.
- A는 한 나라에서 내려오는 고유의 문화를 의미한다.
- A는 한 사회가 단절되지 않고 세대를 이어가며 지속되는 데 다리와 같은 역할을 한다.

① 창조적으로 계승하는 것이 필요하다.
② 우리나라에서 '악수', '양복'을 예로 들 수 있다.
③ 세계화 과정에서 문화 변동을 겪지 않도록 한다.
④ 우리 사회의 정체성을 상실시키는 중요한 요인이다.
⑤ 현대 사회에서의 문화 발전 과정과는 관련성이 없다.

03 문화 상대주의와 보편 윤리

🔗 핵심 개념

☐ 자문화 중심주의
☐ 문화 사대주의   ☐ 문화 상대주의

◎ 자연환경
지구상의 생물 또는 무생물, 각종 경관 등을 포함한 자연 상태의 환경으로 본질적으로 사람에 의해 생겨난 것이 아닌 자연적으로 생성되거나 갖추어진 지구상의 환경이 여기에 속한다.

◎ 인문환경
자연환경에 대비되는 개념으로 인간이 자연을 토대로 만들어 낸 환경이다. 학교, 공장, 건물 등의 시설과 교통, 문화, 산업 등의 환경들이 여기에 속한다.

◎ 중국의 중화 사상
중국이 세계의 중심이며 모든 것이 중국을 중심으로 전 세계에 퍼져 나간다고 믿는 중국의 사상이다.

◎ 국수주의
자기 국가의 전통이 다른 국가보다 뛰어난 것으로 믿고, 그것을 유지하고 발전시켜 나가기 위해 다른 국가를 배척하는 태도이다.

◎ 문화 제국주의
자신의 문화 우월성을 강조하면서 자신의 문화를 다른 사회에 강요하는 태도이다.

1 문화적 차이가 나타나는 이유

1. 문화 다양성: 문화는 그 지역의 환경이나 시대의 흐름에 따라 의식주, 언어뿐만 아니라 도덕과 종교에 대한 관념, 주변과의 상호 작용 방법 등이 다양하게 나타남

2. 문화 다양성의 원인 **자료①**
(1) 각 사회는 서로 다른 자연환경에 적응하는 과정에서 독특한 생활 방식을 형성하여 서로 다른 문화를 가지게 됨 ┌더운 지방에서는 개방적 가옥 구조가 나타나고, 추운 지방에서는 폐쇄적 가옥 구조가 나타난다.
(2) 각 사회 구성원이 공유하는 인문환경에 따라 다른 사회와 구분되는 문화가 나타나기도 함

2 문화적 차이를 바라보는 태도

1. 문화적 차이를 바라보는 바람직하지 않은 태도
(1) **자문화 중심주의:** 중국의 중화사상이 대표적임 **자료②**

의미	자신의 문화를 절대적 기준으로 삼아 자신의 문화는 우월한 것으로 여기고, 다른 문화는 수준이 낮거나 미개하다고 판단하는 태도
순기능	자기 문화에 대한 자부심을 높여 주고, 같은 문화를 가지고 있는 사람들 간에 유대감을 갖게 함
역기능	• 다른 문화가 갖는 고유한 의미와 가치를 인정하지 않기 때문에 다른 문화에 대한 부정적인 편견을 갖게 하여 갈등을 일으킬 수 있음 • 자기 문화의 우수성만을 강조하여 국수주의로 흐르거나 문화 제국주의로 변질될 수 있음

(2) **문화 사대주의** ┌과거 한자를 숭상하여 한글을 멸시한 경우를 예로 들 수 있다.

의미	다른 문화를 숭상하여 자기 문화를 낮게 평가하는 태도
순기능	다른 문화의 좋은 점을 수용하여 자기 사회의 문화를 개선하는 데 기여할 수 있음
역기능	• 다른 사회의 문화를 맹목적으로 숭상하여 자기 문화에 대한 자부심이나 정체성을 상실할 수 있음 • 사회 구성원 간의 소속감이나 일체감이 약화될 수 있음

2. 문화적 차이를 바라보는 바람직한 태도: 문화 상대주의
(1) **문화 상대주의의 의미:** 서로 다른 문화의 차이를 인정하며 그 의미와 배경을 이해하려는 태도
(2) **문화 상대주의의 특징**
① 문화를 각 사회의 특수한 환경과 역사적 배경, 사회적 맥락에서 이해하려는 태도
② 서로 다른 문화 간의 우열을 평가하는 절대적 기준은 존재하지 않는다고 보는 태도

자료 ① 티베트의 장례 문화: 천장(天葬)

대다수 인구가 불교도인 티베트인은 왜 불교의 장법(葬法)인 화장이 아닌 천장(天葬)을 선호하는가. 천장의 형성과 정착 배경에는 크게 두 가지 원인이 있다. 첫째는 설산 고원이라는 지리적 환경이다. 평균 해발 고도 4천 미터 이상의 눈이 쌓인 고원은 극한의 자연환경 때문에 식물이 제대로 성장하지 못한다. 목재를 비롯한 연료가 부족하기 때문에 시체를 불에 태우는 방법은 티베트에서 주된 장례법이 될 수 없었다. 둘째는 종교적 배경이다. 불교의 핵심 사상인 '인과응보'나 '윤회'는 천장 문화의 사상적 배경이 되었다. 사람이 죽은 후 육신은 사라지지만 영혼은 연속된다는 믿음은 티베트인에게 인간의 육신을 그저 껍데기일 뿐이라고 인식하게 하였다.

– 심혁주, 『티베트 천장, 하늘로 가는 길』 –

- 전생에 지은 선악에 따라 현재의 행과 불행이 있고, 현세에서의 선악의 결과에 따라 내세에 행과 불행이 있는 일

- 생명이 태어나 늙고 병들었다가 죽기를 반복한다는 의미이다.

천장은 티베트에서 행해지는 장례 방식 중 하나이다. 망자의 시신을 언덕 위에 올려놓고 천장을 주관하는 천장사가 시신의 뼈와 살을 골라 놓으면 고원의 커다란 독수리 떼들이 와서 살을 먹는다. 천장은 시신이 잘 썩지 않는 티베트 고원의 기후와 토양, 즉 자연환경에 순응한 그들만의 장례 방식인 것이다. 또한 새들이 죽은 사람의 영혼을 하늘로 데려간다고 믿는 그들의 신앙이 깃든 방식이기도 하다. 이러한 티베트의 장례 문화에서 알 수 있듯이 한 사회를 둘러싼 자연환경과 인문환경이 그 사회의 독특한 문화 형성에 영향을 미치며, 문화적 가치를 만들어 내는 것이다.

자료 ② 자문화 중심주의: 중화사상(中華思想)

중화사상(中華思想)이란 고대 중국인이 형성한 자민족 중심의 세계 질서 구성 원리로, 화이사상(華夷思想)이라고도 한다. 중(中)은 지리적·문화적으로 '중앙'을 의미하며, 화(華)는 '찬란한 문화'라는 뜻이다. 고대 중국인의 지리적 의식과 세계관은 중화인 중국과 비중국 또는 중국과 중외(中外)의 이중적 개념으로 성립되어 있음을 알 수 있다. 이러한 자민족 중심의 중화사상을 정립(定立)하기 위해서는 주변의 민족을 차별하고 배척해야만 했다. 그 결과 고대 중국인은 세계의 중심에 정치, 사회, 문화의 중심지인 중화가 존재하고, 중국의 주변 지역에는 천자(天子)의 은혜가 미치지 않는 오랑캐인 이(夷)가 있다고 생각하였다.

– 우리역사넷(history.go.kr) –

중화사상은 중국의 한족(漢族)이 갖고 있는 자기 민족 중심의 우월주의 사상이다. 중국 문화가 최고이며, 모든 것이 중국을 중심으로 하여 전 세계로 널리 퍼져야 한다는 사상이다. 항상 이민족을 천시하는 관념이 배후에 있었기 때문에 화이사상이라고도 한다. 이 사상은 원래 유교의 왕도 정치 이론의 일부를 이루고 있는 것이다. 왕도 정치는 군주의 덕으로 백성을 가르친다는 것이므로, 군주의 덕이 먼 변방까지 미칠 가능성을 염두에 두고 있다. 이러한 중화(中華)는 자신들이 온 천하의 중심이면서 가장 발달한 문화를 가지고 있다는 선민(選民)의식을 나타낸다.

○✖ 표시하기

❶ 문화 상대주의는 각 사회의 문화가 만들어진 배경이나 그 사회 구성원이 공유하는 의미를 바탕으로 문화를 이해하는 태도이다. ( )

❷ 문화 상대주의는 문화를 이해의 대상이 아니라 평가의 대상으로 인식한다. ( )

❸ 문화 상대주의는 각 문화가 해당 사회의 맥락 속에서 고유한 의미와 가치를 지닌다는 점을 인정한다. ( )

❹ 각 사회는 자연환경이나 인문환경과 무관하게 동일한 문화를 형성하고 있다. ( )

적절한 말 고르기

❺ (자문화 중심주의, 문화 사대주의)는 자기 문화만을 우수하다고 보고, 다른 문화를 열등하다고 평가 절하하는 태도이다.

❻ 자기 문화의 주체성과 정체성을 유지하는 데 유리할 수 있다는 점은 자문화 중심주의의 (순기능, 역기능)이다.

❼ 자기 문화의 주체성과 정체성을 상실할 우려가 있다는 점은 문화 사대주의의 (순기능, 역기능)이다.

빈칸 채우기

❽ 자문화 중심주의는 자기 문화의 우수성만을 강조하여 국수주의로 흐르거나 ( )(으)로 변질될 수 있다.

❾ 문화 사대주의는 다른 사회의 문화를 맹목적으로 숭상하여 자기 문화에 대한 자부심이나 ( )을/를 상실할 수 있다.

❿ 문화 상대주의는 서로 다른 문화 간의 우열을 평가하는 ( ) 기준은 존재하지 않는다고 보는 태도이다.

<보기>에서 고르기

┤보기├
ㄱ. 중화사상   ㄴ. 국수주의

⓫ 자기 국가의 전통이 다른 국가보다 뛰어난 것으로 믿고, 그것을 유지하고 발전시켜 나가기 위해 다른 국가를 배척하는 태도 ( )

⓬ 중국이 세계의 중심이며 모든 것이 중국을 중심으로 전 세계에 퍼져 나간다고 믿는 중국의 사상 ( )

03

🔗 핵심 개념

□ 극단적 문화 상대주의
□ 보편 윤리   □ 문화 성찰

● 명예 살인
가족, 부족, 공동체의 명예를 더럽혔다는 이유로 조직 내 구성원이나 외부의 타인을 살인하는 행위를 말한다.

● 전족

여자아이의 발을 작게 하려고 어릴 때부터 천으로 발가락을 감아 자라지 못하게 하는 중국의 옛 풍습을 말한다.

● 사티
죽은 남편을 화장할 때 아내도 산 채로 함께 화장하는 힌두교의 옛 풍습을 말한다.

● 윤리 상대주의
행위의 도덕적 옳고 그름이 사회 혹은 개인에 따라 다양하며, 보편적인 도덕 기준은 존재하지 않는다는 입장이다.

● 연고주의
혈연, 학연, 지연이라는 전통적 사회관계를 우선시하거나 중요하게 여기는 사고방식에서 나타난 사회현상을 의미한다.

● 권위주의
어떠한 일에 있어 권위를 내세우거나 권위에 순종하는 태도이다.

(3) **문화 상대주의적 태도가 필요한 이유**
① 다양한 문화의 모습을 편견 없이 이해하고 공존할 수 있음
② 자문화 중심주의와 문화 사대주의와 같은 문화 절대주의에 따른 갈등을 예방할 수 있음

3 문화 상대주의의 한계와 보편 윤리

1. 문화 상대주의의 한계
(1) 모든 문화를 상대주의적 태도에서 존중하게 되면 인류의 문화 발전을 위협하는 문화까지도 인정해야 한다는 극단적 문화 상대주의에 빠질 수 있음
(2) **극단적 문화 상대주의** `자료 ③`

의미	해당 사회에서 고유한 의미와 가치가 있다는 이유로 보편 윤리를 훼손하는 문화까지 인정하는 태도
문제점	• 타 문화뿐만 아니라 자문화의 문제점을 비판하거나 개선할 수 없게 됨 • 보편 윤리를 훼손하고 건전한 문화 발전을 기대하기 어려움
사례	식인, 명예 살인, 전족, 사티 등

2. 보편 윤리와 문화 성찰 `자료 ④` ─ 무언가를 평가하고 해석함으로써 새로운 이해를 이끌어 내는 과정
(1) **보편 윤리의 의미**: 시대와 장소를 초월하여 모든 인간에게 타당하다고 인정되는 황금률과 같은 윤리 규범 ─ 인류의 수많은 문화와 종교에서 보편적으로 발견되는 윤리 원칙이다.
(2) **보편 윤리에 근거한 문화 성찰이 필요한 이유**
① 문화 상대주의적 태도가 윤리 상대주의나 극단적 문화 상대주의로 이어지지 않도록 하기 위해서 필요함
② 인류의 문화 발전을 위해 보편 윤리를 위협하는 타 문화에 대한 성찰과 평가가 필요함
③ 자문화도 보편 윤리 차원에서 성찰과 평가 필요함: 자신이 속한 집단의 특수한 문화적 관점으로 사회현상을 이해하면 바람직하지 못한 문화적 관행을 묵인하게 될 수도 있음
④ 보편 윤리에 근거한 자문화 성찰의 예

연고주의	• 공동체의 결속력을 강화하는 데 기여할 수 있음 • 입학, 채용 등에서 전문성보다 혈연, 학연, 지연 등의 개인적 배경 요소를 더 중요하게 여겨 공정성을 훼손할 수 있음
권위주의	• 권위주의는 우리 사회의 <u>가부장적 전통</u>에 영향을 받아 나타난 현상임 • 권위주의가 지나치면 사회 구성원 간의 평등한 관계를 해치고 인권을 침해하는 문제를 일으킬 수 있음 ─ 가정과 사회에서 남성이 지배적인 권력을 행사하고 여성은 이에 종속되는 사회 구조와 문화적 체계를 의미한다.

⑤ 보편 윤리에 근거한 문화 성찰은 인간다운 삶을 침해하는 문화에 대해 윤리적으로 비판하고 개선하라고 요구할 수 있음
⑥ 보편 윤리의 관점에서 자문화와 타 문화를 비판적으로 성찰함으로써 우리 문화를 바람직한 방향으로 개선하기 위해 노력해야 함

자료 3 **명예 살인과 전족** 　이슬람의 신앙을 실천하는 무슬림이 사회의 중심에서 활동하는 지역

- 이라크의 한 유명 여성 영상 창작자가 가족을 떠나 타국에 산다는 이유로 아버지에게 살해되는 일이 벌어졌다. 이 죽음에 이라크 사회는 이슬람권에 남아 있는 악습인 명예 살인을 규탄하였다. 명예 살인은 일부 보수적인 이슬람 사회에서 집안의 명예를 실추시켰다는 이유로 가족 구성원을 죽이는 관습이다. 국제 연합(UN)에 따르면 매년 전 세계에서 명예 살인이라는 이름으로 희생되는 여성은 약 5천 명에 달하는 것으로 추산된다.
　　　　　　　　　　　　　　　　　　　　　　– ○○뉴스, 2023. 2. 4. –
- 전족은 과거 중국에서 유행하였던 것으로, 여성의 발을 천으로 꽁꽁 동여매어 성장을 멈추게 하는 풍습이다. 약 10cm의 발이 가장 이상적이었다고 하니, 어린아이가 감당하기에는 너무나 큰 고통이었을 것이다. 정상적으로 자라지 못한 발은 뼈가 부러지거나 근육이 오그라들어 몹시 흉측한 모습이었다. 그런데 이러한 모습이 당시에는 인기 있는 여성상이었다고 한다. 전족을 하지 않은 여성들은 미인 축에 끼지도 못하였을 뿐만 아니라 결혼조차하기 힘들었다. 　– 전국역사교사모임, 『살아 있는 세계사 교과서1』 –

　명예 살인과 전족은 종교나 관습이라는 명목하에 인권을 심각하게 침해하는 악습이라고 보아야 한다. 이런 악습은 사회에 널리 퍼져 있던 잘못된 여성관 때문에 생긴 것이다. 여성을 하나의 동등한 인격체로 여겼다면 전통이라는 이름으로 이러한 악습을 강요하지는 않았을 것이다. 따라서 문화는 보편 윤리에 근거하여 객관적이고 비판적으로 바라볼 필요가 있다.

자료 4 **다양한 종교에 담긴 황금률**

- 유교: 내가 하고 싶지 않은 일을 다른 사람에게 시키지 마라. 　–『논어』–
- 불교: 어떤 일로 고통받은 적이 있다면 그 방식으로 다른 사람에게 상처를 주지 마라. 　　　　　　　　　　　　　　　　　　　–『우다나바르가』–
- 크리스트교: 다른 사람에게 대접받고자 하는 대로 너도 다른 사람을 대접하라. 　　　　　　　　　　　　　　　　　　　　　　　–『성경』–
- 이슬람교: 나를 위하는 만큼 다른 사람을 위하지 않는 사람은 신앙인이 아니다. 　　　　　　　　　　　　　　　　　　　　　　　–『쿠란』–
- 힌두교: 너에게 고통스러운 일을 다른 사람에게 강요하지 마라.
　　인도에서 고대부터 전해 내려오는 브라만교가 민간 신앙과 　–『마하바라타』–
　　융합하여 발전한 종교
- 유대교: 너에게 해로운 일을 이웃에게 행하지 마라. 　　–『탈무드』–
　　천지 만물의 창조자인 유일신을 신봉하면서, 스스로 신의 선민(選民)임을
　　자처하며 구세주의 도래 및 그의 지상 천국 건설을 믿는 유대인의 종교

　세계의 다양한 종교에서 볼 수 있는 황금률은 보편 윤리의 성격을 가지고 있다. 황금률이란 '다른 사람이 너에게 해 주었으면 하는 행위를 다른 사람에게 하라.'라는 윤리 원칙으로, 여러 종교와 도덕, 철학에서 찾아볼 수 있다. 이러한 황금률은 인간의 존엄성, 생명 존중, 자유, 평등, 정의 등과 같이 인류가 공통으로 추구하는 가치들을 포함하고 있다.

❶ 문화 상대주의는 자문화 중심주의와 문화 사대주의와 같은 문화 절대주의에 따른 갈등을 예방할 수 있다. 　　　　　　　　　　　　　　　　　　(　　)

❷ 모든 문화를 상대주의적 태도에서 존중하게 되면 인류의 문화 발전을 위협하는 문화까지도 인정할 수 있다. 　　　　　　　　　　　　　　　　　　(　　)

❸ 문화 상대주의는 우수한 문화와 열등한 문화는 존재하며, 기준을 가지고 구분해야 한다고 본다. 　(　　)

❹ 극단적 문화 상대주의는 타 문화뿐만 아니라 자문화의 문제점을 비판하거나 개선하도록 한다. 　(　　)

적절한 말 고르기

❺ (명예 살인, 전족)은 가족, 부족, 공동체의 명예를 더럽혔다는 이유로 조직 내 구성원이나 외부의 타인을 살인하는 행위를 말한다.

❻ (연고주의, 권위주의)는 혈연, 지연, 학연이라는 전통적 사회관계를 우선시하거나 중요하게 여기는 사고방식에서 나타난 사회현상을 의미한다.

빈칸 채우기

❼ 문화 상대주의가 필요한 이유는 다양한 문화의 모습을 (　　) 없이 이해하고 공존할 수 있기 때문이다.

❽ 극단적 문화 상대주의는 (　　)을/를 훼손하는 문화까지 해당 사회에서 고유한 의미와 가치가 있다는 이유로 인정하는 태도이다.

❾ 보편 윤리에 근거한 문화 성찰은 문화 상대주의적 태도가 (　　)(이)나 극단적 문화 상대주의로 이어지지 않도록 하기 위해서 필요하다.

<보기>에서 고르기

┤ 보기 ├
　ㄱ. 보편 윤리　　　　ㄴ. 권위주의

❿ 어떠한 일에 있어 권위를 내세우거나 권위에 순종하는 태도 　　　　　　　　　　　　　　　(　　)

⓫ 시대와 장소를 초월하여 모든 인간에게 타당하다고 인정되는 황금률과 같은 윤리 규범 　　(　　)

> 25592-0184

01 (가), (나)의 입장에 대한 평가로 적절하지 <u>않은</u> 것은?

(가)	자신이 속한 사회의 문화만을 우수하다고 여기고 다른 사회의 문화를 열등하다고 여기는 태도이다.
(나)	자신이 속한 사회의 문화를 열등한 것으로 여기고 다른 사회의 문화를 맹목적으로 추종하는 태도이다.

① (가)는 자기 문화에 대한 자부심을 강화시킨다.
② (가)는 국수주의로 흐르거나 문화 제국주의로 변질될 수 있다.
③ (나)는 자기 문화의 주체성과 정체성을 상실할 우려가 있다.
④ (나)는 자기 문화를 기준으로 다른 사회의 문화를 미개하다고 판단한다.
⑤ (가)와 (나)는 문화적 차이를 바라보는 바람직하지 못한 태도에 해당한다.

> 25592-0185

02 국제 사회에서 ㉠을 채택한 취지로 적절하지 <u>않은</u> 것은?

> ㉠ 세계 문화 다양성 선언
>
> 제1조 문화 다양성: 인류 공동 유산인 문화의 다양성은 인류를 구성하는 집단과 사회의 정체성과 독창성을 구현한다. 생태 다양성이 자연에 필요한 것처럼 교류와 혁신과 창조성의 원천으로서 문화의 다양성이 필요하다.

① 개별 국가들이 채택하는 문화 정책은 존중되어야 한다.
② 개별 민족들이 가지고 있는 문화의 고유성은 보호되어야 한다.
③ 개별 국가들의 문화는 하나의 문화적 관점만으로 평가되어야 한다.
④ 개별 국가들의 문화는 그 문화의 특수성을 고려하여 이해되어야 한다.
⑤ 개별 국가들은 문화의 다양성을 존중하고 문화 간의 교류를 활성화해야 한다.

> 25592-0186

03 다음 문화를 문화 상대주의적 관점에서 이해한 입장에만 모두 '✔'를 표시한 학생은?

> 티베트의 전통적 장례 풍습인 천장(天葬)은 죽은 이의 몸을 독수리에게 먹이는 장례 풍습이다. 이러한 천장을 존중해야 하는 이유에는 두 가지가 있다. 첫째는 설산 고원이라는 지리적 환경이다. 설산 고원이라는 자연환경 때문에 연료가 부족하여 화장을 하기 어렵다. 둘째는 종교적 배경이다. 티베트인들은 사람이 죽은 후 육신은 사라지지만 영혼은 연속된다는 믿음을 가지고 있다.

입장 \ 학생	갑	을	병	정	무
죽은 사람을 독수리에게 먹이는 행위는 야만적인 문화이다.	✔			✔	✔
천장은 매장보다 위생적이지 않은 문화이기 때문에 없애야 한다.	✔	✔		✔	
천장은 고유한 종교관에 따라 형성된 문화이므로 존중되어야 한다.			✔	✔	✔
천장은 자연환경에 적응하면서 생겨난 문화이므로 존중되어야 한다.		✔	✔		✔

① 갑　　② 을　　③ 병　　④ 정　　⑤ 무

> 25592-0187

04 다음 글을 통해 유추할 수 있는 문화 이해 태도에 대한 설명으로 가장 적절한 것은?

> 각 사회의 문화가 가지는 고유한 가치를 존중하고, 다양한 문화가 평화롭게 공존할 수 있도록 해야 한다. 또한 문화적 차이에 따른 갈등을 방지하고, 문화의 다양성을 보존하는 데 도움을 주어야 한다.

① 자기 문화의 우수성보다는 타 문화의 우수성을 강조한다.
② 각 사회의 문화 간에는 우열이 존재하지 않음을 강조한다.
③ 타 문화는 이해의 대상이 아니라 평가의 대상임을 강조한다.
④ 선진국의 문화를 무조건 받아들여야 한다는 입장을 강조한다.
⑤ 특정한 문화를 기준으로 다른 사회의 문화를 바라보아야 함을 강조한다.

> 25592-0188

05 그림의 강연자가 지지할 입장으로 적절한 것만을 〈보기〉에서 고른 것은?

오늘날 문화 다양성이 중시되는 이유는 서로 다른 사람들에게 문화적 선택의 폭을 넓혀 줌으로써 혁신의 원천인 창의성과 상상력을 높일 수 있기 때문입니다. 문화 다양성이 보장되는 사회에 속하는 구성원들은 풍부하고도 다양한 체험을 할 수 있습니다. 이러한 다양한 체험을 통해 당면한 현실 문제에 대해 구성원들이 새로운 해법을 제시할 창의성을 기를 수 있습니다.

┤ 보기 ├
ㄱ. 문화 다양성은 구성원들의 창의성과 상상력의 신장과 무관하다.
ㄴ. 문화 다양성은 사회 문제를 해결하고 사회의 발전에 기여한다.
ㄷ. 문화 다양성은 사회 구성원들의 다양한 체험을 가로막는 역할을 한다.
ㄹ. 문화 다양성은 구성원들이 당면한 문제에 대해 해결책을 제시하는 데 필요하다.

① ㄱ, ㄴ   ② ㄱ, ㄷ   ③ ㄴ, ㄷ
④ ㄴ, ㄹ   ⑤ ㄷ, ㄹ

> 25592-0189

06 밑줄 친 ㉠을 보편 윤리의 관점에서 평가하는 내용으로 가장 적절한 것은?

㉠ 순장(殉葬)은 고대 사회에 널리 유행한 장례 풍속이다. 순장은 신분이 높은 사람이나 남편이 죽었을 때 신하나 아내를 함께 매장하는 풍습이다. 죽은 자의 무덤에 함께 묻히는 사람은 드물게 스스로 선택하는 경우도 있었지만 강제로 묻히는 것이 대부분이었다.

① 순장은 인류의 보편적 가치를 훼손한다.
② 순장은 사회의 질서 유지를 위해 필요하다.
③ 순장은 공동체 결속을 위해 필요한 정당한 문화이다.
④ 순장은 그 사회의 역사적 맥락에서 이해되어야 한다.
⑤ 순장은 그 사회의 문화적 특수성에 의해 생겨난 것이다.

중요

> 25592-0190

07 다음 대화에 나타난 갑, 을의 입장으로 적절한 것만을 〈보기〉에서 고른 것은?

죽은 남편과 아내를 같이 화장하는 인도의 사티는 보편 윤리에 어긋나므로 사라져야 할 문화입니다.

아닙니다. 사티는 힌두교의 전통과 의식을 따르는 것이며 자발적으로 시행되기 때문에 존중되어야 합니다.

갑   을

┤ 보기 ├
ㄱ. 갑: 사티는 문화 다양성을 보존하는 데 기여할 수 있다.
ㄴ. 갑: 사티를 인정하는 것은 극단적 문화 상대주의에 해당한다.
ㄷ. 을: 사티도 문화 상대주의적 관점으로 바라보아야 한다.
ㄹ. 갑과 을: 사티는 도덕적 평가의 대상이 되어서는 안 된다.

① ㄱ, ㄴ   ② ㄱ, ㄷ   ③ ㄴ, ㄷ   ④ ㄴ, ㄹ   ⑤ ㄷ, ㄹ

> 25592-0191

08 다음 글에 나타난 문화 갈등을 해결하기 위한 문화 이해 태도로 가장 적절한 것은?

힌두교도들은 암소를 생명의 모체로 간주하여 숭배하는 반면, 이슬람교도들은 돼지고기를 먹지 않고 소고기를 먹는다. 이 때문에 힌두교도는 이슬람교도를 소 살해자라고 혐오한다. 이슬람교도가 암소를 잡아먹는 것에 분노하여 힌두교도들이 일으킨 유혈 폭동이 연례행사처럼 일어났다.

① 자문화의 우수성만을 타 문화에 적극적으로 전파해야 한다.
② 타 문화를 자문화의 관점에서 이해하려는 태도를 가져야 한다.
③ 자문화만이 옳다는 신념을 가지고 타 문화를 바라보아야 한다.
④ 문화를 평가하는 절대적인 기준에 따라 문화의 우열을 가려야 한다.
⑤ 타 문화도 고유한 의미와 가치가 있음을 인정하는 태도를 가져야 한다.

서술형 문제

Step1 핵심 키워드 파악하기

> 25592-0192

01 다음과 같이 성인식 문화가 지역마다 다르게 나타나는 이유가 무엇인지 서술하시오.

〈세계 각지의 다양한 성인식〉
- 바누아투의 로만데콘족 남자는 7~10세가 되면 발목에 나무줄기를 감고 높은 곳에서 뛰어내리는 성인식을 한다. 용맹함을 보여 부족의 번영을 기원하는 의미가 담겨 있다.
- 에티오피아 하마르족 남자는 18~19세가 되면 여러 마리의 소를 뛰어넘는 성인식을 한다. 소를 많이 뛰어넘을수록 부족과 가족을 책임질 능력이 크다고 믿는다.
- 유대인들은 12~13세가 되면 성인식을 하고 경전과 손목시계 등을 선물로 받는다. 신 앞에 부끄럽지 않은 삶을 살고, 약속을 잘 지키며, 시간을 아껴 쓰라는 의미를 담고 있다.

예시 답안 성인식은 사회마다 다른 방식으로 나타나는데, 이는 각 사회마다 서로 다른 ( )환경과 사회적 상황에 적응하면서 독특한 생활 방식과 ( )을/를 형성해 왔기 때문이다.

> 25592-0193

02 (1) ㉠에 들어갈 말을 쓰고, (2) ㉠과 같은 문화 이해 태도의 문제점을 서술하시오.

┌─────────────────────────────┐
│ ㉠ 은/는 자신의 문화를 절대적 기준으로 삼아 자신의 문화는 우월한 것으로 여기고 다른 문화는 수준이 낮거나 미개하다고 판단하는 태도를 말한다. 이러한 문화 이해 태도는 자기 문화에 대한 자부심을 높여 주고 같은 문화를 가지고 있는 사람들 간에 유대감을 갖게 할 수 있다. │
└─────────────────────────────┘

(1) ㉠ – ( )

(2) **예시 답안** (㉠)은/는 다른 문화가 갖는 고유한 가치를 인정하지 않기 때문에 다른 문화에 대한 부정적인 ( )을/를 갖게 하여 ( )을/를 일으킬 수 있다.

Step2 스스로 답안 작성하기

> 25592-0194

03 (1) ㉠에 들어갈 말을 쓰고, (2) ㉠과 같은 문화 이해 태도가 필요한 이유에 대해 서술하시오.

┌─────────────────────────────┐
│ ㉠ 의 핵심은 바로 차이의 인정과 상호 존중에서 오는 사회적 훈련에 있다. 수많은 삶의 방식의 가치를 강조하는 것은 곧 각 문화 속에 있는 가치를 긍정하는 것이다. 왜냐하면 이러한 문화 이해 태도는 각자의 삶을 영위하기 위해 각 문화가 설정한 가치를 인정하면서, 각각의 풍습마다 지니고 있는 존엄한 가치와, 자신이 따르는 규칙과는 비록 다르다 할지라도 다른 약속 체계에 대한 관용을 강조하는 철학이기 때문이다. │
└─────────────────────────────┘

(1)

(2)

> 25592-0195

04 다음 사례를 보편 윤리의 관점에서 평가하여 서술하시오.

┌─────────────────────────────┐
│ ○○국 의회가 무슬림들이 '탈라크(아랍어로 이혼이라는 뜻)'라는 단어를 배우자에게 3번 반복해서 말하는 것만으로도 이혼을 성립시키는 것을 금지하고, 이를 통해 이혼하려는 남성을 형사 처벌하는 법을 통과시켰다. ○○ 국가 내 무슬림 남성들은 탈라크라는 단어를 전달 방식과 상관없이 배우자에게 3번 반복하면 이혼할 수 있는 문화가 있었다. '트리플 탈라크'는 여성 인권을 무시하는 악습이라는 비판을 받아왔다. │
└─────────────────────────────┘

01 다음 문화 이해 태도의 입장에서 〈사례〉 속 문화를 평가한 내용으로 적절한 것만을 〈보기〉에서 고른 것은?

> 25592-0196

> 지역에 따라 서로 다르게 나타나는 문화를 올바르게 이해하기 위해서는 그 사회의 맥락 속에서 문화를 이해하는 태도를 지녀야 한다.
>
> 〈사례〉
>
> 가나의 가(Ga) 부족은 고인의 삶이나 소망이 담긴 관을 만들어 장례를 치른다. 이들에게 죽음은 새로운 출발을 의미하므로 장례식에서 노래를 부르고 춤을 추는 축제와 같은 분위기로 고인을 추모한다.

┤보기├
- ㄱ. 가 부족의 장례 문화는 보편적인 문화의 관점으로만 이해되어야 한다.
- ㄴ. 가 부족의 장례 문화는 그 사회의 역사적 배경을 바탕으로 이해되어야 한다.
- ㄷ. 가 부족의 장례 문화는 인류의 보편적 가치를 훼손하는 문화임을 알아야 한다.
- ㄹ. 가 부족의 장례 문화는 그 사회의 고유한 가치를 존중하는 입장에서 이해되어야 한다.

① ㄱ, ㄴ   ② ㄱ, ㄷ   ③ ㄴ, ㄷ   ④ ㄴ, ㄹ   ⑤ ㄷ, ㄹ

02 ㉠에 들어갈 진술로 가장 적절한 것은?

> 25592-0197

> 나는 각 사회의 다양한 문화를 존중하는 것이 필요하지만, 시대와 장소를 초월하는 보편 윤리가 존재한다고 본다. 그런데 어떤 사람은 각 사회의 다양한 문화의 고유성을 존중해야 하기 때문에 모든 사회나 문화에 적용할 수 있는 보편 윤리는 존재하지 않는다고 주장한다. 나는 이러한 주장이 [㉠]고 생각한다.

① 모든 사회에 보편 윤리가 존재할 수 없음을 간과한다
② 보편 윤리를 훼손하는 문화도 수용해야 함을 간과한다
③ 보편 윤리로 각 사회의 문화를 성찰해야 함을 간과한다
④ 각 문화를 그 문화의 관점에서 평가해야 함을 간과한다
⑤ 각 사회가 지닌 다양한 문화를 존중해야 함을 간과한다

03 다음 사례에 대해 보편 윤리의 관점에서 평가한 내용으로 적절한 것만을 〈보기〉에서 고른 것은?

> 25592-0198

> A 회사는 조합원의 친인척을 계약직으로 채용하고 그 직원이 고객 예금을 빼돌렸는데 징계도 하지 않고 보직 변경한 후 무기 계약직으로 전환해 주기도 했다. B 회사는 채용에서 필기시험 우수자가 탈락한 반면 임원 및 대의원의 연고지 응시자가 다수 합격했다. C 조합은 대부분의 채용에서 합격자 다수가 임직원 등 관련자이거나 특정 지역 출신이었다.

┤보기├
- ㄱ. 사회 정의라는 보편 윤리에 어긋나는 관행이다.
- ㄴ. 혈연보다는 개인의 전문성을 중시하는 관행이다.
- ㄷ. 공정한 기회를 박탈함으로써 인권을 침해하는 관행이다.
- ㄹ. 친인척을 우선적으로 채용하는 것은 공정성에 부합하는 관행이다.

① ㄱ, ㄴ   ② ㄱ, ㄷ   ③ ㄴ, ㄷ
④ ㄴ, ㄹ   ⑤ ㄷ, ㄹ

04 그림은 노트 필기 내용이다. ㉠~㉤ 중 적절하지 <u>않은</u> 것은?

> 25592-0199

> 주제: 극단적 문화 상대주의
>
> 1. 의미: 문화의 특수성을 근거로 보편 윤리를 훼손하는 문화까지도 존중해야 한다는 태도 ········ ㉠
> 2. 문제점
>   - 건전한 문화 발전을 기대하기 어려움 ········ ㉡
>   - 인간다운 삶을 침해하는 문화를 인정하게 됨 ········ ㉢
>   - 타 문화는 비판할 수 있지만 자문화는 비판할 수 없게 됨 ········ ㉣
> 3. 사례: 식인, 명예 살인, 전족, 사티 등 ········ ㉤

① ㉠   ② ㉡   ③ ㉢   ④ ㉣   ⑤ ㉤

04 다문화 사회와 문화적 다양성 존중

핵심 개념
☐ 다문화 사회   ☐ 문화적 갈등

1 다문화 사회의 현황

1. 다문화 사회 자료①

(1) **다문화 사회의 의미**: 다양한 인종, 종교, 언어 등 서로 다른 문화적 배경을 가진 사람들이 함께 어우러져 살아가는 사회

(2) **다문화 사회의 등장 배경과 양상**

등장 배경	교통·통신 기술의 발달로 국가 간 인구 이동이 활발해지고 문화 교류가 확대되면서 과거에 비해 다양한 문화권에 속한 사람들이 서로 접촉할 기회가 많아짐
양상	국제결혼 이주민과 이주 배경 청소년, 외국인 근로자, 유학생, 북한 이탈 주민의 증가 등으로 다문화 사회로 이행하고 있음

2. 다문화 사회의 긍정적 측면

(1) **문화의 다양성 증진** 자료②

① 새로운 문화 유입에 따른 다양한 문화적 경험 확대

② 다른 문화에 대한 편견이나 고정 관념에 대한 해소와 문화적 차이에 관한 이해에 도움을 줌

③ 문화적 자극과 선택의 폭이 확대되어 문화 발전을 촉진할 수 있음

(2) **노동력 부족 문제 해소**

① 외국인 근로자의 유입으로 저출생·고령화 현상으로 인한 노동력 부족 문제를 해결하는 데 이바지할 수 있음

② 국제결혼 이주민이 증가하면서 젊은 사람이 적은 농어촌 지역에 활력을 불어넣어 줌

2 다문화 사회에서 나타날 수 있는 갈등

1. 문화적 차이에 따른 갈등
┌ 자신의 문화를 기준으로 상대 문화를 비하하는 행동은
└ 다문화 사회의 공존을 방해할 수 있다.

(1) 다른 가치관, 생활 양식 등에 관한 지식과 이해 부족은 사회적 갈등으로 이어질 수 있음(예 할랄 식품으로 인한 갈등 등)

(2) 자문화 중심주의는 다문화 사회의 공존을 위협하고 갈등을 증폭시킬 수 있음

2. 편견과 차별에 따른 갈등
┌ 피부색이나 언어, 국적이 다르다는 이유로 편견과 차별이 발생하기도 한다.

(1) 편견이나 고정 관념은 이주민을 차별 대우하거나 배제하는 문제를 일으킬 수 있음(예 피부색이나 특정 종교를 이유로 차별 대우하는 것 등)

(2) 혐오나 인종 차별처럼 보편적 인권을 침해하는 문제를 초래할 수 있음(예 제노포비아 등)

3. 그 외 갈등

(1) 경제적 자원과 일자리 경쟁 등 경제적 분야에서의 갈등이 나타나기도 함

(2) 의사소통의 어려움에 따른 갈등이 발생하기도 함

⊙ 고령화
평균 수명의 증가에 따라 총인구 중에 차지하는 고령자(노인)의 인구 비율이 점차로 높아지는 사회 현상을 의미한다.

⊙ 할랄(halal) 식품
이슬람 율법에서 허용한 식품으로 할랄 방식으로 도축한 고기 등의 식품을 말한다. 할랄은 이슬람교도의 생활 전반에 걸쳐 허용된 것을 의미한다.

⊙ 인종 차별
인종에 대한 편견으로 특정 인종에 대해 차별하는 태도를 말한다. 자신과 다른 인종의 사람들은 자신들보다 못하다고 생각하는 편견이 의식이나 무의식 가운데 나타난 것으로 볼 수 있다. 그래서 사람을 인종으로 나누고, 특정 인종에 대해 불이익을 주게 되는 것이다.

⊙ 제노포비아(Xenophobia)
'낯선 사람'이라는 뜻의 '제노'와 '혐오증'이라는 뜻의 '포비아'가 합쳐진 말이다. 외국인 또는 외부인이 자기와 다르다는 이유만으로 무조건 경계하는 심리 상태를 의미한다.

자료 1 **우리나라의 다문화 사회 현황**

(가) 국내 거주 외국인 주민 수	(나) 국내 거주 외국인 주민 유형별 현황	(다) 국적별 국내 거주 외국인 현황

(가) 국내 거주 외국인 주민 수

(만 명) / (%)
250 / 4.4 / 4
200 / 4.0 / 3.2
150 / 2.3
100 / 3
50 / 1.1
0

외국인 주민 수 / 외국인 주민 비중
54 / 114 / 157 / 205 / 226
2006 2010 2014 2018 2022(년)
(행정안전부, 2023)

(나) 국내 거주 외국인 주민 유형별 현황

외국인 근로자 17.9
기타 25.9
국제결혼 이민자 7.8
2022년 (단위: %)
외국 국적 동포 17.6
외국인 주민 자녀 12.5
외국인 유학생 8.4
한국 국적 취득자 9.9
(행정안전부, 2023)

(다) 국적별 국내 거주 외국인 현황

중국(한국계 중국인) 30.1) 41.8
기타 27.3
2022년 (단위: %)
캄보디아 2.5
미국 3.3
우즈베키스탄 3.9
타이 9.3
베트남 11.9
(행정안전부, 2023)

(가) 우리나라의 외국인 주민 수는 2006년 54만 명에서 꾸준히 증가하여 2022년에는 226만 명에 이르렀다.

(나) 외국인 주민의 유형을 살펴보면 우리나라의 생산직 노동력 부족으로 인해 외국인 근로자의 비중이 가장 많으며, 학령 인구 감소로 국내 대학이 유학생 유치에 적극적으로 나서면서 외국인 유학생도 많은 비중을 차지하고 있다.

(다) 외국인 주민의 출신 국가를 살펴보면 한국계 중국인이 가장 많았다. 한중 수교 이후 일자리를 찾아 중국을 떠난 한국계 중국인이 우리나라로 대거 이주하면서 늘어나게 되었다.

정해진 교육 과정을 이수하거나, 특정 교육 기관에 다닐 수 있는 연령에 해당하는 아동과 청소년의 총 인원수

❶ 다문화 사회는 문화의 다양성 증진에 이바지하고 문화 발전을 촉진할 수 있다. ( )

❷ 다문화 사회는 교통과 통신 기술의 발달로 국가 간 인구 이동이 활발해지고 문화 교류가 확대되면서 등장하게 되었다. ( )

❸ 다문화 사회는 다른 문화에 대한 편견이나 고정 관념을 해소하는 데 도움이 되지 않는다. ( )

❹ 다문화 사회는 노동력 부족 문제를 해결해 주지만 경제 발전에 도움이 되지는 않는다. ( )

❺ 자문화 중심주의는 다문화 사회의 공존을 위협하고 갈등을 증폭시킬 수 있다. ( )

❻ 다문화 사회는 문화적 자극과 선택의 폭이 확대되어 문화 발전을 촉진함으로써 문화의 (다양성, 단일성)을 증진할 수 있다.

❼ 국제결혼 이주민이 증가하면서 젊은 사람이 적은 (도시, 농어촌) 지역에 활력을 불어넣어 주고 있다.

자료 2 **우리나라의 다문화 마을**

(가) 이태원 이슬람 거리	(나) 안산 다문화 마을 특구

(가) 우리나라 최초의 이슬람 성원(모스크)인 서울 중앙 성원을 중심으로 이슬람 거리에는 할랄 음식점, 히잡을 판매하는 옷 가게와 이슬람 전문 서점 등이 들어서 있다.

(나) 우리나라에서 가장 큰 외국인 마을로, 외국 음식을 판매하는 음식점 70여 개, 잡화점 150여 개가 있다. 주말이면 안산시 주변에서 일하는 외국인 근로자들이 많이 찾는다.

❽ 다문화 사회는 다양한 인종, 종교, 언어 등 서로 다른 (   ) 배경을 가진 사람들이 함께 어우러져 살아가는 사회이다.

❾ 다문화 사회는 저출생·(   ) 현상으로 인한 노동력 부족 문제를 해결하는 데 이바지할 수 있다.

❿ 다문화 사회에서는 편견과 차별에 따른 갈등으로 (   )을/를 차별 대우하거나 배제하는 문제가 발생할 수 있다.

보기
ㄱ. 할랄 식품   ㄴ. 제노포비아

⓫ 상대방이 자기와 다르다는 이유만으로 무조건 경계하는 심리 상태 ( )

⓬ 이슬람 율법에서 허용한 식품으로 할랄 방식으로 도축한 고기 등의 식품 ( )

핵심 개념

☐ 동화주의 ☐ 다문화주의

⊙ 관용
어떤 개인이나 집단의 특성 혹은 의견이 자신과 다르다 할지라도, 그것을 인정하고 공존해야 한다는 이념이다.

⊙ 관용의 역설
관용을 무제한으로 허용한 결과 관용 자체를 부정하는 사상이나 태도까지 인정하게 되어 인권을 침해하고, 사회 질서가 무너지는 현상을 말한다.

⊙ 세계시민 의식
지구촌 구성원 모두를 이웃으로 생각하고, 세계 곳곳에서 발생하는 다양한 문제를 함께 해결해 나가야 할 공동의 문제로 받아들이는 자세를 말한다.

⊙ 다문화 가족 지원법
다문화 가족 구성원이 안정적인 가족생활을 영위하고 사회 구성원으로서의 역할과 책임을 다할 수 있도록 함으로써, 이들의 삶의 질 향상과 사회 통합에 이바지함을 목적으로 하는 법이다.

---

③ 다문화 사회의 갈등을 해결하는 방안

1. 개인적 차원의 노력

(1) **다른 문화를 이해하고자 하는 노력** ┌ 다문화 구성원들이 우리 문화에 적응하기를 강요하기보다 문화적 다양성을 존중하고, 여러 문화의 공존을 위해 노력해야 한다.

① 사회 구성원이 서로의 문화를 제대로 이해하지 못하면 갈등이 발생할 수 있음

② 문화 간의 공존을 위해서는 다른 문화를 깊이 이해하려는 자세와 노력이 먼저 이루어져야 함

(2) **관용의 자세를 실천**

① 다른 문화에 대한 편견이나 차별적인 태도를 버리고 문화적 차이를 인정해야 함

② '관용의 역설'이 발생할 수 있기 때문에 인류의 보편적 가치와 사회의 기본 질서를 훼손하지 않는 범위 내에서 관용을 허용해야 함

(3) **문화 상대주의적 태도 함양**: 이주민의 문화를 그 사회의 맥락에서 이해하면서 문화적 다양성을 존중하는 태도를 지녀야 함 **자료③**

(4) **개방적인 자세와 세계시민 의식을 함양**

2. 사회적 차원의 노력

(1) **다문화 교육의 강화** ┌ 변하지 아니하는 존재의 본질을 깨닫는 성질 또는 그 성질을 가진 독립적 존재를 의미한다.

① 이주민과 그들의 정체성을 인정하고 존중하는 다문화 교육이 필요함

② 이주민들의 사회 적응을 위해 서로 다른 문화를 체험하고 이해할 수 있도록 다문화 교육이 확대되어야 함(예 이주민의 사회 적응을 위한 언어 교육, 다른 문화를 이해할 수 있는 체험 행사 등)

(2) **법과 제도적 지원 확대**

① 이주민들의 권리를 보장하고 편견과 차별로부터 보호받을 수 있도록 하기 위한 관련 법률 등이 정비되어야 함

② 다문화 가족 구성원이 안정적으로 가족생활을 하기 위한 법과 제도적 지원 등의 확대가 필요함(예 「외국인 근로자의 고용 등에 관한 법률」, 「다문화 가족 지원법」 등)

(3) **다문화 정책** **자료④**

동화주의	• 의미: 이민자가 출신 국가의 언어적·문화적·사회적 특성을 완전히 포기하고 주류 사회의 일원이 되는 것을 목표로 하는 정책(예 용광로 이론) • 동화주의 정책을 추구하는 국가는 이민자가 <u>주류 문화</u>로 편입되어 동화가 순조롭게 이루어져 주류 사회의 언어와 문화, 사회적 가치 등을 받아들이도록 함 └ 한 사회의 성원 대부분이 공유하는 문화 ┘
다문화주의	• 의미: 이민자가 자신의 문화를 유지하면서 사회 구성원으로 살아갈 수 있게 소수자 집단의 문화 고유성을 인정하고 다양한 문화의 공존을 추구하는 정책(예 샐러드 볼 이론) • 다문화주의 정책을 추구하는 국가는 서로 다른 문화적 배경을 가진 사람들이 함께 어울려 살아가는 사회를 목표로 주류 문화와 비주류 문화의 구분 없이 여러 문화가 대등하게 공존하도록 함

자료 ③ 우리나라의 다문화 수용성

① 한국인의 다문화 수용성 지수 (2021년)

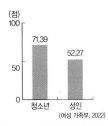

* 문화 개방성, 고정 관념 및 차별 등 8개 요소별 점수를 종합해 100점 만점으로 산출함

② 다문화 수용성 관련 지표 국제 비교 (2021년)

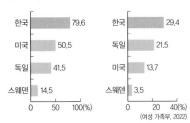

▲ 일자리 부족 시 자국 민 우선 고용 찬성률

▲ 외국인 근로자나 이 민자와 이웃이 되고 싶 지 않다고 대답한 비율

우리 국민의 다문화 수용성 정도를 파악하기 위해 실시하는 '국민 다문화 수용성 조사'에 따르면 2021년 성인의 다문화 수용성은 52.27점으로 71.39점인 청소년보다 낮게 나타났다. 다문화 수용성 관련 지표 국제 비교에서는 우리나라가 다른 선진국보다 일자리 부족 시 자국민 우선 고용 찬성률이 높고, 외국인 근로자나 이민자와 이웃이 되고 싶지 않다고 대답한 비율도 높게 나타났다.

○✘ 표시하기

❶ 다문화 사회의 갈등을 해결하기 위해서 다른 문화에 대한 편견이나 차별적인 태도를 버려야 한다. (   )

❷ 다문화 사회의 갈등을 해결하기 위해서 개방적인 자세가 아닌 폐쇄적인 자세를 바탕으로 세계시민 의식을 함양해야 한다. (   )

❸ 다문화 사회에서 문화 간의 공존을 위해서는 타 문화를 이해하려는 태도가 필요하다. (   )

❹ 다문화 사회의 갈등을 해결하는 데 다문화 교육은 도움이 되지 않는다. (   )

❺ 다문화 사회는 사회 구성원들이 다양한 문화적 경험을 할 수 있는 기회를 제공할 수 있다. (   )

적절한 말 고르기

❻ 문화적 차이를 인정하는 관용의 태도를 가지는 것은 다문화 사회의 갈등을 해결하기 위한 (개인적, 사회적) 차원의 노력이다.

❼ 외국인 근로자들의 인권 보호를 위한 법률을 제정하는 것은 (개인적, 사회적) 차원의 노력이다.

자료 ④ 동화주의와 다문화주의

(가) 동화주의는 가장 대표적인 것이 미국의 용광로(melting pot) 이론이다. 이는 19세기 말 미국에 이민자가 급증하면서 생겨난 것으로 철광석과 같은 이민자들이 거대한 용광로인 미국 사회에 융해되어 새로운 인종으로 바뀐다는 개념이다. 결국 동화주의를 지지하는 사람들의 입장은 다양한 문화를 한 국가나 사회에 구현하기보다 하나의 동질한 문화에 융합하여 사회를 통합하려는 노력이 필요하다는 입장이다.

┕ 자기 나라를 떠나 다른 나라로 이주하여 사는 사람 – 데이비드 웨일, 『경제 성장론』 –

(나) 샐러드 볼 이론이라고 불리는 다문화주의는 문화와 정체성의 다양성을 어느 정도 받아들인다. 이민으로 생겨난 소수 민족 집단이나 소수 국민 집단, 또 때로는 원주민 소수 집단의 문화적 정체성과 특수성이 공적인 차원에서 인정되는 것이다. 개인과 집단은 자유롭게 결사하여 법을 존중하면서 자신의 문화와 정체성을 보존할 수 있다.

– 마르코 마르티니엘로, 『현대 사회와 다문화주의』 –

(가)는 동화주의를 소개하고 있다. '용광로 이론'이라고 일컬어지는 다문화 정책은 이민자들로 하여금 거주국의 문화를 수용하여 문화적으로 동화되는 것을 목표로 하는 다문화 정책이다. (나)는 다문화주의를 소개하고 있다. 다문화주의는 이민자들이 거주국 내에서 각자의 문화적 특수성을 유지하도록 배려하는 다문화 정책이다.

빈칸 채우기

❽ 문화 간의 (   )을/를 위해서는 다른 문화를 깊이 이해하려는 자세와 노력이 먼저 이루어져야 한다.

❾ 이주민의 문화를 그 사회의 맥락으로 이해하면서 문화적 (   )을/를 존중하는 태도를 지녀야 한다.

❿ 이주민들의 사회 적응을 위해 서로 다른 문화를 체험하고 이해할 수 있도록 다문화 (   )이/가 확대되어야 한다.

<보기>에서 고르기

┤ 보기 ├
ㄱ. 동화주의   ㄴ. 다문화주의

⓫ 소수자 집단의 문화 고유성을 인정하고 다양한 문화의 공존을 추구하는 정책 (   )

⓬ 이민자가 출신 국가의 언어적·문화적·사회적 특성을 완전히 포기하고 주류 사회의 일원이 되는 것을 목표로 하는 정책 (   )

> 25592-0200

01 다음 그래프를 통해 알 수 있는 우리 사회의 변화 모습에 대한 설명으로 적절하지 <u>않은</u> 것은?

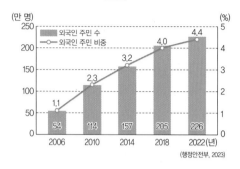

(행정안전부, 2023)

① 문화의 다양성이 증진되어 문화 발전이 촉진될 수 있다.
② 외국인 주민 수가 증가하면서 문화의 단일성이 강화된다.
③ 서로 다른 문화권에 속한 사람들과 교류가 활발해진다.
④ 새로운 문화를 창조하고 기존 문화를 발전시키는 데 기여할 수 있다.
⑤ 일자리를 찾아서 오는 외국인이나 국제결혼을 하는 사람들이 많아진다.

> 25592-0201

02 ㉠에 들어갈 내용으로 적절한 것만을 〈보기〉에서 고른 것은?

> 이슬람 문화를 잘 모르는 사람이 무슬림에게 무슬림 방식으로 도축되지 않은 소고기나 닭고기를 억지로 권하면서 갈등이 발생하기도 한다. 이처럼 다른 가치관이나 생활 양식 등에 관한 지식과 이해 부족이 깊어지면 사회적 갈등으로 이어질 수 있다. 이러한 갈등을 해결하고 예방하기 위해서는 ㉠

《 보기 》
ㄱ. 다문화 이해 증진을 위한 교육을 강화해야 한다.
ㄴ. 문화적 차이를 이해하는 관용의 자세를 길러야 한다.
ㄷ. 이주민들이 주류 문화에 동화되도록 제도를 만들어야 한다.
ㄹ. 자민족 중심주의를 바탕으로 문화 정체성을 확립해야 한다.

① ㄱ, ㄴ   ② ㄱ, ㄷ   ③ ㄴ, ㄷ
④ ㄴ, ㄹ   ⑤ ㄷ, ㄹ

> 25592-0202

03 그림의 수업 장면에서 교사의 질문에 적절한 대답을 한 학생만을 있는 대로 고른 것은?

① 갑, 정   ② 갑, 무   ③ 을, 병
④ 갑, 정, 무   ⑤ 을, 병, 정

> 25592-0203

04 (가), (나)에 대한 설명으로 가장 적절한 것은?

> (가) 다양한 이주민의 문화를 주류 사회에 동화하여 편입시켜야 한다.
> (나) 한 국가 또는 사회 안에 다양한 문화를 동등하게 존중하고 인정해야 한다.

① (가)는 다양한 문화가 대등한 입장에서 공존해야 한다고 본다.
② (가)는 문화 단일성을 전제로 문화 통합을 이루어야 한다고 본다.
③ (나)는 이주민의 문화적 정체성을 존중할 필요가 없다고 본다.
④ (나)는 사회 구성원들에게 문화 선택권을 허용하지 않아야 한다고 본다.
⑤ (가)와 (나)는 문화적 배경이 다른 사람들에게 배타적인 태도를 가져야 한다고 본다.

> 25592-0204

05 밑줄 친 (가), (나)에 해당하는 내용만을 〈보기〉에서 있는 대로 고른 것은?

다문화 사회에서 나타나는 갈등을 해결하고 문화적 다양성을 존중하는 사회를 만들기 위해서는 (가) 개인적 차원의 노력과 (나) 사회적 차원의 노력이 필요하다.

┨ 보기 ┠

ㄱ. (가): 이주민들에 대해 개방적인 태도를 가지는 것이다.
ㄴ. (나): 편견을 없애기 위한 다문화 교육을 강화하는 것이다.
ㄷ. (나): 이주민들의 인권을 보호하기 위해 법과 제도를 만드는 것이다.
ㄹ. (가)와 (나): 이주민들에게 주류 사회의 종교로 개종을 요구하는 것이다.

① ㄱ, ㄷ   ② ㄱ, ㄹ   ③ ㄴ, ㄹ
④ ㄱ, ㄴ, ㄷ   ⑤ ㄴ, ㄷ, ㄹ

> 25592-0205

06 다음 사례와 같은 다문화 사회의 갈등을 해결하기 위한 입장에만 모두 '✔'를 표시한 학생은?

저는 행정 복지 센터에 가는 것을 싫어해요. 행정 복지 센터에 갈 때마다 한 직원이 저를 보고 "난민 왔어!"라고 큰소리를 치거든요. 주변 사람들도 같이 웃고요. 하루는 회사 사람과 함께 행정 복지 센터에 갔는데, 사람들이 저를 보고 웃었어요. 그때 회사 사람이 왜 웃냐고 화를 내니까 처음으로 미안하다고 사과했어요.

입장＼학생	갑	을	병	정	무
다른 문화에 대한 차별적인 태도를 버려야 한다.	✔			✔	✔
다른 문화를 이해하려는 노력을 기울여야 한다.		✔		✔	✔
내국인이 아니라 이주민에 대한 문화 교육을 강화해야 한다.	✔		✔	✔	
이주민의 문화적 정체성을 인정하고 존중하는 자세를 지녀야 한다.		✔	✔		✔

① 갑   ② 을   ③ 병   ④ 정   ⑤ 무

> 25592-0206

07 다음 사례와 같은 갈등이 발생하는 요인으로 적절하지 않은 것은?

제노포비아(Xenophobia)는 '낯선 사람'이라는 뜻의 '제노'와 '혐오증'이라는 뜻의 '포비아'가 합쳐진 말이다. 제노포비아는 외국인 또는 외부인이 자기와 다르다는 이유만으로 무조건 경계하는 심리 상태를 의미한다.

① 타 문화에 대한 편견과 선입견
② 자기 문화가 우월하다는 인식
③ 문화들 간의 차이에 대한 이해 부족
④ 타 문화에 대한 관용과 존중하는 의식
⑤ 타 문화에 대한 상대주의적 태도의 부족

중요

> 25592-0207

08 밑줄 친 ㉠이 필요한 이유로 적절한 것만을 〈보기〉에서 고른 것은?

오늘날 지구촌은 세계화에 따라 한 국가 안에 다양한 인종과 문화적 배경이 다른 사람들이 공존하는 다문화 사회를 맞이하였다. 이러한 다문화 사회에서 필요한 것이 다문화에 대한 관용이다. 그러나 무제한적인 관용은 관용의 역설을 초래할 수 있기 때문에 다문화 사회의 건전한 발전을 위해 ㉠ 다문화에 대한 관용에도 한계가 필요하다.

┨ 보기 ┠

ㄱ. 사회의 기본 질서를 훼손하지 않기 위해 필요하다.
ㄴ. 자유와 같은 보편적 가치를 훼손하지 않기 위해 필요하다.
ㄷ. 이주민의 혈통을 배척하고 순수한 혈통을 유지하기 위해 필요하다.
ㄹ. 문화 상대주의와 윤리 상대주의의 정신을 강조하기 위해 필요하다.

① ㄱ, ㄴ   ② ㄱ, ㄷ   ③ ㄴ, ㄷ
④ ㄴ, ㄹ   ⑤ ㄷ, ㄹ

서술형 문제

Step1 핵심 키워드 파악하기

> 25592-0208

01 다음 사례를 참고하여 다문화 사회의 갈등 해결을 위해 어떤 노력이 필요한지 구체적인 예를 들어 서술하시오.

> 2022년 아프가니스탄 난민 158명이 울산으로 이주하였다. 이주 초기에는 내국인들의 거센 반발과 이주민들과의 갈등이 있었다. 그러나 여러 노력의 결과 아프가니스탄 난민은 어느덧 이웃이 되었다. 교육청은 아프가니스탄 학생들이 잘 적응할 수 있도록 한글 특별반을 만들어 문화적 차이를 극복하기 위해 다문화 교육을 확대하였다. 다문화 센터는 아프가니스탄 가족과 내국인 가족이 일대일 파트너를 맺는 프로그램을 운영하여 서로를 깊이 이해할 수 있게 지원하였다.

예시 답안 다문화 사회의 갈등을 해결하기 위해 이주민에 대한 편견과 (   )을/를 해소하기 위한 다문화 교육과 같은 (   ) 차원의 노력이 필요하다. 예를 들어 이주민의 사회 적응을 위한 언어 교육, 다른 문화를 이해할 수 있는 (   ) 행사 등이 있다.

> 25592-0209

02 (1) ㉠에 공통적으로 들어갈 말을 쓰고, (2) ㉠의 관점에 따른 정책의 특징을 서술하시오.

> ㅤ㉠ㅤ은/는 민족주의의 반대 개념으로, 한 국가 내에 존재하는 서로 다른 문화의 존재를 인정하고 독자성을 인정하자는 개념이다. ㅤ㉠ㅤ은/는 한 사회가 인종, 민족, 성별 등에 따라 구별되는 이질적인 주변 문화로 이루어져야 하며, 그렇지 않으면 적어도 이들을 포용해야 함을 옹호하는 정책이다.

(1) ㉠ – (   )

(2) **예시 답안** (ㅤ㉠ㅤ) 정책의 특징은 이민자가 자신의 문화를 유지하면서 사회 구성원으로 살아갈 수 있게 소수자 집단의 문화 (   )을/를 인정하고 다양한 문화의 (   )을/를 추구한다는 것이다.

Step2 스스로 답안 작성하기

> 25592-0210

03 (1) ㉠에 들어갈 말을 쓰고, (2) ㉠ 사회에서 나타날 수 있는 긍정적 측면에 대해 서술하시오.

> 세계화의 영향으로 인구 이동이 활발해지면서 다른 문화권에 속한 사람들 간의 접촉이 빈번해지고 있다. 그 결과 다양한 인종, 종교, 언어 등 서로 다른 문화적 배경을 가진 사람들이 함께 어우러져 살아가는 사회로 변화하였는데, 이를 ㅤ㉠ㅤ 사회라고 한다.

(1)

(2)

> 25592-0211

04 (가), (나)를 참고하여 용광로 이론과 샐러드 볼 이론의 특징에 대해 200자 이내로 서술하시오.

> (가) 프랑스에서 학교는 이민자 자녀들이 프랑스 사회로의 자연스러운 동화가 일어날 수 있는 가장 중요한 장소로 인식된다. 그렇기에 프랑스의 학교들은 특별 학급을 개설하고 외국인 이주민 가정 자녀가 프랑스어와 문화를 최대한 빨리 습득한 후 일반 학급의 정규 과정에 편입할 수 있도록 지도하고 있다.
> (나) 160개국 이민자들이 모여 한 나라를 이루는 캐나다는 1971년 세계 최초로 다문화주의를 국가 정책으로 도입하였으며, 1988년 다양성을 캐나다 사회의 기본 성격으로 인정하는 다문화주의 법을 발효하였다.

1등급 도전 문제

> 25592-0212

01 그림의 강연자가 지지할 입장으로 적절한 것만을 〈보기〉에서 고른 것은?

다문화 사회의 갈등을 해결하기 위한 다문화 교육의 목표는 다음과 같아야 합니다. 첫째, 개인들이 다른 문화의 관점으로 자신의 문화를 바라보게 함으로써 자기 이해를 증진하는 것입니다. 둘째, 자문화, 주류 문화, 그리고 타 문화가 공존하는 다문화 사회에서 필요한 지식과 기능, 태도를 습득하는 것입니다. 셋째, 소수 인종·민족 집단이 그들의 인종적·신체적·문화적 특성 때문에 겪는 고통과 차별을 감소시키는 것입니다. 이러한 다문화 교육은 우리나라 국민과 우리나라에 거주하고 있는 모든 외국인을 위해 실시되어야 합니다.

┤ 보기 ├

ㄱ. 다문화 교육은 다양한 문화를 이해하기 위해 필요하다.
ㄴ. 다문화 교육은 자기 문화에 대한 비판적 성찰을 위해 필요하다.
ㄷ. 다문화 교육은 인종적 차별을 해소하기 위한 교육과는 무관하다.
ㄹ. 다문화 교육은 우리나라의 국적을 취득한 사람들에게만 실시되어야 한다.

① ㄱ, ㄴ
② ㄱ, ㄷ
③ ㄴ, ㄷ
④ ㄴ, ㄹ
⑤ ㄷ, ㄹ

> 25592-0213

02 밑줄 친 ㉠에 해당하는 활동으로 적절하지 않은 것은?

국제 연합(UN)은 매년 5월 21일을 '발전과 대화를 위한 세계 문화 다양성의 날'로 제정하였다. 우리나라도 매년 5월 20일을 '세계인의 날'로 정하고, 이날로부터 일주일을 문화 다양성 주간으로 규정하고 있다. 이 주간에는 ㉠ 문화 다양성을 증진하기 위한 다양한 활동을 하도록 장려하고 있다.

① 다른 문화권의 영화를 보거나 책을 읽기
② 다른 문화권의 명절이나 축제를 경험하기
③ 다른 문화권의 유물이 전시된 박물관 방문하기
④ 다른 문화권에서 온 이주민 가족들과 대화하기
⑤ 다른 문화권의 음식 판매 금지를 위해 운동하기

> 25592-0214

03 다음과 같은 현상이 지속될 때 나타날 수 있는 다문화 사회의 모습으로 가장 적절한 것은?

피부색이나 종교, 출신 국가가 다르다는 이유에서 비롯한 편견이나 고정 관념은 이주민을 차별 대우하거나 배제하는 문제를 일으킨다. 예를 들어 피부색을 이유로 문화 수준을 평가하거나 특정 종교를 가졌다는 이유로 차별 대우를 하는 등의 편견이 있다.

① 내국인이 사회적으로 역차별을 당할 수 있다.
② 내국인에 의한 이주민 차별이 항상 약화된다.
③ 내국인과 이주민 사이의 일자리 경쟁이 줄어들 수 있다.
④ 이주민의 보편적 인권을 침해하는 문제가 발생할 수 있다.
⑤ 내국인과 이주민 간의 의사소통의 어려움이 사라지게 된다.

> 25592-0215

04 그림은 갑, 을의 가상 대화이다. 갑, 을의 입장으로 가장 적절한 것은?

우리 사회의 문화적 다양성을 높이려면 우리뿐만 아니라 이민자들도 자기 문화의 정체성을 지킬 수 있도록 배려하고 동등하게 존중해야 합니다.

아닙니다. 이민자들이 증가하면서 우리 문화의 정체성이 훼손될 수 있습니다. 따라서 그들은 자신의 전통문화를 버리고 주류 문화에 동화되어야 합니다.

갑   을

① 갑: 사회 통합을 위해 이민자 문화는 주류 문화에 융합되어야 한다.
② 갑: 국가는 한 사회의 다양한 문화의 가치를 보호하기 위해 노력해야 한다.
③ 을: 국가는 이민자들의 언어와 정체성을 지킬 수 있도록 도와야 한다.
④ 을: 이민자 문화와 주류 문화가 동등하게 존중받는 사회를 지향해야 한다.
⑤ 갑과 을: 이민자들은 그들의 문화를 포기하고 주류 사회의 일원이 되어야 한다.

01 | 세계의 다양한 문화권

문화권 형성에 영향을 주는 요인

- **❶** 은/는 인간이 자연·인문환경과 상호 작용하면서 형성하여 사회 구성원과 공유하는 생활양식이며, 문화권은 문화적 특성이 유사하게 나타나 다른 지역과 구별되는 지표 공간의 범위임
- **❷** 형성에는 자연환경과 인문환경이 영향을 줌

다양한 문화권의 특징과 삶의 방식

- 동양 문화권: 계절풍의 영향, **❸** 발달
- 유럽 문화권: 산업 혁명, **❹** 중심의 생활 방식
- 아메리카 문화권: 다양한 민족과 인종 거주, 유럽의 문화 전파
- 건조 문화권: **❺** , 오아시스 농업과 유목 발달
- **❻** 문화권: 열대 기후, 이동식 화전 농업, 플랜테이션
- 오세아니아 문화권: 원주민 문화, 목축업 발달
- 북극 문화권: 순록 **❼** 및 사냥 → 최근 현대 문명 확산으로 쇠퇴

02 | 문화 변동과 전통문화

문화 변동의 요인과 양상

- 내재적 요인: **❽** , 발명   • 외재적 요인: 직접 전파, 간접 전파, **❾**
- 문화 변동의 양상: **❿** , 문화 병존, 문화 융합

전통문화의 의의와 창조적 계승

- 전통문화는 과거에 형성되어 세대 간 전승을 통해 우리 생활에 영향을 미치는 고유한 문화를 의미함
- 전통문화가 가진 가치를 깨닫고 시대적 변화에 맞게 재해석하고 재창조하는 노력이 필요함

03 | 문화 상대주의와 보편 윤리

문화적 차이를 바라보는 태도

- **⓫** : 서로 다른 문화의 차이를 인정하며 그 의미와 배경을 이해하려는 태도
- 문화 상대주의는 서로 다른 문화 간의 우열을 평가하는 절대적 기준은 존재하지 않는다고 봄

문화 상대주의의 한계와 보편 윤리

- 보편 윤리와 문화 성찰: 문화 상대주의적 태도가 윤리 상대주의나 극단적 문화 상대주의로 이어지지 않도록 하기 위해서 필요함
- 인류의 문화 발전을 위해 보편 윤리를 위협하는 타 문화에 대한 성찰과 평가가 필요함
- 자문화도 보편 윤리 차원에서 성찰과 평가가 필요함
- 보편 윤리에 근거한 **⓬** 성찰의 예: 연고주의, 권위주의 등

04 | 다문화 사회와 문화적 다양성 존중

⓭ 사회의 현황

- 다양한 인종, 종교, 언어 등 서로 다른 문화적 배경을 가진 사람들이 함께 살아가는 사회
- 다양한 문화적 경험을 통해 문화적 이해를 높여 문화적 다양성을 증진함
- 저출생·고령화 현상에 따른 노동력 부족 문제 해소를 통해 경제 성장에 도움이 됨

다문화 사회의 갈등을 해결하는 방안

- **⓮** : 이민자가 자신의 문화적 정체성을 완전히 포기하고 주류 사회의 일원이 되는 것을 목표로 하는 정책
- 다문화주의: 이민자 집단의 문화 고유성을 인정하고 다양한 문화의 공존을 추구하는 정책

정답 ❶ 문화 ❷ 문화권 ❸ 벼농사 ❹ 크리스트교 ❺ 이슬람교 ❻ 아프리카 ❼ 유목 ❽ 발견 ❾ 자극 전파 ❿ 문화 동화 ⓫ 문화 상대주의 ⓬ 자문화 ⓭ 다문화 ⓮ 동화주의

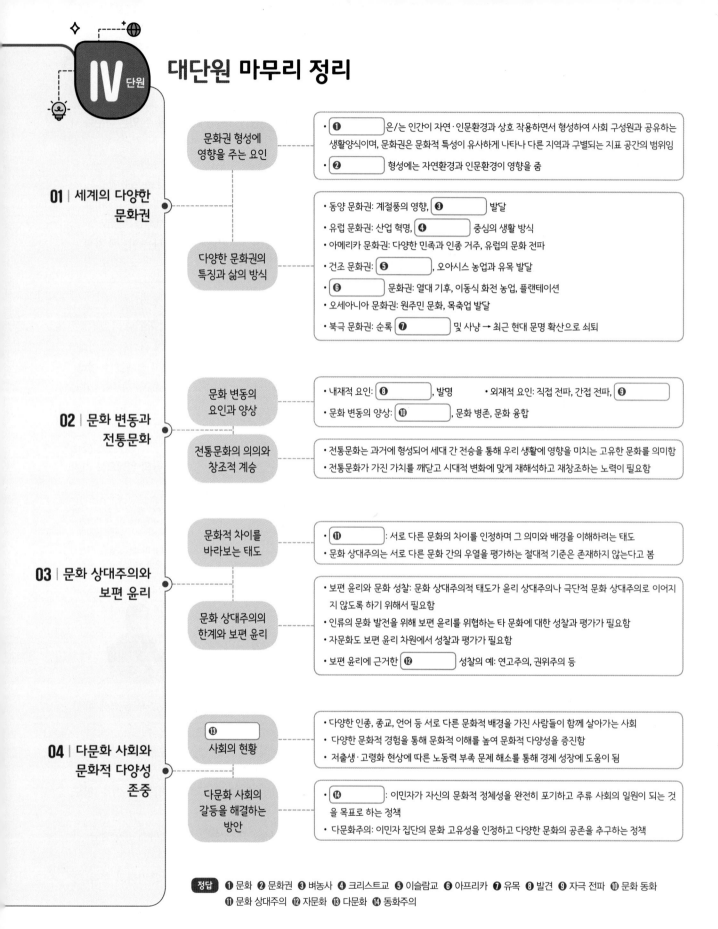

대단원 종합 문제

> 25592-0216

01 지도는 세계의 음식 문화권을 나타낸 것이다. 이에 대한 옳은 설명만을 〈보기〉에서 고른 것은?

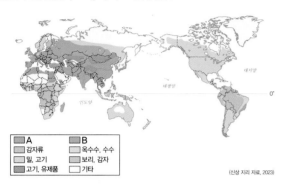

A	B
감자류	옥수수, 수수
밀, 고기	보리, 감자
고기, 유제품	기타

(신상 지리 자료, 2023)

보기

ㄱ. 아프리카 문화권 지역은 주로 밀과 고기가 주식이다.
ㄴ. B는 밀이며, 쌀보다 고온 다습한 지역에서 재배된다.
ㄷ. 아시아 계절풍 기후 지역의 주식 작물인 A는 쌀이다.
ㄹ. 주식 작물의 지역별 차이는 자연환경의 영향이 반영되어 있다.

① ㄱ, ㄴ   ② ㄱ, ㄷ   ③ ㄴ, ㄷ
④ ㄴ, ㄹ   ⑤ ㄷ, ㄹ

서술형

> 25592-0217

02 다음은 네 국가의 국기이다. 종교와 관련된 네 국가의 문화적 공통점을 세 가지 서술하시오.

> 25592-0218

03 (가), (나) 종교를 지도의 A∼D에서 고른 것은?

(가) 사찰과 불상 등의 종교적 경관이 특징이다. 교리적으로 살생을 금하기 때문에 사찰에서는 육류를 먹지 않는다.
(나) 수많은 신을 인정하는 대표적인 다신교이다. 선행과 고행을 통한 수련을 중시하며 소를 신성시한다.

	A
	B
	C
	D
	토속 신앙
	자료 없음

(디르케 세계 지도, 2021)

▲ 세계의 종교 분포

	(가)	(나)		(가)	(나)
①	A	B	②	A	D
③	B	C	④	C	B
⑤	C	D			

> 25592-0219

04 ㉠∼㉤에 대한 설명으로 옳지 <u>않은</u> 것은?

세계의 ㉠ 문화권은 크게 ㉡ 동양 문화권, 유럽 문화권, 건조 문화권, 아프리카 문화권, 아메리카 문화권, ㉢ 오세아니아 문화권, 북극 문화권 등으로 구분할 수 있다. 또한 ㉣ 같은 문화권에 속하더라도 다른 문화적 특징에 따라 세부적으로 구분할 수도 있다. 각 문화권의 경계에는 서로 다른 문화권의 특징이 동시에 나타나는 ㉤ 이/가 나타난다.

① ㉠은 인구 이동, 문화 전파 등에 의해 변화하기도 한다.
② ㉡은 한자, 젓가락과 같은 공통적 문화 요소가 있다.
③ ㉢에는 원주민 문화가 있다.
④ ㉣에 의해 아메리카 문화권은 '북아메리카'와 '남아메리카' 문화권으로 구분된다.
⑤ ㉤에는 '점이 지대'가 들어갈 수 있다.

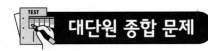

> 25592-0220

05 다음 사례에 나타난 문화 변동에 대한 옳은 분석만을 〈보기〉에서 고른 것은?

- A국 국민인 갑은 A국 언어에 착안하여 전통 의상을 새롭게 디자인한 ■■를 제작했다. 갑이 디자인한 ■■는 A국 국민들에게 사랑받게 되었다.
- 텔레비전에서 방영되는 A국 드라마를 통해 ■■를 접한 B국 국민들 사이에 ■■가 유행하게 되었고, B국에서는 ■■가 B국의 의복 문화 중 하나가 되었다.

┤보기├

ㄱ. A국에서는 발명에 의한 문화 변동이 나타났다.
ㄴ. B국에서는 직접 전파에 의한 문화 변동이 나타났다.
ㄷ. A국과 달리 B국에서는 문화 병존이 나타났다.
ㄹ. A국과 B국은 외재적 요인에 의한 문화 변동이 나타났다.

① ㄱ, ㄴ   ② ㄱ, ㄷ   ③ ㄴ, ㄷ
④ ㄴ, ㄹ   ⑤ ㄷ, ㄹ

> 25592-0221

06 그림은 질문에 따라 문화 변동 양상 A~C를 구분한 것이다. 이에 대한 설명으로 옳은 것은? (단, A~C는 각각 문화 병존, 문화 동화, 문화 융합 중 하나임.)

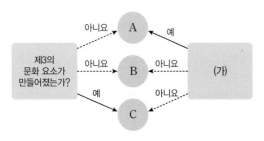

① A는 B와 달리 외재적 요인에 의해 나타난다.
② C는 A와 달리 자문화 정체성이 상실된다.
③ C의 예로 '서구 의학과 한의학이 공존하는 것'을 들 수 있다.
④ (가)에 '전통문화 요소와 외래문화 요소가 나란히 공존하는가?'가 들어간다면 B는 A와 달리 문화 병존이다.
⑤ 자국을 식민 지배한 나라의 언어와 자국의 전통 언어를 함께 공용어로 사용하는 것이 B의 사례라면 (가)에는 '전통문화가 외래문화로 대체되는가?'가 들어갈 수 있다.

> 25592-0222

07 문화 변동의 양상 A~C에 대한 설명으로 옳은 것은? (단, A~C는 각각 문화 병존, 문화 동화, 문화 융합 중 하나임.)

질문＼문화 변동의 양상	A	B	C
한 사회의 문화 정체성이 상실되었는가?	예	아니요	아니요
두 문화가 만나 새로운 문화가 형성된 상황을 설명하기에 용이한가?	아니요	아니요	예

① A는 문화의 다양성 확대에 기여한다.
② 한글 창제는 B의 사례이다.
③ C는 문화 융합이다.
④ A가 B보다 우리나라의 차이나타운을 설명하기에 적절하다.
⑤ A는 C와 달리 자발적 문화 접변을 통해서 발생한다.

> 25592-0223

08 전통문화에 대한 필자의 관점에 부합하는 진술로 가장 적절한 것은?

문화적 다양성이 필요한 이유는 유네스코의 문화 다양성 협약과 관련되어 있다. 이 협약은 세계화 과정에서 사라질 위기에 처한 문화를 보존하고 보호해야 할 필요성에 의해 등장하였다. 만약 전통문화가 사라지고 모든 문화가 하나의 문화로만 통일된다면 어떻게 될까? 각 사회의 정체성이 사라질 수 있을 것이다. 물론 문화 변동 과정에서 새로운 문화의 창조적 발전도 필요하다. 그렇지만 각 사회의 전통문화가 사라지는 것은 다양한 문화의 창조적 발전에 저해가 될 것이다. 따라서 각국의 전통문화가 올바르게 이해되고 다른 문화와 공존할 수 있어야 문화적 다양성과 창조적 발전이 나타날 수 있다.

① 전통문화는 발전시켜야 하는 대상이 아니다.
② 전통문화의 가치는 서구 문화의 가치보다 우월하다.
③ 전통문화의 가치를 창조적으로 계승하는 것이 필요하다.
④ 전통문화는 사회 변동에도 변함없이 계속 유지되어야 한다.
⑤ 우리의 전통문화가 다른 사회의 전통문화보다 더 중요하다.

> 25592-0224

09 (가)의 입장에서 (나)의 관습에 대해 제시할 수 있는 평가로 적절한 것만을 〈보기〉에서 고른 것은?

(가)	인류에게는 시대와 사회를 초월하여 모든 사람이 존중하고 따라야 할 보편적인 윤리 기준이 있다. 보편 윤리의 관점에서 문화를 바라보면 인간의 존엄성과 같은 기본적인 인권을 존중할 수 있으며 바람직한 문화와 바람직하지 않은 문화를 구분할 수 있다.
(나)	○○국의 한 여성이 가족을 떠나 타국에 산다는 이유로 아버지에게 살해되는 명예 살인이 벌어졌다. 명예 살인은 일부 지역에서 집안의 명예를 실추시켰다는 이유로 가족 구성원을 죽이는 관습이다.

┤ 보기 ├
ㄱ. 이슬람 전통을 훼손하는 관습이다.
ㄴ. 문화의 다양성을 훼손하는 관습이다.
ㄷ. 인간의 존엄성을 훼손하는 관습이다.
ㄹ. 누구나 존중해야 할 보편 윤리를 훼손하는 관습이다.

① ㄱ, ㄴ ② ㄱ, ㄷ ③ ㄴ, ㄷ
④ ㄴ, ㄹ ⑤ ㄷ, ㄹ

> 25592-0225

10 다음 종교들의 황금률이 공통적으로 강조하고 있는 내용으로 가장 적절한 것은?

• 유교: 내가 하고 싶지 않은 일을 다른 사람에게 시키지 마라.
• 불교: 어떤 일로 고통받은 적이 있다면 그 방식으로 다른 사람에게 상처를 주지 마라.
• 크리스트교: 다른 사람에게 대접받고자 하는 대로 너도 다른 사람을 대접하라.
• 이슬람교: 나를 위하는 만큼 다른 사람을 위하지 않는 사람은 신앙인이 아니다.

① 타인에 대한 존중과 배려의 정신을 중시해야 한다.
② 인간에 대한 배려보다 문화의 발전을 우선시해야 한다.
③ 문화 다양성의 실현을 위해 특정 종교만을 중시해야 한다.
④ 자신이 믿는 종교가 가장 우월하다는 의식을 가져야 한다.
⑤ 문화 발전을 위해 종교 간의 교리를 하나로 통일시켜야 한다.

> 25592-0226

11 다음 사례와 같은 활동을 통해 기대되는 효과로 적절한 것만을 〈보기〉에서 고른 것은?

전교생의 98.3%가 다문화 학생으로 이루어진 A 초등학교 429명의 학생들은 다양한 나라의 친구들과 소통하고 우정을 나눈다. 학교 교육도 크게 달라졌다. 한국어에 서툴러 일상생활에 어려움을 겪는 학생들을 위해 학교에서는 '다문화 특별 학급'과 '한국어 특별 학급'을 만들어 수준별 한국어 교육을 실시하고 있다. 이뿐만 아니라 다문화 가정의 자녀를 위한 모국어 교실, 한국 학생을 위한 언어 교실도 운영하여 큰 호응을 얻고 있다.

┤ 보기 ├
ㄱ. 다문화 학생들이 한국 사회에 적응할 수 있도록 돕는다.
ㄴ. 다문화 학생들에게 한국의 주류 문화에만 동화되도록 돕는다.
ㄷ. 다문화 학생들에게 다양한 문화 존중의 태도를 함양하게 하는 데 기여한다.
ㄹ. 다문화 학생들에게 한국인으로서의 정체성만을 가지게 하는 것에 기여한다.

① ㄱ, ㄴ ② ㄱ, ㄷ ③ ㄴ, ㄷ ④ ㄴ, ㄹ ⑤ ㄷ, ㄹ

> 25592-0227

12 다음 글의 '총리'가 주장하고 있는 이민자 정책의 내용으로 적절하지 <u>않은</u> 것은?

○○국 총리는 ○○국의 시민이 되려는 사람들에게는 예외 없이 ○○국의 국어와 ○○국의 가치에 대해 시험을 보도록 할 것이라고 밝혔다. 그는 다문화주의는 ○○국의 분열을 조장하는 문제점이 있다고 말하면서 ○○국이 결집력 있고 단합된 사회가 되기 위해서는 이민자 정책으로 '다문화주의'가 아니라 이민자 문화를 주류 문화에 동화시키는 이민자 정책을 채택해야 한다고 주장하였다.

① 문화 간의 공존이 아니라 통합을 중시한다.
② 이민자들의 고유한 문화와 전통을 존중한다.
③ 다양한 문화를 주류 문화로 동화시켜야 한다.
④ 주류 문화와 이민자 문화 간에 서열이 존재한다.
⑤ 이민자들이 주류 문화에 적응하도록 도와야 한다.

> 25592-0228

01 다음은 '세계의 다양한 문화권'을 주제로 한 다큐멘터리 촬영 대본의 일부이다. 촬영 대본의 순서에 맞는 지역을 지도의 A~E에서 고른 것은?

#No.1 ⇒	#No.2 ⇒	#No.3
이슬람교의 성지인 메카를 촬영하기 위해서 이곳에서 금지하는 규칙을 확인한다.	전통 춤을 추는 마사이족의 역동적인 모습을 촬영하기 위해 액션 카메라를 사용한다.	산업 혁명 시기 발명된 방적기를 볼 수 있는 박물관을 방문해 촬영 협조를 구한다.

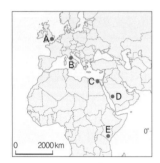

① C → B → A
② C → E → B
③ D → C → A
④ D → E → A
⑤ D → E → B

> 25592-0229

02 자료의 ㉠~㉣에 대한 옳은 설명을 〈보기〉에서 고른 것은?

사진은 ㉠ 이란의 한 도시의 모습이다. ㉡ 전통 가옥이 모여 있는 지역에 굴뚝처럼 생긴 것은 ㉢ 바드기르로 이 지역에서 볼 수 있는 특이한 건축 시설이다. 또한 이 지역은 물이 부족해 ㉣ 관개 농업이나 오아시스 농업이 발달해 있다.

▲ 바드기르

---- 보기 ----
ㄱ. ㉠의 주요 종교는 크리스트교이다.
ㄴ. ㉡의 주재료는 흙이다.
ㄷ. ㉢은 전통적인 건물 냉각 시설이다.
ㄹ. ㉣을 통해 곡물 재배와 가축 사육을 함께한다.

① ㄱ, ㄴ ② ㄱ, ㄷ ③ ㄴ, ㄷ
④ ㄴ, ㄹ ⑤ ㄷ, ㄹ

> 25592-0230

03 표의 A~D에 대한 설명으로 옳은 것은? (단, A~D는 각각 발견, 발명, 직접 전파, 자극 전파 중 하나임.)

질문	문화 변동 요인			
	A	B	C	D
내재적 요인인가?	예	예	아니요	아니요
새로운 문화 요소가 창조되는가?	예	아니요	예	아니요

① B와 달리 A는 한 사회 내에서의 변동 요인이다.
② C와 달리 B는 새로운 문화 요소의 등장 요인이다.
③ A와 달리 D는 매체에 의한 문화 변동 요인이다.
④ C와 D는 다른 사회와의 접촉을 통한 문화 변동 요인이다.
⑤ A, C는 모두 B, D와 달리 접촉한 외래문화 요소에 자극을 받아 새로운 문화 요소가 창조된 것이다.

> 25592-0231

04 다음은 통합사회 수업 장면 중 하나이다. 이에 대한 설명으로 옳은 것은? (단, A~C는 각각 문화 동화, 문화 병존, 문화 융합 중 하나임.)

교사: 문화 변동 양상 A~C의 사례를 발표해 볼까요?
갑: A의 사례에는 우리나라의 온돌과 서구의 침대가 결합된 돌침대가 있습니다.
을: B의 사례로 이웃 나라의 특정 음식이 교역을 통해 들어와 자국민이 즐겨 먹는 음식 중 하나가 된 것을 들 수 있습니다.
병: C의 사례로 ____(가)____ 을/를 들 수 있습니다.
교사: 갑과 을은 옳고, 병은 틀렸습니다.

① (가)에는 '북아메리카 원주민의 문화가 이주한 유럽인의 문화로 대체된 것'이 들어갈 수 있다.
② A는 각 사회의 문화가 나란히 존재하는 현상을 의미한다.
③ B는 내재적 요인에 의해 나타난다.
④ C는 자문화 정체성이 상실된다는 비판을 받는다.
⑤ B는 A, C와 달리 새로운 문화 요소가 만들어지는 현상이다.

05 그림의 강연자가 지지할 입장에만 모두 '✔'를 표시한 학생은?

> 25592-0232

문화 상대주의를 바탕으로 관용을 해야 하지만, 차별을 정당화하거나, 반인륜과 인권 침해를 방치하는 윤리적 백지 상태를 정당화할 수는 없습니다. 문화 상대주의가 타 문화를 이해하는 방법을 넘어 윤리적 판단을 회피한다면 이는 문화 상대주의를 남용한 것입니다. 문화 상대주의는 다른 문화를 강요해서는 안 된다는 입장일 뿐, 보편 윤리를 부정하고 인권을 침해할 수 있는 윤리 상대주의와 혼동해서는 안 됩니다.

학생 입장	갑	을	병	정	무
보편 윤리를 바탕으로 문화를 바라보아야 한다.	✔	✔		✔	
다양한 문화들을 평가하여 서열을 나누어야 한다.			✔	✔	✔
다양한 문화들의 정체성을 인정하고 존중해야 한다.	✔			✔	✔
다양한 문화를 하나로 통합하여 보편 문화를 만들어야 한다.		✔	✔		✔

① 갑 　② 을 　③ 병 　④ 정 　⑤ 무

06 다음 글의 입장에서 긍정의 대답을 할 질문으로 적절한 것만을 〈보기〉에서 있는 대로 고른 것은?

> 25592-0233

　사회마다 사회를 유지하기 위해 다양한 도덕률이 존재하듯이 사회마다 다양한 문화가 존재한다. 다양한 사회의 문화를 기본적으로 존중해야 하지만, 모든 문화가 존중되어야 하는 것은 아니다. 왜냐하면 모든 사회에 보편적으로 적용될 수 있는 도덕률이 존재하고 이러한 보편적 도덕률을 바탕으로 문화를 바라보는 것이 사회 유지를 위해 필요하기 때문이다.

〔 보기 〕
ㄱ. 사회 유지를 위해 보편적 도덕률이 필요한가?
ㄴ. 사회마다 보편적 도덕률은 다양하게 나타나는가?
ㄷ. 다른 사회의 문화를 존중해야 하는 경우가 있는가?
ㄹ. 보편 윤리를 바탕으로 문화를 성찰하는 것이 필요한가?

① ㄱ, ㄴ 　② ㄴ, ㄷ 　③ ㄷ, ㄹ
④ ㄱ, ㄴ, ㄹ 　⑤ ㄱ, ㄷ, ㄹ

07 (가)의 입장에 비해 (나)의 입장이 갖는 상대적 특징을 그림의 ㉠~㉤ 중에서 고른 것은?

> 25592-0234

(가) 이민자가 주류 문화로 편입하여 동화가 순조롭게 이루어져 주류 사회의 언어와 문화를 받아들여야 한다.
(나) 주류 문화와 비주류 문화의 구분 없이 여러 문화가 대등하게 공존하는 사회가 되어야 한다.

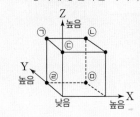

- X: 다양한 문화의 공존을 강조하는 정도
- Y: 이주민의 문화적 정체성 존중을 강조하는 정도
- Z: 다양한 문화 간의 서열이 있음을 강조하는 정도

① ㉠ 　② ㉡ 　③ ㉢ 　④ ㉣ 　⑤ ㉤

08 (가)의 갑, 을의 입장을 (나) 그림으로 탐구하고자 할 때, A~C에 들어갈 적절한 질문만을 〈보기〉에서 있는 대로 고른 것은?

> 25592-0235

(가)	갑: 다양한 광석이 섞여 새로운 금속이 되듯이 다양한 문화가 하나로 섞여 새로운 문화를 창출해야 한다. 을: 다양한 과일과 야채가 섞여 새로운 음식으로 탄생하듯이 다양한 문화가 대등하게 조화를 이루어야 한다.
(나)	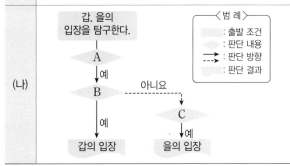

〔 보기 〕
ㄱ. A: 주류 문화와 이민자 문화 간에 위계질서가 존재하는가?
ㄴ. B: 이민자 문화는 주류 문화에 흡수되어야 하는가?
ㄷ. B: 문화 상대주의에 따라 사회 내 모든 문화를 인정해야 하는가?
ㄹ. C: 다양한 문화 간의 동등성을 존중하는 것이 필요한가?

① ㄱ, ㄴ 　② ㄱ, ㄷ 　③ ㄴ, ㄹ
④ ㄱ, ㄷ, ㄹ 　⑤ ㄴ, ㄷ, ㄹ

V

생활공간과
사회

이 단원에서 우리는

산업화·도시화, 교통·통신 및 과학기술의 발달에 따른
생태환경, 생활공간, 생활양식의 변화를 파악하고
그로 인해 발생하는 문제를 조사하고 해결 방안을 모색해 본다.
그리고 지역 조사 방법을 학습하고
이를 토대로 지역 조사를 통해 지역의 문제점을 파악하여 해결 방안을 찾아본다.

01 산업화와 도시화에 따른 변화

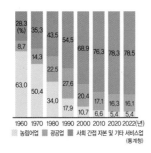

▲ 우리나라의 산업별 종사자 수 비율 변화

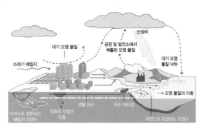

▲ 산업화·도시화에 따른 환경 오염

▲ 혁신 도시

02 교통·통신 및 과학기술의 발달에 따른 변화

▲ 교통 발달에 따른 공간 변화

▲ 재택 근무

▲ 전자 상거래

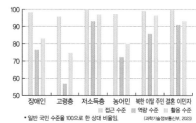

▲ 계층별 디지털 정보 격차 실태

03 우리 지역의 공간 변화

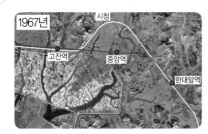

▲ 안산시의 변화

▲ 지역 문제 해결 플랫폼 '무장애 플랫폼'

01 산업화와 도시화에 따른 변화

◎ 1차·2차·3차 산업
1차 산업은 주로 원재료를 채집 및 수확하는 산업으로 농업, 임업, 어업, 목축업 등이 해당한다. 2차 산업은 광업과 제조업(공업)이 해당한다. 3차 산업은 서비스를 제공하는 산업으로 도·소매업, 운수업, 통신업, 금융업 등이 해당한다.

◎ 지역(대륙)별 도시화율 변화

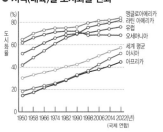

◎ 우리나라의 도시화율 변화

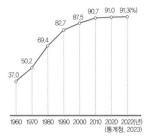

도시화율이 지속해서 높아졌다.

◎ 교외화
중심 도시의 인구와 기능 등이 교외 지역으로 이동하는 현상이다. 중심 도시에서 교외로 이동한 인구는 중심 도시로 통근하는 경우가 많다.

◎ 2차적 인간관계
1차적 인간관계는 혈연, 학연 등에 의해 형성되는 인간관계로 부모, 동문 등이 해당하며, 2차적 인간관계는 특정한 목적 의식으로 만남이 연결되는 관계로 직장, 군대 등이 해당한다.

1 산업화와 도시화에 따른 생활의 변화

1. 산업화와 도시화

(1) **산업화**
① 의미: 산업의 중심이 1차 산업에서 2·3차 산업으로 변화하는 과정
② 우리나라의 산업화: 1960년대 이전에는 1차 산업 중심의 사회, 이후 산업화의 진행으로 2·3차 산업의 비중이 높아짐, 1990년대 이후 탈공업화 현상으로 2차 산업의 종사자 수 비율이 낮아짐

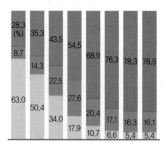

▲ 우리나라의 산업별 종사자 수 비율 변화

(2) **도시화** 자료①
① 의미: 전체 인구 중에서 도시에 거주하는 인구의 비율이 증가하고 도시적 생활 양식, 즉 도시성이 확산하는 현상 ┌ 도시에서 나타나는 특징적인 생활양식으로 촌락의 특성에 대비되는 개념이다.
② 우리나라의 도시화: 1960년대에 시작된 산업화와 함께 이촌 향도 현상으로 도시화율이 빠르게 높아짐 ┌ 전체 인구에서 도시에 거주하는 인구 비율이다.
③ 세계의 도시화: 세계의 도시화율이 지속해서 높아지고 있음, 선진국은 개발 도상국에 비해 대체로 도시화율이 높음
(3) **산업화와 도시화와의 관계**: 2·3차 산업이 발달하는 곳에서는 일자리 증가로 인구가 유입되면서 도시가 확대되거나 촌락이 도시로 성장하는 현상이 나타남
└ 제조업은 농업보다 좁은 곳에 많은 사람들이 모여 일하고 소득을 올릴 수 있어 산업이 발달하면 인구가 집중한다.

2. 산업화와 도시화에 따른 공간의 변화 자료②

(1) **거주 공간의 변화**: 아파트, 연립 주택 등의 공동 주택 증가, 도심을 중심으로 상업 및 업무 기능이 집중하면서 고층 건물 증가, 접근성의 차이로 도시 내 주거·상업·공업 지역 등으로 지역 분화, 대도시의 경우 인구와 시설의 교외화 현상이 나타나고 대도시권의 형성 및 확대 현상이 나타남
(2) **생태환경의 변화**: 도시 내 하천 개발, 도로와 주거지 등을 위한 도시 내 포장 면적 확대로 녹지 공간 감소

3. 산업화와 도시화에 따른 생활양식의 변화

도시성 확산	• 촌락에 비해 2차적 인간관계 발달 • 공동체보다 개인을 강조하는 경향이 커짐
직업 분화 촉진	• 분업화 및 새로운 산업 발달 • 전문성 증가로 직업 다양화
개인주의적 가치관 확산	• 개인의 다양성과 자율성 강조 • 핵가족 및 1인 가구 증가 • 개인 간의 경쟁이 치열해짐

자료 ① 우리나라의 도시화

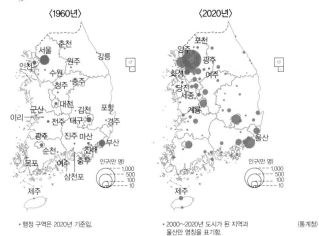

〈1960년〉 〈2020년〉

• 행정 구역은 2020년 기준임. • 2000~2020년 도시가 된 지역과 울산만 명칭을 표기함. (통계청)

지도는 우리나라의 두 시기 도시 분포를 나타낸 것이다. 본격적인 산업화가 시작되기 전인 1960년 우리나라는 도시화율이 50% 미만으로 인구의 절반 이상이 촌락에 거주하였다. 이 시기는 부산, 대구 등 각 지방 중심 도시의 인구 규모가 크다. 2020년 도시는 서울, 부산 등 대도시 이외에, 서울, 경기, 인천의 수도권과 부산, 울산 등의 남동 연안 지역, 서울과 부산을 연결하는 경부축을 중심으로 한 지역에 도시가 집중되어 분포한다. 이러한 도시 분포의 변화는 수도권과 남동 연안 및 경부축을 중심으로 산업화가 활발하게 이루어진 것과 관계가 깊다.

자료 ② 도시 성장에 따른 도시 내부 지역 분화

도시의 중심 지역은 접근성이 높아 행정·금융 기관, 대기업 본사 등 상업 및 업무 기능이 집중하며, 고층 건물이 밀집되어 있다.

상대적으로 접근성이 낮은 도시의 외곽 지역은 대규모 주거 단지가 조성되어 많은 인구를 수용하고 있다.

주거 지역
상업 지역
준공업 지역
녹지 지역

도심

주거 지역

공업 지역

부도심

(서울시, 2019)

▲ 서울시 용도 지역

서남부 지역에는 넓은 부지가 필요한 공업 단지가 조성되었고, 근래 산업 구조의 변화로 첨단 산업 단지로 변화하였다.

교통이 편리한 곳에는 상업 및 업무 기능 등 도심의 기능을 분담하는 부도심이 발달한다.

도시가 성장하면서 도시 내부는 접근성의 차이에 따른 지대(토지 사용의 대가)와 지가(토지의 가격)의 차이로 인해 지역 분화가 나타난다. 접근성이 높은 중심부에는 도심이 형성되고, 외곽 지역에는 주거 지역이 형성된다. 도시가 더욱 성장하면 도심의 기능을 분담하는 부도심이 성장한다.

○ ✘ 표시하기

❶ 1960년에 충청남도는 충청북도보다 도시 수가 많다.
( )

❷ 1960년과 2020년 모두 우리나라 인구 규모 1위 도시는 서울이고 2위 도시는 부산이다. ( )

❸ 우리나라에서 광공업 종사자 수 비율은 지속해서 증가하였다. ( )

적절한 말 고르기

❹ 1960년 이후 도시가 된 지역으로 2020년에는 인구 규모 100만 명 이상의 도시이고 부산과 경주 사이에 위치하는 도시는 (울산, 포항)이다.

❺ 주거 지역은 상업 및 업무 기능에 비해 접근성이 낮은 (도심, 외곽 지역)에 입지한다.

❻ 도시가 성장하면서 도심과 외곽 지역의 거리가 증가하게 되면 도심의 기능을 분담하는 (부도심, 위성 도시)이/가 성장한다.

❼ 접근성이 높은 도심은 지가가 높아 토지를 집약적으로 이용하게 되어 (고층 건물, 저층 건물)이 많다.

빈칸 채우기

❽ 1960년, 2020년 모두 수도권에서 인구 규모 2위인 도시는 ( )이다.

❾ 2020년에 도시 수가 가장 많은 도는 ( )이다.

❿ 도시에서 중심 지역은 ( )이/가 높아서 행정 기관, 금융 기관, 대기업 본사 등 상업 및 업무 기능이 집중된다.

〈보기〉에서 고르기

┌ 보기 ┐
ㄱ. 도심 ㄴ. 부도심
ㄷ. 도시화율

⓫ 총인구에서 도시 인구가 차지하는 비율 ( )

⓬ 도심의 기능을 분담하는 지역 ( )

⓭ 도시에서 중심 기능을 수행하는 곳 ( )

2 산업화와 도시화에 따른 문제점과 해결 방안

핵심 개념

- □ 지역 격차
- □ 환경 문제
- □ 이기주의
- □ 인간 소외 현상

○ 기반 시설
도로, 철도 등 교통 시설, 학교, 체육 시설, 공공 문화 시설 등과 같이 주민의 생활이나 기능 유지에 필요한 시설을 의미한다.

○ 열섬 현상
도시에 등온선을 그리게 되면 도심에 섬처럼 기온이 높은 부분이 나타나는데 이를 열섬 현상이라고 한다. 이는 도심이 교통량이 많고 시설이 집중되어 있어 인공 열의 발생량이 많기 때문이다.

○ 인간 소외 현상
노동의 주체인 인간이 기계의 부속품처럼 전락하여 노동의 성과로 얻는 만족감이나 성취감이 줄어드는 현상을 의미한다.

○ 혁신 도시

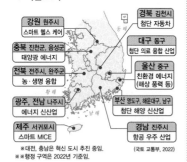

강원 원주시
스마트 헬스 케어

경북 김천시
첨단 자동차

충북 진천군, 음성군
태양광 에너지

대구 동구
첨단 의료 융합 산업

전북 전주시, 완주군
농·생명 융합

울산 중구
친환경 에너지
(해상 풍력 등)

광주, 전남 나주시
에너지 신산업

부산 영도구, 해운대구, 남구
첨단 해양 신산업

제주 서귀포시
스마트 MICE

경남 진주시
항공 우주 산업

※ 대전, 충남은 혁신 도시 추진 중임.
※※ 행정 구역은 2022년 기준임.
(국토 교통부, 2022)

혁신 도시는 공공 기관 이전 등을 통해 수도권과 지방의 균형 발전을 목적으로, 지역의 성장 거점 지역에 조성하는 미래형 도시이다.

○ 스마트 도시
정보 통신 기술을 이용하여 도시 공간과 자원을 효율적으로 사용할 수 있도록 지원하는 도시를 스마트 도시라고 한다. 예를 들어 도시에서 교통 체증과 주차난 등 교통 문제가 발생하면 사람들에게 대중교통이나 자전거를 공유하는 서비스를 이용하도록 안내한다.

1. 산업화와 도시화로 나타난 문제

(1) 지역 격차 심화 문제

① **도시와 촌락 간의 격차:** 인구와 시설이 도시에 집중하면서 촌락은 노동력 유출 및 의료, 교통 등 생활 기반 시설 유지가 어려워짐

② **도시 주거 환경 격차:** 인구 밀집으로 주택 가격이 상승하면서 주거 환경의 격차가 커짐

(2) 환경 문제 자료③

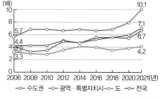

▲ 연 소득 대비 주택 가격
└ 연간 소득을 한 푼도 쓰지 않고 모아 집을 살 때 걸리는 기간이다.

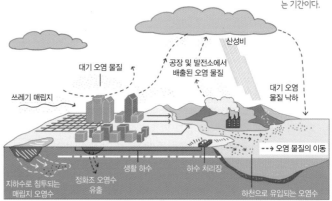

▲ 산업화·도시화에 따른 환경 오염

① 가정과 산업 시설에서 배출하는 생활 쓰레기와 폐기물로 인한 토양 오염, 생활 하수와 산업 폐수로 인한 물 오염, 공장과 자동차에서 대기로 배출하는 오염 물질로 인한 대기 오염

② 인공 열 발생량 증가로 열섬 현상 발생, 포장 면적 증가로 토양의 빗물 흡수 능력 약화, 녹지 면적의 감소로 동물의 서식지 감소

(3) 이기주의로 인한 문제

① 타인에 대한 무관심과 지나친 개인주의로 인한 공동체 의식과 유대감 약화

② 자신의 이익을 우선하는 이기주의 심화

(4) 인간 소외 현상: 기계화·분업화로 심화

2. 산업화와 도시화에 따라 나타난 문제의 해결 방안

(1) 국가적 차원의 해결 방안

국가가 국토 개발과 보전에 관한 종합적이고 장기적인 정책 방향을 설정하는 계획이다. 현재는 제5차 국토 종합 계획(2020~2040년) 기간이다.

① 균형 있는 국토 발전을 실현하기 위한 정책 수립 및 시행, 국토 종합 계획 수립 및 시행 예 지방에 산업 단지 조성, 혁신 도시 정책 시행

② 신도시 건설 및 도시 문제 해결 정책 시행 예 도시 재생 사업

(2) 지역적 차원 자료④

① 주택 공급 확대 및 도시 기반 시설 확충

② 녹지 면적을 넓히고 생태 하천을 복원하는 친환경 사업 추진, 스마트 도시 추진

자료 ③ 도시화에 따른 하천 유출량의 변화

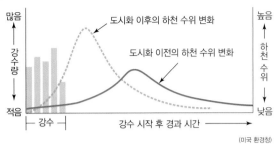

▲ 도시화 이전과 이후의 시간에 따른 하천 수위 변화

도시화 과정에서 시가지*의 면적 증가로 도시의 지표면은 건물 건축이나 도로 포장 등으로 불투수 면적이 늘어나게 된다. 하천의 유역** 면적 내에 불투수 면적이 늘어나면 강수 현상이 나타났을 때 빗물이 토양층으로 잘 흡수되지 못하고 지표면 위를 흐르다가 도시 내 하천으로 흘러든다. 이로 인해 도시 내를 흐르는 하천은 도시화 이전에 비해 강수 시 하천 유출량이 증가하여 최고 수위에 도달하는 시간이 짧아지고 최고 수위가 높아져 홍수 위험성이 커지게 된다.

*시가지: 건물이 모여 있는 지역
**하천의 유역: 하천이 빗물을 모으는 범위

자료 ④ 도시 재생 사례

(가) 부산 영도구 대평동은 국내 최초의 조선소가 들어선 곳으로 수리 조선소와 공업사 등이 밀집해 있다. 선박을 수리할 때 나는 소리 때문에 '깡깡이 마을'로도 불린다. 한때 조선업의 불황으로 지역이 쇠락하였지만 예술가의 주도로 마을이 변하고 있다. 낡은 건물을 고쳐 생활 문화 센터를 만들고 마을 공작소 등의 다양한 주민 참여 프로그램을 만들어 전국에서 관광객이 찾는 명소가 되었다.   – ○○ 신문, 2023.9.12. –

(나) 대구의 모습이 변하고 있다. 정비 사업이 2백여 곳에서 진행 중이며 재개발과 재건축으로 구도심 내 여러 곳이 대단지 아파트로 바뀌고 있다. 동구 신암동 일대는 오래되고 낡은 주거지가 밀집하였지만 최근 주변 지역의 개발로 유동 인구가 늘면서 신암 뉴타운 사업이 진행되고 있다. 이 사업이 마무리되면 아파트 약 8,700 가구가 들어선다. 이 지역은 고속 철도 동대구역과 가깝고 대구 지하철 1호선이 지나 인구가 늘면서 지역에 활력이 생길 것으로 기대된다.   – ○○ 신문, 2022. 10. 11. –

도시 재생이란 오래되고 낙후된 도시에 새로운 기능들을 도입하여 경제, 사회, 물리적 환경들을 개선하려는 도시 개발 사업으로 도시 재개발 사업도 이에 해당한다. (가)는 기존의 시설을 활용하며 주민 참여를 통한 도시 재생 사업이다. (가)의 사례와 같이 지역의 문제를 지역 주민 스스로 마을 공동체 활동을 통해 해결하는 과정은 주민들에게 소통과 협력의 기회를 제공하고, 그 과정에서 공동체의 유대감과 결속력을 강화할 수 있다.

(나)는 재개발과 재건축을 통한 도시 재생 사례에 해당한다. (나)의 방법은 (가)에 비해 기존의 시설을 철거하고 재건축을 하는 것이어서 기존 건물의 활용도가 낮고 투입되는 자본의 규모가 크다.

기본 문제

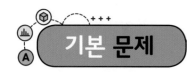

> 25592-0236

01 그래프는 우리나라의 산업 구조 변화를 나타낸 것이다. (가)~(다) 산업으로 옳은 것은?

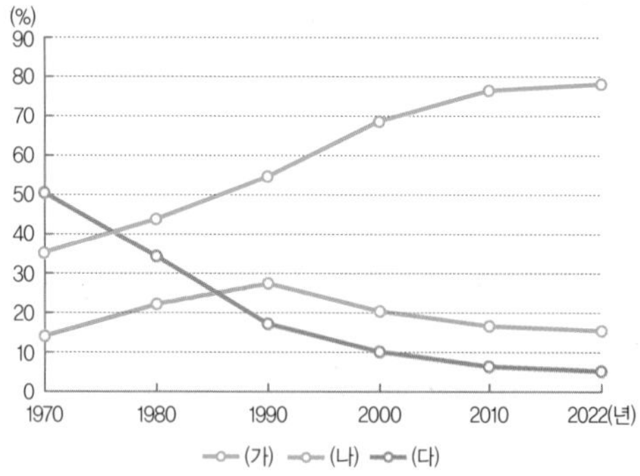

(%)
90
80
70
60
50
40
30
20
10
0
1970
1980
1990
2000
2010
2022(년)
(가) (나) (다)

* 산업별 취업자 수를 기준으로 함. (통계청)

	(가)	(나)	(다)
①	1차 산업	2차 산업	3차 산업
②	1차 산업	3차 산업	2차 산업
③	2차 산업	1차 산업	3차 산업
④	3차 산업	1차 산업	2차 산업
⑤	3차 산업	2차 산업	1차 산업

중요

> 25592-0237

02 표는 우리나라 두 시기의 토지 이용 면적 일부를 나타낸 것이다. (가), (나) 시기에 대한 추론으로 옳은 것은? (단, (가), (나)는 각각 1970년과 2022년 중 하나임.)

(단위: km^2)

용도	(가)	(나)
임야	63,427	66,458
논밭	18,487	22,072
대지*	3,342	1,573
도로	3,453	1,560

* 대지: 건물을 지을 수 있는 땅 (통계청)

① (가)는 (나)보다 토지 이용의 집약도가 높다.
② (가)는 (나)보다 촌락에 거주하는 인구 비율이 높다.
③ (나)는 (가)보다 불투수 면적이 넓다.
④ (나)는 (가)보다 아파트, 연립 주택 등 공동 주택 거주 인구가 많다.
⑤ (가)는 1970년, (나)는 2022년이다.

중요

> 25592-0238

03 다음 글의 ㉠~㉥에 대한 설명으로 옳지 않은 것은?

> 도시가 성장하면 도시 내부는 [㉠]의 차이에 따른 지가와 지대의 차이로 인해 ㉡ 주거 기능, 공업 기능, ㉢ 상업 및 업무 기능 등을 담당하는 여러 지역으로 분화한다. 서울도 도시가 성장하면서 ㉣ 도시 내부 지역이 주거 지역, 상업 지역 등으로 분화하는 현상이 나타났다. 또한, 서울에서는 성장 과정에서 ㉤ 인구와 산업 시설이 주변 지역으로 이동하는 현상이 나타났고 주변 지역에 신도시가 건설되었다. 오늘날 서울과 그 주변 지역은 서울을 중심 도시로 하는 ㉥ 대도시권을 형성하고 있다.

① ㉠은 도심이 주변 지역보다 높다.
② ㉣은 대도시보다 소도시에서 뚜렷하게 나타난다.
③ ㉤을 교외화라고 한다.
④ ㉥은 교통이 발달하면 그 범위가 대체로 확대된다.
⑤ ㉢은 ㉡보다 도심에 입지하는 경향이 뚜렷하다.

> 25592-0239

04 수업 장면의 ㉠에 들어갈 내용으로 옳지 않은 것은?

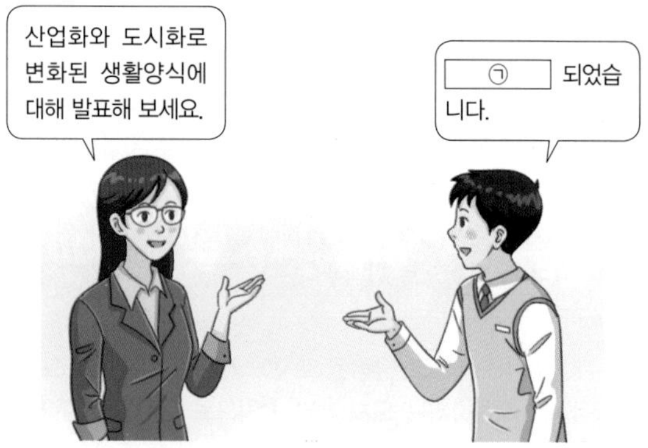

산업화와 도시화로 변화된 생활양식에 대해 발표해 보세요.
㉠ 되었습니다.

① 개인보다 공동체를 중시하게
② 공동 주택 거주 인구 비율이 높아지게
③ 직업이 분화되면서 직업의 종류가 다양해지게
④ 여가 시설 및 문화 시설의 이용자 수가 많아지게
⑤ 인간관계에서 2차적 인간관계의 중요성이 커지게

> 25592-0240

05 다음 두 정책 시행의 공통적인 목적으로 가장 적절한 것은?

○ 우리나라 정부는 2007년부터 수도권에 위치한 공공 기관을 지방으로 이전하는 사업이 포함된 혁신 도시 정책을 시행하였다.
○ 우리나라에서 시행하고 있는 제5차 국토 종합 계획 (2020~2040년)은 어디서나 살기 좋은 균형 국토, 안전하고 지속가능한 스마트 국토, 건강하고 활력 있는 혁신 국토를 지향하고 있다.

① 노후한 주거 환경 개선
② 지역 간 성장 격차 완화
③ 도시와 촌락 간 소득 격차 해소
④ 대도시의 대기 오염 물질 배출량 감축
⑤ 촌락의 노동력 부족과 기반 시설 문제 완화

중요

> 25592-0241

06 그래프는 두 시기의 강수 시 시간별 하천 수위 변화를 나타낸 것이다. (가), (나)에 대한 설명으로 옳은 것은? (단, (가), (나)는 각각 도시화 이전과 도시화 이후 중 하나임.)

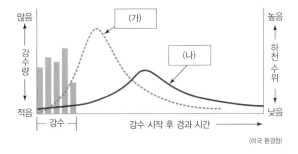

(미국 환경청)

① (가)는 (나)보다 강수 시 하천의 최대 유량 도달 시간이 늦다.
② (가)는 (나)보다 하천의 유역 면적 내 불투수 면적 비율이 높다.
③ (나)는 (가)보다 하천의 최고 수위와 최저 수위의 차가 크다.
④ (나)는 (가)보다 강수 시 지표를 통해 하천으로 흘러드는 물의 양이 많다.
⑤ (가)는 도시화 이전, (나)는 도시화 이후이다.

> 25592-0242

07 다음은 ○○ 지역에 거주하는 주민의 일과를 정리한 것이다. (가) 시기와 비교한 (나) 시기 ○○ 지역의 상대적 특성으로 옳은 것만을 〈보기〉에서 고른 것은? (단, (가), (나)는 각각 1960년과 2023년 중 하나임.)

(가) 아버지가 아침 일찍 옆집의 벼를 수확하기 위해 이웃들과 함께 품앗이를 가셨다. 나는 친구들과 골목길에서 딱지치기를 하며 놀고 있었는데, 아버지가 이웃 주민들과 오고 계셔서 집으로 갔다.
(나) 시내버스를 타고 30분 정도 가니 회사가 있는 건물에 도착했다. 15층에 있는 사무실에 도착해서 팀원들과 회의를 했다. 잠시 쉬는 시간에 창밖을 바라보니 멀리까지 아파트 숲이 보였다. 저곳은 내가 어릴 적 아버지가 벼농사를 짓던 곳이었다.

〈보기〉
ㄱ. 가구당 구성원 수가 많다.
ㄴ. 주민들의 직업이 동질적이다.
ㄷ. 하루 중 평균적으로 마주치는 사람의 수가 많다.
ㄹ. 취업자의 거주지와 직장 간의 평균 이동 거리가 멀다.

① ㄱ, ㄴ ② ㄱ, ㄷ ③ ㄴ, ㄷ ④ ㄴ, ㄹ ⑤ ㄷ, ㄹ

> 25592-0243

08 그래프는 도시화율이 가장 높은 지역(대륙)과 가장 낮은 지역(대륙) 및 세계 평균을 나타낸 것이다. (가)~(다)로 옳은 것은?

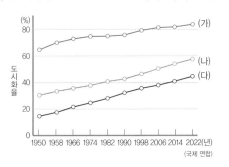

(국제 연합)

	(가)	(나)	(다)
①	세계 평균	아프리카	앵글로아메리카
②	세계 평균	앵글로아메리카	아프리카
③	아프리카	세계 평균	앵글로아메리카
④	앵글로아메리카	세계 평균	아프리카
⑤	앵글로아메리카	아프리카	세계 평균

서술형 문제

> 25592-0244

Step1 핵심 키워드 파악하기

01 그래프는 우리나라 도시화율 변화를 나타낸 것이다. 이를 보고 물음에 답하시오.

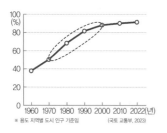

※ 용도 지역별 도시 인구 기준임 (국토 교통부, 2023)

(1) 그래프의 ⟨⟩로 표시된 시기에 나타난 우리나라 인구 이동의 주된 흐름을 설명하시오.

예시 답안 ( )에서 ( )(으)로의 인구 이동이 활발하다.

(2) 그래프의 ⟨⟩로 표시된 시기에 나타난 인구 이동의 영향으로 도시에서 나타난 거주 공간의 변화를 쓰시오.

예시 답안 좁은 지역에 많은 인구가 ( )하면서 인구 밀도가 높아졌고, 많은 인구를 수용하기 위해 아파트, 연립 주택 등 ( )이/가 ( )하였다.

> 25592-0245

02 도시화로 소도시가 대도시로 성장하면서 나타나는 지역 분화 현상을 제시된 용어를 모두 사용하여 설명하시오.

도심	상업	주거
접근성	고층 건물	

예시 답안 도시가 성장하면서 도시 내부는 접근성의 차이에 따라 지역마다 서로 다른 기능이 입지하면서 상업 지역, 주거 지역, 공업 지역 등으로 분화된다. ( )이/가 높은 ( )은/는 지대 및 지가가 높아서 주거 기능이나 공업 기능에 비해 ( ) 기능이 집중한다. 또한 도심은 높은 지가와 지대 부담을 줄이고 공간을 효율적으로 사용하기 위해 ( )이/가 밀집하게 된다. 따라서 ( ) 기능은 도심보다는 외곽 지역에 입지하게 된다.

Step2 스스로 답안 작성하기

> 25592-0246

03 [자료1], [자료2]를 보고 물음에 답하시오.

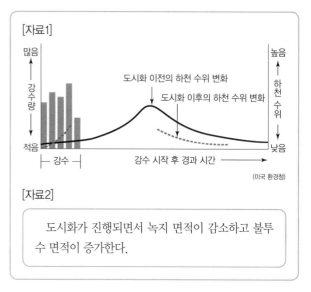

[자료1]

(미국 환경청)

[자료2]

> 도시화가 진행되면서 녹지 면적이 감소하고 불투수 면적이 증가한다.

(1) 도시에 [자료2]와 같은 변화가 발생했을 때, 하천 수위 변화 경향을 나타낸 [자료1] 그래프를 완성하시오. (단, 강수량은 같으며 그래프에 대한 평가는 최고 수위, 최고 수위 도달 시간 및 이를 토대로 한 하천 수위의 변화 경향만을 평가함.)

(2) 도시에서 [자료2]와 같은 변화로 인해 나타날 수 있는 문제점을 기온과 홍수 측면에서 쓰시오.

> 25592-0247

04 산업화·도시화로 인한 생활양식의 변화를 직업 분화 및 가치관 측면에서 서술하시오.

(1) 직업 분화 측면

(2) 가치관 측면

01 다음은 도시화와 산업화 단원의 형성 평가지이다. (가)에 들어갈 내용으로 옳은 것은?

> 25592-0248

> ※ 다음 퀴즈의 정답에 해당하는 용어의 글자를 지우면 〈글자판〉의 글자
> 가 모두 지워집니다.
>
> 〈퀴즈〉
> (1) 산업의 중심이 1차 산업에서 2·3차 산업으로 변화하는 과정
> (2) 특정한 목적 의식을 가지고 모인 수단적이고 간접적인 인간관계
> (3) 도심 지역의 기온이 주변 지역에 비해 높게 나타나는 현상
> (4) _____(가)_____
>
> 〈글자판〉
>
> | 2 | 산 | 차 | 열 | 이 | 촌 | 적 | 업 | 인 |
> |---|---|---|---|---|---|---|---|---|
> | 섬 | 현 | 간 | 향 | 상 | 도 | 화 | 관 | 계 |

① 전체 인구 중에서 도시 인구 비율이 증가하는 현상
② 도시에 거주하는 사람들의 특징적인 사고 및 행동 양식
③ 인간의 풍요로운 생활을 위해 만든 물질이 거꾸로 인간을 지배하는 현상
④ 산업화·도시화가 진행되면서 인구가 촌락을 떠나 도시로 이동하는 흐름
⑤ 도로, 병원, 하수도 등 도시 주민들의 생활과 도시 기능을 유지하기 위한 필수 시설

02 다음 글의 밑줄 친 ㉠, ㉡ 현상이 나타나게 된 공통적 원인으로 옳지 않은 것은?

> 25592-0249

> 서울시의 2020년 4월~2021년 3월 조사 결과에 따르면 ㉠ 여름철(4~8월) 서울 도심 기온은 서울 내의 산지보다 평균 2.32℃, 강변보다는 1.08℃ 높았다. ㉡ 겨울철(11~3월)에도 도심 기온은 도시 내의 산지보다 평균 2.16℃, 강변보다는 1.42℃ 높았다.

① 냉·난방을 위한 에너지 사용량이 증가하였다.
② 녹지 공간의 면적을 확대하기 위한 정책을 실시했다.
③ 도시 성장으로 도심을 통행하는 자동차의 수가 많아졌다.
④ 도심에서 토지 이용의 효율성을 높이기 위해 고층 건물을 건설하였다.
⑤ 서울 시내 한강의 지류 하천 위를 콘크리트로 덮고 도로를 건설하였다.

03 지도의 (가), (나) 지역에 대한 설명으로 옳은 것은? (단, (가), (나)는 각각 상업 및 업무 지역과 주거 지역 중 하나임.)

> 25592-0250

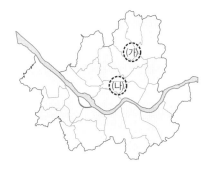

① (가)에는 주로 상업 및 업무 기능이 입지하고 있다.
② (나)는 주로 주거용 건축물이 입지하고 있다.
③ (가)는 (나)보다 접근성이 높다.
④ (나)는 (가)보다 거주 인구당 일자리 수가 많다.
⑤ (나)는 (가)보다 야간 인구 대비 주간 인구가 적다.

04 그래프는 지역(대륙)별 도시화율 변화를 나타낸 것이다. 이에 대한 분석으로 옳은 것만을 〈보기〉에서 고른 것은?

> 25592-0251

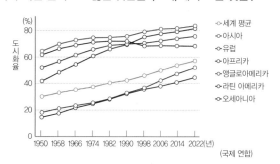

> ┤ 보기 ├
> ㄱ. 1950~2022년에 유럽은 앵글로아메리카보다 모든 시기에 도시화율이 높았다.
> ㄴ. 오세아니아의 도시화율 상승 폭은 1982~2022년이 1950~1982년보다 높다.
> ㄷ. 1950년에 라틴 아메리카, 아시아, 아프리카는 촌락 인구가 도시 인구보다 많았다.
> ㄹ. 1950~2022년의 도시화율 상승 폭이 가장 큰 지역(대륙)은 라틴 아메리카이다.

① ㄱ, ㄴ ② ㄱ, ㄷ ③ ㄴ, ㄷ ④ ㄴ, ㄹ ⑤ ㄷ, ㄹ

🔗 **핵심 개념**

☐ 교통   ☐ 통신
☐ 과학기술   ☐ 생태환경

● **교통 발달에 따른 공간 변화**

1500~1840년
마차와 범선: 평균 속도 16km/h

1850~1930년
증기 기관차: 평균 속도 100km/h, 증기선: 평균 속도 60km/h

1950년대
프로펠러 비행기: 평균 속도 500~600km/h

1980년대
제트 비행기: 평균 속도 800~1,200km/h
(경제 지리학, 2018)

● **사물 인터넷**
모든 사물을 인터넷과 연결하여 사람과 사물, 사물과 사물 간에 정보를 상호 소통하는 기술과 서비스를 말한다.

● **우리나라 출입국 관광객 추이**

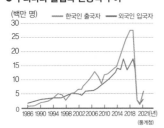

(백만 명) ── 한국인 출국자 ── 외국인 입국자
(통계청)

2020년은 코로나바이러스감염증―19로 인해 국제 관광객이 급감하였다.

● **전자 민주주의**
인터넷을 통해 국가의 의사 결정과 집행에 국민이 직접 참여하는 민주주의를 말한다.

1 교통·통신 및 과학기술의 발달에 따른 생활의 변화

1. 교통 · 통신 및 과학기술 발달 영향

(1) **교통 · 통신 발달 영향**: 사람과 물자의 지역 간 이동에 드는 시간이 짧아지고 비용이 감소

(2) **과학기술 발달 영향**

① 지식과 정보가 부가 가치 생산에 미치는 영향이 커짐

② 4차 산업 혁명 도래: 인공지능(AI), 로봇 공학, 가상 현실(VR), 사물 인터넷(IoT), 빅 데이터, 3D 프린팅 등이 생활에 적용되면서 사회 · 경제에 혁신적인 변화가 나타남
   └ 컴퓨터 시스템 등을 사용해 인공적인 기술로 만들어 낸, 실제와 유사하지만 실제가 아닌 어떤 특정한 환경이나 상황을 말한다.

2. 생활공간의 변화 <u>자료①</u>

(1) **일상생활 범위 확대**

① 통근 · 통학 범위가 넓어지고 교외화가 나타남
   └ 주거지와 공장 등이 도시 외곽 지역으로 이주하는 현상을 말한다.

② 가상 공간에서 교육, 문화생활 등이 가능해져 생활공간 범위가 확장함

(2) **경제활동 범위 확대**

① 지하철과 고속 국도 등 광역 교통망 발달로 대도시의 기능과 영향력이 주변 지역까지 확대하면서 대도시권이 형성되고 성장함

② 대형 선박과 항공기를 이용한 화물의 대량 수송이 가능해지면서 국제 화물 수송량이 증가하고 경제활동 범위가 전 세계로 확대됨
   └ 기업의 규모가 커지면서 기업의 본사, 연구소, 생산 공장 등의 기능이 공간적으로 분리되는 현상이다.

③ 기업 활동의 공간적 범위가 확대되고 공간적 분업이 이루어짐

④ 전자 상거래의 발달로 무점포 상점이 증가하면서 상권이 확대되었고, 무점포 상점과 관련된 물류 센터, 택배업 등이 발달함

(3) **여가 공간의 확대**: 국내외 여행 증가, 대중 매체를 통한 세계 여러 지역과의 상호 작용을 통해 다양한 문화를 경험

(4) **생태환경의 변화**

① 교통로 건설에 따른 생태계의 단절 및 파편화 문제 발생, 로드킬 발생

② 무인기(드론)를 이용하여 인간의 접근이 어려운 지역의 생태 조사 가능

③ 위성 위치 확인 시스템(GPS)과 인공지능 기술을 이용하여 동물의 개체 수와 이동 경로를 파악해 멸종 위기 동물 보호

④ 지리정보 시스템(GIS)을 활용해 교통, 토지, 해양 등 다양한 분야에서 자원을 관리하며 재난 · 재해 예측 및 대책 수립
   └ 다양한 방법으로 수집된 지리정보를 수치화하여 컴퓨터에 입력 · 저장하고 이를 사용자의 요구에 따라 분석하는 시스템이다.

3. 생활양식의 변화 <u>자료②</u>

(1) **근무 환경 변화**: 업무 처리에 미치는 공간적 제약 감소

(2) **생활의 편리성 증대**: 생활의 안전성과 편의성, 에너지 활용의 효율성이 높아짐

(3) **다양한 인간관계 형성**: 대면 접촉을 통한 인간관계의 중요성 약화, 사회 관계망 다양화

(4) **정치 참여의 기회 확대**: 전자 민주주의 실현

자료 ① 교통 발달과 거주 공간의 확대

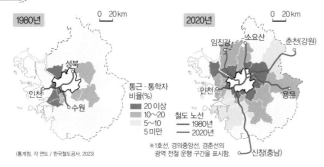

1980년

2020년

```
0    20km
```

```
0    20km
```

성북
인천
수원

임진강   소요산   춘천(강원)
인천   용문
신창(충남)

통근·통학자
비율(%)
■ 20 이상
■ 10~20
■ 5~10
□ 5 미만

철도 노선
── 1980년
── 2020년

※1호선, 경의중앙선, 경춘선의
광역 전철 운행 구간을 표시함.

(통계청, 각 연도 / 한국철도공사, 2023)

지도는 1980년과 2020년의 서울과 연결되는 주요 철도인 1호선, 경의중앙선, 경춘선의 노선과 종점 및 경기와 인천에서 서울로의 통근·통학자 비율을 나타낸 것이다. 1980년에 비해 2020년은 노선의 길이가 길어졌으며 통근·통학자 비율이 높아진 곳이 많다. 1980년에는 서울과 가까운 곳을 중심으로 서울로의 통근·통학이 이루어지지만 2020년에는 서울에서 먼 경기 여러 시·군도 1980년에 비해 서울로의 통근·통학률이 높아졌다. 이는 서울 대도시의 성장과 서울과 연결되는 교통로 발달, 서울의 인구와 시설의 교외화 현상과 관계가 깊다.

자료 ② 교통·통신 및 과학기술의 발달에 따른 생활의 변화

사무실에 출근하지 않고 집에서 원격으로 업무를 본다.

전자 상거래를 통해 상점에 가지 않고 물건을 직접 구매한다.

확장 가상 세계(메타버스)를 통해 세계의 다양한 사람들과 소통한다.

사물 인터넷을 이용해 원격으로 집안의 가전제품을 제어한다.

버스 도착 시간을 미리 파악하여 알맞은 시간에 정류장에 도착한다.

서울에서 고속 철도를 이용하여 하루 만에 부산 여행을 다녀온다.

정보 통신 기술의 발달로 대량의 정보를 실시간으로 전달할 수 있게 되면서 사무실에 출근하지 않고도 업무를 할 수 있는 재택근무가 발달하게 되었으며 전자 상거래를 통해 상점에 가지 않고 물건을 직접 구매할 수 있게 되었다. 이외에도 확장 가상 세계(메타버스)를 통한 다양한 사람과의 소통, 사물 인터넷을 활용한 가전제품의 원격 제어, 대중교통 수단의 운행 시간 정보 파악, 고속 철도 발달 등으로 생활에 큰 변화가 나타나고 있다.

○ ✖ 표시하기

❶ 경기에서 서울로의 통근·통학자 비율은 대체로 서울과 거리가 가까운 곳이 먼 곳보다 높다. (   )

❷ 1980년에 비해 2020년은 수도권의 광역 전철 운행 구간이 길다. (   )

❸ 1980년에 비해 2020년은 서울로의 통근·통학 범위가 넓다. (   )

❹ 재택근무자 비율이 증가하면 교통 혼잡 문제는 심화된다. (   )

❺ 전자 상거래는 기존의 도·소매업을 활용한 상거래보다 상품 유통 단계가 단순하다. (   )

❻ 정보 통신 기술 발달로 상점에 가지 않고 물건을 구매하는 구매 건수가 증가하였다. (   )

적절한 말 고르기

❼ 서울과 외곽 지역을 연결하는 철도가 발달하면서 경기에서 서울로의 통근자 수가 (감소, 증가)하였다.

❽ 2020년은 1980년에 비해 서울과 연결되는 철도 노선의 길이가 (짧아, 길어)졌다.

❾ 서울과 부산을 연결하는 고속 철도가 개통되면서 서울-부산 간의 인구 이동량이 (감소, 증가)하였다.

❿ 서울과 부산을 연결하는 고속 철도가 개통되면서 서울-부산 간의 총인구 이동에서 철도를 이용한 인구 이동량의 비율이 (낮아, 높아)졌다.

빈칸 채우기

⓫ 서울은 도시 성장 과정에서 인구와 시설이 외곽 지역으로 이동하는 (   ) 현상이 나타났다.

⓬ 인터넷을 통해 국가의 의사 결정과 집행에 국민이 직접 참여하는 민주주의를 (   ) 민주주의라고 한다.

⓭ 정보 통신 기술의 발달로 사무실에 출근하지 않고 집에서 일을 하는 (   )이/가 늘어났다.

⓮ 정보 통신 기기를 이용하여 원격으로 집안의 가전제품을 제어하는 (   )의 발달로 생활이 편리해졌다.

핵심 개념

☐ 지역 격차   ☐ 정보 격차
☐ 환경 오염
☐ 노동 시장 양극화

◉ 빨대 효과
새로운 교통수단의 개통으로 대도시가 주변 중소 도시의 인구나 상권을 흡수하는 현상이다.

◉ 폐기물 부담금 제도
유해 물질을 함유하고 있거나, 재활용이 어렵고 폐기물 관리상 문제를 일으킬 수 있는 제품, 재료, 용기의 제조업자 또는 수입업자에게 그 폐기물 처리에 드는 비용을 부담하도록 하는 제도이다.

◉ 생산자 책임 재활용 제도
제품 생산자나 포장재를 이용한 제품의 생산자에게 그 제품이나 포장재의 폐기물에 대하여 일정량의 재활용 의무를 부여하여 재활용하게 하고, 이를 이행하지 않을 경우 재활용에 드는 비용 이상의 재활용 부과금을 생산자에게 부과하는 제도이다.

◉ 선박 평형수
화물 적재에 따라 선박의 균형을 잡을 수 있게 평형수 탱크에 주입한 바닷물을 말한다.

◉ 생태 통로
도로나 댐 등의 건설로 인해서 야생 동물의 서식지가 단절되는 것을 막기 위해 인공적으로 야생 동물이 지날 수 있도록 만든 길을 말한다.

◉ 노동 양극화
노동자의 고용 안정성, 소득(임금) 등의 분포에서 중간 부분이 감소하고 양극단이 늘어나는 현상을 말한다.

2 교통·통신 및 과학기술의 발달에 따른 문제점과 해결 방안

1. 교통로 건설에 따른 문제점과 해결 방안 자료③

문제점	• 교통로 건설로 상대적으로 교통 조건이 불리해진 지역에서는 경제활동이 위축될 수 있음 • 새로운 교통로 발달로 도시 간 이동이 편리해지면서 인구와 기능의 빨대 효과가 발생할 수 있음
해결 방안	• 교통 접근성이 낮은 지역에 도로 건설 • 낙후 지역에 대한 지원 강화 등을 통해 경쟁력 제고 필요

2. 정보 격차의 문제점과 해결 방안 자료④

문제점	• 인터넷과 정보 통신 기기 접근성의 차이에 따른 지역 및 계층 간 정보 격차 발생 • 통신 시설이 낙후된 지역이나 소외 계층에서 정보 기기와 서비스의 접근성, 활용 수준 등이 낮게 나타남
해결 방안	• 정보화 시설이 낙후된 지역에 통신 기반 시설 확충 • 소외 계층에 정보화 기기 제공 및 교육 실시 등

3. 환경 오염 문제와 해결 방안

선체에 설치한 탱크 안에 주로 원유를 넣어서 운반하는 선박이다.

문제점	• 무역량 증가로 인한 선박 운항이 늘어나면서 선박이나 유조선의 충돌 사고로 인한 해양 오염 • 전자 폐기물로 인한 환경 오염
해결 방안	폐기물 부담금 제도, 생산자 책임 재활용 제도 실시

더 이상 가치가 없게 된 낡고 수명이 다한 여러 가지 형태의 전기·전자 제품을 말한다.

4. 생태환경 교란 문제와 해결 방안

문제점	• 교통로 건설로 녹지 면적 감소 및 동·식물의 서식지 단절 • 선박 평형수로 인한 외래 생물종의 유입과 같이 교통수단 이동에 따른 외래 생물종의 유입으로 생태계 교란
해결 방안	• 생태 통로 설치 • 외래 생물종 유입 관리 • 선박 평형수 처리 장치 설치 의무화 • 야생 동물 보호 및 관리에 대한 법률, 생물 다양성 보전 및 이용에 관한 법률 제정

5. 전염병의 확산 문제와 해결 방안 자료⑤

문제점	항공 교통의 발달로 한 곳에서 발생한 전염병이 세계 여러 곳으로 빠르고 넓게 확산
해결 방안	• 세계 보건 기구(WHO)의 전염병 발생 상황에 대한 신속한 공유 및 대응 규칙 마련 • 전염병에 감염된 사람에 대한 출입국 통제 강화

6. 노동 시장의 양극화 문제와 해결 방안

문제점	• 노동 시장의 자동화·기계화로 전통적인 제조업 일자리 감소 • 정보 사회로의 변화를 수용하기 어려운 근로자의 고용 불안정과 낮은 임금
해결 방안	제4차 산업 혁명 적응에 필요한 훈련과 교육 제공

자료③ 교통로 건설이 지역 격차에 미치는 영향

2012년 2월에 서울과 춘천을 오가는 ITX 청춘 열차가 개통되었다. ITX 청춘 열차가 개통되면 서울과 춘천을 오가는 사람이 증가하고 서울에서 춘천을 찾아오는 관광객이 증가할 것으로 예상되었다. 실제로 수도권에서 춘천을 방문하는 관광객 수가 증가하여 상가가 활성화되는 곳도 나타났다. 하지만 서울에서 통학하는 학생이 늘면서 춘천 지역의 자취생이 감소하였고 이에 따라 대학가의 상권도 영향을 받았다.

교통 발달은 지역의 변화에 큰 영향을 준다. ITX 청춘 열차의 개통으로 서울과 춘천 간의 접근성이 향상되면서 오가는 사람이 많아졌다. 이로 인해 이익을 보는 상점도 있었지만, 자취 대신 통학하는 대학생이 늘어나면서 대학가의 상권을 중심으로 매출액이 감소하는 사례도 나타났다.

자료④ 계층 간 정보 격차

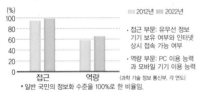

2012년 ■ 2022년

• 접근 부문: 유무선 정보 기기 보유 여부와 인터넷 상시 접속 가능 여부
• 역량 부문: PC 이용 능력과 모바일 기기 이용 능력

(과학 기술 정보 통신부, 각 연도)
• 일반 국민의 정보화 수준을 100%로 한 비율임.

▲ 정보 취약 계층의 디지털 정보화 수준

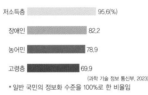

저소득층 95.6(%)
장애인 82.2
농어민 78.9
고령층 69.9

(과학 기술 정보 통신부, 2023)
• 일반 국민의 정보화 수준을 100%로 한 비율임.

▲ 계층별 디지털 정보화 수준(2022년)

정보 통신 기술이 발달하면서 이에 대한 계층 간의 격차가 나타났다. 그래프는 디지털 기기 및 정보의 소유와 접근성, 역량 측면에서 일반 국민과 정보 취약 계층 간의 정보화 수준을 나타낸 것이다. 정보 취약 계층의 정보화 수준은 접근 부문보다 역량 부문에서 낮게 나타난다. 취약 계층 내에서도 정보 격차가 나타나고 있는데 고령층의 정보화 수준이 특히 낮은 편이다. 이러한 문제를 해결하기 위하여 정보 취약 계층에게 정보화 교육을 시키고, 쉬운 언어와 디자인 등을 사용하여 누구나 쉽게 쓸 수 있는 디지털 환경을 만들기 위한 정부와 민간의 노력이 필요하다.

자료⑤ 교통·통신의 발달에 따른 전염병 확산의 변화

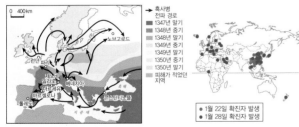

▲ 흑사병의 전파

▲ 코로나바이러스감염증-19(2020년)의 전파

14세기 유럽에서 흑사병이 발생했을 때는 유럽 전역으로 전파되는 데 수년이 걸렸고 피해가 거의 발생하지 않은 지역도 있었다. 하지만 2020년 코로나바이러스감염증-19의 경우 최초 확진자 발생 시기를 기준으로 거의 한 달 만에 세계 여러 곳에서 확진자가 발생하였다. 이는 교통 발달로 지역 간 교류가 활발해진 영향이 크다.

○✖ 표시하기

❶ 서울과 춘천을 오가는 ITX 청춘 열차의 개통으로 춘천을 방문하는 서울시민의 수가 증가하였다. (   )

❷ 서울과 춘천을 오가는 ITX 청춘 열차의 개통으로 춘천 소재 대학에 다니는 서울 출신 학생의 자취 비율이 높아졌다. (   )

❸ 서울과 춘천을 오가는 ITX 청춘 열차의 개통으로 춘천 내의 경춘선 역세권 상권보다 대학가의 상권이 더 활성화되었다. (   )

❹ 14세기 흑사병은 21세기 코로나바이러스 감염증-19보다 전파 속도가 빨랐다. (   )

❺ 새로운 교통로 건설로 야생 동물의 서식지가 단절되는 것을 막기 위해 인공적으로 야생 동물이 지나다닐 수 있도록 만든 길을 생태 통로라고 한다. (   )

적절한 말 고르기

❻ 14세기에 전염병인 흑사병은 최초 발생지로부터 거리가 멀수록 전파 시기가 (일렀다, 늦었다).

❼ 노동 양극화란 고용 안정성, 소득(임금) 등의 분포에서 중간 부분이 (감소, 증가)하고 양극단이 (줄어드는, 늘어나는) 현상을 말한다.

❽ 취약 계층 중에서 디지털 정보화 수준이 가장 낮은 계층은 (고령층, 저소득층, 농어민)이다.

❾ 지역 간 교류가 활발할수록 전염병의 확산 속도는 (느려, 빨라)지는 경향이 있다.

빈칸 채우기

❿ 서울과 춘천을 오가는 ITX 청춘 열차의 개통으로 춘천의 대학가 상권에서 쇠퇴 현상이 나타난 것은 새로운 교통로 건설로 생긴 (   ) 효과라고 할 수 있다.

⓫ 정보 통신 기술이 발달하면서 계층 간 디지털 정보화 수준의 차이로 인한 계층 간 (   )이/가 나타났다.

⓬ 교통이 발달하면 지역 간 사람과 물자의 이동이 증가하여 생태환경 교란 사례가 (   )한다.

⓭ 정보 격차 문제를 해결하기 위해서는 쉬운 언어와 디자인 등을 사용하여 누구나 쉽게 쓸 수 있는 (   ) 환경을 만들기 위한 노력이 필요하다.

> 25592-0252

01 그래프는 계층별 디지털 정보 격차 실태 조사 결과를 나타낸 것이다. 이에 대한 분석으로 옳은 것만을 〈보기〉에서 고른 것은?

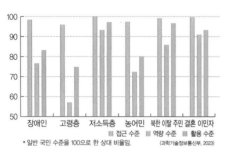

* 일반 국민 수준을 100으로 한 상대 비율임. (과학기술정보통신부, 2023)

┤ 보기 ├

ㄱ. 역량 수준이 가장 높은 계층은 활용 수준도 높다.
ㄴ. 고령층은 농어민보다 디지털 접근 · 역량 · 활용 수준 모두 높다.
ㄷ. 계층 간의 디지털 정보 격차는 역량 수준이 접근 수준 보다 크다.
ㄹ. 저소득층은 접근 · 역량 · 활용 수준 모두 일반 국민 수준과의 차이가 가장 크다.

① ㄱ, ㄴ ② ㄱ, ㄷ ③ ㄴ, ㄷ ④ ㄴ, ㄹ ⑤ ㄷ, ㄹ

중요

> 25592-0253

02 다음 자료의 ㉠~㉤ 중 옳지 <u>않은</u> 것은?

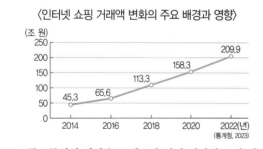

〈인터넷 쇼핑 거래액 변화의 주요 배경과 영향〉

(통계청, 2023)

교통 · 통신의 발달은 그래프와 같이 인터넷 쇼핑 거래액에도 큰 영향을 미쳤다. 이러한 변화 과정에서 ㉠ 전자 상거래가 발달하고, ㉡ 무점포 상점이 증가하였으며, 상품을 분류하는 물류 센터가 늘어났다. 또한 ㉢ 택배 산업이 발달하고, ㉣ 상품의 유통 단계가 증가하였으며, ㉤ 상품 구매를 위한 공간적 제약이 감소하였다.

① ㉠ ② ㉡ ③ ㉢ ④ ㉣ ⑤ ㉤

> 25592-0254

03 (가), (나)로 인해 발생하는 문제로 옳은 것은?

(가) 제조업과 같은 전통적인 일자리는 감소하는 반면, 정보화 및 인공지능, 로봇 기술, 가상 현실, 바이오 산업 등과 관련된 새로운 일자리는 증가하였다.

(나) 교통로 건설로 접근성이 향상된 지역은 경제활동이 활성화되는 반면, 상대적으로 교통 조건이 불리해진 지역에서는 인구와 기능이 빠져나가는 현상이 나타났다.

	(가)	(나)
①	생태계 교란	지역 격차 심화
②	생태계 교란	노동 시장 양극화
③	지역 격차 심화	생태계 교란
④	노동 시장 양극화	생태계 교란
⑤	노동 시장 양극화	지역 격차 심화

중요

> 25592-0255

04 다음 글의 ㉠에 들어갈 용어에 대한 설명으로 옳은 것만을 〈보기〉에서 있는 대로 고른 것은?

교통 발달로 지역 간의 접근성이 향상되면서 통근과 쇼핑 등 일상생활이 이루어지는 범위가 넓어졌다. 도시에서는 주거지와 공장 등이 도시 외곽 지역으로 이주하는 교외화 현상이 나타났는데, 지하철, 고속 국도 등 광역 교통망이 발달한 대도시는 그 기능과 영향력이 주변 지역으로 확대되면서 [㉠] 을/를 형성하였다.

┤ 보기 ├

ㄱ. 교통이 발달하면 그 범위가 확대될 수 있다.
ㄴ. 대도시를 중심으로 일상생활이 이루어지는 범위이다.
ㄷ. 중심 대도시와 그 영향을 받는 주변 지역으로 구성된다.
ㄹ. 도시 외곽 지역의 취업자는 모두 중심 대도시로 통근한다.

① ㄱ, ㄴ   ② ㄴ, ㄷ   ③ ㄷ, ㄹ
④ ㄱ, ㄴ, ㄷ   ⑤ ㄴ, ㄷ, ㄹ

> 25592-0256

05 표는 제1~4차 산업 혁명의 특징을 정리한 것이다. ㉠에 들어갈 내용으로 옳지 <u>않은</u> 것은?

구분	특징
제1차 산업 혁명	증기 기관 기반의 기계화 혁명
제2차 산업 혁명	전기 에너지 기반의 대량 생산 혁명
제3차 산업 혁명	컴퓨터, 인공위성, 인터넷에 의해 촉진됨
제4차 산업 혁명	㉠

① 석유와 전기 사용에 따른 비약적인 산업 발전
② 인간의 언어를 알아듣고 사람처럼 지각하고 판단하는 인공지능
③ 사람이 운전하지 않아도 자율적으로 주행하는 자율 주행 자동차
④ 방대한 양의 데이터(big data)를 관리하고 분석해서 유용한 정보로 사용하는 기술
⑤ 사람, 사물, 공간 등이 인터넷으로 연결되어 정보가 생성·수립·공유되는 초연결망

> 25592-0257

06 다음 자료는 교통·통신 및 과학기술의 발달에 따른 문제점을 해결하기 위한 정부의 노력이다. (가), (나)에 들어갈 말을 고른 것은?

(가)의 대책	(나)의 대책
낙후된 지역에 교통망을 확충하고, 수도권에 입지하던 공공 기관을 지방으로 이전하는 정책을 시행하였다.	생태 교란종의 국내 유입을 통제하고 조기에 발견하기 위해 노력하고 있다. 또한 환경 오염 물질 배출을 규제하는 정책을 실시한다.

	(가)	(나)
①	생태환경 파괴	지역 격차 확대
②	생태환경 파괴	노동 시장의 양극화
③	지역 격차 확대	생태환경 파괴
④	지역 격차 확대	노동 시장의 양극화
⑤	노동 시장의 양극화	생태환경 파괴

중요

> 25592-0258

07 다음 글의 밑줄 친 부분의 영향으로 옳은 것만을 〈보기〉에서 고른 것은?

> 2012년, 서울과 춘천을 오가는 열차인 ITX 청춘이 개통되었다. 개통 전인 2011년과 2020년의 지역 총소득을 비교하면 춘천의 소득은 여전히 제자리걸음이다. 서울에서 통학하는 학생이 늘면서 춘천 지역의 자취생은 30% 감소했으며, 대학 상가는 소비자 확보가 어려워졌다.

┤ 보기 ├

ㄱ. 춘천을 찾는 서울 주민의 수가 감소하였다.
ㄴ. 춘천 대학가의 상권에서는 빨대 효과가 나타났다.
ㄷ. 서울에서 춘천으로 통학하는 대학생 수가 증가하였다.
ㄹ. 서울–춘천 간의 철도 이용객 수 대비 버스 이용객 수의 비율이 높아졌다.

① ㄱ, ㄴ   ② ㄱ, ㄷ   ③ ㄴ, ㄷ
④ ㄴ, ㄹ   ⑤ ㄷ, ㄹ

> 25592-0259

08 다음 글에 나타난 현상으로 인해 발생하는 문제점으로 가장 적절한 것은?

> 제4차 산업 혁명으로 단순 생산직·사무직·관리직 일자리는 감소하지만, 과학·수학·정보 통신 기술 분야 일자리는 증가할 전망이다. 이에 따라 미래 사회에서 요구하는 능력을 갖춘 노동자는 일할 기회가 늘어나지만 그렇지 못한 노동자는 일자리를 잃게 될 수 있다.

① 전염병 확산
② 생태환경 파괴
③ 정보 격차 발생
④ 지역 격차 확대
⑤ 노동 시장 양극화

서술형 문제

Step1 핵심 키워드 파악하기

> 25592-0260

01 다음 자료를 토대로 고속 철도 강릉선의 개통이 미친 영향에 대한 내용을 항목별로 추론하여 서술하시오.

> 고속 철도 강릉선의 개통으로 서울 청량리에서 강릉까지의 소요 시간이 약 6시간에서 1시간 30분으로 단축되었다.

▲ 고속 철도 강릉선 노선도

예시 답안 강원특별자치도 관광객 수 변화: 강원특별자치도의 (　　　)이/가 향상되었으므로 강원특별자치도를 방문하는 관광객 수는 (　　　)하였을 것이다.

예시 답안 평창군 내의 지역 격차: 평창군의 고속 철도 정차역 부근은 관광객이 많아져 상권이 (　　　)하지만 고속 철도 정차역과 먼 지역은 그러한 효과를 덜 누려 평창군 내 지역 격차가 (　　　)되었을 것이다.

> 25592-0261

02 그래프를 토대로 정보 격차 현황을 설명하고 이에 대한 대책을 서술하시오.

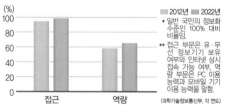

▲ 정보 취약 계층의 디지털 정보화 수준

예시 답안 정보 취약 계층의 디지털 정보화 수준은 접근 부문과 역량 부문 모두 2012년에 비해 2022년에 (　　　)되었는데, 일반 국민에 비해 역량 부문은 여전히 큰 차이를 나타낸다. 따라서 정보 격차 문제 해결을 위해서는 (　　　)을/를 대상으로 한 정보화 (　　　)을/를 통해 (　　　)을/를 개선하여야 한다.

Step2 스스로 답안 작성하기

> 25592-0262

03 다음 글에 나타난 문제점을 해결하기 위해 만드는 시설의 이름과 기대 효과를 각각 쓰시오.

> 도로의 건설은 야생 동물들이 사는 서식지를 나누기 때문에 도로는 야생 동물들에게 장벽으로 작용하고 서식지를 고립시킨다. 넓은 서식지를 필요로 하는 야생 동물 개체군에게는 이러한 단절과 파편화가 치명적으로 작용하며 길에서 동물이 운송 수단에 의해 치여 죽는 현상이 발생하는 직접적인 원인을 제공한다.

_____

_____

_____

_____

> 25592-0263

04 다음 글의 (1) 밑줄 친 ㉠, ㉡에 해당하는 문제점을 각각 하나씩 쓰고 (2) 해결 방안을 정부 차원과 개인적 차원에서 각각 쓰시오.

> 과학기술에 따른 정보화와 4차 산업 혁명은 인간의 삶에 긍정적인 변화를 가져왔지만, 다양한 사회 문제도 가져왔다. 특히 ㉠ 디지털 기기 사용이 증가하고 ㉡ 디지털 기기에 개인 정보가 많이 보관되면서 여러 문제가 나타났다.

(1) 문제점: _____

_____

(2) 해결 방안: _____

_____

1등급 도전 문제

> 25592-0264

01 다음은 교통·통신 및 과학기술 단원의 형성 평가지이다. (가)에 들어갈 내용으로 옳은 것은?

※ 다음 퀴즈의 정답에 해당하는 용어의 글자를 지우면 〈글자판〉의 글자가 모두 지워집니다.

〈퀴즈〉
(1) 생활 속 사물들을 인터넷으로 연결하여 정보를 공유하는 환경
(2) 도로나 댐 등의 건설로 인해서 야생 동물의 서식지가 단절되는 것을 막기 위해 야생 동물이 지날 수 있도록 인공적으로 만든 길
(3) _____ (가) _____

〈글자판〉

빨	사	생	물	대	인	태	터	통	효	넷	로	과

---

① 인공위성을 통하여 위치를 알 수 있는 시스템
② 인터넷을 이용하여 상품, 서비스 등을 사고파는 행위
③ 인터넷을 통해 국가의 의사 결정과 집행에 국민이 직접 참여하는 민주주의
④ 통행이 발생한 지역으로부터 특정 지역이나 시설로 접근할 수 있는 가능성
⑤ 새로운 교통수단이 개통되면서 대도시가 주변 중소 도시의 인구나 상권을 흡수하는 현상

> 25592-0265

02 그림은 교통 발달에 따른 교통수단별 평균 속도를 나타낸 것이다. (가)~(라) 시기에 대한 설명으로 옳은 것만을 〈보기〉에서 고른 것은?

1500~1840년 ----------- (가)
마차와 범선: 평균 속도 16km/h

1850~1930년 ----------- (나)
증기 기관차: 평균 속도 100km/h, 증기선: 평균 속도 60km/h

1950년대 ----------- (다)
프로펠러 비행기: 평균 속도 500~600km/h

1980년대 ----------- (라)
제트 비행기: 평균 속도 800~1,200km/h

┤ 보기 ├

ㄱ. (가)는 (라)보다 인간이 공간을 인식하는 범위가 넓다.
ㄴ. (나)는 (가)보다 대기 오염 물질의 배출량이 많다.
ㄷ. (다)는 (라)보다 대륙 간 이동에 드는 시간이 짧다.
ㄹ. (라)는 (나)보다 지역 간 사람과 물자의 이동량이 많다.

① ㄱ, ㄴ ② ㄱ, ㄷ ③ ㄴ, ㄷ ④ ㄴ, ㄹ ⑤ ㄷ, ㄹ

> 25592-0266

03 다음 글에 대한 설명으로 옳지 <u>않은</u> 것은?

(가) ㉠ 당일 조업된 수산물을 직거래하는 플랫폼은 구매자가 어부에게 조업을 요청하면 어부가 직접 수산물을 잡아 택배로 보내 주는 조업 요청형 서비스를 제공한다.

(나) ㉡ 드론과 위성 위치 확인 시스템을 활용하여 멸종 위기에 처한 야생 동물의 서식지와 이동 경로 등을 파악하고, 카메라를 숨겨 놓고 밀렵의 위험에 처한 야생 동물을 실시간 촬영함으로써 야생 동물을 보호하는 활동이 이루어지고 있다.

---

① ㉠으로 인해 수산물의 유통 단계가 증가하게 되었다.
② ㉠을 통해 소비자는 신선한 수산물을 구매할 수 있다.
③ ㉡은 불법적인 삼림 벌채와 어업 활동 감시에 활용할 수 있다.
④ ㉡을 이용해 인간이 접근하기 어려운 지역의 생태 조사를 할 수 있다.
⑤ (가), (나)는 모두 정보 통신 기술 발달의 영향을 나타낸 사례이다.

> 25592-0267

04 다음 글의 밑줄 친 ㉠으로 인한 피해를 예방하기 위한 방안에 해당하는 것만을 〈보기〉에서 고른 것은?

외래 식물인 가시박은 하천에서 자라는 ㉠ 생태계 교란 식물이다. 이 외래 식물은 최대 20m 이상 뻗으며 다른 식물을 감아 성장을 방해하거나 말려 죽이면서 기존 생태계에 큰 피해를 준다. 우리나라는 2009년에 가시박을 생태계 교란종으로 지정하여 제거하거나 번식을 억제하고 있다.

┤ 보기 ├

ㄱ. 도로 건설 시 다양한 형태의 생태 통로를 만든다.
ㄴ. 환경 오염 물질 배출을 규제하는 정책을 강화한다.
ㄷ. 선박에 선박 평형수 처리 장치 설치를 의무화한다.
ㄹ. 생태 교란종의 국경 이동을 통제하고 조기에 발견하기 위해 노력한다.

① ㄱ, ㄴ ② ㄱ, ㄷ ③ ㄴ, ㄷ ④ ㄴ, ㄹ ⑤ ㄷ, ㄹ

03 우리 지역의 공간 변화

핵심 개념

☐ 지역성   ☐ 지역 조사

◎ 점이 지대
서로 다른 특성을 지닌 두 지역 사이에서 인접한 두 지역의 특성이 모두 나타나는 지역을 말한다.

◎ 산업 구조의 의미와 조사 항목
한 지역이나 국가의 전체 산업에서 각 산업이 차지하는 비중과 각 산업의 상호 관계로 1차 산업(농림어업), 2차 산업(광공업), 3차 산업(서비스업 및 기타)으로 구분한다. 각 산업이 차지하는 비중은 산업별 취업자 수, 출하액 등의 항목으로 파악한다.

◎ 원격 탐사와 지리정보 시스템
최근에는 지역 정보 수집 과정에서 항공 사진, 인공위성 영상을 이용한 원격 탐사가 활발하게 이루어지며, 수집한 지리정보를 처리하는 데 지리정보 시스템(GIS)이 많이 이용되고 있다.

1 지역의 변화

1. 지역과 지역성

(1) **지역** ┌ 기후 지역, 문화권 등 특정한 지리적 현상이 동일하게 나타나는 공간 범위인 동질 지역과, 상권, 통근권 등 중심지와 그 기능의 영향을 받는 배후지로 구성된 공간 범위인 기능 지역으로 구분할 수 있다.

① 지리적 특성이 다른 곳과 구별되는 지표상의 공간 범위

② 경관상 유사하거나 기능적으로 관련된 장소들의 모임

(2) **지역성**

① 자연·인문환경이 상호 작용하여 형성된 그 지역만의 고유한 특성

② 지역성과 지역성의 공간 범위는 시간의 흐름, 교통·통신의 발달, 지역 간 상호 작용 등에 따라 변화

2. 지역의 변화 모습 [자료①]

(1) **지역의 공간 변화**: 토지 이용, 인구, 산업 구조 등을 통해 파악

(2) **공간 변화의 결과**

① 주민들의 직업, 인간관계 등 변화

② 지역 경제 활성화, 거주 환경 개선 등의 효과도 있으나 변화 과정에서 다양한 문제가 발생할 수 있음

(3) 지역 조사를 활용하여 지역 변화로 인한 문제점 해결 필요

2 지역 조사

1. 지역 조사

(1) **의미**: 지역에 대한 정보를 수집하고 분석·종합하여 지역성을 파악하는 활동

(2) **필요성**: 지역 조사를 통하여 부정적 측면을 개선하여 더 살기 좋은 공간으로 만들기 위한 방안을 모색할 수 있음

2. 지역 조사 과정

1. 지역 조사 계획 수립	• 조사 목적에 맞는 조사 주제와 지역 선정 • 조사 항목과 조사 방법 선정
↓	
2. 지역 정보 수집	• 실내 조사: 지도, 문헌, 사진, 위성 사진과 항공 사진, 통계 자료 등 • 야외 조사: 면담, 설문 조사, 관찰, 실측, 촬영 등
↓	
3. 지역 정보 분석 및 정리	• 수집한 자료를 구분하여 정리 • 그래프, 표, 통계 지도 등으로 표현 • 분석 및 종합
↓	
4. 보고서 작성	• 조사 목적, 방법, 결과 등을 체계적으로 작성 • 핵심을 파악하기 쉽게 간결하고 분명하게 작성

자료① **지역의 변화(사례 지역: 경기도 안산)**

• 항공 사진 비교(1967년, 1985년, 2017년)

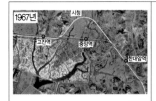

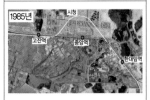

항공 사진을 통해 50년의 기간(1967년 ~2017년) 동안 경기도 안산시 고잔역 부근의 변화 모습을 살펴볼 수 있다.

1967년에는 해안가 갯벌과 염전, 그리고 농지가 있던 작은 농촌 마을이었다.

1985년에는 본격적으로 택지 개발*이 진행되었고, 갯벌과 농지가 대지로 바뀌며 아파트가 들어섰다.

2017년에는 빽빽하게 아파트가 들어선 고잔 신도시로 변모하였다.

협궤열차가 지나던 굽은 수인선(노랑)은 사라지고 직선화된 지금의 전철 4호선 노선(빨강)으로 바뀌었다.

−안산시청−

* 택지 개발: 시급한 주택난을 해소하기 위해 도시 지역과 그 주변 토지를 활용하여 주택 건설 및 주거 생활이 가능한 택지를 조성하는 것

• 토지 이용, 산업 구조, 직업의 변화

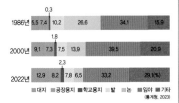

▲ 용도별 토지 이용 변화

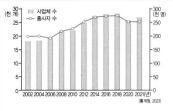

▲ 사업체 및 종사자 수 변화

용도별 토지 이용의 변화를 보면, 대지, 공장·학교용지 비율은 증가하였고, 밭, 논, 임야의 비율은 감소하여 도시적 특성이 증가하였음을 알 수 있다.

사업체 및 종사자 수는 모두 증가 추세로 산업이 발달하고 있음을 알 수 있다.

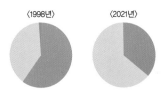

▲ 산업별 취업자 변화

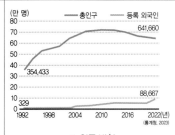

▲ 인구 변화

산업별 취업자 변화를 보면 농림어업, 광공업 취업자 비율은 감소하였고 사회 간접 자본 및 기타 서비스업 취업자 비율은 증가하여 산업 구조의 고도화가 진행되었음을 알 수 있다.

해당 기간 동안 총인구는 354,433명에서 641,660명으로 약 2배 가량 증가하였고, 등록 외국인은 329에서 88,667명으로 급증하였다.

❶ 지역의 특성은 시간의 흐름에 따라 변화하지 않고 고정되어 있다. ( )

❷ 지역의 공간 변화로 인한 양상 및 문제점을 탐구하여 더 살기 좋은 공간으로 만들기 위해 지역 조사가 필요하다. ( )

❸ 산업 구조는 1차, 2차, 3차 산업 종사자 수 비율을 통해 파악할 수 있다. ( )

적절한 말 고르기

❹ 정보 수집 단계에서 상대적으로 먼저 이루어지는 것은 (실내, 야외) 조사이다.

❺ 농업 노동력 부족 문제가 나타나는 지역을 조사하기 위해서는 인구가 지속해서 (유출, 유입)되는 촌락을 선정하는 것이 적절하다.

❻ 설문지를 작성할 때 질문은 (짧게, 길게) 작성한다.

빈칸 채우기

❼ ( )은/는 지리적 특성이 다른 곳과 구별되는 지표상의 공간 범위이다.

❽ ( )은/는 어떤 지역의 자연환경과 인문환경이 상호 작용하여 형성된 그 지역만의 고유한 특성을 말한다.

〈보기〉에서 고르기

┤ 보기 ├
ㄱ. 밭   ㄴ. 임야
ㄷ. 대지   ㄹ. 공장 용지

❾ 안산시의 1986년 대비 2022년 용도별 토지 이용 비율 증가 항목 ( )

❿ 안산시의 1986년 대비 2022년 용도별 토지 이용 비율 감소 항목 ( )

서로 관련된 내용 연결하기

⓫ 동질 지역 •

• ㉠ 기후 지역, 문화권 등 특정한 지리적 현상이 동일하게 나타나는 공간 범위

⓬ 기능 지역 •

• ㉡ 상권, 통근권 등 중심지와 그 기능의 영향을 받는 배후지로 구성된 공간 범위

◎ 주제도
현상만을 선택적으로 표현한 지도로 운전할 때 쓰이는 도로 지도, 통계 값을 그림이나 그래프 등으로 지도에 표현한 통계 지도 등이 이에 해당한다.

◎ 단계 구분도(지역별 연간 쓰레기 발생량)

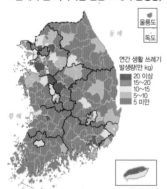

※ 행정 구역은 2022년 기준임.

통계 값을 몇 단계로 구분하고 음영이나 패턴을 달리하여 표현한 지도이다. 위 지도를 읽으면 인구가 밀집한 수도권의 쓰레기 발생량이 많음을 알 수 있다.

3. 지역 조사 과정별 특성

(1) **지역 조사 계획 수립**

① 조사 대상 지역은 조사 주제가 잘 드러날 수 있는 지역을 선정하고, 조사 항목은 조사 주제에 맞게 선정해야 함

② 조사 내용과 항목의 종류와 난이도를 고려하여 인원 배정

(2) **지역 정보 수집**: 실내 조사와 야외 조사를 통해 수집할 수 있음

① **실내 조사**

• 도서관이나 인터넷을 이용하여 문헌, 지도, 사진, 항공 사진, 통계 자료 등 지역 정보를 수집 인구 구조, 산업 구조, 생활 폐기물 발생량, 경지 면적, 농작물 생산량, 의료 시설 등

• 야외 조사에서 조사할 항목, 조사 방법, 답사 경로와 답사 일자, 방문 기관 등을 미리 결정

• 설문 대상을 선정하고 설문 조사할 내용과 설문지 미리 작성

② **야외 조사** 자료 ②

• 조사 지역의 현장에서 주민 면담이나 설문 조사, 실측, 사진 촬영 등을 통해 미리 파악한 정보를 확인하고 새로운 정보를 얻음 인간관계, 주민의 가치관, 의료 시설 이용 등

• 야외 조사 후에는 조사를 통해 얻은 정보를 사진이나 글로 기록

(3) **지역 정보 분석 및 정리**

① 지역 정보 수집 단계에서 수집한 정보를 항목별로 정리하고 분석함

② 조사 목적에 맞으면서 해당 정보의 특성이 잘 드러나도록 표, 그래프, 통계 지도 등으로 시각화 점지도, 단계 구분도, 도형 표현도, 유선도 등

(4) **조사 보고서 작성**

① 지역 정보 분석 및 정리한 내용을 토대로 지역 공간 특성이 드러나도록 정리

② 조사 목적과 방법, 지역의 공간 변화 및 문제점 등이 잘 나타나도록 정리

③ 정리한 자료를 토대로 문제점과 해결 방안을 탐색하고 해결 방안에 대해 장·단점 비교 및 정리

3 지역 문제의 해결을 위한 노력

1. 지속가능한 지역 문제의 해결 방안 모색 자료 ③

(1) **지역의 공간 변화에 따른 문제**

① 대도시: 다양한 도시 문제 발생, 공동체 의식 약화

② 지방 중소 도시와 촌락: 기반 시설 부족, 지역 경제 침체, 인구 유출

(2) **지역 문제의 해결 방안 모색**

① 개인적 이해관계를 넘어 지역 공동체의 이익을 함께 고려하는 태도 필요

② 지역 공동체의 민주적 토의를 통해 합리적 해결 방안을 통합적으로 모색

2. 지속가능한 지역 문제의 해결을 위한 실천

(1) **개인적 차원**: 지역 주민은 성숙한 시민 의식을 바탕으로 한 참여 및 실천

(2) **지역적 차원**: 국가와 지방 자치 단체 등의 제도와 정책 마련, 의사결정 과정에 주민 의견 반영

자료 탐구

자료 ②) 설문지 작성 시 유의 사항

- 조사 대상과 조사 방법 등을 미리 고려
- 조사 대상의 연령층별, 성별, 지역별 특성이 조사 목적에 적절한지 확인
- 설문의 목적과 용도를 밝히고, 개인 정보 처리 및 비밀 보장 문구 기입, 조사자의 소속과 연락처 등을 기재
- 질문은 응답자가 이해할 수 있도록 쉬운 용어와 적절한 설명을 사용
- 질문은 짧게 하고, 특정 답을 유도하는 질문은 하지 않음
- 비슷한 유형의 질문은 묶어서 배열함
- 일반적인 수준의 질문에서 전문적인 수준의 질문 순으로 배치
- 설문지 끝부분에는 고마움을 표시하는 문구 넣음

설문지를 통한 설문 조사는 지역 정보의 수집 과정의 야외 조사 단계에서 실시하지만, 설문지는 실내 조사 단계에서 작성하여야 한다. 최근에는 종이에 인쇄한 설문지를 활용한 방식 이외에도 컴퓨터나 모바일을 활용한 설문 조사도 이루어지고 있다.

자료 ③) 지역 문제 해결 플랫폼

- 광주 '영구 임대 주택 공동체 재생'
  노후화된 영구 임대 아파트의 빈집을 청년들에게 제공하여 지역의 슬럼화 및 청년 주거 문제를 해결하고, 입주 청년들의 공동체 활성화 프로그램을 진행하여 마을의 공동체성을 회복하는 활동을 진행하였다. 이 활동에는 한국토지주택공사, 광주청년센터the숲, 광주도시재생공동체센터, 광주광역시 등이 협업하였다.
- 대구 '무장애 플랫폼'
  경사로가 있는 식당이나 카페 안내, 지하철 편의 시설 안내 등 장애인 및 교통 약자의 이동 편의 증진을 위한 정보를 스마트 앱으로 제공하여 자유로운 이동을 돕도록 하는 활동을 진  행하였다. 이 활동에는 대구장애인연맹, 한국지능정보사회진흥원, 대구도시철도공사, ㈜파란자몽 등이 협업하였다.

– 행정안전부, 2021 –

'지역 문제 해결 플랫폼'이란 지역 주민들이 직접 지역 사회의 문제를 발굴하고, 이를 정부, 공공기관, 전문가, 대학, 지방 자치 단체 등과 함께 해결해 나가는 협업 체계를 말한다. 주민이 평소에 해결하고자 했던 문제를 주민이 직접 참여해 함께 해결해 나간다는 점에서 기존의 해결 방식에 비해 주민들의 목소리를 더 들을 수 있어 매우 효과적인 지역 문제 해결 방안이라고 할 수 있다.

✔ 개념 체크 문제
• 정답 58쪽

○✕ 표시하기

❶ 지역 조사 대상 지역은 주제가 잘 드러날 수 있는 지역을 선정한다. ( )

❷ 조사 보고서를 작성할 때 지역의 문제점은 잘 나타나지 않게 작성한다. ( )

❸ 국가와 지방 자치 단체 등이 제도와 정책을 마련할 때, 의사결정 과정에 주민의 의견을 반영할 필요는 없다. ( )

적절한 말 고르기

❹ 지역별 연간 쓰레기 발생량을 통계 지도로 표현할 때 (유선도, 단계 구분도)로 표현하는 것이 적절하다.

❺ 인간관계, 주민의 가치관 변화에 대한 지역의 지리 정보를 수집할 때는 (사진 촬영, 설문 조사) 방법이 유용하다.

빈칸 채우기

❻ 도로 지도, 통계 지도 등 특정한 현상만을 선택적으로 표현한 지도를 ( )(이)라고 한다.

❼ 지역 정보 수집 과정에서 답사 경로와 답사 일자를 결정하는 단계는 ( ) 단계이다.

❽ 지역 조사의 마지막 과정에서는 분석 및 정리한 내용을 토대로 지역의 공간 변화 및 문제점 등이 잘 나타나도록 ( )을/를 작성한다.

〈보기〉에서 고르기

┌ 보기 ┐
ㄱ. 면담   ㄴ. 사진 촬영
ㄷ. 항공 사진 검색   ㄹ. 통계 자료 조사

❾ 실내 조사 ( )

❿ 야외 조사 ( )

서로 관련된 내용 연결하기

⓫ 대도시 •   • ㉠ 지역 경제 침체, 인구 유출

⓬ 지방 중소 도시 및 촌락 •   • ㉡ 다양한 도시 문제 발생, 공동체 의식 약화

01 지역 조사 과정 중 다음과 같은 내용이 필요한 단계로 옳은 것은?

> 25592-0268

> 수집한 지역의 지리정보는 종류와 사용 목적에 맞게 통계표, 그래프 등의 방식으로 표현하면 의미를 더욱 쉽게 파악할 수 있다.
> - 사진 자료: 촬영 날짜와 장소, 특징과 의미를 함께 기록하여 정리한다.
> - 설문 결과: 한눈에 결과를 볼 수 있도록 항목에 따라 표로 정리한다.
> - 통계 자료: 시간의 흐름에 따른 변화가 한 눈에 보이도록 꺾은선 그래프로 나타낸다.

① 실내 조사
② 야외 조사
③ 보고서 작성
④ 조사 주제 선정
⑤ 지역 정보의 분석

02 다음 자료는 지역의 공간 변화가 초래한 양상을 탐구하기 위한 지역 조사 항목에 적합한 조사 방법을 나타낸 것이다. ㉠~㉤ 중 조사 방법이 적절하지 않은 것은?

> 25592-0269

조사 항목	조사 방법	
인간관계	주민들에게 설문지를 배부하여 자료를 수집한다.	… ㉠
산업 구조	시·군청 누리집에서 자료를 내려받는다.	… ㉡
생태환경	산지, 하천, 해안 등을 답사한다.	… ㉢
토지 이용	통계 자료와 지도를 수집하고 답사한다.	… ㉣
주민들의 가치관	항공 사진과 위성 사진을 수집한다.	… ㉤

① ㉠   ② ㉡   ③ ㉢   ④ ㉣   ⑤ ㉤

03 (가)~(라)를 지역 조사의 순서대로 옳게 배열한 것은?

> 25592-0270

> (가) 지역 조사의 목적에 알맞은 주제와 대상 지역을 선정한다.
> (나) 조사 대상 지역의 지도를 찾아보고 관련된 통계, 논문 등을 검색하여 지리정보를 수집한다.
> (다) 조사 대상 지역을 직접 답사하여 사진을 촬영하고, 지역 주민을 대상으로 설문 조사를 한다.
> (라) 수집한 지역의 지리정보를 정리하고 표나 그래프 등으로 한눈에 파악하기 좋게 자료를 작성한다.

① (가) → (나) → (다) → (라)
② (가) → (다) → (라) → (나)
③ (가) → (라) → (다) → (나)
④ (나) → (다) → (라) → (가)
⑤ (나) → (라) → (다) → (가)

04 그래프는 경기도 어느 지역의 산업 구조 변화를 나타낸 것이다. 1968년에 비해 2020년에 수치가 높을 것으로 예상되는 항목으로 옳지 않은 것은?

> 25592-0271

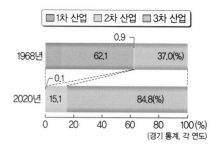

① 인구 밀도
② 공장 용지 면적
③ 서비스업 생산액
④ 농업 종사자 비율
⑤ 토지 이용의 집약도

> 25592-0272

05 다음 글은 지역 조사에 대한 내용이다. ⊙~㉣에 대한 설명으로 옳은 것만을 〈보기〉에서 고른 것은?

> 지역 조사를 하기 위해서는 먼저 ⊙ 조사 주제 및 지역을 선정해야 한다. 조사 주제와 조사 지역이 선정되면 지리정보를 수집하는데, 지리정보 수집 방법에는 ⓒ 실내 조사와 ⓒ 야외 조사가 있다. 지리정보의 수집이 완료되면 수집한 지리정보를 분석하여 표, 통계 지도, ㉣ 그래프 등으로 표현하고 정리하여 보고서를 작성한다.

─┤ 보기 ├─
ㄱ. ⊙에서 조사 주제와 지역은 조사 목적에 부합하게 선정해야 한다.
ㄴ. ⓒ에서 답사 계획을 수립하여야 한다.
ㄷ. ㄷ은 지도, 문헌, 통계 자료 등을 통해 지리정보를 수집하는 방법이다.
ㄹ. ㉣의 사례로 우리나라 시·군별 유소년층 인구 비율 지도를 들 수 있다.

① ㄱ, ㄴ   ② ㄱ, ㄷ   ③ ㄴ, ㄷ
④ ㄴ, ㄹ   ⑤ ㄷ, ㄹ

> 25592-0273

06 다음 자료는 어느 모둠의 지역 조사 과정을 나타낸 것이다. (가), (나) 활동이 이루어지는 단계에 대한 설명으로 옳은 것은?

> (가) 주민을 대상으로 하천 개발 전후의 하천 이용 실태에 대해 설문 조사를 실시한다.
> (나) 하천의 과거 모습 사진이 게재된 문서를 찾아 과거 하천의 이용 실태에 대한 정보를 수집한다.

> A. 수집한 지역 정보를 정리하여 분석한다.
> B. 실내 조사를 통해 지역 정보를 수집한다.
> C. 야외 조사를 통해 지역 정보를 수집한다.

	(가)	(나)		(가)	(나)
①	A	B	②	A	C
③	B	A	④	C	A
⑤	C	B			

중요 > 25592-0274

07 다음 자료는 지역 조사 과정의 일부를 나타낸 것이다. 조사 과정의 문제점을 추론한 내용으로 가장 적절한 것은?

> 갑: 지속적인 인구 유출이 발생하는 촌락의 모습을 조사하기 위해 부산광역시에 인접하여 위치한 양산에 왔어.
> 을: 여기저기 공동 주택을 짓는 곳이 보이고 거리에는 사람들이 많이 있어.

① 조사 주제에 맞는 방법을 선정하지 않았다.
② 조사 지역으로 선정된 지역 범위가 너무 넓다.
③ 조사 지역으로 선정된 곳이 조사 주제에 적합하지 않다.
④ 수집한 정보를 한눈에 볼 수 있도록 지도로 표현하지 않았다.
⑤ 실내 조사에서 조사 경로, 설문지 만들기 등이 이루어지지 않았다.

> 25592-0275

08 표는 경기도 시흥시에 대한 지역 조사 항목을 정리한 것이다. ⊙~㉤에 대한 설명으로 옳은 것은?

구분	조사 항목
⊙	과거의 토지 이용이 나타난 사진과 통계 자료 수집
ⓒ	현재의 토지 이용 사진 촬영
ⓒ	산업별 종사자 수와 이주 노동자 수
㉣	여성과 청년 계층의 의견 수렴
㉤	경기만의 조류 서식지 탐방

① ⊙ – 조사 방법은 야외에서 사진을 촬영하는 것이 적절하다.
② ⓒ – 조사 방법은 실내 조사 중 문헌 조사가 적절하다.
③ ⓒ – 생태환경의 변화를 파악할 수 있는 조사 내용에 해당한다.
④ ㉣ – 남성, 어린이 등에 대한 의견 수렴이 없으므로 모든 계층을 대상으로 한 것은 아니다.
⑤ ㉤ – 산업 구조 변화와 이주 노동자 현황 조사 내용에 해당한다.

서술형 문제

Step1 핵심 키워드 파악하기

> 25592-0276

01 지역의 유형에 대하여 서술하시오.

예시 답안 지역은 기후 지역, 문화권 등 특정한 지리적 현상이 동일하게 나타나는 공간 범위인 (   )와/과 상권, 통근권 등 중심지와 그 기능의 영향을 받는 배후지로 구성된 공간 범위인 (   )(으)로 구분할 수 있다.

> 25592-0277

02 다음 그래프에 나타난 용도별 토지 이용 변화에 대하여 서술하시오.

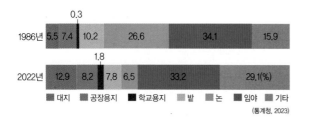

| 1986년 | 5.5 | 7.4 | 0.3 | 10.2 | 26.6 | 34.1 | 15.9 |

| 2022년 | 12.9 | 8.2 | 1.8 | 7.8 | 6.5 | 33.2 | 29.1(%) |

■ 대지 ■ 공장용지 ■ 학교용지 ■ 밭 ■ 논 ■ 임야 ■ 기타

(통계청, 2023)

예시 답안 위 지역의 1986년과 2022년의 용도별 토지 이용을 비교하면 (   )적 용도인 (   )의 비율은 5.5%에서 12.9%로, (   )의 비율은 7.4%에서 8.2%로, (   )의 비율은 0.3%에서 1.8%로 증가하였다. 반면, (   )적 용도인 (   )의 비율은 10.2%에서 7.8%로, (   )의 비율은 26.6%에서 6.5%로, (   )의 비율은 34.1%에서 33.2%로 감소하였다. 이로 미루어 보아 위 지역은 이 기간에 (   )적 특성이 증가하였음을 알 수 있다.

Step2 스스로 답안 작성하기

> 25592-0278

03 다음 지역 조사의 과정에서 (1) (가), (나)에 알맞은 용어를 쓰고, (2) 해당 조사 방법의 내용을 서술하시오.

조사 계획 수립	• 조사 주제와 지역 선정 • 조사 항목과 조사 방법 선정

↓

정보 수집	• _____(가)_____ • _____(나)_____

↓

정리 및 분석	• 항목별 자료 정리 • 조사 목적에 맞는 자료로 시각화

↓

보고서 작성	조사 목적과 방법, 지역의 공간 변화 및 문제점 등이 나타나도록 작성

(1)

(2)

> 25592-0279

04 다음 항공 사진을 참고하여 지역의 변화 모습을 서술하시오.

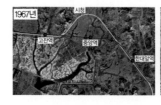

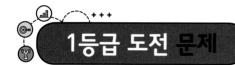

1등급 도전 문제

> 25592-0280

01 다음은 지역 조사를 통해 수집한 자료이다. 이에 대한 분석 및 추론으로 적절한 것만을 〈보기〉에서 있는 대로 고른 것은?

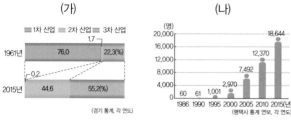

(가)

▣ 1차 산업 ▣ 2차 산업 ▣ 3차 산업

	1차 산업		
1961년	76.0	1.7	22.3(%)
2015년	0.2	44.6	55.2(%)

(경기 통계, 각 연도)

▲ 평택시의 산업별 종사자 비율

(나)

(명)
20,000
16,000 18,644
12,000 12,370
8,000 7,492
4,000 2,970
60 61 1,001
1986 1990 1995 2000 2005 2010 2015(년)
(평택시 통계 연보, 각 연도)

▲ 평택시의 외국인 수

┤보기├

ㄱ. 1차 산업 종사자 수가 점차 증가하였다.
ㄴ. 주민들 간의 이질성이 증가하였을 것이다.
ㄷ. 공업 발달이 외국인 수 증가에 영향을 주었을 것이다.
ㄹ. (가), (나) 자료는 야외 조사를 통한 수집이 적합하다.

① ㄱ, ㄴ   ② ㄴ, ㄷ   ③ ㄷ, ㄹ
④ ㄱ, ㄴ, ㄹ   ⑤ ㄱ, ㄷ, ㄹ

> 25592-0281

02 표는 ○○ 지역의 두 시기 농업 특성에 대해 수집한 정보이다. 이를 토대로 1990년과 비교한 2023년의 특성으로 옳은 것만을 〈보기〉에서 있는 대로 고른 것은?

연도	농가(호)	농가 인구 (명)	경지 면적(ha)	
			논	밭
1990년	188,160	708,079	167,305	68,715
2023년	90,003	179,162	64,874	69,864

(통계청, 각 연도)

┤보기├

ㄱ. 총 경지 면적이 증가하였다.
ㄴ. 농가 호당 농가 인구가 많다.
ㄷ. 농가 인구당 논 면적이 넓다.
ㄹ. 지역 내 경지 면적에서 차지하는 밭 면적의 비율이 높다.

① ㄱ, ㄴ   ② ㄷ, ㄹ   ③ ㄱ, ㄴ, ㄷ
④ ㄱ, ㄴ, ㄹ   ⑤ ㄴ, ㄷ, ㄹ

> 25592-0282

03 지도는 ○○ 지역의 두 시기 지형도를 나타낸 것이다. 지도를 토대로 과거와 비교한 최근의 지역 특성으로 옳은 것은?

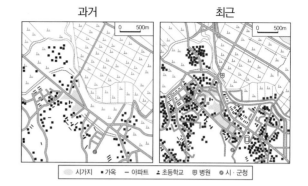

과거   최근

| 🔲 시가지 ▪ 가옥 ─ 아파트 🏫 초등학교 ⊞ 병원 ◉ 시·군청 |

① 상주인구가 적다.
② 경지 면적이 넓다.
③ 도로 총연장 길이가 짧다.
④ 주민들의 직업 종류가 단순하다.
⑤ 초등학생들의 평균 통학 거리가 짧다.

> 25592-0283

04 표는 울산광역시에 대한 지역 조사 항목별 조사 계획을 정리한 것이다. ⊙~⑩에 들어갈 내용으로 가장 적절한 것은?

조사 항목	조사 계획
토지 이용 변화	⊙
산업 구조 변화	ⓒ
주민 가치관 변화	ⓒ
공원 이용 실태	ⓔ
생태환경 변화	⑩

① ⊙ - 시기별 1차·2차·3차 산업 종사자 수에 대한 통계 자료를 수집한다.
② ⓒ - 도심과 주변 지역의 토지 이용 상태를 사진으로 촬영한다.
③ ⓒ - 관광객을 대상으로 방문하게 된 이유에 대해 설문 조사를 한다.
④ ⓔ - 시기별 녹지 면적을 조사한다.
⑤ ⑩ - 과거와 현재의 태화강 수질 오염 통계 정보를 수집한다.

대단원 마무리 정리

01 | 산업화와 도시화에 따른 변화

산업화·도시화로 인한 변화

- 산업의 중심이 1차 산업에서 2·3차 산업으로 변화하는 **❶** 현상이 나타남
- 전체 인구 중에서 도시에 거주하는 인구의 비율이 **❷** 하고 도시성이 확산함, 선진국은 개발 도상국에 비해 도시화율이 대체로 높음
- 거주 공간 변화: 공동 주택 증가, 도시 내 **❸** , 대도시권 형성 및 확대
- 생태환경 변화: 도시 내 하천의 개발, 포장 면적 확대로 녹지 공간 감소
- 생활양식 변화: 도시성 확산, 직업 분화 촉진, **❹** 적 가치관 확산

산업화·도시화로 인한 문제점과 해결 방안

- 이촌 향도로 촌락은 노동력과 의료, 교통 등 생활 **❺** 의 부족 문제가 나타남
- 균형 발전 정책 시행, 도시 기반 시설 확충
- 열섬 현상 발생, 포장 면적 증가로 토양의 빗물 흡수 능력 약화, 지나친 개인주의
- 기계화·분업화 과정에서 인간 **❻** 현상이 나타남
- 공동체 내 소통 강화

02 | 교통·통신 및 과학기술의 발달에 따른 변화

교통·통신 및 과학기술의 발달에 따른 생활의 변화

- 사람과 물자의 지역 간 이동에 드는 시간이 짧아지고 비용이 감소함
- 통근·통학 가능 범위가 넓어지고, 경제활동의 범위가 **❼** (으)로 확대됨
- 교통로 건설에 따른 생태계의 단절 및 파편화 문제 발생, **❽** 을/를 만듦

교통·통신 및 과학기술의 발달에 따른 문제점과 해결 방안

- 교통로 건설에 따른 지역 간 유불리로 **❾** 발생
- 인터넷과 정보 통신 기기 접근성의 차이에 따른 지역 및 계층 간 **❿** 발생
- 교통로 건설로 동식물의 서식지 단절, 선박 평형수로 인한 **⓫** 의 유입
- 전염병이 세계 여러 곳으로 빠르게 그리고 넓게 확산, 노동 시장의 양극화

03 | 우리 지역의 공간 변화

지역의 변화

- **⓬** : 지리적 특성이 다른 곳과 구별되는 지표상의 공간 범위
- **⓭** : 자연환경과 인문환경이 상호 작용하여 형성된 그 지역만의 고유한 특성

지역 조사

- **⓮** : 지역에 대한 정보를 수집하고 분석·종합하여 지역성을 파악하는 활동
- 지역 조사 과정

조사 계획 수립	지역 정보 수집	지리정보 분석 및 정리	조사 **⓰** 작성
· 조사 주제와 지역 선정 · 조사 항목과 조사 방법 선정	· **⓯** 조사 · 야외 조사	· 항목별 자료 정리 · 조사 목적에 맞는 자료로 시각화	· 조사 목적과 방법, 지역의 공간 변화 및 문제점이 나타나도록 작성

지역 문제의 해결을 위한 노력

- 대도시: 다양한 도시 문제 발생, 공동체 의식 약화
- 지방 중소 도시와 촌락: 기반 시설 부족, 지역 경제 침체, 인구 유출
- 지역 주민: 성숙한 시민 의식을 바탕으로 한 참여 및 실천
- 국가와 지방 단체: 제도와 정책 마련, 의사결정 과정에 주민 의견 반영

정답 ❶ 산업화 ❷ 증가 ❸ 지역 분화 ❹ 개인주의 ❺ 기반 시설 ❻ 소외 ❼ 세계 ❽ 생태 통로 ❾ 지역 격차
❿ 정보 격차 ⓫ 외래 생물종 ⓬ 지역 ⓭ 지역성 ⓮ 지역 조사 ⓯ 실내 ⓰ 보고서

대단원 종합 문제

> 25592-0284

01 그림은 ○○ 도시와 그 주변 지역의 지역별 기온 변화를 나타낸 것이다. (가) 현상을 완화하기 위한 방법으로 옳은 것만을 〈보기〉에서 있는 대로 고른 것은?

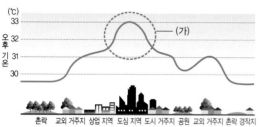

촌락 교외 거주지 상업 지역 도심 지역 도시 거주지 공원 교외 거주지 촌락 경작지

(국토지리학회지, 2023)

보기

ㄱ. 가로수 심기를 통해 녹지 면적을 늘린다.
ㄴ. 냉·난방용 에너지 사용 시 보조금을 지급한다.
ㄷ. 차량 2부제 실시를 통한 차량의 도심 통행량을 줄인다.
ㄹ. 바람이 잘 통할 수 있도록 바람길을 조성하는 정책을 시행한다.

① ㄱ, ㄴ   ② ㄷ, ㄹ   ③ ㄱ, ㄴ, ㄷ
④ ㄱ, ㄷ, ㄹ   ⑤ ㄴ, ㄷ, ㄹ

> 25592-0285

02 다음 글은 우리나라의 산업화·도시화에 대한 것이다. ㉠의 과정에서 나타난 현상으로 옳지 **않은** 것은?

우리나라는 1960년 이후 본격적인 경제 개발에 따른 산업화로 2023년 기준 1차 산업 종사자 수 비율이 10% 미만으로 낮아졌다. 이러한 ㉠ 급격한 산업화 과정에서 도시화율도 빠르게 높아져 2023년 기준 우리나라 전체 인구의 90% 이상이 도시에 거주하고 있다.

① 유입 인구가 많은 도시에서 개인 간의 경쟁이 심해졌다.
② 유입 인구가 많은 도시에서 주택 가격 상승 현상이 나타났다.
③ 유출 인구가 많은 촌락에서 기반 시설의 유지가 어려워지는 현상이 나타났다.
④ 도시와 촌락 모두에서 생태환경을 위협하는 오염 물질의 배출량이 증가하였다.
⑤ 농가의 가구당 경지 면적 증가로 농가의 가구당 소득이 도시의 가구당 소득보다 높아졌다.

> 25592-0286

03 지도는 우리나라의 시기별 도시 분포를 나타낸 것이다. 이에 대한 분석으로 옳지 **않은** 것은?

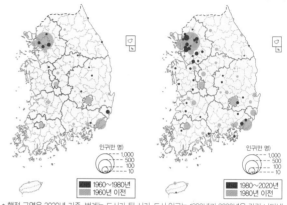

〈1960년 이전 도시 및 1960~1980년 신생 도시〉 〈1980년 이전 도시 및 1980~2020년 신생 도시〉

* 행정 구역은 2020년 기준, 범례는 도시가 된 시기, 도시 인구는 1980년과 2020년을 각각 나타냄.

(통계청, 국토지리정보원)

① 두 시기 모두 부산의 인구가 대구의 인구보다 많다.
② 두 시기 모두 호남 지방에서 인구가 가장 많은 도시는 광주이다.
③ 도시 수는 1960~1980년보다 1980~2020년에 더 많이 증가하였다.
④ 1980~2020년에 도시 수가 가장 많이 증가한 도(道)는 경기도이다.
⑤ 1980~2020년에 호남권은 영남권보다 도시 수가 더 많이 증가하였다.

> 25592-0287

04 밑줄 친 ㉠~㉤에 대한 설명으로 옳지 **않은** 것은?

산업화·도시화로 ㉠ 이촌 향도 현상이 활발하였고 ㉡ 도시와 촌락 간의 지역 격차가 커졌다. 촌락에서는 노동력 부족, ㉢ 기반 시설 부족 등이 나타났고 도시에서는 ㉣ 주거 문제, 교통 혼잡, ㉤ 주차 공간 부족 등이 나타났다.

① ㉠은 노년층 인구보다는 청장년층 인구에서 활발하였다.
② ㉡은 2024년 기준 도시보다 촌락의 가구당 소득이 높다.
③ ㉢은 생활 편의 시설 유지가 어려워진 영향이 크다.
④ ㉣의 내용으로 도시 주택 가격 상승을 들 수 있다.
⑤ ㉤ 문제 해결책으로 공영 주차장 확충을 들 수 있다.

> 25592-0288

05 다음 글에 나타난 산업화 및 도시화로 인한 문제점을 해결하기 위한 방안으로 가장 적절한 것은?

타인에 대한 무관심과 지나친 개인주의로 인해 이기주의가 심화하였다. 또 기계화와 분업화 과정에서 노동의 주체인 인간이 기계의 부속품처럼 하나의 수단으로 전락하면서 인간 소외 현상이 나타났다.

① 국가적 차원에서 생태환경을 복원한다.
② 지역 차원에서 노후 주거 환경을 개선한다.
③ 개인 차원에서 쓰레기 분리배출 실천을 생활화한다.
④ 지역 차원에서 다양한 마을 공동체 활동을 지원한다.
⑤ 지역 차원에서 공영 주차장과 대중 교통수단을 확충한다.

> 25592-0289

06 다음은 통합사회 수업 장면의 일부이다. 교사의 질문에 대한 대답 내용이 옳지 <u>않은</u> 학생을 고른 것은?

교사: 그래프는 우리나라 해외 직접 구매 추이를 나타낸 것입니다. 이를 분석한 내용을 발표해 보세요.

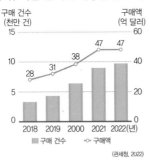

구매 건수 (천만 건) / 구매액 (억 달러)

28 31 38 47 47

2018 2019 2000 2021 2022(년)
■ 구매 건수 ◇ 구매액
(관세청, 2022)

갑: 해외 직접 구매 수입 건수가 증가했습니다.
을: 2021년은 2022년보다 구매 건수당 구매액이 적습니다.
교사: 그래프와 같은 변화의 배경을 발표해 보세요.
병: 상품의 국제 이동에 드는 비용이 감소하였습니다.
교사: 그래프와 같은 변화의 영향을 말해 보세요.
정: 온라인 매장과 오프라인 매장 간의 경쟁이 치열해졌습니다.
무: 상품 구매에 미치는 공간적 제약이 감소하였습니다.

① 갑   ② 을   ③ 병   ④ 정   ⑤ 무

> 25592-0290

07 ㉠이 주로 이루어지던 시기와 비교한 ㉡이 주로 이루어지던 시기의 상대적 특징으로 옳은 것만을 〈보기〉에서 고른 것은?

산업 혁명은 지역 간 사람과 물자의 이동에 큰 영향을 미쳤다. ㉠ 도보나 마차, 범선을 이용한 사람과 물자의 이동은 ㉡ 증기 기관을 이용한 증기 기관차, 증기선에 의한 사람과 물자의 이동으로 교체되었다.

⌐보기⌐
ㄱ. 생활권의 범위가 좁다.
ㄴ. 지역 간 물자 이동량이 적다.
ㄷ. 지역 간 문화 교류가 활발하다.
ㄹ. 대기 오염 물질의 배출량이 많다.

① ㄱ, ㄴ   ② ㄱ, ㄷ   ③ ㄴ, ㄷ
④ ㄴ, ㄹ   ⑤ ㄷ, ㄹ

> 25592-0291

08 그래프는 교통·통신 발달에 따른 변화를 나타낸 것이다. (가)에 들어갈 수 있는 항목만을 〈보기〉에서 있는 대로 고른 것은?

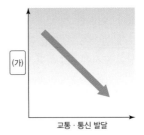

(가) / 교통·통신 발달

⌐보기⌐
ㄱ. 사람과 물자의 지역 간 이동량
ㄴ. 상품 구매에 미치는 공간적 제약
ㄷ. 사람과 물자의 지역 간 이동에 드는 시간

① ㄱ   ② ㄴ   ③ ㄷ
④ ㄱ, ㄴ   ⑤ ㄴ, ㄷ

> 25592-0292

09 다음 글은 두 전염병의 발생지로부터 우리나라에 확산되기까지의 기간에 대한 내용이다. ㉠에 비해 ㉡의 기간이 짧은 이유에 대한 설명으로 가장 적절한 것은?

○ ㉠ 1817년 인도의 풍토병이던 콜레라가 해상 경로를 통해 동남아시아, 중국, 일본으로 확산되었고 조선에는 4년 후인 1821년에 전파되었다.

○ 코로나바이러스감염증-19는 ㉡ 2019년 12월 중국 우한시에서 처음 보고되었는데, 한 달 후인 2020년 1월에 국내 최초로 인천 국제공항에서 확진자가 발생하였다.

① 지역 간 정보 교류가 활발하다.
② 개인의 위생 상태가 개선되었다.
③ 국가 간의 인적 교류가 활발하다.
④ 전염병에 대한 방역이 강화되었다.
⑤ 전염병 극복에 대한 국제 사회의 연대가 강화되었다.

> 25592-0293

10 지도는 경기도 고양시의 토지 이용 변화를 나타낸 것이다. 1970년대와 비교한 최근의 상대적 특징을 그림의 A~E에서 고른 것은?

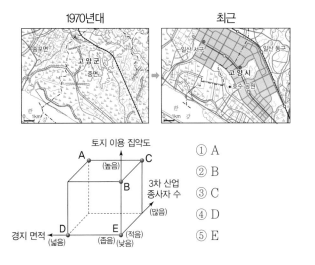

① A
② B
③ C
④ D
⑤ E

> 25592-0294

11 다음은 지역 조사 과정을 나타낸 것이다. A~E 단계에 해당하는 활동으로 가장 적절한 것은?

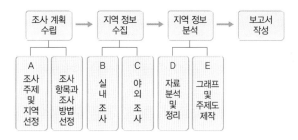

① A: ○○천의 과거 생태환경 자료를 인터넷으로 검색한다.
② B: ○○천을 방문하여 서식 어종을 촬영한다.
③ C: 수집한 자료를 분류하고 중요한 지리정보를 선별한다.
④ D: '○○천의 생태환경 변화'를 주제로 결정한다.
⑤ E: 어종별 개체 수를 그래프로 표현하고, 어종별 관측 지점을 점묘도로 표현한다.

> 25592-0295

12 표는 취약 계층별 두 시기 디지털 정보화 수준을 나타낸 것이다. 2018년과 비교한 2022년의 상대적 특징으로 옳은 내용만을 〈보기〉에서 고른 것은?

구분	2018년	2022년
장애인	74.6	82.2
고령층	63.1	69.9
저소득층	86.8	95.6
농어민	69.8	78.9
종합	68.9	76.2

* 일반 국민의 디지털 정보화 수준을 100으로 놓고 평가한 상댓값임.
(과학기술정보통신부, 2022년)

┨ 보기 ┠

ㄱ. 모든 취약 계층에서 디지털 정보화 수준이 향상되었다.
ㄴ. 일반 국민과 디지털 정보 격차가 가장 작은 계층은 저소득층이다.
ㄷ. 수치의 상승 폭은 고령층이 가장 크고 농어민이 가장 낮다.
ㄹ. 일반 국민과 취약 계층 간의 디지털 정보 격차가 확대되었다.

① ㄱ, ㄴ   ② ㄱ, ㄷ   ③ ㄴ, ㄷ
④ ㄴ, ㄹ   ⑤ ㄷ, ㄹ

> 25592-0296

01 그래프는 우리나라의 도시화율 변화를 나타낸 것이다. (가)~(다) 시기에 대한 설명으로 옳은 것만을 〈보기〉에서 고른 것은?

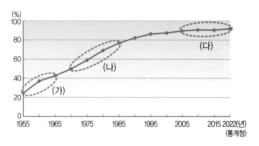

보기
ㄱ. (가)는 1차 산업 취업자 수가 3차 산업 취업자 수보다 많다.
ㄴ. (나)는 도시 인구 증가율이 촌락 인구 증가율보다 높다.
ㄷ. (가)는 (나)보다 국토 면적에서 대지 면적이 차지하는 비율이 높다.
ㄹ. (다)는 (나)보다 이촌 향도 현상이 활발하게 나타났다.

① ㄱ, ㄴ ② ㄱ, ㄷ ③ ㄴ, ㄷ ④ ㄴ, ㄹ ⑤ ㄷ, ㄹ

> 25592-0297

02 그래프는 우리나라의 산업별 취업자 수 비율 변화를 나타낸 것이다. (가)~(다)에 대한 설명으로 옳은 것만을 〈보기〉에서 고른 것은? (단, (가)~(다)는 각각 1차 산업, 2차 산업, 3차 산업 중 하나임.)

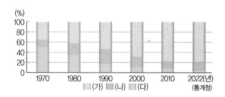

보기
ㄱ. (나)의 일자리는 주로 도시에 분포한다.
ㄴ. (다)의 비율은 도시 인구 비율과 비례하는 경향이 나타난다.
ㄷ. (가)는 (다)보다 직업의 종류가 다양하다.
ㄹ. (가)는 1차 산업, (나)는 2차 산업, (다)는 3차 산업이다.

① ㄱ, ㄴ ② ㄱ, ㄷ ③ ㄴ, ㄷ ④ ㄴ, ㄹ ⑤ ㄷ, ㄹ

> 25592-0298

03 그래프와 같은 현상이 나타나는 공통된 요인으로 가장 적절한 것은?

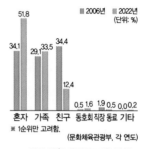

▲ 여가 생활 동반자 비율 변화　　▲ 1인 가구 수 및 비율 변화

① 가족 간 유대감 강화　　② 1차적 인간관계 확대
③ 개인주의 가치관 확대　　④ 토지 이용 집약도 상승
⑤ 지역 간 소득 격차 확대

> 25592-0299

04 지도는 두 시기 서울과 연결되는 세 철도 노선의 종점과 서울로의 통근·통학자 비율을 나타낸 것이다. 이에 대한 분석으로 옳은 것만을 〈보기〉에서 고른 것은?

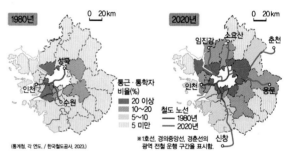

보기
ㄱ. 1980년보다 2020년에 경기에서 서울로의 통근·통학자 수가 많다.
ㄴ. 1980년, 2020년 모두 1호선, 경의중앙선, 경춘선의 종점은 경기에 위치한다.
ㄷ. 1980년보다 2020년에 1호선, 경의중앙선, 경춘선을 통해 서울과 연결되는 경기 시·군의 수가 많다.
ㄹ. 두 시기 모두 1호선, 경의중앙선, 경춘선을 통해 서울과 연결되는 경기 시·군은 모두 서울로의 통근·통학자 비율이 10% 이상이다.

① ㄱ, ㄴ ② ㄱ, ㄷ ③ ㄴ, ㄷ ④ ㄴ, ㄹ ⑤ ㄷ, ㄹ

> 25592-0300

05 지도는 두 전염병의 확산을 나타낸 것이다. (가), (나)에 대한 설명으로 옳은 것은?

(가)   (나)

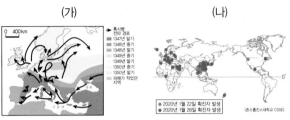

▲ 흑사병의 전파   ▲ 코로나바이러스감염증-19의 전파

① (가)의 확산은 주로 항공 교통 이용객에 의한 것이다.
② (나)의 확산은 주로 범선 이용자에 의한 것이다.
③ (나)에 표현된 시기는 (가)에 표현된 시기보다 전염병의 확산 속도가 늦다.
④ (나)에 나타난 시기는 (가)에 나타난 시기보다 전염병 발생에 대한 국가 간 정보 공유 수준이 높다.
⑤ (가), (나) 모두 전염병의 확산 범위는 물리적 거리와 정비례한다.

> 25592-0301

06 다음은 교통 발달을 나타낸 것이다. 이에 대한 옳은 추론만을 〈보기〉에서 고른 것은?

(가) 1850년대부터 증기 기관을 이용한 철도와 선박이 등장하면서 유럽 내 또는 유럽-미국 간의 곡물 수송 비용이 큰 폭으로 감소하였다.
(나) 1950~1960년대에 프로펠러 항공기에 이어 상업용 제트 여객기가 등장하여 사람들이 세계 여러 지역으로 편리하게 이동할 수 있게 되었다.

┤ 보기 ├
ㄱ. (가)의 영향으로 유럽-미국 간의 곡물 교역량이 증가하였을 것이다.
ㄴ. (나)의 영향으로 국제 여행객 수가 증가하였을 것이다.
ㄷ. (가) 시기에 화물은 주로 자동차, (나) 시기에 화물은 주로 항공기를 통해 운송되었을 것이다.
ㄹ. (가), (나) 현상이 나타난 시기에 교통수단의 주요 연료는 모두 석탄이었을 것이다.

① ㄱ, ㄴ   ② ㄱ, ㄷ   ③ ㄴ, ㄷ   ④ ㄴ, ㄹ   ⑤ ㄷ, ㄹ

> 25592-0302

07 지역 조사의 순서에 맞게 (가)~(다)에 들어갈 내용을 〈보기〉에서 고른 것은?

조사의 목적에 알맞은 주제, 대상 지역을 선정한다. → (가) → (나) → (다)

┤ 보기 ├
ㄱ. 지리정보를 정리하고 분석하여 도표, 주제도 등을 제작한다.
ㄴ. 조사 대상 지역을 직접 답사하며 관측과 사진 촬영을 하고, 주민을 대상으로 면담, 설문 조사를 실시한다.
ㄷ. 조사 대상 지역의 지도와 위성 사진을 찾아보고 통계 및 문헌 자료 등을 검색하여 지리정보를 수집한다.

	(가)	(나)	(다)		(가)	(나)	(다)
①	ㄱ	ㄴ	ㄷ	②	ㄱ	ㄷ	ㄴ
③	ㄴ	ㄱ	ㄷ	④	ㄴ	ㄷ	ㄱ
⑤	ㄷ	ㄴ	ㄱ				

> 25592-0303

08 다음 지역의 변화에 대한 추론으로 적절한 것만을 〈보기〉에서 고른 것은?

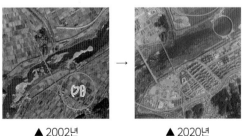

▲ 2002년   →   ▲ 2020년

┤ 보기 ├
ㄱ. (가)의 단위 면적 당 지가는 하락하였다.
ㄴ. 지역 내 농경지 면적 비율이 증가하였다.
ㄷ. 지역 주민의 직업 동질성이 약화되었다.
ㄹ. 지역 총생산에서 차지하는 1차 산업 비중이 감소했다.

① ㄱ, ㄴ   ② ㄱ, ㄷ   ③ ㄴ, ㄷ   ④ ㄴ, ㄹ   ⑤ ㄷ, ㄹ

자료 출처

45쪽, 49쪽	해안 침식이 발생한 해안 ⓒ 연합뉴스
49쪽	씽크홀이 발생한 지역 ⓒ 연합뉴스
77쪽, 88쪽	줄다리기 ⓒ 뉴스뱅크
88쪽	문화 체험 ⓒ 뉴스뱅크
89쪽	반가 사유상 ⓒ 연합뉴스
95쪽	『티베트 천장, 하늘로 가는 길』, 심혁주 저, 책세상, 2008
97쪽	『살아있는 세계사 교과서1』, 전국역사교사모임 저, 휴머니스트, 2019
117쪽, 135쪽, 140쪽	안산시 위성 사진 ⓒ 안산시청
117쪽, 137쪽	장애인 경사로 ⓒ 뉴스뱅크
147쪽	세종시 위성 사진 ⓒ 국토지리정보원

개념완성 통합사회 1

수행평가 활동지

영역(내용)	수행평가 과제명	활동 유형	활동 개요
I 통합적 관점	통합적 관점 탐구하기	비주얼 씽킹	시간적 관점, 공간적 관점, 사회적 관점, 윤리적 관점에서 지구 온난화 현상의 원인과 해결 방안 등을 모색하고 탐구하기
	인간, 사회, 환경을 바라보는 다양한 관점 탐구하기	협동 학습	저출생 현상에 대해 시간적 관점, 공간적 관점, 사회적 관점, 윤리적 관점에서 탐구할 수 있는 탐구 자료를 협동 학습을 통해 조사하기
II 인간, 사회, 환경과 행복	자신이 생각하는 행복 표현하기	워드 클라우드	행복을 주제로 떠오르는 단어를 워드 클라우드 형식으로 표현하고 이를 바탕으로 자신만의 행복의 개념 정하기
	행복 조례 만들기	조례안 만들기	자신이 사는 지역의 행복도를 증진할 수 있는 지방 자치 단체 조례 만들기
III 자연환경과 인간	환경 문제와 대책 표현하기	비주얼 씽킹	• 환경 문제를 선정한 후 원인과 영향, 대책 조사하기 • 조사한 내용을 비주얼 씽킹 방법을 이용하여 표현하기
	'자연환경과 인간의 삶'을 다룬 사례 공유하기	• 모둠별 활동 • 모둠별 발표	• 자연환경과 인간의 삶을 다룬 사례를 영상 플랫폼을 통해 조사하기 • 사례 지역을 모둠별로 나누어 조사하기 • 분석한 자료 발표하기
IV 문화와 다양성	문화권 안내 카드 뉴스 제작하기	카드 뉴스 제작	다양한 문화권의 특징을 홍보하고 안내할 수 있는 카드 뉴스 제작하기
	다문화 사회의 갈등 해결 공익 광고 제작하기	공익 광고 제작	다문화 사회에서 나타날 수 있는 갈등 해결을 위한 우리의 노력을 나타낼 수 있는 공익 광고 제작하기
V 생활공간과 사회	도시화에 따른 지역(시·군) 변화 탐구	프로젝트 학습	• 조사 목적에 맞는 지역(시·군)을 선정하여 도시화에 따른 지역 변화를 파악할 수 있는 조사 항목을 5개 이상 정하고 각 항목에 대하여 과거와 현재를 비교할 수 있는 정보를 수집하기 • 수집한 정보를 그래프, 지도 등으로 표현하고 그 내용을 정리하기
	산업화·도시화로 인한 거주 환경 조사	비주얼 씽킹	• 자신을 포함한 가족의 현재 일상생활과 그에 대한 다른 지역의 모습에 대해 5가지 이상 조사하기(가족 구성원수, 마을 주민과의 관계, 직장, 경관, 주택, 하루 일과, 하루에 만나는 사람들 등) • 수집한 정보를 과거와 현재의 모습이 잘 드러날 수 있도록 도형, 기호, 색상 등을 활용하여 그림과 텍스트로 표현(비주얼 씽킹)

비주얼 씽킹

(　　)학년 (　　)반 (　　)번 이름:

| 통합적 관점 탐구하기 |

● 제시된 조건에 맞추어 시간적 관점, 공간적 관점, 사회적 관점, 윤리적 관점에서 지구 온난화 현상의 원인과 해결 방안 등을 담은 비주얼 씽킹을 완성해 보자.

〈조건〉
• 지구 온난화 현상의 원인과 해결 방안 등이 포함되어야 한다.
• 각 관점이 드러나는 자료, 통계, 전문가 의견 등을 간략하게 작성한다.

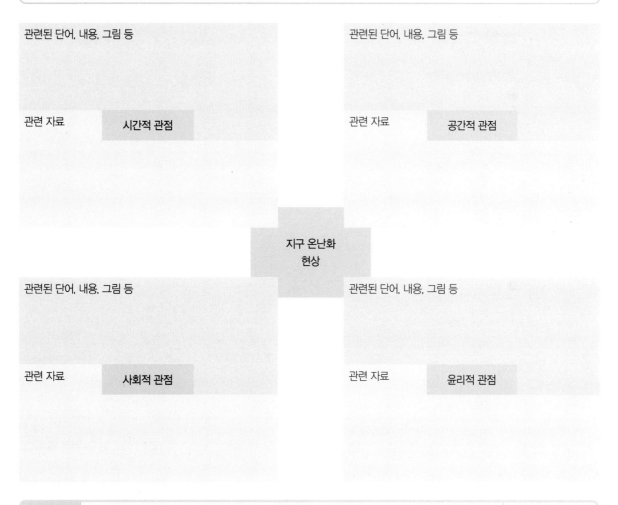

점수	채점 영역				합계(20점)
	내용 구성(6)	작성 조건(6)	완성도(4)	성실성(4)	

절취선

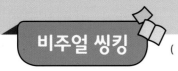

　（　）학년 （　）반 （　）번 이름:

| 통합적 관점 탐구하기 |

● 제시된 조건에 맞추어 시간적 관점, 공간적 관점, 사회적 관점, 윤리적 관점에서 지구 온난화 현상의 원인과 해결 방안 등을 담은 비주얼 씽킹을 완성해 보자.

〈조건〉
- 지구 온난화 현상의 원인과 해결 방안 등이 포함되어야 한다.
- 각 관점이 드러나는 자료, 통계, 전문가 의견 등을 간략하게 작성한다.

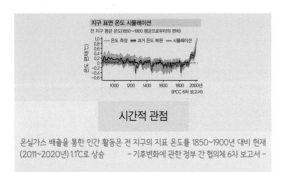

시간적 관점

온실가스 배출을 통한 인간 활동은 전 지구의 지표 온도를 1850~1900년 대비 현재 (2011~2020년) 1.1℃로 상승 - 기후변화에 관한 정부 간 협의체 6차 보고서 -

공간적 관점

2023년 6월 캐나다 전역에서 발생한 대형 산불로 발생한 연기가 뉴욕 등 미국 북동부 지역을 강타했다. 인도는 2023년 6월 최고 기온이 45도에 육박하는 폭염이 나타났고, 유럽 남부는 40도를 넘는 강력한 폭염이 이어졌다.
- ○○ 뉴스, 2023. 7. 20. -

지구 온난화 현상

국제 대응 노력	내용
국제 연합 기후변화 협약	선진국·개발 도상국 각각의 능력에 맞게 온실가스 배출 감축 약속
교토 의정서	선진국 온실가스 배출량 감축 합의(37개국)
칸쿤 합의	개도국 포함 2020년까지 자발적 감축 행동 결의
리마 선언	지구 평균 기온 2도 이상 상승을 막기 위한 국가별 기여 방안(NDC) 제출 약속
파리 기후변화 협약	지구 평균 기온 상승 폭 1.5도 제한(195개국)

사회적 관점

지구적 차원의 환경 문제에 대해 환경 관련 국제 협약이 국제 연합, 경제 협력 개발 기구 등의 지원 아래 발효되어 시행되고 있다. 이와 관련하여 정부는 온실가스를 배출하는 사업장을 대상으로 연 단위로 배출권을 할당하여 할당 범위 내에서 배출 행위를 할 수 있도록 하고, 할당된 사업장의 실질적 온실가스 배출량을 평가하여 여분 또는 부족분의 배출권에 대하여는 사업장 간 거래를 허용하는 제도인 온실가스 배출권 거래제를 시행하고 있다.
- 환경부 블로그 -

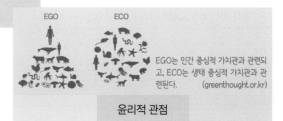

EGO는 인간 중심적 가치관과 관련되고, ECO는 생태 중심적 가치관과 관련된다. (greenthought.or.kr)

윤리적 관점

생태 중심주의 사상가
① 레오폴드: 인간이 대지의 한 구성원이고 자연 자체가 도덕적 고려의 대상이므로 생태계 전체의 유기적 관계와 균형이 중시되어야 한다고 주장함
② 네스: 인간은 자연과의 상호 연관 속에서 존재하는 것으로 모든 생명체를 상호 연결된 전체의 평등한 구성원으로 보아야 한다고 주장함

점수	채점 영역				합계(20점)
	내용 구성(6)	작성 조건(6)	완성도(4)	성실성(4)	
	주제에 적합한 내용으로 탐구 활동을 하였는가?	제시된 조건을 모두 포함하여 비주얼 씽킹을 제작하였는가?	원인, 배경, 해결 방안 등을 모두 포함하여 작성하였는가?	제출 기한을 지켰는가?	

워드 클라우드

( )학년 ( )반 ( )번 이름:

| 자신이 생각하는 행복 표현하기 |

● 제시된 조건에 맞추어 워드 클라우드를 제작하고 자신만의 행복을 정의해 보자.

〈조건〉
행복을 주제로 떠오르는 단어를 워드 클라우드 형식으로 표현하고 이를 바탕으로 자신만의 행복 개념을 정의해 본다.

워드 클라우드
문서의 문구와 단어를 분석하여 중요도나 사용 빈도를 직관적으로 파악할 수 있도록 시각화하는 표현 기법이다. 중요한 단어일수록 크게 표현한다.

내가 생각하는 행복은

	채점 영역				합계(20점)
	내용의 적절성(5)	구성(5)	개성 있는 행복 정의(5)	과제 완성(5)	
점수					

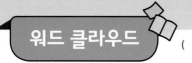

( )학년 ( )반 ( )번 이름:

| 자신이 생각하는 행복 표현하기 |

● 제시된 조건에 맞추어 워드 클라우드를 제작하고 자신만의 행복을 정의해 보자.

〈조건〉

행복을 주제로 떠오르는 단어를 워드 클라우드 형식으로 표현하고 이를 바탕으로 자신만의 행복 개념을 정의해 본다.

워드 클라우드
문서의 문구와 단어를 분석하여 중요도나 사용 빈도를 직관적으로 파악할 수 있도록 시각화하는 표현 기법이다. 중요한 단어일수록 크게 표현한다.

내가 생각하는 행복은

방학식을 마치고 학교 밖을 나가는 순간, 친구들과 함께 운동하고 시원한 음료수를 마시는 순간, 하늘이 푸른 날에 가족과 함께 걸으며 웃을 수 있는 순간, 그리고 내 삶의 모든 순간.

	채점 영역				합계(20점)
	내용의 적절성(5)	구성(5)	개성 있는 행복 정의(5)	과제 완성(5)	
점수	작성된 내용이 주제에 부합하는가?	선정한 단어에 맞게 단어를 적절하게 구성하고 배치하였는가?	자신만의 개성 있는 표현으로 행복을 정의하였는가?	- 주어진 시간 안에 과제를 완성하였는가? - 워드 클라우드의 구성 단어가 충분한가?	

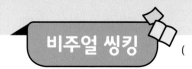

( )학년 ( )반 ( )번 이름:

| 환경 문제와 대책 표현하기 |

● 제시된 다양한 환경 문제 중 한 가지를 골라 발생 원인과 영향, 대책을 비주얼 씽킹 방법을 이용하여 작성해 보자.

〈환경 문제〉 산성비, 지구 온난화, 사막화, 오존층 파괴, 열대림 파괴, 해양 오염
〈조건〉 환경 문제의 원인, 영향, 대책을 포함하여 작성한다.

step 1 내가 선정한 환경 문제는?

내가 선정한 환경 문제는 [   ] 이다.

[   ] 의 원인에는

[   ] 의 영향에는

[   ] 의 대책으로는

step 2 **step 1** 에서 작성한 내용을 바탕으로 비주얼 씽킹 방법을 이용하여 환경 문제를 표현해 보자.

점수	채점 영역			합계(20점)
	적절성 및 구체성(10)	과제 완성(5)	성실성(5)	

절취선

비주얼 씽킹

( )학년 ( )반 ( )번 이름:

| 환경 문제와 대책 표현하기 |

● 제시된 다양한 환경 문제 중 한 가지를 골라 발생 원인과 영향, 대책을 비주얼 씽킹 방법을 이용하여 작성해 보자.

〈환경 문제〉 산성비, 지구 온난화, 사막화, 오존층 파괴, 열대림 파괴, 해양 오염
〈조건〉 환경 문제의 원인, 영향, 대책을 포함하여 작성한다.

step 1 내가 선정한 환경 문제는?

내가 선정한 환경 문제는 [지구 온난화] 이다.

[지구 온난화] 의 원인에는 산업화와 교통수단 발달로 인한 석유, 석탄, 천연가스 등 화석 연료 사용의 증가 그리고 도시화, 목재 채취 등으로 인한 삼림 파괴 등이 있다.

[지구 온난화] 의 영향에는 기후변화, 해수면 상승, 극심한 기상 현상 등이 있다. 이런 영향은 생태계 파괴뿐만 아니라 인간 사회와 경제활동에 큰 피해를 주고 있다.

[지구 온난화] 의 대책으로는 온실가스 배출 줄이기, 재생 에너지 사용, 기후변화를 해결하기 위한 전 지구적인 협력과 노력 등이 있다.

step 2 **step 1** 에서 작성한 내용을 바탕으로 비주얼 씽킹 방법을 이용하여 환경 문제를 표현해 보자.

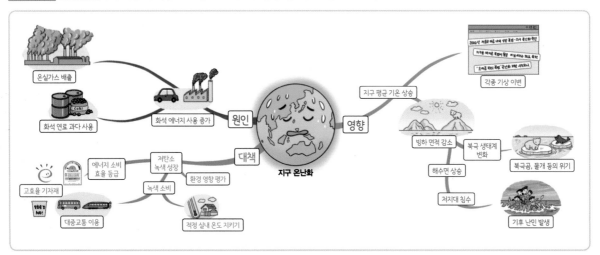

	채점 영역			합계(20점)
	적절성 및 구체성(10)	과제 완성(5)	성실성(5)	
점수	- 작성한 내용이 주제에 부합하며 적절한 내용인가? - 다양한 내용과 그림으로 내용을 적절하게 표현했는가?	- 제시된 조건이 모두 포함되었는가?	- 분량이 적당한가? - 제출 기한을 지켰는가?	

카드 뉴스 제작하기

( )학년 ( )반 ( )번 이름:

| 문화권 안내 카드 뉴스 제작하기 |

● 학급 신문에 '문화권 제대로 알아보기'라는 주제로 카드 뉴스를 기재하려고 한다. 작성 조건에 맞추어 카드 뉴스를 제작해 보자.

〈조건〉

• 문화권 지도는 다양한 문화권 중 하나를 정한다.
• 관련 문화권의 특징이 나타날 수 있는 통계 자료를 활용한다.
• 해당 문화권의 모습이 드러나는 의복, 음식, 주거 형태를 그림으로 표현한다.
• 다른 문화권과 차별화되는 특성을 세 가지 제시한다.
• 여섯 장의 카드 뉴스로 작성한다.

	채점 영역				합계(20점)
점수	내용 구성(6)	작성 조건(6)	완성도(4)	성실성(4)	

카드 뉴스 제작하기

(　)학년 (　)반 (　)번 이름:

| 문화권 안내 카드 뉴스 제작하기 |

● 학급 신문에 '문화권 제대로 알아보기'라는 주제로 카드 뉴스를 기재하려고 한다. 작성 조건에 맞추어 카드 뉴스를 제작해 보자.

〈조건〉

• 문화권 지도는 다양한 문화권 중 하나를 정한다.
• 관련 문화권의 특징이 나타날 수 있는 통계 자료를 활용한다.
• 해당 문화권의 모습이 드러나는 의복, 음식, 주거 형태를 그림으로 표현한다.
• 다른 문화권과 차별화되는 특성을 세 가지 제시한다.
• 여섯 장의 카드 뉴스로 작성한다.

〈오세아니아 문화권〉

오세아니아는 오스트레일리아, 뉴질랜드, 태평양 제도 국가들로 구성된 지역입니다. 오세아니아의 인구는 4,000만 명이 넘으며, 이 지역은 약 1,000개 이상의 섬으로 구성되어 있습니다.

〈오세아니아 문화권의 언어〉

오세아니아에서는 영어가 주요 언어로 사용되지만, 마오리어(뉴질랜드), 사모아어(사모아) 등 다양한 원주민 언어도 사용됩니다. 이러한 언어들은 각국의 문화유산을 반영합니다.

〈오세아니아 문화권의 기후〉

오세아니아는 지역에 따라 다양한 기후가 나타납니다. 오스트레일리아는 건조 기후와 열대 기후가 혼합되어 있으며, 뉴질랜드는 온대 기후가, 태평양 제도는 열대 기후가 주를 이룹니다.

〈오세아니아 음식 및 주요 의상〉

오세아니아의 음식 문화는 해산물, 고기, 신선한 농산물로 구성됩니다. 오스트레일리아의 바비큐, 뉴질랜드의 양고기, 피지의 로보 등이 유명합니다. 피지의 술루, 오스트레일리아나 뉴질랜드의 원주민들이 착용하는 전통 의상은 특별한 행사나 축제에서 자주 착용됩니다.

〈오세아니아 문화권의 주요 축제〉

오세아니아의 주요 축제에는 다윈 페스티벌, 뉴질랜드의 와이탕이 데이, 그리고 피지의 퍼시픽 아트 페스티벌이 있습니다.

▲ 다윈 페스티벌

점수	채점 영역				합계(20점)
	내용 구성(6)	작성 조건(6)	완성도(4)	성실성(4)	
	주제에 적합한 내용으로 카드 뉴스를 만들었는가?	제시된 조건을 모두 포함하여 카드 뉴스를 만들었는가?	카드 뉴스가 짜임새 있게 전개되었는가?	제출 기한을 지켰는가?	

프로젝트 학습

(　　)학년 (　　　)반 (　　　)번 이름:

| 도시화에 따른 지역(시·군) 변화 탐구 |

〈조건〉
- 과거와 현재를 비교하여 산업화·도시화로 인한 지역 변화를 파악할 수 있는 자료를 수집한다.
- 수집한 자료를 비교 분석하여 조사 지역의 과거와 현재의 지역성을 비교한다.

〈인구 변화〉 • 연도별 총인구 변화, 도시화 전과 도시화 후의 연령층별 인구 구조 중에서 하나를 수집하여 그래프로 표현한다.	〈신축 아파트 수(주택 수 기준)〉 • 인구 증가 과정에서 필수적으로 나타나게 되는 주택 건축 항목을 조사한다.
〈토지 이용〉 • 도시화 이전과 이후의 두 시기 토지 이용 정보를 수집하여 도시화 이전과 이후의 토지 이용 차이가 잘 나타나도록 그래프로 표현한다.	〈산업 구조 변화〉 • 도시화 이전과 이후의 두 시기 산업별 종사자 수나 산업별 취업자 수에 대한 정보를 수집하여 차이가 잘 드러날 수 있는 그래프로 표현한다.
〈일일 쓰레기 배출량〉 • 인구 증가, 산업화로 증가하는 환경 문제를 파악할 수 있는 항목에 대하여 조사한다. (쓰레기 발생량, 대기 오염 물질 발생량, 수질 오염 현황 등)	〈의료 인력〉 • 도시화에 따른 인구 증가로 기반 시설의 확충 상태 변화를 조사한다.(의료 시설, 의료 인력, 학교 수, 상점 등)

- 그래프에 표현된 항목을 모두 포함하여 조사 지역의 도시화 이전과 이후의 특성을 비교 설명한다. (250자 이상)

점수	채점 영역		합계(20점)
	적절성 및 구체성(15)	성실성(5)	

절취선

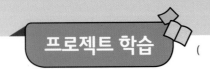

프로젝트 학습   ( )학년 ( )반 ( )번 이름:

| 도시화에 따른 경기도 용인시의 거주 공간 변화 |

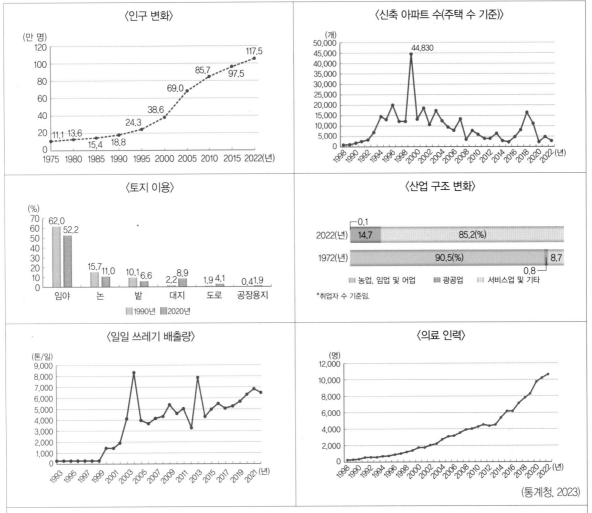

용인시는 1975년에 약 11.1만 명이던 인구가 2022년에는 약 117.5만 명으로 크게 늘었다. 용인은 1990년대부터 아파트 건축이 활발했는데 많은 해에는 1년 동안 4만여 가구가 증가하기도 하였다. 이에 따라 임야, 논, 밭의 면적 비율은 감소하고 대지, 도로 면적 비율은 증가하였고, 산업 구조도 농업, 임업 및 어업 취업자 수 비율이 큰 폭으로 줄고 제조업과 서비스업 및 기타 취업자 수의 비율이 증가하였다. 인구 증가에 따라 쓰레기 배출량이 증가하고 의료 인력 역시 증가하였다.

점수	채점 영역		합계(20점)
	적절성 및 구체성(15)	성실성(5)	
	- 자료 내용이 조건에 부합하는가? - 통계 자료의 내용을 그래프로 잘 표현하였는가? - 자료 분석 내용이 정확한가?	- 분량이 적당한가? - 제출 기한을 지켰는가?	

한눈에 보는 정답

I 통합적 관점

01 인간, 사회, 환경을 바라보는 다양한 관점

개념 체크 문제
본문 9쪽

❶ ○ ❷ ○ ❸ × ❹ × ❺ 사회 구조 ❻ 윤리적 관점
❼ 지역 ❽ 시간적 ❾ 사회적 ❿ 윤리적 ⓫ ㄹ ⓬ ㄷ

≫ 기본 문제
본문 10쪽

01 ② 02 ③ 03 ⑤ 04 ⑤

≫ 1등급 도전 문제
본문 11쪽

01 ① 02 ④

02 통합적 관점의 필요성과 적용

개념 체크 문제
본문 13쪽

❶ ○ ❷ ○ ❸ × ❹ 복합적 ❺ 통합적 ❻ 통찰력
❼ 통합적 ❽ 주제 선정 ❾ ㄱ ❿ ㄴ ⓫ ㄷ ⓬ ㄹ

≫ 기본 문제
본문 14쪽

01 ① 02 ⑤ 03 ③ 04 ①

≫ 1등급 도전 문제
본문 15쪽

01 ② 02 ②

대단원 종합 문제
본문 17~18쪽

01 ② 02 ② 03 ① 04 ⑤ 05 ③
06 ① 07 ③ 08 ①

수능 유형 문제
본문 19쪽

01 ② 02 ② 03 ② 04 ③

II 인간, 사회, 환경과 행복

01 행복의 기준과 의미

개념 체크 문제
본문 23쪽

❶ × ❷ ○ ❸ ○ ❹ ○ ❺ 따라 ❻ 인 ❼ 생존
❽ 자유 ❾ 구원 ❿ 평화 ⓫ ㄱ, ㄷ, ㅁ ⓬ ㄱ, ㅁ ⓭ ㉠
⓮ ㉡ ⓯ ㉣ ⓰ ㉢

본문 25쪽

❶ ○ ❷ × ❸ ○ ❹ × ❺ 없으면 ❻ 에 따라 다르게
❼ 지속적이고 정신적인 ❽ 원동력 ❾ 조화 ❿ 선한
⓫ ㄱ, ㄴ ⓬ ㄷ, ㄹ, ㅁ ⓭ ㉠ ⓮ ㉡

≫ 기본 문제
본문 26~27쪽

01 ⑤ 02 ① 03 ⑤ 04 ② 05 ②
06 ④ 07 ⑤ 08 ④ 09 ④

≫ 1등급 도전 문제
본문 29쪽

01 ⑤ 02 ⑤ 03 ④ 04 ④

02 행복한 삶을 실현하기 위한 조건

개념 체크 문제
본문 31쪽

❶ ○ ❷ × ❸ × ❹ ○ ❺ 확대 ❻ 증가 ❼ 약화
❽ 빈곤 ❾ 최저 임금 ❿ 항산, 항심 ⓫ ㄱ, ㄹ ⓬ ㄴ,
ㄷ, ㅁ ⓭ ㄱ, ㄴ, ㄷ, ㅁ

본문 33쪽

❶ ○ ❷ ○ ❸ × ❹ ○ ❺ 거부해야 ❻ 해야 한다
❼ 해를, 낮출 ❽ 행복 ❾ 신뢰 ❿ ㄱ, ㄴ, ㄹ

한눈에 보는 정답

기본 문제 본문 34~35쪽

01 ② 02 ④ 03 ③ 04 ③ 05 ②
06 ④ 07 ② 08 ⑤

1등급 도전 문제 본문 37쪽

01 ② 02 ⑤ 03 ④ 04 ④

대단원 종합 문제 본문 39~41쪽

01 ② 02 ⑤ 03 ⑤ 04 ① 05 ③
06 해설 참조 07 ⑤ 08 ⑤ 09 ④
10 ③ 11 ⑤ 12 ② 13 해설 참조
14 ④

수능 유형 문제 본문 42~43쪽

01 ① 02 ② 03 ⑤ 04 ④ 05 ②
06 ⑤ 07 ④ 08 ④

Ⅲ 자연환경과 인간

01 자연환경과 인간 생활

개념 체크 문제

본문 47쪽

❶ ○ ❷ × ❸ ○ ❹ ○ ❺ × ❻ 건조 ❼ 유리 ❽ 쇠퇴 ❾ 고산 도시 ❿ 북극해 ⓫ 플랜테이션 ⓬ ㉢ ⓭ ㉠ ⓮ ㉡

본문 49쪽

❶ × ❷ ○ ❸ ○ ❹ ○ ❺ 느리지만, 넓은 ❻ 저위도 ❼ 국가 ❽ 항공기 ❾ 홍수 ❿ 경계 ⓫ 헌법 ⓬ ㉡ ⓭ ㉢ ⓮ ㉠

기본 문제 본문 50~51쪽

01 ⑤ 02 ① 03 ② 04 ① 05 ⑤
06 ③ 07 ④ 08 ④

1등급 도전 문제 본문 53쪽

01 ④ 02 ④ 03 ② 04 ①

02 인간과 자연의 관계

개념 체크 문제

본문 55쪽

❶ ○ ❷ ○ ❸ × ❹ × ❺ 인간 ❻ 인간, 자연 ❼ 인간 ❽ 도구적 ❾ 도덕적 ❿ 필요 ⓫ ㄴ ⓬ ㄱ

본문 57쪽

❶ ○ ❷ ○ ❸ × ❹ × ❺ 생태 ❻ 레오폴드 ❼ 생태 ❽ 내재적 ❾ 지위 ❿ 생명 공동체 ⓫ ㄴ ⓬ ㄱ

▶기본 문제   본문 58~59쪽

01 ③   02 ②   03 ④   04 ④   05 ④

06 ③   07 ⑤   08 ①

▶1등급 도전 문제   본문 61쪽

01 ③   02 ③   03 ④   04 ①

03 환경 문제 해결을 위한 다양한 노력

개념 체크 문제

본문 63쪽

❶ ○ ❷ × ❸ × ❹ × ❺ ○ ❻ 증가 ❼ 증가, 감소 ❽ 감소, 상승 ❾ 온실가스 배출량 ❿ 미세 ⓫ 쓰레기섬 ⓬ ㉢ ⓭ ㉡ ⓮ ㉠

본문 65쪽

❶ × ❷ × ❸ ○ ❹ × ❺ × ❻ 염화 플루오린화 탄소 ❼ 긍정적인 ❽ 온실가스 배출권 거래 ❾ 그린 워싱 ❿ 생태시민 ⓫ ㉡ ⓬ ㉢ ⓭ ㉠

▶기본 문제   본문 66~67쪽

01 ⑤   02 ④   03 ④   04 ⑤   05 ①

06 ②   07 ②   08 ⑤

▶1등급 도전 문제   본문 69쪽

01 ④   02 ①   03 ⑤   04 ④

대단원 종합 문제

본문 71~73쪽

01 ④   02 ⑤   03 ⑤   04 ④   05 ②

06 해설 참조   07 ⑤   08 ①   09 ④

10 해설 참조   11 ②   12 ③   13 ⑤

수능 유형 문제

본문 74~75쪽

01 ①   02 ⑤   03 ⑤   04 ④   05 ④

06 ④   07 ①   08 ④

Ⅳ 문화와 다양성

01 세계의 다양한 문화권

개념 체크 문제

본문 79쪽

❶ ○ ❷ ○ ❸ ○ ❹ ○ ❺ × ❻ 많이 ❼ 냉대 ❽ 크리스트교 ❾ 문화 경관 ❿ 할랄 ⓫ 옥수수 ⓬ ㉡ ⓭ ㉢ ⓮ ㉣ ⓯ ㉠

본문 81쪽

❶ ○ ❷ × ❸ ○ ❹ ○ ❺ 고온 건조 ❻ 남부 ❼ 북부 ❽ 힌두교 ❾ 이슬람교, 아랍어 ❿ 사하라 ⓫ 마오리족 ⓬ ㉢ ⓭ ㉡ ⓮ ㉠

▶기본 문제   본문 82~83쪽

01 ④   02 ④   03 ③   04 ①   05 ⑤

06 ②   07 ③   08 ①

▶1등급 도전 문제   본문 85쪽

01 ②   02 ③   03 ①   04 ④

02 문화 변동과 전통문화

개념 체크 문제

본문 87쪽

❶ × ❷ × ❸ ○ ❹ × ❺ 발견 ❻ 자극 전파 ❼ 문화 변동 ❽ 문화 접변 ❾ 문화 동화 ❿ ㄴ ⓫ ㄷ ⓬ ㄱ

본문 89쪽

❶ × ❷ ○ ❸ × ❹ 전승 ❺ 비판적 ❻ 능동적 ❼ 유대감 ❽ 정체성 ❾ 전통문화 ❿ 창조적 ⓫ ㄴ, ㄹ

한눈에 보는 정답

03 문화 상대주의와 보편 윤리

개념 체크 문제

04 다문화 사회와 문화적 다양성 존중

개념 체크 문제

Ⓥ 생활공간과 사회

01 산업화와 도시화에 따른 변화

개념 체크 문제

본문 119쪽

❶ × ❷ ○ ❸ × ❹ 울산 ❺ 외곽 지역 ❻ 부도심
❼ 고층 건물 ❽ 인천 ❾ 경기도 ❿ 접근성 ⓫ ㄷ ⓬ ㄴ
⓭ ㄱ

본문 121쪽

❶ ○ ❷ × ❸ ○ ❹ ○ ❺ 빨라, 높아 ❻ 넓어, 많다
❼ 도시 재생 ❽ 열섬 현상 ❾ 낮아 ❿ 높다 ⓫ ㄴ ⓬ ㄱ

▶ 기본 문제

본문 122~123쪽

01 ⑤   02 ①   03 ②   04 ①   05 ②
06 ②   07 ⑤   08 ④

▶ 1등급 도전 문제

본문 125쪽

01 ④   02 ②   03 ④   04 ⑤

02 교통·통신 및 과학기술의 발달에 따른 변화

개념 체크 문제

본문 127쪽

❶ ○ ❷ ○ ❸ ○ ❹ × ❺ ○ ❻ ○ ❼ 증가 ❽ 길어
❾ 증가 ❿ 높아 ⓫ 교외화 ⓬ 전자 ⓭ 재택근무 ⓮ 사
물 인터넷

본문 129쪽

❶ ○ ❷ × ❸ × ❹ × ❺ ○ ❻ 늦었다 ❼ 감소, 늘
어나는 ❽ 고령층 ❾ 빨라 ❿ 빨대 ⓫ 정보 격차 ⓬ 증
가 ⓭ 디지털

▶ 기본 문제

본문 130~131쪽

01 ②   02 ④   03 ⑤   04 ④   05 ①
06 ③   07 ③   08 ⑤

▶ 1등급 도전 문제

본문 133쪽

01 ⑤   02 ④   03 ①   04 ⑤

03 우리 지역의 공간 변화

개념 체크 문제

본문 135쪽

❶ × ❷ ○ ❸ ○ ❹ 실내 ❺ 유출 ❻ 짧게 ❼ 지역
❽ 지역성 ❾ ㄷ, ㄹ ❿ ㄱ, ㄴ ⓫ ㉠ ⓬ ㉡

본문 137쪽

❶ ○ ❷ × ❸ × ❹ 단계 구분도 ❺ 설문 조사 ❻ 주
제도 ❼ 실내 조사 ❽ 조사 보고서 ❾ ㄷ, ㄹ ❿ ㄱ, ㄴ
⓫ ㉡ ⓬ ㉠

▶ 기본 문제

본문 138~139쪽

01 ⑤   02 ⑤   03 ①   04 ④   05 ①
06 ⑤   07 ③   08 ④

▶ 1등급 도전 문제

본문 141쪽

01 ②   02 ②   03 ⑤   04 ⑤

대단원 종합 문제

본문 143~145쪽

01 ④   02 ⑤   03 ⑤   04 ②   05 ④
06 ②   07 ⑤   08 ⑤   09 ③   10 ③
11 ⑤   12 ①

수능 유형 문제

본문 146~147쪽

01 ①   02 ②   03 ③   04 ②   05 ④
06 ①   07 ⑤   08 ⑤

I 통합적 관점

01 인간, 사회, 환경을 바라보는 다양한 관점

개념 체크 문제

본문 9쪽

❶ ○ ❷ ○ ❸ × ❹ × ❺ 사회 구조 ❻ 윤리적 관점
❼ 지역 ❽ 시간적 ❾ 사회적 ❿ 윤리적 ⓫ ㄹ ⓬ ㄷ

기본 문제

본문 10쪽

01 ② 　　02 ③ 　　03 ⑤ 　　04 ⑤

01
시간적 관점과 공간적 관점 이해

정답 찾기 ② (가) 관점은 역사서, 유물, 유적 등의 사료를 활용하는 것으로 시간적 관점에 해당한다. (나) 관점은 지도, 지리 책자, 지역 통계 자료를 활용한 지역적 정보를 바탕으로 탐구하는 것으로 공간적 관점에 해당한다.

오답 피하기 ① 사회적 관점은 사회 제도나 사회 구조를 중심으로 탐구하는 관점이다.
③ 윤리적 관점은 도덕적 가치나 윤리적 규범을 중심으로 탐구하는 관점이다.

02
시간적 관점과 공간적 관점 이해

정답 찾기 (가)는 시간 속에서 인간과 사회는 어떻게 변화해 왔는지, 우리가 사는 세계는 앞으로 어떻게 변화할 것인지, 과거에는 어떤 사례가 있었는지를 찾아가는 관점으로 시간적 관점이다. (나)는 문화나 환경을 이해하기 위해 자연환경과 인문환경을 살펴보고, 그 문화의 변화로 주변 환경이 어떻게 변하는지를 탐구하는 관점으로 공간적 관점이다.
③ 시간적 관점은 공간적 관점과 달리 시대적 배경과 맥락을 탐구해야 한다고 본다.

오답 피하기 ① 사회의 제도, 구조, 정책 등 사회적 특성을 탐구하는 관점은 사회적 관점이다.
② 사회가 바람직한 방향으로 나아갈 수 있도록 도덕적 판단을 해야 함

을 강조하는 것은 윤리적 관점이다.
④ 시간적 관점, 공간적 관점 모두 인간은 독립적 존재라고 보지만 종합적 관점이 아닌 한 관점에서만 현상을 이해한다.
⑤ 공간에 따라 다르게 나타나는 지리적 특성을 살펴보는 관점은 공간적 관점이다.

03
윤리적 관점 이해

정답 찾기 밑줄 친 '이 관점'은 윤리적 관점이다. 인간의 욕구와 내면의 양심을 기준으로 도덕적 가치 판단을 하고, 어떤 규범을 적용할지에 초점을 두고 사회현상을 바라보는 것은 윤리적 관점이다.
⑤ 윤리적 관점은 일상생활에서 사람들의 행동을 판단하는 도덕적 판단 기준에 대한 질문을 탐구하는 관점이다.

오답 피하기 ① '지금까지의 시대적 배경과 맥락은 무엇인가?'의 질문을 탐구하는 관점은 시간적 관점이다.
② '사회현상이 발생한 지역의 인문환경은 어떠한가?'의 질문을 탐구하는 관점은 공간적 관점이다.
③ '공간에 따라 다르게 나타나는 지리적 특성은 무엇인가?'의 질문을 탐구하는 관점은 공간적 관점이다.
④ '일상생활에서 법과 제도가 우리에게 미치는 영향은 무엇인가?'의 질문을 탐구하는 관점은 사회적 관점이다.

04
사회적 관점과 공간적 관점 이해

정답 찾기 ⑤ 갑은 아동 노동이 이루어지는 나라에서 아동 노동을 보호하는 법이 있는지, 그 나라의 제도와 법을 중심으로 살펴본다고 하였으므로 사회적 관점에서 탐구하고자 한다. 을은 일반적으로 농업에 종사하는 아동 노동이 이루어지는 지역의 위치와 자연환경을 조사하겠다고 하였으므로 공간적 관점에서 탐구하고자 한다.

서술형 문제

본문 11쪽

Step1 　핵심 키워드 파악하기

01
사회적 관점과 공간적 관점 이해

㉠ - 사회적 관점, ㉡ - 공간적 관점

02
시간적 관점과 윤리적 관점 이해

[문제 접근] (가)는 시대별로 과거부터 현재까지의 시대적 배경을 파악하려는 탐구 질문으로 시간적 관점이고, (나)는 인간의 도덕적 가치 판단에 대한 탐구 질문으로 윤리적 관점이다.

(1) (가) - 시간적 관점 (나) - 윤리적 관점

(2) [예시 답안] 시간적 관점은 특정한 사회현상을 시대적 배경과 맥락을 중심으로 바라보는 관점이다. 윤리적 관점은 인간의 욕구와 내면의 양심을 기준으로 도덕적 가치 판단을 하고, 어떤 규범을 적용할 것인지에 초점을 두어 사회현상을 바라보는 관점이다.

평가 기준	
상	(가), (나)에 해당하는 관점을 각각 정확히 쓰고, 각 관점의 의미를 명확히 서술한 경우
중	(가), (나)에 해당하는 관점을 각각 정확히 쓰고, 각 관점의 의미 서술이 다소 미흡한 경우
하	(가), (나)에 해당하는 관점만 각각 정확히 쓴 경우

1등급 도전 문제   본문 11쪽

01 ①   02 ④

01
윤리적 관점 이해

[정답 찾기] 사회문제를 파악하고 올바른 해결책을 제시하기 위해 인간 행위에 대한 옳고 그름과 같은 도덕적 가치 판단과 규범적 방향성을 고려하는 A 관점은 윤리적 관점이다.

① 노인 부양에 대한 사람들의 윤리적 가치관을 조사하는 것은 윤리적 관점에서의 탐구 활동에 해당한다.

[오답 피하기] ② 도시와 농촌 지역 간 독거노인 가구 비율의 차이를 조사하는 것은 공간적 관점에서의 탐구 활동에 해당한다.

③ 독거노인 가구를 위한 다양한 사회 복지 제도에 대해 조사하는 것은 사회적 관점에서의 탐구 활동에 해당한다.

④ 과거 독거노인 가구 비율과 현재 독거노인 가구 비율의 추이를 조사하는 것은 시간적 관점에서의 탐구 활동에 해당한다.

⑤ 노인 부양에 대한 경제적 비용 부담이 독거노인 가구에 미치는 영향을 조사하는 것은 사회적 관점에서의 탐구 활동에 해당한다.

02
공간적 관점 이해

[정답 찾기] 공간적 관점은 한 지역의 특성, 여러 지역 간의 유사점과 차이점을 알 수 있는 관점이다.

④ '탄소를 가장 많이 배출하는 지역과 적게 배출하는 지역의 특성은 어떠한 차이가 있을까?'라는 질문은 공간적 관점에서의 탐구 질문으로 적절하다.

[오답 피하기] ① '지구 온난화에 대처하는 사회 제도와 법률에는 무엇이 있을까?'는 사회적 관점에서의 탐구 질문으로 적절하다.

② '지구 온난화 해결을 위해 노력하는 시민 단체와 국제기구 등에는 무엇이 있을까?'는 사회적 관점에서의 탐구 질문으로 적절하다.

③ '과거부터 현재까지 탄소 배출을 줄이기 위한 국제적 노력에는 무엇이 있을까?'는 시간적 관점에서의 탐구 질문으로 적절하다.

⑤ '지구 온난화의 해결을 위해 인간 중심주의와 생태 중심주의 중 어떤 도덕적 가치가 필요할까?'는 윤리적 관점에서의 탐구 질문으로 적절하다.

---

02 통합적 관점의 필요성과 적용

개념 체크 문제
                                              본문 13쪽

❶ ○ ❷ ○ ❸ ✕ ❹ 복합적 ❺ 통합적 ❻ 통찰력
❼ 통합적 ❽ 주제 선정 ❾ ㄱ ❿ ㄴ ⓫ ㄷ ⓬ ㄹ

기본 문제
                                              본문 14쪽

01 ①   02 ⑤   03 ③   04 ①

01
통합적 관점 이해

[정답 찾기] 밑줄 친 '이 관점'은 통합적 관점이다.

① 다양한 측면에서 현상을 종합적으로 이해할 수 있어 균형 있는 관점을 가질 수 있으며 인간과 사회에 대한 통찰력을 기를 수 있는 것은 통합적 관점이다.

02
통합적 관점의 적용

(정답 찾기) ⑤ 통합적 관점은 다양한 측면에서 노인 빈곤 문제를 탐구하려는 관점이다. 노인 빈곤에 대해 과거 사례, 지역별 차이, 사회 제도 및 사람들의 가치관 등을 종합적으로 살펴보려는 것은 시간적 관점, 공간적 관점, 사회적 관점, 윤리적 관점 모두의 측면에서 탐구하려는 것이다.

(오답 피하기) ① 노인 빈곤을 과거 통계 자료를 통해 시대적으로 파악하는 것은 시간적 관점에 해당한다.
② 지역별로 빈곤 노인의 비율이 어떠한 차이를 보이는지 분석하는 것은 공간적 관점에 해당한다.
③ 노인 빈곤에 대한 사회 제도가 제대로 정비되어 있는지 파악하는 것은 사회적 관점에 해당한다.
④ 노인 빈곤이 개인 책임인지, 사회 책임인지에 대한 윤리적 판단을 내리는 것은 윤리적 관점에 해당한다.

03
통합적 관점의 탐구 과정 이해

(정답 찾기) A 관점은 통합적 관점이다.
③ 통합적 관점의 탐구 과정에서 반드시 시간적 관점, 공간적 관점, 사회적 관점, 윤리적 관점 모두에 해당하는 자료를 수집해야만 하는 것은 아니다. 사회현상에 따라서는 특정 관점을 적용하기 쉽지 않은 경우도 있기 때문이다.

04
통합적 관점 이해

(정답 찾기) ㄱ. 저출생 현상의 역사적 배경을 살펴보는 것은 시간적 관점의 활동에 해당한다.
ㄴ. 지역별로 저출생 현상이 심각한 지역과 그렇지 않은 지역의 자연적, 인문적 특징을 조사하는 것은 공간적 관점의 활동에 해당한다.
ㄷ. 저출생 현상과 관련하여 이를 개선하기 위한 다양한 사회 제도가 무엇이 있는지 조사하는 것은 사회적 관점의 활동에 해당한다.
ㄹ. 저출생 현상의 책임이 개인의 책임인지, 국가의 책임인지에 대한 사람들의 의식을 조사하는 것은 윤리적 관점의 활동에 해당한다.

서술형 문제
본문 15쪽

Step1 핵심 키워드 파악하기

01
통합적 관점 탐구 활동 이해

A 관점 - (시간적) 관점 B 관점 - (공간적) 관점 C 관점 - (사회적) 관점 D 관점 - (윤리적) 관점

Step2 스스로 답안 작성하기

02
통합적 관점 이해

(문제 접근) (가)는 다양한 관점에서 종합적으로 탐구하는 것으로 통합적 관점이다.

(예시 답안) (가)는 통합적 관점이다. 통합적 관점은 특정한 사회문제를 하나의 관점으로만 탐구하지 않고, 다양한 관점을 함께 적용하여 분석하고, 문제의 원인과 결과를 종합적으로 파악하는 관점이다.

평가 기준	
상	(가)에 해당하는 관점을 정확히 쓰고, 해당 관점의 의미를 명확하게 서술한 경우
중	(가)에 해당하는 관점을 정확히 썼으나, 해당 관점의 의미 서술이 다소 미흡한 경우
하	(가)에 해당하는 관점만 정확히 쓴 경우

1등급 도전 문제
본문 15쪽

01 ②   02 ②

01
통합적 관점 적용

(정답 찾기) ② 을은 농촌 지역과 도시 지역의 고령화 현상을 비교하고 있으므로 을의 관점은 공간적 관점이다. 따라서 을의 관점은 공간 정보에 대한 이해를 바탕으로 고령화 현상을 살펴본다.

(오답 피하기) ① 갑은 시간적 관점을 바탕으로 한다.
③ 도덕적 가치 판단과 규범적 방향성을 고려하는 것은 윤리적 관점이다. 병은 사회적 관점에서 탐구하고자 한다.
④ 시대적 맥락을 중심으로 살펴보는 것은 시간적 관점이다. 정은 윤리

적 관점에서 탐구하고자 한다.
⑤ 사회 제도의 측면에서 살펴보는 것은 사회적 관점이다. 정이 아닌 병이 사회적 관점에서 탐구하고자 한다.

02
통합적 관점 이해

정답 찾기 ② 시간적 관점은 공간적 관점과 달리 사료를 통해 과거와 현재의 관계를 탐구하는 것으로 ○라고 표시해야 옳은 응답이 된다.

사회적 관점은 윤리적 관점과 달리 정치, 경제, 문화 등 사회 제도의 측면에서 탐구하는 것으로 ○라고 표시해야 옳은 응답이 된다.

공간적 관점은 윤리적 관점과 달리 자연환경과 인문환경이 인간에게 미치는 영향을 탐구하는 것으로 ×라고 표시해야 옳은 응답이 된다.

본문 17~18쪽

대단원 종합 문제

01 ② 　 02 ② 　 03 ① 　 04 ⑤ 　 05 ③
06 ① 　 07 ③ 　 08 ①

01
공간적 관점 이해

정답 찾기 A 관점은 현상이 나타나는 공간적 맥락을 살펴보는 것으로 공간적 관점이다.
② 공간적 관점에서는 위치, 장소와 같은 지역에 대해 관심을 가지고 사회현상을 바라본다.

오답 피하기 ① 시대적 맥락과 배경을 살펴보는 것을 중시하는 것은 시간적 관점이다.
③ 과거와 현재의 관계를 분석하고 미래의 변화 방향을 예측하고자 하는 것은 시간적 관점이다.
④ 인간의 욕구와 내면의 양심을 기준으로 도덕적 가치 판단을 내리는 것에 중점을 두는 것은 윤리적 관점이다.
⑤ 개인을 둘러싼 사회 제도 및 사회 구조를 분석하면서 개인의 사고 방식을 이해하고자 하는 것은 사회적 관점이다.

02
윤리적 관점 이해

정답 찾기 ② '생성형 AI로 인해 훼손될 보편적 가치를 회복하기 위한 도덕적 기준은 무엇인가?'는 윤리적 관점에서 사회가 나아가야 할 바람직한 가치를 설정하기 위한 것으로 사회현상을 바라보는 관점의 질문으로 적절하다.

오답 피하기 ① '생성형 AI로 인한 문제가 지역 간, 국가 간에 어떠한 차이를 보이는가?'는 공간적 관점에서의 질문으로 적절하다.
③ '최근에 생성형 AI로 인한 다양한 문제가 과거에 비해 증가한 사례에는 무엇이 있는가?'는 시간적 관점에서의 질문으로 적절하다.
④ '생성형 AI로 인해 나타날 문제를 해결하기 위한 법적 기반 및 제도에는 무엇이 있는가?'는 사회적 관점에서의 질문으로 적절하다.
⑤ '생성형 AI로 인해 나타날 피해 보상을 위한 기준을 마련하기 위한 사회적 방식에는 무엇이 있을까?'는 사회적 관점에서의 질문으로 적절하다.

03
시간적 관점 이해

정답 찾기 갑 모둠에서는 삼국사기(1145년), 19세기 초에 작성된 일본 지도 등 다수의 사료와 문헌을 조사하여 독도가 대한민국의 고유 영토라는 사실을 확인하였으므로 시간적 관점에서 탐구하였다.
① 시간적 관점은 과거를 살펴봄으로써 현재 일어나고 있는 현상이나 문제를 올바르게 이해한다.

오답 피하기 ② 사회 속에서 바람직하고 행복한 삶의 도덕적 기준과 판단의 확립을 중시하는 것은 윤리적 관점이다.
③ 복합적인 사회문제를 개선하기 위한 다양한 정책적 대안을 모색하고자 하는 것은 사회적 관점이다.
④ 사회의 법과 같은 사회 제도가 인간과 사회 및 환경에 미칠 수 있는 영향을 파악하는 것은 사회적 관점이다.
⑤ 다양한 지역 간의 공통점과 차이점을 이해하고, 사회현상에 대한 자연환경 및 인문환경의 영향을 파악하는 것은 공간적 관점이다.

04
사회적 관점 이해

정답 찾기 사회현상이 발생한 원인이나 배경을 이해하고, 그 현상이 개인이나 사회에 미칠 영향을 알아보기 위해서는 그와 관련된 사회 제도나 사회 구조의 특성을 살펴보는 것이 무엇보다 필요하다고 보는 것은 사회적 관점이다.
⑤ '일상생활에서 법과 사회 제도가 우리에게 미치는 영향에는 무엇이 있는가?'는 사회적 관점에 부합하는 질문이다.

정답과 해설

오답 피하기 ① '사회현상이 발생한 지역의 자연환경은 어떠한가?'는 공간적 관점에 부합하는 질문이다.
② '사회현상은 시대적 흐름 속에서 어떠한 변화가 나타났는가?'는 시간적 관점에 부합하는 질문이다.
③ '사회현상이 발생한 지역의 자연적·인문적 특징은 무엇인가?'는 공간적 관점에 부합하는 질문이다.
④ '일상생활에서 사람들의 행동을 판단하는 도덕적 판단 기준은 무엇인가?'는 윤리적 관점에 부합하는 질문이다.

05
통합적 관점의 필요성 파악

정답 찾기 사회현상을 이해하기 위해서는 다양한 학문적 관점에서 얻어진 지식을 통합하여 총체적으로 이해하려는 것이 중요하다고 보는 것은 통합적 관점에 대한 설명이다.
③ 다양한 관점의 경계를 넘어 종합적으로 탐구하는 것이 필요하다고 보는 것은 통합적 관점에 해당한다.

오답 피하기 ① 통합적 관점에서도 새로운 지식 탐구 과정은 중요하게 본다.
② 각각의 고유한 학문적 관점으로만 보는 것은 사회현상에 대한 편협한 이해를 가져올 수 있으므로 통합적 관점에 대한 진술로 보기 어렵다.
④ 통합적 관점은 어느 한 관점을 중시하는 것이 아니라 다양한 관점을 종합적으로 탐구하는 것으로 사회적 관점보다 윤리적 관점을 더 우선해야 한다고 보는 것은 아니다.
⑤ 통합적 관점은 특정한 관점의 독자성보다 다양한 관점의 융합을 중시한다.

06
통합적 관점의 필요성 이해

정답 찾기 ① 사회현상은 복잡하고 다양하게 얽혀 있어 한 관점에서만 탐구하면 전체적인 것을 파악하기 어려우므로 여러 관점에서 탐구해야 제대로 파악할 수 있다고 보고 있다. 즉 통합적 관점의 탐구 필요성을 강조한다.

오답 피하기 ② 시간적 맥락 분석을 통한 미래 예측은 시간적 관점에 대한 것으로 통합적 관점의 필요성과는 거리가 멀다.
③ 규범적이고 도덕적인 가치 확립의 중요성은 윤리적 관점에 대한 것으로 통합적 관점의 필요성과는 거리가 멀다.
④ 자연환경과 인문환경의 공간적 특징 분석은 공간적 관점에 대한 것으로 통합적 관점의 필요성과는 거리가 멀다.
⑤ 사회 제도 및 사회 구조가 개인의 행위에 미치는 영향 파악은 사회적 관점에 대한 것으로 통합적 관점의 필요성과는 거리가 멀다.

07
통합적 관점의 적용

정답 찾기 ③ (나)에는 공간적 관점에서의 탐구 활동이 들어가야 한다. '지리적 특성을 고려한 지역별 공정 무역 방안 계획하기'는 공간적 관점에서의 탐구 활동으로 적절하다.

오답 피하기 ① 시간적 관점은 시간적, 역사적 맥락을 중시하고, 윤리적 관점은 도덕적 가치 판단을 중시한다.
② (가)에는 시간적 관점에 대한 탐구 활동이 들어가야 한다. '공정 무역을 장려하기 위한 국가 정책 조사하기'는 사회적 관점에서 할 수 있는 탐구 활동으로 적절하다.
④ (다)에는 사회적 관점에 대한 탐구 활동이 들어가야 한다. '현지 주민들의 인권과 삶의 방식을 존중하는 공정 무역 관계자의 태도 알아보기'는 윤리적 관점에서 할 수 있는 탐구 활동으로 적절하다.
⑤ (라)에는 윤리적 관점에 대한 탐구 활동이 들어가야 한다. '과거와 다른 현재의 무역 방식 변화와 공정 무역의 역사적 과정 조사하기'는 시간적 관점에서 할 수 있는 탐구 활동으로 적절하다.

08
통합적 관점의 필요성 파악

정답 찾기 특정의 한 관점에서만 살펴보면서 답을 찾는 것은 한계가 나타날 수 밖에 없으므로 다양한 관점에서 문제를 해결하려는 시도를 하는 것은 통합적 관점으로 탐구하려는 것이다.
① 통합적 관점은 다양한 관점에서 종합적으로 살펴보는 관점이다.

오답 피하기 ② 통합적 관점은 일부의 특정 관점에서만 살펴보는 것이 아니다.
③ 통합적 관점은 다양한 분야의 전문가들의 의견을 조사·탐구하는 관점이다.
④ 공간적 관점을 중심으로 사회현상을 탐구하는 것은 통합적 관점에 해당한다고 보기 어렵다.
⑤ 시간의 흐름 속에서 사회현상이 나타나는 맥락을 탐구하는 것은 통합적 관점에 해당한다고 보기 어렵다.

수능 유형 문제

01 ②　　02 ②　　03 ②　　04 ③

01
시간적 관점과 공간적 관점 이해

정답 찾기 ㄱ. 갑은 전염병 대유행 문제에 대해 중세 시대 흑사병 창궐 등 역사적 사례를 조사하였으므로 시간적 배경과 맥락을 중심으로 발표하였다.

ㄷ. 을은 전염병 대유행 문제에 대해 국가나 지역별로 확산되는 양상에서 보이는 공간적 차이를 조사하였으므로 공간적 관점에서 탐구하였다. 시간적 관점은 공간적 관점과 달리 시간의 흐름 속에서 파악하는 관점이다.

오답 피하기 ㄴ. 사회가 지향해야 할 가치와 규범을 통해 살펴보는 것은 윤리적 관점에 가깝다.

ㄹ. 갑, 을 모두 한 관점에서만 탐구하고 있으며 통합적 관점에서 탐구하는 것은 아니다.

02
시간적 관점, 공간적 관점, 사회적 관점, 윤리적 관점 이해

정답 찾기 갑은 사회적 관점, 을은 시간적 관점, 병은 공간적 관점, 정은 윤리적 관점에서 사막화 현상을 탐구하였다.

② 사막화를 해결하기 위한 노력을 시대적 배경과 맥락을 중심으로 바라보는 것은 시간적 관점에 해당한다.

오답 피하기 ① 사막화 문제 해결 방안 모색을 도덕적 가치 판단을 중심으로 바라보는 것은 윤리적 관점에 해당한다.

③ 사막화 문제 해결 방안을 사회 제도적 측면에서 분석하는 것은 사회적 관점에 해당한다.

④ 사막화 현상에 대해 자연환경과 인문환경의 관계를 중심으로 파악하는 것은 공간적 관점에 해당한다.

⑤ 시공간을 초월한 공통적이고 보편적인 규범을 중심으로 바라보는 것은 윤리적 관점에 해당한다.

03
통합적 관점 적용

정답 찾기 ㄱ. 우리나라 인구 구조의 연도별 변화 분석하기는 시간적 관점에 해당하는 탐구 활동이다.

ㄷ. 저출생 현상에 영향을 준 사회 제도 조사하기는 사회적 관점에 해당하는 탐구 활동이다.

오답 피하기 ㄴ. 결혼과 출산에 대한 가치관 및 태도 알아보기는 윤리적 관점에 해당하는 탐구 활동이다.

ㄹ. 출생률이 낮은 지역의 지역적 특성 조사하기는 공간적 관점에 해당하는 탐구 활동이다.

04
통합적 관점의 필요성 파악

정답 찾기 ③ 사회현상을 탐구할 때 한 관점에서만 살펴보는 것이 아니라 다양한 관점을 두루 활용해야 한다고 보는 것은 통합적 관점이다. "사회현상은 특정 관점에서만 깊이 있게 탐구하는 것이 바람직하다."라고 주장한다면 통합적 관점에서 사회현상을 제대로 이해할 수 없을 것이다. 즉 사회현상을 특정 관점에서만 깊이 있게 탐구하면 우리 사회의 삶의 만족도에 대한 개별 관점을 넘어 종합적이고 통합적인 검토의 필요성을 간과할 수 있다.

오답 피하기 ① 우리 사회의 삶의 만족도가 개인 심리와 밀접한 관련이 있을 수 있지만 통합적 관점과는 거리가 멀다.

② 우리 사회의 삶의 만족도를 공간적 맥락에서 탐구할 수 없을 가능성은 공간적 관점에서 탐구하지 않을 경우에 해당하는 것으로 통합적 관점과는 거리가 멀다.

④ 우리 사회의 삶의 만족도는 한 가지 관점으로 살펴보는 것이 효과적이라는 것은 한 관점에서만 탐구하는 것으로 통합적 관점과는 거리가 멀다.

⑤ 우리 사회의 삶의 만족도에 대해 한 분야의 권위 있는 전문가의 분석이 필요하다고 보는 것은 통합적 관점과는 거리가 멀다.

Ⅱ 인간, 사회, 환경과 행복

01 행복의 기준과 의미

개념 체크 문제

본문 23쪽

❶ × ❷ ○ ❸ ○ ❹ ○ ❺ 따라 ❻ 인 ❼ 생존
❽ 자유 ❾ 구원 ❿ 평화 ⓫ ㄱ, ㄷ, ㅁ ⓬ ㄱ, ㅁ ⓭ ㉠
⓮ ㉢ ⓯ ㉣ ⓰ ㉡

본문 25쪽

❶ ○ ❷ × ❸ ○ ❹ × ❺ 없으면 ❻ 에 따라 다르게
❼ 지속적이고 정신적인 ❽ 원동력 ❾ 조화 ❿ 선한
⓫ ㄱ, ㄴ ⓬ ㄷ, ㄹ, ㅁ ⓭ ㉠ ⓮ ㉡

기본 문제

본문 26~27쪽

01 ⑤   02 ①   03 ⑤   04 ②   05 ②
06 ④   07 ⑤   08 ④   09 ④

01
행복의 의미 이해

정답 찾기 ㄷ. 제시문에서는 건강이 삶의 궁극적인 목적이 아니라 행복을 얻기 위한 수단이며 몸이 건강하더라도 불행할 수 있다고 주장하고 있다.
ㄹ. 제시문에서는 돈, 권력, 건강, 쾌락이 행복을 위한 수단이며 이것들을 얻는 것이 행복을 보장하는 것은 아니라고 주장하고 있다.

오답 피하기 ㄱ. 제시문에서는 돈과 권력이 없어도 행복한 삶이 불가능한 것은 아니라고 주장하고 있다.
ㄴ. 제시문에서는 권력이 행복을 얻기 위한 수단일 수 있음을 인정하고 있다.

02
행복의 다양한 기준 파악

정답 찾기 ① 제시문에서는 행복의 기준은 시대적 상황이나 지역적 여건에 따라 다양할 수 있다고 주장하고 있다.

오답 피하기 ② 기후나 지형과 같은 자연환경도 인문환경과 마찬가지로 자연적인 요인이나 시간의 흐름에 따라 변화한다.
③ 건조 기후 지역인 사막 지역 거주자에게는 깨끗한 물이 햇볕보다 더 필요하다.
④ 문화와 같은 인문환경도 행복의 기준에 영향을 준다.
⑤ 행복의 기준은 시대적 상황에 따라 변화하기 때문에 과거의 행복 기준을 현대에 동일하게 적용하는 것은 적절하지 않다.

03
행복에 대한 에피쿠로스와 스토아학파의 입장 비교

정답 찾기 ⑤ 헬레니즘 시대에 활동한 에피쿠로스와 스토아학파는 모두 마음의 평온함을 얻는 것이 행복이라고 보았다.

오답 피하기 ① 스토아학파는 정념에 방해받지 않는 초연한 삶을 추구하였다.
② 에피쿠로스는 정신적 쾌락이 진정한 행복을 가져온다고 보았다.
③ 스토아학파는 금욕적 태도를 바탕으로 자연을 따라야 한다고 보았다.
④ 에피쿠로스는 감각적이고 순간적인 쾌락은 고통을 유발할 수 있다고 보았다.

04
자연환경과 인문환경의 비교

정답 찾기 ② 기후, 지형 등과 같은 자연 상태의 환경은 자연환경이고, 정치, 경제, 종교 등과 같은 인간의 활동으로 형성되는 환경은 인문환경이다.

오답 피하기 기후, 지형 등과 같은 환경은 일반환경이 아니며, 정치, 경제, 종교 등과 같은 인간의 활동으로 형성되는 환경은 특수환경이 아니다.

05
행복에 대한 벤담의 입장 이해

정답 찾기 ② 벤담은 공리의 원칙에 따라 쾌락을 최대화하고 고통을 최소화할 것을 주장하였다. 따라서 고통을 감소시키는 것은 공리의 원칙에 어긋나지 않는다.

오답 피하기 ① 벤담은 공동체의 행복을 증진하는 행위가 공리에 일치하며, 우리가 공리에 일치하는 행위를 해야 한다고 보았다.
③ 벤담은 행복을 증가시키고 고통을 감소시키는 행위가 도덕적이라고 보았다. 벤담에 따르면, 많은 사람에게 고통만 주는 행위는 비도덕적이다.
④ 벤담은 정부의 정책도 공리의 원칙에 따라 정해져야 한다고 보았다. 따라서 벤담의 입장에서는 의회도 행복을 최대한 많이 가져오는 법을 제정해야 한다.
⑤ 벤담은 정부의 정책이 공동체의 행복을 증가시킬 때 해당 정책이 정

당화될 수 있다고 보았다.

06
행복의 객관적 기준과 주관적 기준 이해

정답 찾기 ④ 주거, 소득, 고용, 수명 등 수치화하여 비교가 가능한 지표는 행복의 객관적 기준이고, 행복, 자아실현 등 자기의 견해나 관점을 기초로 하여 자신의 삶에 대해 느끼는 만족도 등은 행복의 주관적 기준이다.

오답 피하기 ① 기본적으로 필요한 의식주나 경제력 등과 같은 물질적 조건은 객관적 기준이다.
② 주거, 소득, 고용, 수명 등 수치화가 가능한 지표는 정신적 기준이 아니다.
③ 주거, 소득, 고용, 수명 등 수치화가 가능한 지표는 주관적 기준이 아니다.
⑤ 자아실현 등 상황과 여건에 따라 사람마다 다르게 나타나는 것은 물질적 기준이 아니다.

07
지역별 삶의 만족도 비교

정답 찾기 ㄷ. 자료에 따르면, 광역시 지역의 삶의 만족도가 특별시보다 낮다.
ㄹ. 자료에 따르면, 환경 분야 행복도 상위 7개 지역의 삶의 만족도가 모두 평균보다 높은 수치를 보이고 있다. 따라서 환경적 요인이 주민의 행복도에 영향을 미친다고 볼 수 있다.

오답 피하기 ㄱ. 수도권 지역인 서울특별시와 인천광역시, 경기도의 삶의 만족도는 평균보다 낮다.
ㄴ. 세종특별자치시는 도시이지만 삶의 만족도와 환경 분야 행복도가 평균보다 높다. 따라서 도시 주민의 행복도를 높이는 것은 가능하다.

08
행복에 대한 아리스토텔레스의 입장 이해

정답 찾기 ④ 아리스토텔레스는 행복은 인간이 덕에 따라 활동하는 삶을 살 때 실현할 수 있다고 보았다.

오답 피하기 ① 아리스토텔레스는 인간은 이성을 동반하는 영혼의 활동을 통해 덕에 따를 수 있다고 보았다.
② 아리스토텔레스는 인간의 각 기능마다 고유한 덕이 있다고 보았다.
③ 아리스토텔레스는 행복을 감각적 쾌락이 아니라 덕에 따르는 영혼의 활동으로 얻을 수 있다고 보았다.
⑤ 아리스토텔레스는 훌륭한 사람은 인간의 각 기능을 훌륭하게 행한다고 보았다.

09
성찰의 중요성 이해

정답 찾기 ④ 제시문에서는 진정한 행복을 위해서는 자신에 대한 성찰, 즉 자기반성이 필요하다고 주장하고 있다.

오답 피하기 ① 제시문에서는 삶의 목적이 행복이라고 보고 있다.
② 제시문에서는 참된 행복이 질 높은 주거나 고소득 같은 객관적 기준으로 실현된다고 주장하고 있지 않다. 제시문에서는 참된 행복을 얻으려면 자신에 대한 성찰이 전제되어야 한다고 주장하고 있다.
③ 제시문에서는 진정한 행복이 순간적이고 감각적인 행복이 아니라 지속적이고 정신적인 즐거움이라고 주장하고 있다.
⑤ 제시문에서는 사회의 행복 기준이 아니라 자신이 소중하게 여기는 가치에 대한 성찰을 바탕으로 행복을 추구해야 한다고 주장하고 있다.

서술형 문제
본문 28쪽

Step1   핵심 키워드 파악하기

01
행복의 객관적 기준과 주관적 기준 비교

예시 답안 행복의 객관적 기준은 행복한 삶을 위해 기본적으로 필요한 (의식주)(이)나 경제력 등과 같은 물질적 조건으로, 수치로 비교 가능한 기준이다. 반면에 주관적 기준은 행복감과 같이 스스로 자신의 삶에 느끼는 (만족도)을/를 말한다. 진정한 행복을 위해서는 객관적 기준과 주관적 기준을 조화롭게 추구해야 한다.

02
지역적 여건에 따른 행복의 기준 이해

(1) A - (깨끗한 물 확보) B - (충분한 햇볕 쬐기)
(2) 예시 답안 A 지역은 (건조) 기후 지역으로 비가 잘 내리지 않아 사람들이 믿고 마실 수 있는 (깨끗한 물)이/가 부족하다. 따라서 이 지역 사람들에게 중요한 행복의 기준은 (깨끗한 물)을/를 확보하는 것이다. B 지역은 (냉대) 기후 지역으로 겨울이 길고 매우 춥다. 특히 겨울철에는 낮이 극도로 짧아진다. 따라서 이 지역 사람들에게 중요한 행복의 기준은 충분한 (햇볕)을/를 쬐는 것이다.

Step2 스스로 답안 작성하기

03
행복의 기준 이해

(문제 접근) 자료의 A국이 만든 국민 행복 지수의 9개 하위 항목, 즉 심리적 웰빙, 건강, 시간 사용, 교육, 문화적 다양성, 굿 거버넌스, 공동체 활력도, 생태학적 다양성·회복력, 생활 수준에 대한 분석을 바탕으로 A국이 중시하는 행복의 기준을 확인할 수 있다.

(예시 답안) A국이 중시하는 두 가지 행복의 기준은 다음과 같다. 첫째, 객관적 기준이다. A국은 생활 수준, 건강, 시간 사용, 교육, 정치적 영역에 대한 참여로 이루어지는 굿 거버넌스와 같이 수치화 및 측정이 가능한 항목을 국민 행복 지수에 포함시키고 있다. 둘째, 주관적 기준이다. A국은 문화적 다양성에 대한 관심, 삶에 대한 만족도를 알 수 있는 심리적 웰빙, 가족 및 인간관계에서 나타나는 공동체 활력도, 생태계에 대한 관심 등을 국민 행복 지수에 포함시키고 있다.

평가 기준	
상	A국이 중시하는 행복의 기준 두 가지를 제시하고, 그 내용을 정확히 서술한 경우
중	A국이 중시하는 행복의 기준 두 가지를 제시하였으나 내용이 다소 미흡한 경우
하	A국이 중시하는 행복의 기준을 한 가지만 서술한 경우

04
지역적 여건에 따른 행복의 기준 파악

(문제 접근) A국의 시민은 종교적 복장을 강요당하고 있으며, A국 정부는 시민들이 생각하는 가치를 자유롭게 표현하지 못하도록 억압하고 있다.

(예시 답안) A국 주민은 종교적 자유와 정치적 자유를 억압당하고 있다. 그래서 A국 국민들은 자신의 종교적 신념에 따라 자유롭게 신앙을 가지거나 표현할 수 있는 사회에 살기를 원하고 있다. 그뿐만 아니라 공동체 모두에게 영향을 끼치는 문제에 대해 자신의 생각을 표현할 수 있는 권리와 공적 의사 결정에 참여할 수 있는 권리를 보장받기를 원하고 있다. 즉, A국 국민들이 바라는 행복은 종교적 자유와 정치적 자유의 보장이라고 할 수 있다.

평가 기준	
상	사례의 A국 국민이 바라는 행복을 정확히 서술한 경우
중	사례의 A국 국민이 바라는 행복을 서술하였으나 내용이 다소 미흡한 경우
하	사례의 A국 국민이 바라는 행복을 일부 서술한 경우

01 ⑤   02 ⑤   03 ④   04 ④

01
행복에 대한 에피쿠로스의 입장 이해

(정답 찾기) ⑤ 에피쿠로스는 자연적이지 않은 욕망을 충족하거나 필수적인 욕망을 지나치게 충족하면 쾌락보다 고통이 더 커진다고 보았다. 에피쿠로스에 따르면, 참된 행복을 위해서는 자연적이고 필수적인 욕망만을 최소한으로 충족해야 한다.

(오답 피하기) ① 에피쿠로스는 마음의 평온함을 유지하는 삶이 행복한 삶이라고 보았다.
② 에피쿠로스는 자연적인 욕구와 필수적인 욕구를 이성으로 적절하게 분별하여 충족해야 한다고 보았다.
③ 에피쿠로스는 욕망 자체가 악이라고 보지 않았다.
④ 에피쿠로스는 몸에 고통이 없고 마음에 불안이 없는 상태가 참된 행복의 상태라고 보았다.

02
자연환경과 인문환경의 비교

(정답 찾기) ⑤ 대승 불교에서는 모든 중생이 불성(佛性)을 지니고 있다고 보았다. 대승 불교에서는 불성을 바탕으로 수행을 통해 해탈해야 한다고 보았다.

(오답 피하기) ① 자연환경은 기후, 지형 등과 같은 자연 상태 그대로의 환경을 말한다.
② 인문환경은 정치, 경제, 종교, 문화 등과 같은 인간 활동으로 형성되는 환경을 말한다.
③ 경제적으로 빈곤한 지역은 자국 정부의 복지 제도나 타국의 원조를 받아 빈곤에서 벗어날 수 있다.
④ 유교에서는 타고난 인간다움을 바탕으로 타인에게 사랑의 덕을 실천할 때 인(仁)을 실현할 수 있다고 보았다.

03
삶의 목적으로서의 행복 이해

(정답 찾기) 을. 제시문의 관점에서 볼 때 자신이 삶에서 이루고자 하는 삶의 목적이 있을 때만 순간의 감각적 쾌락에 탐닉하지 않을 수 있다. 또한, 삶의 목적이 없으면 힘들지만 앞으로 도움이 되는 일을 하기보다 지금 당장 쉽고 편하게 할 수 있는 일을 할 수 있다.
병. 제시문의 관점에서 볼 때 삶의 궁극적 목적인 행복을 위해 노력하다 보면 일상에서 다양한 어려움을 만났을 때 쉽게 포기하지 않고 극복하기 위해 노력할 수 있다.

오답 피하기 갑. 제시문의 관점에서 볼 때 행복은 다른 목적을 위한 수단이 아니라 삶의 목적 그 자체이다.

04
도덕적 성찰의 중요성 이해

정답 찾기 그림의 강연자는 소크라테스이다.

④ 소크라테스는 인간에게 자신과 타인들의 생각과 의견에 대해 검토하는 것이 최대의 선이라고 주장하고 있다.

오답 피하기 ① 소크라테스는 검토함. 즉 성찰이 없는 삶은 인간다운 삶이 아니라고 주장하고 있다.

② 소크라테스는 덕에 관해 이야기하는 것이 인간의 최고선이라고 주장하고 있다.

③ 소크라테스는 자신과 덕에 관해 검토하며 살아야 한다고 주장하고 있다.

⑤ 소크라테스는 사형을 피해 침묵하기보다 진리와 덕에 대해 검토하고 발언해야 한다고 주장하고 있다.

02 행복한 삶을 실현하기 위한 조건

개념 체크 문제

본문 31쪽

❶ ○ ❷ × ❸ × ❹ ○ ❺ 확대 ❻ 증가 ❼ 약화
❽ 빈곤 ❾ 최저 임금 ❿ 항산, 항심 ⓫ ㄱ, ㄹ ⓬ ㄴ, ㄷ, ㅁ ⓭ ㄱ, ㄴ, ㄷ, ㅁ

본문 33쪽

❶ ○ ❷ ○ ❸ × ❹ ○ ❺ 거부해야 ❻ 해야 한다
❼ 해를, 낮춤 ❽ 행복 ❾ 신뢰 ❿ ㄱ, ㄴ, ㄹ

본문 34~35쪽

기본 문제

01 ② 02 ④ 03 ③ 04 ③ 05 ②
06 ④ 07 ② 08 ⑤

01
공간적 불평등과 빈곤에 대한 대책 파악

정답 찾기 ㄱ. 저렴한 주택 공급을 확대하면 저소득층 주민들이 질 높은 공간을 저렴하게 누릴 수 있어 공간적 평등과 빈곤 감소에 도움이 된다.

ㄷ. 다양한 사회 계층이 부담 없이 이용할 수 있는 대중교통 시설이 구축되면 저소득층이 교통비를 줄일 수 있으며, 지역의 다양한 시설에 보다 쉽게 접근할 수 있게 되어 공간적 평등과 빈곤 감소에 도움이 된다.

오답 피하기 ㄴ. 고급 주택 밀집 지역에 문화 예술 시설을 건설하면 정주 환경의 질이 높아져 다른 지역과의 차이가 확대된다. 정주 환경의 질 차이가 확대되면 공간적 불평등과 빈부 격차가 증가할 것이다.

ㄹ. 도시 중심지를 고가에 분양하면 교통이 편리하고 각종 시설이 집중되어 있는 지역을 고소득층이 주로 활용하게 되어 공간적 불평등과 빈부 격차가 증가할 것이다.

02
질 높은 정주 환경의 이해

정답 찾기 ④ 제시문에서는 주택의 가치를 경제적 관점으로만 보지 말고 다른 요소를 함께 고려해야 한다고 주장하고 있다.

오답 피하기 ① 제시문에서는 현대인들이 질 높은 정주 환경이 가지는 의미를 바르게 고찰하지 않는다면 불행해질 수 있다고 주장하고 있다.

② 제시문에서는 정주 환경의 질을 높이기 위해서는 좋은 주택과 다양한 요소들이 필요하다고 주장하고 있다.

③ 제시문에서는 주택의 경제적 가치를 고려해야 한다고 주장하고 있다.

⑤ 제시문에서는 주택 자체뿐만 아니라 주택이 있는 장소와 다양한 요소를 고려하여 정주 환경을 평가해야 한다고 주장하고 있다.

03
소득과 행복의 관계에 대한 이해

정답 찾기 ③ 제시문에서는 소득이 일정 수준에 도달하면, 소득이 상승해도 행복이 소득에 비례하여 계속 상승하는 것은 아니라고 주장하고 있다.

오답 피하기 ① 제시문에서는 행복의 증가를 위해 일정 수준 이상의 소득이 필요하다고 주장하고 있다.

② 제시문에서는 행복을 위해서는 소득의 증가뿐만 아니라 다른 조건도 필요하다고 주장하고 있다.

④ 제시문에서는 절대 빈곤 같이 소득이 낮은 상태에서 소득이 상승하면 행복도가 증가한다고 주장하고 있다.

⑤ 제시문에서는 정부가 행복의 증가를 위해 소득의 증대를 위한 노력을 해야 한다고 주장하고 있다.

04
청년 세대의 행복에 대한 관점 이해

(정답 찾기) ㄴ. 자료에서 청년 세대가 가장 많이 선택한 행복의 조건은 충분한 소득과 자산, 즉 경제적 안정이다.

ㄷ. 자료에서 청년 세대는 가족생활, 여가 활동, 자아 성취와 같이 행복의 주관적 기준도 행복의 조건으로 선택하였다.

(오답 피하기) ㄱ. 청년 세대의 22.9%가 건강을 행복의 조건으로 선택하였지만, 청년 세대의 7.2%만이 자아 성취를 행복의 조건으로 선택하였다.

ㄹ. 청년 세대의 12.7%가 행복의 조건으로 여가 활동을 선택하였다. 따라서 청년 세대는 정주 환경을 선택할 때 여가 시설 유무를 고려할 것이다.

05
행복과 민주주의의 관계에 대한 이해

(정답 찾기) ② 제시문에서는 직접 민주주의적 제도에 따른 시민의 정치 참여가 시민의 행복도를 증진하므로 이를 확대해야 한다고 설명하고 있다.

(오답 피하기) ① 제시문에서는 시민의 직접적인 정치 참여가 행복도를 높인다고 설명하고 있다.

③ 제시문에서는 시민의 관계성에 대한 욕구가 충족될 때 행복도가 높아질 수 있다고 설명하고 있다.

④ 제시문에서는 시민이 자율적으로 의사를 결정할 때 행복도가 높아질 수 있다고 설명하고 있다.

⑤ 제시문에서는 시민이 자기 지역의 의사 결정에 참여하는 기회가 확대될수록 행복도가 높아질 수 있다고 설명하고 있다.

06
정치 참여 방법에 대한 이해

(정답 찾기) ④ 정책 결정권자와의 사적 관계를 이용하여 집단의 이익을 추구하는 것은 민주주의 발전을 저해하는 부적절한 행위이다.

(오답 피하기) ① 시민 단체는 공익적 목적을 실현하기 위해 정책과 정책 수행 과정을 감시하고 검증할 수 있다.

② 시민은 자신의 정치적 의견이 국가 정책에 적절하게 반영되는지 지속적으로 감시해야 한다.

③ 사회 조직에는 정당, 이익 집단, 시민 단체가 있다. 정당의 당원으로 활동하는 것은 정치 참여의 방법에 포함된다.

⑤ 시민이 정치에 참여하기 위해 국가 정책을 감시하고 사회 조직을 통해 참여하는 것은 민주주의 국가의 주권자로서 적절한 행위이다.

07
도덕적 실천에 대한 공자의 입장 이해

(정답 찾기) 갑 사상가는 공자이다.

ㄱ. 공자는 서(恕)의 정신에 따라 타인의 마음을 자신처럼 고려하여 자신이 바라지 않는 것을 타인에게 시키지 말아야 한다고 보았다.

ㄷ. 공자는 서의 정신에 따라 자기 행위가 타인에게 미칠 영향을 고려해야 한다고 보았다.

(오답 피하기) ㄴ. 공자는 자신이 하기 싫은 일을 타인에게 시키지 말아야 한다고 보았다.

ㄹ. 공자는 타인의 마음을 고려하지 않고 자신의 욕망과 이익에만 관심을 가져서는 안 된다고 보았다.

08
행복과 도덕의 관계에 대한 칸트의 입장 이해

(정답 찾기) ⑤ 칸트는 올바른 행위를 하겠다는 선의지를 지니고 실천하는 사람은 행복을 누릴 만한 자격이 있다고 보았다.

(오답 피하기) ① 칸트는 행복이 사람의 마음을 오만하게 만들 수 있다고 보았다.

② 칸트는 선의지를 바탕으로 보편적인 도덕 법칙을 따르는 행위를 해야 한다고 보았다.

③ 칸트는 행복을 느끼는 사람에게 선의지가 없을 수 있다고 보았다.

④ 칸트는 행복의 실현과 도덕의 실천을 함께 할 수 있다고 보았다.

서술형 문제
본문 36쪽

Step1 핵심 키워드 파악하기

01
정주 환경의 질을 높이기 위한 방안 파악

(예시 답안) 정주 환경의 질을 높이기 위해서는 살기 좋은 주거 생활을 보장하기 위한 정부의 (주택) 개발 정책 및 대중교통 시설의 확충이 필요하다. 또한 각종 (학교)와/과 병원 등을 설립 및 확충하여 주민들에게 일정한 교육과 (의료) 혜택이 돌아가게 해야 한다.

02
도덕적 실천의 필요성 이해

예시 답안 도덕적 실천은 타인을 배려하거나 곤경에 처한 삶을 돕는 행동이다. 자신의 이익과 욕망만을 추구하면 도덕적 실천을 하지 않아도 행복할 수 있다고 생각할 수 있다. 그러나 이기적인 행동은 공동체에 해가 될 뿐만 아니라 자신에게도 손해를 끼칠 수 있다. 결국 이기적 행동은 공동체 전체의 (행복도)을/를 낮추게 될 수 있다. 따라서 자신의 행위와 삶을 도덕적 관점에서 (성찰)하고 도덕적 실천을 할 때 삶의 가치를 이해하고 행복이 증대될 수 있다는 점을 명심해야 한다.

Step2 스스로 답안 작성하기

03
질 높은 정주 환경의 특징 파악

문제 접근 이중환은 『택리지』에서 질 높은 정주 환경이 지리(地理), 생리(生利), 인심(人心), 산수(山水)를 갖추어야 한다고 주장하였다. 이 네 가지 조건은 사람이 살아가는 데 필요한 의식주와 인간관계에 대한 내용을 담고 있다.

예시 답안 질 높은 정주 환경은 자연의 다양한 요소와 인간의 거주지가 조화를 이루고, 자연의 아름다움을 즐길 수 있는 빼어난 경치와 같은 자연환경을 갖추어야 한다. 그리고 생활에 필요한 것을 충분하게 얻을 수 있으며, 선량한 이웃들이 함께 살아가는 등의 인문환경도 갖추어야 한다.

평가 기준	
상	『택리지』에서 제시한 질 높은 정주 환경의 특징을 정확히 서술한 경우
중	『택리지』에서 제시한 질 높은 정주 환경의 특징을 서술하였으나 내용이 다소 미흡한 경우
하	『택리지』에서 제시한 질 높은 정주 환경의 특징을 어느 정도 서술한 경우

04
도덕적 실천을 위해 필요한 자세 파악

문제 접근 증자는 공자의 제자이며 유학자였다. 증자는 인간으로서, 친구로서, 학자로서 매일 반성해야 할 내용을 정하여 자신의 언행을 성찰하였다. 자신의 다양한 사회적 역할을 고려하여 성찰해야 할 세 가지를 정해 볼 수 있다.

예시 답안 나는 지금부터 하루에 세 가지를 성찰하여 더 좋은 사람으로 성장하기 위해 노력할 것이다. 첫째, 부모님에게 자식으로서 도리를 소홀히 하거나 부모님의 마음을 상하게 하지 않았는지 성찰할 것이다. 둘째, 선생님에

게 배운 것을 제대로 이해하고 익혔는지 성찰할 것이다. 셋째, 친구들과 교류할 때 친구들이 싫어할 만한 말과 행동을 하지 않았는지 성찰할 것이다.

평가 기준	
상	자신이 성찰할 내용 세 가지를 정확히 서술한 경우
중	자신이 성찰할 내용 세 가지를 서술하였으나 내용이 다소 미흡한 경우
하	자신이 성찰할 내용을 어느 정도 서술한 경우

본문 37쪽

1등급 도전 문제

01 ②   02 ⑤   03 ④   04 ④

01
정주 환경의 의미 파악

정답 찾기 ② 제시문에서는 위험과 희생의 공간인 외부 공간과 달리 집의 내부 공간은 긴장을 풀 수 있는 안정과 평화의 공간이라고 주장하고 있다.

오답 피하기 ① 제시문에서는 외부 공간이 위험한 공간이고 내부 공간이 안전한 공간이라고 주장하고 있다.
③ 제시문에서는 인간의 체험 공간이 내부 공간과 외부 공간의 두 영역으로 나뉘어 있다고 주장하고 있다.
④ 제시문에서는 내부 공간과 외부 공간이 다른 특징을 지니고 있다고 주장하고 있다.
⑤ 제시문에서는 인간이 외부 공간의 위험에서 벗어나 내부 공간에서 긴장을 풀어야 한다고 주장하고 있다.

02
경제적 안정의 중요성 이해

정답 찾기 ⑤ 칼럼에서는 안정적인 생업이 없으면 시민이 도덕적인 마음을 유지하기 어려우므로 시민이 안정적인 생업을 유지할 수 있도록 국가가 지원해야 한다고 주장하고 있다.

오답 피하기 ① 칼럼에서는 안정적인 생업이 없으면 도덕적인 마음을 유지하기 어렵다고 주장하고 있다.
② 칼럼에서는 국가가 시민들이 삶의 질을 유지할 수 있도록 복지 제도를 확충해야 한다고 주장하고 있다.
③ 칼럼에서는 경제적 불평등이 심화되면 불행한 시민이 많아져 공동체에도 영향을 준다고 주장하고 있다.
④ 칼럼에서는 경제적 안정이 사회의 존속을 위해 필요하다고 주장하고 있다.

정답과 해설

03
민주주의와 행복의 관계 파악

(정답 찾기) ㄴ. 자료에서는 정치 체제마다 행복도에 차이를 보이므로 정치 체제가 구성원의 행복 수준에 영향을 끼친다고 볼 수 있다.

ㄹ. 자료에서는 시민의 정치적 의사가 잘 반영되는 완전한 민주주의 체제의 행복도가 가장 높다. 따라서 시민의 정치적 의사가 잘 반영될수록 시민의 삶의 만족도가 높아진다고 볼 수 있다.

(오답 피하기) ㄱ. 자료에서는 인권을 잘 보장하는 정치 체제일수록 행복도가 높으므로 인권 보장과 행복은 상호 연관된 관계로 볼 수 있다.

ㄷ. 자료에서는 권위주의 정권의 행복도가 가장 낮다. 따라서 권위주의가 강해질수록 시민의 행복감이 감소한다고 볼 수 있다.

04
행복을 증진하는 도덕적 실천 이해

(정답 찾기) 가상 편지를 쓴 사상가는 밀이다.

④ 가상 편지에서 밀은 희생 그 자체는 선이 아니며 이해 당사자들의 행복의 총합을 증가시켜야 한다고 주장하고 있다.

(오답 피하기) ① 가상 편지에서 밀은 도덕적 실천이 전체의 행복을 위한 것이라고 주장하고 있다.

② 가상 편지에서 밀은 행위의 결과가 행복이나 이익을 가져오는 경우에만 도덕적 행위라고 주장하고 있다.

③ 가상 편지에서 밀은 인류 전체의 행복을 가져다주는 행위는 정당화될 수 있다고 주장하고 있다.

⑤ 가상 편지에서 밀은 타인의 행복을 위해 자신의 행복을 희생하는 것은 도덕적 실천으로 인정될 수 있다고 주장하고 있다.

본문 39~41쪽

대단원 종합 문제

01 ②	02 ⑤	03 ⑤	04 ①	05 ③
06 해설 참조		07 ⑤	08 ⑤	09 ④
10 ③	11 ⑤	12 ②	13 해설 참조	
14 ④				

01
중세 시대의 행복에 대한 입장 이해

(정답 찾기) 제시문은 중세 서양 사상가 아퀴나스의 주장이다.

ㄱ. 아퀴나스는 신의 은총을 통해 영원하고 완전한 존재인 신과 하나가 되는 것이 최고 행복이라고 보았다.

ㄷ. 아퀴나스는 자연적 덕으로는 불완전한 행복에 이를 수 있으며, 자연적 덕과 종교적 덕을 모두 갖출 때 신과 하나가 되는 완전한 행복에 이를 수 있다고 보았다.

(오답 피하기) ㄴ. 아퀴나스는 신의 구원이 있어야만 인간의 궁극적 목적인 신과의 합일을 이룰 수 있다고 보았다.

ㄹ. 아퀴나스는 인간의 궁극적 목적이 완전한 행복이라고 보았다.

02
자연환경에 따른 행복의 기준 이해

(정답 찾기) ⑤ 자료는 국가가 국민이 불행한 삶을 경험하지 않도록 재난 대비에 힘써야 한다고 주장하고 있다.

(오답 피하기) ① 자료는 생활 안전 문제에 대해 국가 차원에서 정보를 제공해야 한다고 주장하고 있다.

② 자료는 국가가 시민이 적절한 선택을 할 수 있도록 정보를 제공해야 한다고 주장하고 있다.

③ 자료에는 종교와 관련된 내용이 없다.

④ 자료는 외부 자연환경에 따라 행복한 삶에 필요한 것이 달라짐을 보여 주고 있다.

03
행복에 대한 아리스토텔레스의 입장 이해

(정답 찾기) 갑은 아리스토텔레스이다.

⑤ 아리스토텔레스는 행복이 유전자가 생존을 유지하고 복제하는 데 도움이 되는 것일 뿐이라고 주장하는 '어떤 사람들'에게 행복은 생존을 유지하는 데 그치는 것이 아니라 사람이 하는 행위의 궁극적 목적이며 덕에 따르는 정신의 활동이라고 반론할 수 있다.

(오답 피하기) ① 아리스토텔레스는 인간 행위의 목적이 다양할 수 있다고 보았다.

② 아리스토텔레스는 행복이 특정 상태가 아니라 덕에 따르는 활동이라고 보았다.

③ '어떤 사람들'은 행복이 생명체의 생존을 위한 기능이라고 주장하고 있다.

④ '어떤 사람들'은 인간이 행복을 바라는 것은 유전자의 자기 복제에 도움이 되기 때문이라고 주장하고 있다.

04
도덕적 실천과 행복의 연관성 이해

(정답 찾기) ① 제시문에서는 선행을 실천하면 삶의 만족도가

향상되어 행복해질 수 있다고 주장하고 있다.

오답 피하기 ② 제시문에서는 선행을 하면 삶의 만족도가 개선되므로 선행을 통해 행복을 증진하는 노력을 해야 한다고 주장하고 있다.

③ 제시문에서는 선행을 하면 타인과 연결되어 있다고 느끼게 되어 삶의 만족도가 증가한다고 주장하고 있다.

④ 제시문에서는 타인을 행복하게 하는 행동을 할 때 자신도 더 행복해질 수 있다고 주장하고 있다.

⑤ 제시문에서는 타인을 위해 시간이나 비용을 써서 도우면 자신의 삶의 만족도도 향상된다고 주장하고 있다.

05
공자의 행복론 이해

정답 찾기 ③ 공자는 행복을 위해 도덕적 수양과 좋은 인간관계를 맺는 노력을 의도적으로 해야 한다고 보았다.

오답 피하기 ① 공자는 옳고 그름에 대한 앎을 갖추고 사회적 인정이 없어도 분노하지 않는 도덕적 인격을 갖출 때 행복할 수 있다고 보았다.
② 공자는 친구들과 교류할 때 즐거움을 느낄 수 있다고 보았다.
④ 공자는 진리에 대해 배우고 익히는 과정이 기쁨을 가져다준다고 보았다.
⑤ 공자는 타인이 자신을 알아주고 인정해 주지 않더라도 분노하지 않는 이상적 인간인 군자(君子)가 되어야 한다고 보았다.

06 서술형
벤담의 공리주의 적용

문제 접근 제시문은 공리주의 사상가인 벤담의 주장이다. 벤담은 관련된 이해 당사자의 행복을 최대화하고 고통을 최소화하는 행위를 해야 한다고 보았다.

예시 답안 여성과 어린아이 두 명이 택시를 먼저 타서 이들이 얻을 행복 ㉠, 자신이 선행을 하고 얻을 행복 ㉡, 자신이 예약한 택시를 양보하고 다른 택시를 기다릴 때의 고통 ㉢, 자신을 더 오래 기다리게 될 친구의 고통 ㉣을 계산하여 ㉠, ㉡, ㉢, ㉣을 모두 합산하세요. ㉠, ㉡, ㉢, ㉣의 총합이 자신이 택시를 양보하지 않았을 때의 행복보다 크다면 예약한 택시를 양보하세요.

평가 기준	
상	행복의 최대화와 고통의 최소화를 주장한 벤담의 입장에서 조언을 정확히 서술한 경우
중	행복의 최대화와 고통의 최소화를 주장한 벤담의 입장에서 조언하였으나 내용이 다소 미흡한 경우
하	행복의 최대화와 고통의 최소화를 주장한 벤담의 입장에서 할 조언을 매우 미흡하게 서술한 경우

07
도가 사상가 노자의 행복론 이해

정답 찾기 가상 편지를 쓴 사상가는 노자이다.

⑤ 노자는 법률과 같은 인위적인 제도로는 자연스러움을 실현할 수 없다고 보았다.

오답 피하기 ① 노자는 인간이 타고난 소박한 본성에 따라 살아야 한다고 보았다.
② 노자는 만물의 근본 원리인 도의 관점에서 만물을 바라보고 도에 따라 살아야 한다고 보았다.
③ 노자는 인위적 문명의 결과물은 자연스러운 삶을 방해할 수 있다고 보았다.
④ 노자는 자연의 순리인 도에 따라 소박한 삶을 살아야 한다고 보았다.

08
정주 환경의 질 제고를 위한 방법 파악

정답 찾기 ⑤ (나) 지역은 쓰레기로 인한 환경 오염이 심각하므로 정주 환경의 질을 높이기 위해서는 우선 깨끗한 환경을 조성하기 위해 노력하라고 조언하는 것이 적절하다.

오답 피하기 ① 교육 시설은 정주 환경의 질을 높일 수 있으나 (나) 지역의 자연환경 오염에 대한 대처로는 적절하지 않다.
② 저렴한 주택 공급은 정주 환경의 질을 높일 수 있으나 (나) 지역의 선결 과제로는 적절하지 않다.
③ 대중교통 시설은 정주 환경의 질을 높일 수 있으나 (나) 지역의 선결 과제로는 적절하지 않다.
④ 경제적 안정은 행복을 위한 조건이 될 수 있으나 (나) 지역의 선결 과제로는 적절하지 않다.

09
행복을 위한 조건 파악

정답 찾기 ㄱ. 자료에서는 고립감이 삶의 만족도와 두 번째로 높은 상관도를 보이고 있다. 따라서 인간관계의 좋고 나쁨이 삶의 만족도에 영향을 준다고 볼 수 있다.
ㄴ. 자료에서는 경제생활 안정도가 삶의 만족도와 가장 높은 상관도를 보이고 있다. 따라서 경제적 안정성이 삶의 만족도에 가장 큰 영향을 준다고 볼 수 있다.
ㄹ. 경제생활 안정과 고립감이 삶의 만족도에 비교적 큰 영향을 주므로 경제생활이 불안정한 사람과 고립감을 크게 느끼는 사람들에 대한 사회적 배려가 필요하다고 볼 수 있다.

오답 피하기 ㄷ. 성별과 삶의 만족도의 상관도가 가구 소득과 삶의 만족도의 상관도보다 높으므로 성별이 더 중요한 행복의 요인이라고 볼 수 있다.

정답과 해설

10
이중환이 제시한 질 높은 정주 환경의 기준 파악

정답 찾기 ㄴ. 이중환이 질 높은 정주 환경의 조건으로 생리 (生利)를 제시한 것은 거주 지역에서 생활하는 데 필요한 이익이 충분하게 발생하는지 살펴보라는 의미이다.

ㄷ. 이중환이 질 높은 정주 환경의 조건으로 인심을 제시한 것은 이웃에 거주하는 사람들이 넉넉한 정을 가지고 있는지 확인해 보라는 의미이다.

오답 피하기 ㄱ. 지리(地理)는 풍수지리적 명당 여부를 확인해야 한다는 의미이다.

ㄹ. 산수(山水)는 빼어난 경치를 지닌 곳인지를 확인해야 한다는 의미이다.

11
정치 참여와 행복의 관계 이해

정답 찾기 ⑤ 제시문에서는 시민이 삶의 문제를 결정하는 데 직접 참여할 때 더 행복을 느낀다고 주장하고 있다. 따라서 제시문의 입장에서 볼 때 시민 참여를 배제하고 정부와 전문가가 일방적으로 정책을 결정한다면 시민의 행복을 높이기 어렵다.

오답 피하기 ① 제시문에서는 시민이 주권자로서 정치적 결정에 참여하는 것 자체가 시민의 행복을 증진할 수 있다고 주장하고 있다.

② 제시문에서는 투표하는 것에 그치지 말고 시민이 중요한 결정에 참여하는 기회를 얻어야 한다고 주장하고 있다.

③ 제시문에서는 시민이 자신과 관련된 공적 결정에 참여하길 바란다고 주장하고 있다.

④ 제시문에서는 자기 삶의 문제를 직접 결정할 수 있는 기회가 확대될수록 더 만족감을 느낀다고 주장하고 있다.

12
도덕적 성찰의 중요성 이해

정답 찾기 ② 제시문에서는 도덕적 성찰이 과거의 잘못된 점을 고치고 앞으로 더 나은 인격을 함양하기 위한 과정이라고 주장하고 있다.

오답 피하기 ① 제시문에서는 도덕적 성찰을 통해 더 바람직하고 성숙한 사람이 될 수 있다고 주장하고 있다.

③ 제시문에서는 도덕적 성찰이 단순한 지식의 습득이 아니라 삶에서 실천을 통해 몸으로 익히는 것이라고 주장하고 있다.

④ 제시문에서는 도덕적 성찰을 통해 더 좋은 사람이 될 수 있다고 주장하고 있다.

⑤ 제시문에서는 도덕적 성찰은 평생 지속해야 하는 것이라고 주장하고 있다.

13 서술형
경제적 안정을 위한 국가의 노력 이해

문제 접근 〈문제 상황〉의 A는 개인이 해결하기 어려운 갑작스러운 경제적 위기에 처해 있다. A는 문제 상황 이전에 자기 노력으로 일정 수준 이상의 재산을 형성할 정도로 문제 해결 역량이 있으므로 공적인 제도를 통해 위기에 대처하도록 돕는다면 경제적 위기를 해결할 가능성이 크다.

예시 답안 국가는 갑작스러운 상황으로 인해 실직한 국민을 위해 기존 소득의 일부분을 일정 기간 지급하는 실업 급여 제도를 운영하여 실직자가 새로 직장을 구할 때까지 생계를 유지할 수 있게 해 줄 수 있다. 또한 위급 상황인 경우에 대출금과 이자의 상환을 일시 유예할 수 있는 제도를 시행할 수 있다.

평가 기준	
상	경제적 위기에 처한 국민을 위해 정부가 시행할 수 있는 복지 제도나 정책을 정확히 서술한 경우
중	경제적 위기에 처한 국민을 위해 정부가 시행할 수 있는 복지 제도나 정책을 서술하였으나 내용이 다소 미흡한 경우
하	경제적 위기에 처한 국민을 위해 정부가 시행할 수 있는 복지 제도나 정책을 매우 미흡하게 서술한 경우

14
사회적 자본과 행복의 관계 이해

정답 찾기 ④ 제시문에서는 사회 구성원 사이의 신뢰 관계가 행복을 증진할 수 있으므로 사회적 자본의 형성이 필요하다고 주장하고 있다.

오답 피하기 ① 제시문에서는 사회적 자본이 경제적인 이익뿐만 아니라 행복을 증진할 수 있다고 주장하고 있다.

② 제시문에서는 소속감과 소통의 즐거움이 삶에 대한 만족도를 향상시킨다고 주장하고 있다.

③ 제시문에서는 사회적 행복을 위해 생계를 포기하라고 주장하고 있지 않으며, 행복을 위해서는 소득이 일정 수준 이상으로 상승해야 한다고 주장하고 있다.

⑤ 제시문에서는 사회적 구성원 간 신뢰 관계, 즉 사회적 자본이 형성되면 경제적 이익이 증진된다고 주장하고 있다.

수능 유형 문제

01 ①	02 ②	03 ⑤	04 ④	05 ②
06 ⑤	07 ④	08 ④		

01
행복에 대한 에피쿠로스와 아퀴나스의 입장 비교

정답 찾기 갑은 에피쿠로스, 을은 아퀴나스이다.

ㄱ. 에피쿠로스는 쾌락 그 자체는 선이지만 고통이 없을 때는 더 이상 쾌락이 필요하지 않다고 보았다. 또한, 어떤 쾌락을 즐긴 후에 더 많은 고통을 가져오는 경우 그 쾌락을 선택하지 말아야 한다고 보았다.

ㄷ. 중세 시대 신학자 아퀴나스는 최고선인 신과의 합일을 위해서는 신의 은총이 필요하다고 보았다.

오답 피하기 ㄴ. 아퀴나스는 쾌락이 적절할 때는 선이 될 수 있다고 보았다.

ㄹ. 에피쿠로스는 고통이 없다면 더 이상 쾌락이 필요하지 않다고 보았다.

02
정주 환경과 행복의 관계 이해

정답 찾기 ② 제시문에서는 스스로 정립한 가치관에 맞는 주거지를 선택해야 행복할 수 있다고 주장하고 있다.

오답 피하기 ① 제시문에서는 경제적으로 풍요로운 곳이 가장 행복한 곳은 아닐 수 있다고 주장하고 있다.

③ 제시문에서는 사회의 일반적 행복관이 아니라 자신의 가치관에 따라 거주지를 정해야 한다고 주장하고 있다.

④ 제시문에서는 사회적 자유가 행복에 영향을 주는 요소라고 주장하고 있다.

⑤ 제시문에서는 삶의 질이 복지 수준과 다양한 요소에 영향을 받는다고 주장하고 있다.

03
행복에 대한 아리스토텔레스의 입장 파악

정답 찾기 제시문을 주장한 사상가는 아리스토텔레스이다.

⑤ 아리스토텔레스는 행복이 덕에 따르는 영혼의 활동이며 행복한 사람은 선한 친구가 필요하다고 보았으므로 친구에게 바른 삶을 살아야 한다는 권유를 하라고 조언할 것이다.

오답 피하기 ① 아리스토텔레스는 행복이 실천적인 활동을 통해 이루어진다고 보았으므로 현재 상황을 변화시키지 말라고 조언하지 않을 것이다.

② 아리스토텔레스는 이익을 비교하는 것이 아니라 이성을 통해 탁월성, 즉 덕을 발휘해야 한다고 보았다.

③ 아리스토텔레스는 올바른 가치인 덕이 있으며 덕에 따르는 삶과 활동을 실천해야 한다고 보았다.

④ 아리스토텔레스는 교우 관계를 유지하는 것에 그치는 것이 아니라 선한 친구가 필요하다고 보았다.

04
지역적 여건에 따른 행복도의 차이 비교

정답 찾기 ④ B 지역의 행복도는 연령 증가에 따라 행복도가 낮아지다가 일정 수준으로 정체되고 있다.

오답 피하기 ① A 지역 30대의 행복도 수치가 B 지역보다 높다.

② A 지역은 연령이 증가할수록 행복도 수치도 함께 증가하고 있다.

③ B 지역 남성의 행복도 곡선이 여성의 행복도 곡선보다 높은 상태를 유지한다.

⑤ A, B 지역 모두 5점 이상의 행복도를 유지하고 있다.

05
행복에 대한 벤담과 에픽테토스의 입장 비교

정답 찾기 갑은 공리주의 사상가 벤담, 을은 스토아학파의 에픽테토스이다.

ㄱ. 벤담은 긍정, 에픽테토스는 부정의 대답을 할 질문이다. 벤담은 행복의 정도가 쾌락의 양에 달려 있다고 보았지만, 에픽테토스는 마음의 평온함에 달려 있다고 보았다.

ㄹ. 에픽테토스가 긍정의 대답을 할 질문이다. 에픽테토스는 자연의 질서에 따르는 사람은 마음의 평온함을 해치는 정념에 초연할 수 있다고 보았다.

오답 피하기 ㄴ. 벤담과 에픽테토스가 모두 긍정의 대답을 할 질문이다. 벤담과 에픽테토스는 모두 행위와 선택이 행복의 실현을 위한 것이어야 한다고 보았다.

ㄷ. 벤담이 부정의 대답을 할 질문이다. 벤담은 공리의 원칙에 따라 쾌락을 최대화하고 고통을 최소화해야 한다고 보았다.

06
기본 소득제에 대한 찬반 입장 비교

정답 찾기 ⑤ 갑과 을은 모두 국가가 경제적 불평등을 완화해야 한다고 주장하고 있다.

오답 피하기 ① 갑은 기본 소득제를 시행하면 행정 비용이 줄어든다고 주장하고 있다.

② 갑은 기본 소득제를 통해 자동화와 디지털화의 이득을 실업자에게 재배분해야 한다고 주장하고 있다.

③ 을은 기본 소득이 고소득층에게도 주어지므로 소득 불평등을 높인다고 주장하고 있다.

④ 을은 기본 소득제가 근로자의 근로 동기를 약화시킬 수 있다고 주장하고 있다.

07
거주함의 의미에 대한 이해

정답 찾기 ④ 칼럼에서는 자신이 살아가고 있는 세계에 존재하는 것들을 보살피는 것이 거주함임을 인간이 배워야 한다고 주장하고 있다.

오답 피하기 ① 칼럼에서는 땅의 경제적 가치가 아니라 참된 거주함의 의미에 대해 파악해야 한다고 주장하고 있다.

② 칼럼에서는 인간이 거주함의 의미를 숙고하고 배워야 한다고 주장하고 있다.

③ 칼럼에서는 고향 상실이 땅과 거주함의 참된 의미를 숙고하지 않는 것을 의미한다고 주장하고 있다.

⑤ 칼럼에서는 현대인이 거주함의 의미에 대해 숙고하고 배움으로써 고향 상실에서 벗어나야 한다고 주장하고 있다.

08
스토아학파 사상가 에픽테토스의 성찰에 대한 입장 이해

정답 찾기 제시문을 주장한 사상가는 스토아학파 사상가 에픽테토스이다.

ㄴ. 에픽테토스는 이성을 따른다면 자신이 지켜야 할 기준을 알 수 있고 그 기준에 따라 살 수 있다고 주장하고 있다.

ㄹ. 에픽테토스는 성찰을 통해 과거의 잘못을 반복하지 않을 수 있다고 주장하고 있다.

오답 피하기 ㄱ. 에픽테토스는 타인의 언행을 검토하는 것은 타인을 비난하기 위함이 아니라 자신의 잘못을 검토하고 고치기 위해서라고 주장하고 있다.

ㄷ. 에픽테토스는 자신이 지켜야 할 기준은 외적인 것에 대한 욕구나 회피와 무관하다고 주장하고 있다.

Ⅲ 자연환경과 인간

01 자연환경과 인간 생활

개념 체크 문제

본문 47쪽

❶ ○ ❷ × ❸ ○ ❹ ○ ❺ × ❻ 건조 ❼ 유리 ❽ 쇠퇴 ❾ 고산 도시 ❿ 북극해 ⓫ 플랜테이션 ⓬ ㉢ ⓭ ㉠ ⓮ ㉡

본문 49쪽

❶ × ❷ ○ ❸ ○ ❹ ○ ❺ 느리지만, 넓은 ❻ 저위도 ❼ 국가 ❽ 항공기 ❾ 홍수 ❿ 경계 ⓫ 헌법 ⓬ ㉡ ⓭ ㉢ ⓮ ㉠

기본 문제

본문 50~51쪽

01 ⑤　　02 ①　　03 ②　　04 ①　　05 ⑤
06 ③　　07 ④　　08 ④

01
고산 기후 지역의 인간 생활 특징 파악

정답 찾기 고도가 높은 산지에서는 주변 저지대와 다른 기후가 나타난다. 특히, 열대 고산 지역에서는 연중 서늘한 고산 기후가 나타난다.

⑤ 고산 기후 지역에서는 기온의 일교차가 크고 햇빛이 강해 이에 대비한 겉옷과 모자가 발달해 있다.

오답 피하기 ① 벼농사는 아시아의 계절풍 기후 지역에 발달해 있다.

② 열량이 높은 육류 위주의 음식은 겨울이 춥고 긴 냉대, 한대 기후 지역에서 주로 먹는다.

③ 몽골에서는 건조 기후의 초원 지대에서 나타나는 전통 가옥인 게르라고 하는 이동식 천막을 볼 수 있다.

④ 오아시스 근처에서 밀과 대추야자를 재배하는 것은 건조 기후 지역이다.

02
냉대 기후 지역의 전통 가옥 특징 이해

(정답 찾기) 사진은 통나무집으로 냉대 기후 지역에서 많이 볼 수 있다. 냉대 기후 지역은 짧은 여름과 춥고 긴 겨울이 나타나며 기온의 연교차가 크다. 추위를 막기 위해 길고 두꺼운 옷을 입고 창문이 작고 폐쇄적인 집을 짓는다. 또 타이가라 불리는 침엽수림이 발달해 있다.

(오답 피하기) ㄷ. 열대 기후 지역 및 온대 기후 지역 중 계절풍의 영향을 받아 여름철 강수량이 풍부한 지역에서는 벼농사가 발달해 있다.
ㄹ. 플랜테이션은 열대 기후 지역에서 발달해 있다.

03
한대 기후 지역의 생활 특징 이해

(정답 찾기) 지도의 (가)는 열대 기후, (나)는 건조 기후, (다)는 온대 기후, (라)는 냉대 기후이다. 지도의 (마)는 북극해 주변과 남극(대륙)에 나타나는 한대 기후이다. 한대 기후에서는 겨울철이 몹시 춥기 때문에 동물의 가죽이나 털로 만든 의복을 입으며, 주민들은 순록 유목이나 수렵 활동 등을 한다.

(오답 피하기) ㄴ. 가옥의 지붕이 평평하고 흙벽돌로 집을 짓는 곳은 건조 기후(나) 지역이다.
ㄹ. 침엽수림이 풍부해 통나무집이 발달한 곳은 냉대 기후(라) 지역이다.

04
열대 기후와 온대 기후 지역의 특징 이해

(정답 찾기) 최한월 평균 기온이 18℃ 이상인 A는 열대 기후이다. 열대 기후는 주로 적도와 그 주변에 분포하며 일 년 내내 덥고 강수량이 많은 열대 우림 기후와 일 년 내내 기온이 높지만 강수량이 많은 우기와 적은 건기로 구분되는 사바나 기후로 구분된다. 계절별 기온과 강수량의 변화가 뚜렷한 B는 온대 기후이다. 온대 기후는 주로 중위도에 분포하며 기후가 온화하여 예전부터 사람들이 많이 거주했다. 따라서 A는 (가), B는 (다)이다.

05
자연환경의 변화가 인간 생활에 미치는 영향 파악

(정답 찾기) 사례 1은 지구 온난화로 인한 그린란드의 변화를 보여주고 있다. 한대 기후인 그린란드의 경우 지구 온난화로 인한 기온 상승으로 농작물 재배가 가능해진다는 긍정적인 영향이 있다. 그러나 전통적인 생활 방식으로 생활하는 주민들에게 피해가 발생하기도 한다. 사례 2는 지구 온난화로 고산 지역의 빙하가 녹아 지역 주민들의 피해가 발생하는 내용이

다. 두 가지 사례 모두 공통적으로 지구 온난화와 같은 자연환경의 변화가 인간 생활에 미치는 영향을 나타내고 있다.

(오답 피하기) ① 농업을 통한 지역 경제 활성화보다는 농업 활동 및 생활의 변화에 대해 서술하고 있다.
② 지구 온난화에 따른 영향으로 빙하 확대와는 관련이 없다.
③ 제시된 사례는 전통 가옥의 차이와는 관련이 없다.
④ 제시된 사례는 모두 특수한 지형과는 관련이 없다.

06
열대 및 건조 기후 지역의 전통 음식 특징 이해

(정답 찾기) 기후는 전통 음식에 많은 영향을 끼친다. 연중 기온이 높고 습한 열대 기후 지역에서는 음식물의 부패를 막기 위해 음식에 소금과 향신료를 많이 사용한다. 또 건조 기후 지역에서는 오아시스 농업과 관개 농업을 하고 유목으로 양, 염소 등을 기르는데, 사육한 가축의 젖과 고기, 밀, 보리, 대추야자를 이용한 요리가 발달하였다.

07
지진의 특징 이해

(정답 찾기) 문자의 내용을 통해 (가)는 지진임을 알 수 있다. 지진은 땅이 흔들리고 갈라지는 자연재해이다.
ㄴ. 일본의 경우 판과 판의 경계 부근에 위치해 있어 지진이 빈번하게 발생한다.
ㄹ. 지진이 바닷속에서 발생할 경우 지진 해일(쓰나미)이 발생해 해안 지역에 큰 피해를 주기도 한다.

(오답 피하기) ㄱ. 지진은 계절과 큰 관련이 없다. 봄철에 자주 발생하는 것은 산불과 황사 등이 있다.
ㄷ. 강한 바람과 비를 동반하는 것은 태풍이다.

08
홍수와 화산 활동의 특징 이해

(정답 찾기) (가)는 집중 호우로 인한 홍수 피해를 보여주는 사진이다. 홍수가 발생하면 농경지와 주택이 침수되어 인명과 재산 피해가 나타난다. (나)는 화산재로 뒤덮인 마을로 화산 활동에 의한 피해를 보여주는 사진이다. 화산이 폭발하면 용암, 화산 가스, 화산재 등이 분출하여 주변 지역의 건축물과 농작물에 큰 피해가 발생한다.

(오답 피하기) ① (가)는 기후와 관련된 자연재해이다.
② (나)는 지형과 관련된 자연재해이다.
③ (나)는 (가)보다 화재를 유발할 가능성이 크다.
⑤ (가)는 여름철에 자주 발생하며, (나)는 계절과 큰 관련이 없다.

정답과 해설

본문 52쪽

서술형 문제

Step1 핵심 키워드 파악하기

01
열대 기후 지역의 특징 이해

예시 답안 싱가포르는 일 년 내내 덥고 (비)이/가 많이 내리는 (열대) 기후 지역이다. 따라서 (햇빛)을/를 막고 (비)을/를 피할 수 있는 (지붕)이나 덮개가 도시 곳곳에 발달해 있다.

02
열대 기후와 건조 기후 지역의 전통 가옥의 특징 이해

(1) (가) - (열대 우림 기후) (나) - (사막 기후)
(2) 예시 답안 열대 기후 지역 중 (열대 우림) 기후 지역은 연중 (기온)이/가 높고 강수량이 (많기) 때문에 (습기와 더위)을/를 피하기 위해 가옥의 바닥을 (지면)(으)로부터 높이 띄워 만든다. 건조 기후 지역 중에서 (사막) 기후 지역은 낮과 밤의 (기온 차이)이/가 큰 편이어서 외부 공기와의 접촉을 가급적 적게 하기 위해 가옥의 벽이 (두껍고) 창문의 수가 적으며 창문의 크기도 (작게) 짓는다.

Step2 스스로 답안 작성하기

03
자연재해와 관련한 헌법 조항 이해

문제 접근 우리나라의 헌법 제34조와 제35조에는 각각 자연재해로부터 안전할 시민의 권리와 쾌적한 환경에서 생활할 시민의 권리가 규정되어 있다.

예시 답안 (가)에 들어갈 말은 자연재해이다. 우리나라는 헌법에 자연재해와 관련한 내용을 규정함으로써 자연재해로부터 안전하게 보호받을 권리인 안전권과 쾌적한 환경에서 생활할 시민의 권리인 환경권을 보장하고 있다.

평가 기준	
상	(가)를 명확히 쓰고, 두 가지 권리도 정확하게 서술한 경우
중	(가)를 명확히 쓰고, 두 가지 권리를 서술하였으나 내용이 다소 미흡한 경우
하	(가)만 명확히 쓴 경우

04
사막화에 따른 인간 삶의 변화 이해

문제 접근 제시된 자료는 차드호의 변화에 대한 것이다. 차

드호는 기후변화의 영향에 따른 지속적인 가뭄으로 호수의 대부분이 사라져 사막화 문제가 심각한 지역이다. 그로 인해 주변 국가 간의 갈등과 분쟁이 발생하고 있다.

예시 답안 과거 차드호 주변의 주민들은 호수에 의존하여 농업, 목축업, 어업을 하며 평화롭게 공존하였다. 그러나 기후변화로 인한 가뭄이 지속되고, 주변 국가들의 인구 증가와 무분별한 관개로 인해 1970년대와 비교하여 호수의 면적이 대부분 사라졌다. 차드호가 줄어들면서 물과 식량을 둘러싸고 국경을 접하고 있는 나라들 간 경쟁이 심화되었으며, 그 결과 인근 국가 간의 분쟁이 증가하고, 수많은 난민이 발생하고 있다.

평가 기준	
상	차드호 축소의 원인과 그로 인해 주변 국가 간에 발생하는 갈등에 대해 정확하게 서술한 경우
중	차드호 축소의 원인은 명확히 서술했으나, 그 영향에 대한 서술은 다소 미흡한 경우
하	차드호 축소의 원인에 대해서만 명확히 쓴 경우

본문 53쪽

1등급 도전 문제

01 ④   02 ④   03 ②   04 ①

01
열대 기후와 건조 기후 지역의 특징 이해

정답 찾기 (가)는 열대 기후 지역 중 일 년 내내 기온이 높고 비가 많이 내리는 열대 우림 기후 지역의 고상 가옥이다. (나)는 건조 기후 지역 중 비가 거의 내리지 않는 사막 기후 지역의 흙벽돌 집이다. 열대 우림 기후 지역은 식생 밀도가 높으며, 기온의 일교차가 작다. 반면에 사막 기후 지역은 식생이 거의 없으며, 기온의 일교차가 매우 큰 편이다.

오답 피하기 ① 위도는 열대 우림 기후 지역이 사막 기후 지역보다 낮으며, 식생 밀도는 열대 우림 기후 지역이 사막 기후 지역보다 높다.
② 위도는 열대 우림 기후 지역이 사막 기후 지역보다 낮으며, 연 강수량은 열대 우림 기후 지역이 사막 기후 지역보다 많다.
⑤ 기온의 일교차는 사막 기후 지역이 열대 우림 기후 지역보다 크며, 위도는 열대 우림 기후 지역이 사막 기후 지역보다 낮다.

02
열대 기후 지역의 고산 기후 특징 파악

정답 찾기 지도의 두 지역은 에콰도르의 키토와 브라질의 내륙에 있는 마나우스이다. 키토는 안데스산맥에 위치한 고산 도시로 같은 위도의 저지대에 비해 기온이 서늘한 고산 기후가 나타난다. 마나우스는 일 년 내내 덥고 강수량이 많은 열대 기후 지역이다. 두 지역 모두 적도 인근에 위치해 있지만, 기온 차이가 크게 발생하는 이유는 해발 고도 차이 때문이다.

오답 피하기 ① 두 지역 모두 위도는 비슷하다.
② 해류는 일정하게 흐르는 바닷물의 흐름이다.
③ 수륙 분포는 육지와 바다가 분포되어 있는 상태를 의미한다.
⑤ 바다와의 거리는 마나우스가 키토보다 멀지만, 문제와 큰 관련이 없다.

03
빙하 지형과 카르스트 지형의 분포 파악

정답 찾기 (가) 지역은 빙하의 침식에 의해 만들어진 거대한 피오르와 U자곡을 볼 수 있는 곳이며, (나)는 석회암의 용식 작용으로 형성된 거대한 바위 기둥과 섬을 볼 수 있는 지역이다. 지도의 ㉠은 노르웨이 해안, ㉡은 튀르키예, ㉢은 베트남 해안 지역으로 (가) 지역은 노르웨이의 피오르, (나)는 베트남의 할롱 베이이다. 따라서 (가)는 ㉠, (나)는 ㉢이다.

오답 피하기 ㉡ 튀르키예의 파묵칼레는 탄산 칼슘이 함유된 물이 경사지를 따라 흐르면서 형성된 계단 모양의 카르스트 지형을 볼 수 있다.

04
기후에 의한 자연재해의 특징 이해

정답 찾기 그래프는 우리나라에서 기후에 의한 자연재해 피해액이 많은 경기, 전남, 강원을 나타낸 것이다. 상대적으로 강원에서 피해액이 많은 (다)는 대설이다. 태풍의 경우 우리나라에서 남부 해안 지역을 관통하는 경우가 많기 때문에 전남, 경남 등 남부 지역의 피해액이 상대적으로 많은 편이다. 따라서 (가)는 태풍이며, 경기에서 피해액이 가장 많은 (나)는 호우이다. 단, 자연재해 피해액은 시기에 따라 달라질 수 있음에 유념해야 한다.

오답 피하기 ② 강한 바람과 비를 동반하는 자연재해는 태풍(가)이다.
③ 시가지와 농경지의 침수 피해를 가져오는 자연재해는 호우(나)에 의한 홍수이다.
④ 연평균 피해액은 태풍(가)이 대설(다)보다 많다.
⑤ 호우(나)는 여름에, 대설(다)은 겨울에 발생한다.

---

02 인간과 자연의 관계

개념 체크 문제

본문 55쪽

❶ ○ ❷ ○ ❸ × ❹ × ❺ 인간 ❻ 인간, 자연 ❼ 인간 ❽ 도구적 ❾ 도덕적 ❿ 필요 ⓫ ㄴ ⓬ ㄱ

본문 57쪽

❶ ○ ❷ ○ ❸ × ❹ × ❺ 생태 ❻ 레오폴드 ❼ 생태 ❽ 내재적 ❾ 지위 ❿ 생명 공동체 ⓫ ㄴ ⓬ ㄱ

기본 문제

본문 58~59쪽

01 ③ 02 ② 03 ④ 04 ④ 05 ④
06 ③ 07 ⑤ 08 ①

01
생태 중심주의에 대한 이해

정답 찾기 그림의 강연자는 생태 중심주의의 입장을 가진 사람이다.

ㄴ. 생태 중심주의는 자연을 인간, 동식물, 환경 등과 같은 다양한 구성원이 유기적으로 엮여 있는 생태계라고 본다.
ㄷ. 생태 중심주의는 자연 그 자체의 가치를 인정하고 무생물을 포함한 자연 전체를 도덕적 고려의 대상으로 여겨야 한다고 본다.

오답 피하기 ㄱ. 인간은 생태계의 정복자가 되어야 한다고 보는 것은 인간 중심주의의 입장이다. 생태 중심주의는 인간과 자연은 서로 끊임없이 영향을 주고받는 상호 보완적 관계라고 본다.
ㄹ. 생태 중심주의는 자연의 가치가 유용성만으로 평가되어서는 안 된다고 본다. 생태 중심주의는 자연의 어떤 존재도 인간의 이익을 위한 수단으로만 고려될 수 없다고 본다.

02
인간 중심주의에 대한 이해

정답 찾기 제시문은 인간 중심주의 입장이다.
② 인간 중심주의의 입장에서 부정의 대답을 할 질문이다. 인간 중심주의는 인간은 인간에 대해서만 도덕적 의무를 지니고 있다고 본다.

오답 피하기 ① 인간 중심주의의 입장에서 긍정의 대답을 할 질문이다. 인간 중심주의는 자연은 그 자체로 가치 있는 존재가 아닌 인간의 생존과 복지를 위한 수단이라고 본다.

③ 인간 중심주의의 입장에서 긍정의 대답을 할 질문이다. 인간 중심주의는 인간은 자연을 이용하고 통제하기 위해 기술을 발전시켜야 한다고 본다.

④ 인간 중심주의의 입장에서 긍정의 대답을 할 질문이다. 인간 중심주의는 과학 기술을 발전시키기 위해 자연에 대한 탐구가 중요하다고 본다.

⑤ 인간 중심주의의 입장에서 긍정의 대답을 할 질문이다. 인간 중심주의는 자연에 대한 행위의 도덕적 판단은 그 행위가 인간의 삶에 유용한지에 달려 있다고 본다.

03
데카르트의 인간 중심주의 이해

정답 찾기 제시문은 인간 중심주의 사상가인 데카르트의 주장이다.

첫 번째 입장. 데카르트는 인간이 자연의 주인이며 소유자가 될 수 있다고 보았다.

두 번째 입장. 데카르트는 인식 주체와 인식 대상을 구분하고 인식 주체인 인간이 인식 대상인 자연을 이용하는 것이 정당하다고 보았다.

세 번째 입장. 데카르트는 인간이 이성을 지녔기 때문에 자연의 다른 존재들보다 우월하며 인간이 자연을 지배하고 정복하는 것이 정당하다고 보았다.

오답 피하기 네 번째 입장. 데카르트는 인간만이 정신적 요소를 지닌 존재이며, 인간을 제외한 다른 존재는 물질적 요소만을 가졌다고 보았다.

04
베이컨의 인간 중심주의 이해

정답 찾기 제시문은 인간 중심주의 사상가인 베이컨의 주장이다.

④ 베이컨은 자연을 인류의 복지를 위한 수단으로 보고 자연에 관한 지식을 활용해야 한다고 보았다.

오답 피하기 ① 베이컨은 인간이 자연보다 우월한 지위를 가졌다고 보았다.

② 베이컨은 인간만이 내재적 가치를 지니고 있다고 보았다.

③ 베이컨은 자연을 지배하고 정복하여 인간의 물질적 생활을 향상시켜야 한다고 보았다.

⑤ 베이컨은 인간을 자연으로부터 독립된 존재라고 보았다.

05
인간 중심주의의 한계에 대한 이해

정답 찾기 제시문은 인간 중심주의와 그 한계에 대한 내용이다. 따라서 ㉠에 들어갈 내용은 인간 중심주의를 지나치게 강조할 경우 발생할 수 있는 한계이다.

ㄱ. 인간 중심주의를 지나치게 강조할 경우 인간이 자연보다 우월하다는 입장을 통해 자연에 대한 인간의 지배와 착취를 정당화할 수 있다는 한계가 있다.

ㄴ. 인간 중심주의를 지나치게 강조할 경우 인간이 자연을 무분별하게 이용함으로 인해 인간의 삶에 큰 피해를 줄 수 있다는 한계가 있다.

ㄹ. 인간 중심주의를 지나치게 강조할 경우 자연에 존재하는 자원이 고갈되고 환경이 오염됨으로 인해 자연의 위기를 초래할 수 있다는 한계가 있다.

오답 피하기 ㄷ. 자연현상의 객관적 이해를 도와 과학 기술의 발전에 기여한다는 점은 인간 중심주의에 대한 긍정적 평가와 관련된 내용이다.

06
레오폴드의 생태 중심주의 이해

정답 찾기 제시문은 생태 중심주의 사상가인 레오폴드의 주장이다.

③ 레오폴드는 인간을 공동체의 정복자가 아니라 상호 의존적인 부분들로 이루어진 공동체의 평범한 한 구성원으로 보았다.

오답 피하기 ① 레오폴드는 자연은 내재적 가치를 지니고 있으며, 도덕적 지위를 지니고 있다고 보았다.

② 레오폴드는 인간뿐만 아니라 동물, 식물, 그리고 무생물을 포함한 생태계 전체가 도덕적 고려의 대상이라고 보았다.

④ 레오폴드는 인간이 자연을 이용할 수 있지만, 생태계의 안정을 해치는 무분별한 개입을 해서는 안 된다고 보았다.

⑤ 레오폴드는 도덕 공동체의 범위를 식물과 동물, 토양과 물을 포함하는 대지로 확장해야 한다고 보았다.

07
데카르트와 칸트의 인간 중심주의 이해

정답 찾기 갑은 인간 중심주의 사상가인 데카르트, 을은 인간 중심주의 사상가인 칸트이다.

ㄷ. 데카르트와 칸트는 모두 인간은 자연으로부터 독립된 존재라고 보았다.

ㄹ. 데카르트와 칸트는 모두 인간은 다른 자연적 존재들보다 우월하고 귀한 존재라고 보았다.

(오답 피하기) ㄱ. 데카르트와 칸트는 모두 자연은 내재적 가치를 지닌 존재가 아니라 도구적 가치를 지닌 존재라고 보았다.

ㄴ. 데카르트와 칸트는 모두 인간만이 도덕적 고려의 대상이라고 보았다.

08
인간과 자연의 공존을 위한 노력 이해

(정답 찾기) 제시문은 개발과 보존의 딜레마에 대한 내용이다. ㉠에 들어갈 내용은 개발과 보존의 딜레마에 대한 해결책과 관련된 것이다.

① 개발과 보존의 딜레마를 해결하기 위해서는 인간과 자연이 공생할 수 있는 지속가능한 개발을 추구해야 한다.

(오답 피하기) ② 다수결로 합의한 개발만을 중시한다면 지속가능한 개발을 실현하기 어려울 수 있다.

③ 환경을 훼손하면서 경제 발전의 유용성만을 추구한다면 지속가능한 개발을 실현할 수 없다.

④ 미래 세대를 고려하지 않고 현세대의 모든 필요를 충족하기만 하면 자연이 파괴되어 지속가능한 개발을 실현할 수 없다.

⑤ 인간의 물질적 풍요만을 얻기 위한 개발은 지속가능한 개발을 실현하기 어려울 수 있다.

서술형 문제

본문 60쪽

Step1 핵심 키워드 파악하기

01
인간과 자연의 공존을 위한 노력 이해

(예시 답안) 우리 조상들이 까치밥을 남겨 둔 것은 (자연)(으)로부터 나는 것은 (인간)만의 것이 아니므로 자연을 구성하는 다른 대상들이 함께 나누어 사용해야 한다고 생각했기 때문이다. 즉, 우리 조상들은 자연과 인간이 (상호 의존적)(으)로 함께 살아가는 관계라고 보았다.

02
생태 중심주의의 한계 파악

(1) ㉠ – (생태 중심주의)

(2) (예시 답안) (생태 중심주의)을/를 지나치게 강조하게 되면 모든 (자연) 개발을 중단해야 한다는 비현실적인 주장을 할 수 있으며, (환경 파시즘)(으)로 이어질 우려가 있다.

Step2 스스로 답안 작성하기

03
칸트의 인간 중심주의 이해

(문제 접근) 제시문은 칸트의 인간 중심주의의 내용이다. 칸트는 인간은 서로에게 직접적인 의무를 갖지만 인간이 아닌 존재에 대해서는 간접적인 의무만을 갖는다고 보았다.

(1) 칸트

(2) (예시 답안) 칸트는 인간만이 도덕적 지위를 지니며 인간이 아닌 존재는 도덕적 고려의 대상이 아니라고 보았다. 따라서 칸트는 동식물과 같은 존재는 인간과 관련된 경우에만 간접적으로 고려할 수 있다고 보았다.

평가 기준	
상	도덕적 지위, 도덕적 고려, 간접적 등의 표현을 명확히 쓰고, 인간만이 도덕적 지위나 도덕적 고려의 대상이라는 의미를 정확히 서술한 경우
중	도덕적 지위, 도덕적 고려, 간접적 등의 표현을 썼지만, 인간만이 도덕적 지위나 도덕적 고려의 대상이라는 의미를 분명하게 서술하지 못한 경우
하	도덕적 지위, 도덕적 고려, 간접적 등의 표현만을 쓴 경우

04
생태 관광의 필요성 이해

(문제 접근) 제시문은 생태 관광에 대한 내용이다. 생태 관광은 자연과 인간의 공존을 추구하는 지속가능한 관광 방안이다.

(예시 답안) 생태 관광은 인간과 자연이 공생할 수 있는 지속가능한 개발과 자연의 보존을 실현하기 위한 방법 중 하나이다. 생태 관광은 관광 산업을 통해 경제적 이익도 창출하면서 친환경적 관광을 통해 자연환경의 훼손을 최소화할 수 있기 때문에 필요한 것이다.

평가 기준	
상	지속가능한 개발, 보존, 공생, 친환경적 관광, 경제적 이익 등의 표현을 명확히 쓰고, 생태 관광은 인간과 자연이 공생할 수 있는 대표적인 방법이라는 점을 정확히 서술한 경우
중	지속가능한 개발, 보존, 공생, 친환경적 관광, 경제적 이익 등의 표현을 썼지만, 생태 관광은 인간과 자연이 공생할 수 있는 대표적인 방법이라는 점을 정확하게 서술하지 못한 경우
하	지속가능한 개발, 보존, 공생, 친환경적 관광, 경제적 이익 등의 표현만을 쓴 경우

1등급 도전 문제

01 ③   02 ③   03 ④   04 ①

01
레오폴드의 생태 중심주의 이해

정답 찾기 제시문은 생태 중심주의 사상가인 레오폴드의 입장이다.

③ 레오폴드는 인간뿐만 아니라 동물, 식물, 토양, 물 등이 내재적 가치를 지녔다고 보기 때문에 〈문제 상황〉 속 A에게 갯벌 생태계 자체가 지니고 있는 내재적 가치를 고려하여 결정하라고 조언할 것이다.

오답 피하기 ① 레오폴드는 자연적 존재들을 경제적 가치로만 바라보아서는 안 된다고 보았다.
② 레오폴드는 내재적 가치를 지닌 존재들 사이에 우열이 있다고 보지 않았다.
④ 레오폴드는 갯벌도 생태계를 구성하고 있는 요소이기 때문에 도덕적 고려의 대상이라고 보았다.
⑤ 레오폴드는 대지를 경제적 관점뿐만 아니라 윤리적 및 심미적 관점에서도 고찰할 것을 주장하였다. 따라서 레오폴드는 갯벌과 같은 자연의 대상들을 절대로 개발해서는 안 된다고 주장하지는 않았다.

02
인간 중심주의에 대한 이해

정답 찾기 그림의 노트 필기는 인간 중심주의와 관련된 내용이다.

③ 인간 중심주의는 자연이 아니라 인간만이 내재적 가치를 지니고 있다고 본다.

오답 피하기 ① 인간 중심주의는 인간과 자연의 관계에서 인간의 이익이나 행복을 우선으로 고려하는 관점이다.
② 인간 중심주의는 자연과 인간을 둘로 나누어서 바라보는 세계관을 주장한다.
④ 인간 중심주의는 인간만이 도덕적 고려의 대상이라고 본다.
⑤ 인간 중심주의를 지나치게 강조하게 되면 자연에 대한 인간의 지배와 착취를 정당화하고 자연을 인간의 필요를 충족하기 위한 수단으로만 취급한다는 한계점이 있다.

03
동양의 자연관에 대한 이해

정답 찾기 (가)는 유교 사상, (나)는 도가 사상, (다)는 불교 사상이다.

④ 동양의 자연관은 모든 생명체의 가치를 존중하고 자연과 인간은 서로 조화를 이루는 관계임을 강조한다.

오답 피하기 ① 동양의 자연관은 자연을 인간이 관리하고 통제해야 할 대상으로 보지 않는다.
② 동양의 자연관은 자연을 인간의 행복만을 위해 이용해야 할 대상으로 보지 않는다.
③ 동양의 자연관은 자연의 모든 존재는 인간에게 많은 영향을 준다고 본다.
⑤ 동양의 자연관은 인간과 자연이 서로 영향을 주고받는 상호 의존적 관계라고 본다.

04
불교의 자연관과 베이컨의 인간 중심주의 비교

정답 찾기 갑은 불교 사상가, 을은 베이컨이다.

① 인간과 자연의 관계를 상호 의존적으로 바라보는 불교의 관점에서 인간과 자연의 관계는 독립적이라고 바라보는 베이컨에게 제기할 수 있는 비판이다.

오답 피하기 ② 불교에서는 자연과 인간이 기계적 존재라고 보지 않는다.
③ 불교에서는 자연이 인간의 이익을 위해서만 존재한다고 보지 않는다.
④ 불교에서는 자연의 가치를 유용성으로만 평가해야 한다고 보지 않는다.
⑤ 자연에 대한 지식을 파악하여 자연을 이용해야 한다는 것은 베이컨의 주장이다.

03 환경 문제 해결을 위한 다양한 노력

개념 체크 문제

❶ ○ ❷ × ❸ × ❹ × ❺ ○ ❻ 증가 ❼ 증가, 감소 ❽ 감소, 상승 ❾ 온실가스 배출량 ❿ 미세 ⓫ 쓰레기섬 ⓬ ㉢ ⓭ ㉡ ⓮ ㉠

❶ × ❷ × ❸ ○ ❹ × ❺ × ❻ 염화 플루오린화 탄소 ❼ 긍정적인 ❽ 온실가스 배출권 거래 ❾ 그린 워싱 ❿ 생태시민 ⓫ ㉡ ⓬ ㉢ ⓭ ㉠

기본 문제

01 ⑤	02 ④	03 ④	04 ⑤	05 ①
06 ②	07 ②	08 ⑤		

01
지구 온난화 이해

정답 찾기) 제시된 그림은 물속에 지구가 잠기는 모습으로 지구 온난화에 따른 해수면 상승 문제를 묘사한 것이다. 지구 온난화는 화석 연료 사용 증가로 이산화 탄소 등 온실가스 배출량이 크게 증가하면서 지구의 평균 기온이 상승하는 것으로, 극지방의 빙하와 고산 지대의 만년설이 녹아 해수면을 상승시킨다. 이는 해안 저지대와 도서 지역의 침수로 이어져 주민들의 삶을 위협하고 있다.

오답 피하기) ① 화산 폭발은 판과 판의 경계 부근에서 발생하는 자연재해이다.
② 오존층은 염화 플루오린화 탄소의 사용 증가로 파괴된다.
③ 지구 온난화로 인해 해수면은 상승한다.
④ 삼림 면적이 증가할 경우 대기 중의 이산화 탄소를 흡수해 지구 온난화를 줄이는 효과가 있다.

02
환경 문제의 발생 원인과 종류 이해

정답 찾기) 산업화 이전에는 사람들이 의식주를 해결하는 과정에서 자연을 훼손하는 정도가 덜 해 자연의 본래 상태를 유지할 수 있었다. 그러나 산업화 이후 인구 증가와 자원 소비량 증가로 자연의 자정 능력의 한도를 넘는 개발이 진행되었다. 이는 자연을 인간의 발전을 위한 도구로 여기는 인간 중심주의가 확산되었기 때문이다. 이로 인해 지구 온난화에 따른 기후변화와 대기 오염, 사막화, 열대림 파괴 등의 환경 문제가 발생하고 있다. 열대림은 적도의 열대 기후 지역에 있는 식생이다.

오답 피하기) ㄷ. 침엽수림은 냉대 기후 지역의 타이가에 주로 분포한다.

03
오존층 파괴와 사막화의 특징 이해

정답 찾기) 오존층은 태양으로부터 유입되는 해로운 자외선을 막아주는 역할을 한다. 그러나 인간이 냉매 등의 용도로 사용한 염화 플루오린화 탄소의 사용으로 오존층이 파괴되어 자외선 양이 증가하면서 각종 피부 질환과 백내장 등이 증가하게 되었다. 이에 대한 국제적 노력으로 몬트리올 의정서를 체

결하였다. 사막화는 주로 사막 주변 지역이 사막으로 변하는 현상으로 오랜 기간 동안의 가뭄이나 과도한 방목과 개간 등으로 발생한다.

오답 피하기) ㄱ. 온실가스는 지구 온난화의 원인이다.
ㄷ. 염화 플루오린화 탄소는 오존층 파괴의 원인이다.

04
황사의 특징 이해

정답 찾기) 황사는 편서풍을 타고 중국의 건조 지역에서 우리나라까지 이동하는 흙먼지로 모래뿐 아니라 질산염, 황산염 등의 오염 물질을 포함하고 있다.
⑤ 특히 황사에 포함되어 있는 미세 먼지는 폐 질환과 심장 질환 등 신체 건강에 큰 영향을 줄 수 있다.

오답 피하기) ① 열대림 파괴는 경지 개간 등으로 발생한다.
② 해양 환경 훼손은 선박에서 유출되는 원유와 바다에 버려지는 각종 쓰레기로 발생한다.
③ 생물종 다양성 감소는 열대림 파괴로 발생한다.
④ 해안 저지대의 침수는 지구 온난화에 따른 해수면 상승으로 발생한다.

05
주요 국제 환경 협약의 특징 이해

정답 찾기) 지도의 A는 바젤 협약, B는 파리 협정, C는 람사르 협약, D는 몬트리올 의정서, E는 기후변화 협약이다. 바젤 협약은 유해 폐기물의 국가 간 이동 및 처리를 통제하는 협약이다. 파리 협정은 2015년에 체결되었으며, 기후변화에 대응하기 위한 전 지구적 차원의 국제 협약이다. 람사르 협약은 물새 서식지로서 국제적으로 중요한 습지를 보호하는 협약이다. 몬트리올 의정서는 오존층 파괴로 인한 영향으로부터 인류를 보호하기 위한 협약이다. 기후변화 협약은 1992년 지구 온난화를 방지하기 위하여 온실가스 감축에 대해 합의한 협약이다.

오답 피하기) ② 오존층 파괴 문제를 해결하기 위한 협약은 몬트리올 의정서이다.
③ 이산화 탄소 배출량 감축이 주요 목표인 협약은 기후변화 협약이다.
④ 습지 보호와 관련된 협약은 람사르 협약이다.
⑤ 2015년에 체결된 기후변화와 관련된 협정은 파리 협정이다.

06
파리 협정과 몬트리올 의정서의 특징 이해

정답 찾기) 파리 협정은 2015년 프랑스 파리에서 체결되었다. 1997년 교토 의정서 이후 18년 만에 합의된 역사적인 협정이다. 이전의 협정과 다르게 참여국 모두가 온실가스를 감

축하기 위한 의무가 부과된 것이 특징이다.

1987년 체결된 몬트리올 의정서는 오존층 파괴로 인한 환경 문제를 해결하기 위한 협약으로, 오존층 파괴 물질인 염화 플루오린화 탄소의 사용을 규제하였다.

07

환경 문제 해결을 위한 다양한 주체의 노력 이해

(정답 찾기) 환경 문제는 지구촌 모든 주체들이 함께 협력하고 해결해 나가야 한다. (가)는 정부로, 정부는 환경 문제를 해결하기 위해 다양한 정책을 만들고 이를 위한 법과 제도를 시행한다. 이를 통해 자연환경을 체계적으로 보전, 관리하기 위해 노력한다. (나)는 기업으로, 기업은 생산 활동의 주체로 제품의 생산과 유통, 소비와 폐기에 이르는 모든 과정에서 환경에 큰 영향을 미친다. 따라서 기업은 환경에 미치는 부정적 영향을 최소화하기 위해 노력해야 한다.

(오답 피하기) ㄴ. 여러 시민 단체와 연대하여 환경 보호 운동 및 정부 정책을 감시하는 것은 시민 사회가 하는 노력이다.
ㄹ. 환경 문제에 대한 감시와 시민들의 관심과 참여를 이끄는 것은 주로 시민 사회의 역할이다.

08

디지털 탄소 발자국을 줄이기 위한 노력 이해

(정답 찾기) 정보 통신 기술은 우리에게 많은 편리함을 주지만, 그에 따른 부정적 영향도 발생한다. 특히, 정보 통신 기기와 서비스의 생산과 소비, 폐기에 이르는 전 과정에서 발생하는 이산화 탄소의 양을 의미하는 디지털 탄소 발자국을 줄이기 위한 노력이 필요하다. 우리가 전자 우편을 발송하거나 전화 통화를 하거나 동영상을 시청하는 등의 모든 과정에서 이산화 탄소가 발생한다. 이를 줄이기 위해서는 컴퓨터 절전 모드 설정하기, 필요 없는 전자 우편 정리하기와 영상을 시청할 때는 가능한 스트리밍 대신 다운로드를 받아 시청하는 것이 디지털 탄소 발자국을 줄일 수 있는 방법이다.

서술형 문제

본문 68쪽

Step1 핵심 키워드 파악하기

01

환경 문제를 해결하려는 기업의 노력 이해

(예시 답안) 최근 옷을 빠르고 값싸게 공급하는 (패스트 패션)(으)로 버려

지는 (옷)이/가 많아져 환경 문제가 심각해졌다. 이에 따라 환경을 생각하는 기업들은 버려진 옷을 (재활용)하거나 (플라스틱)을/를 활용한 (친환경 섬유)을/를 만드는 등의 노력을 하고 있다.

02

그린 워싱의 특징

(1) (그린 워싱(Green washing))
(2) (예시 답안) (그린 워싱)은/는 (친환경)와/과 세탁의 합성어로 일반 제품을 (친환경 제품)인 것처럼 상품을 설명하거나 (광고)하는 것을 말한다. 이와 같은 행위의 문제점은 정상적으로 환경을 위해 노력하는 기업들에 대한 (소비자)의 (신뢰)이/가 하락할 수 있다는 것이다.

Step2 스스로 답안 작성하기

03

파리 협정의 특징 이해

(문제 접근) 지구 온난화에 관련된 환경 협약은 1992년 리우데자네이루에서 체결된 기후변화 협약과 1997년 일본 교토에서 체결된 교토 의정서, 그리고 2015년 프랑스 파리에서 체결된 파리 협정이 있다.

(1) 지구 온난화(기후변화)
(2) (예시 답안) 교토 의정서는 선진국에게만 온실가스 감축 의무를 부여하였다. 하지만 파리 협정에서는 개발 도상국에게도 감축 의무를 부여하였으며, 지구 온난화로 인한 기후변화 피해에 취약한 국가들을 돕는 내용도 포함되어 있다.

평가 기준	
상	교토 의정서의 내용을 언급하며 파리 협정과의 차이점(개발 도상국 의무 부여와 지원)을 모두 바르게 서술한 경우
중	파리 협정에서는 개발 도상국에게도 온실가스 감축 의무를 부여하며, 취약한 국가를 돕는 내용 모두 바르게 서술한 경우
하	파리 협정에서는 개발 도상국에게도 온실가스 감축 의무를 부여했다는 내용만 바르게 서술한 경우

04

몽골의 사막화 특징 이해

(문제 접근) 제시된 자료는 몽골의 사막화에 관한 것으로 1990년에 비해 2020년 사막화 단계의 높음과 매우 높음 단계가 늘어난 것을 알 수 있다. 이와 같이 몽골의 사막화가 진전되는 이유는 자연적 요인과 사회적 요인이 함께 작용하고 있기 때문이다.

예시 답안 사막화는 초지나 산림이 황폐해지는 현상으로, 자연적 요인으로는 오랜 기간의 가뭄에 의해 발생하기도 하지만 과도한 방목, 산림 벌채 등의 인위적인 영향도 크다. 그러나 몽골의 경우 이와 같은 요인뿐만 아니라 경제성이 높은 캐시미어를 얻기 위한 염소 사육의 확대라는 사회적 요인이 작용한다. 염소는 양과 달리 풀을 뿌리째 먹는 습성이 있어 염소 사육의 증가는 목초지의 황폐화, 사막화를 가중시키는 큰 요인이 되고 있다.

평가 기준

상	사막화의 자연적 요인과 사회적 요인을 캐시미어를 얻기 위한 염소 사육 확대와 관련지어 바르게 서술한 경우
중	사막화의 자연적 요인과 일반적인 인위적 요인 만을 들어 서술한 경우
하	사막화의 자연적 요인만 서술한 경우

1등급 도전 문제

본문 69쪽

01 ④   02 ①   03 ⑤   04 ④

01
오존층 파괴의 이해

정답 찾기 자료의 (가)는 '오존층 파괴'이다. 오존층 파괴의 원인은 프레온 가스라고도 불리는 염화 플루오린화 탄소이다. 이는 주로 냉장고나 에어컨 등의 냉매 등으로 사용된다. 오존층 파괴로 지표에 도달하는 해로운 자외선의 양이 증가하면서 각종 피부 질환 및 안구 질환이 증가한다.

오답 피하기 ㄱ. 건축물이 부식되고 삼림이 파괴되는 것은 산성비에 의한 것이다.

ㄷ. 빙하가 녹으면서 해수면이 상승하는 것은 지구 온난화에 의한 것이다.

02
환경 문제 해결을 위한 다양한 노력 이해

정답 찾기 환경 문제는 지구촌의 모든 주체가 함께 협력하고 해결해 나가야 하는 지구촌의 과제이다. 주요 주체로는 국제 사회, 정부, 기업, 시민 사회, 개인이 있다. 국제 사회는 긴밀하게 협력하며 각종 환경 협약을 체결하고 이행하기 위해 노력한다. 정부는 환경 문제를 해결하기 위해 다양한 정책을 세우고, 이를 지원하기 위한 법과 제도를 시행한다. 기업은 생산 활동의 주체로서 제품의 생산, 유통, 소비, 폐기 등에 이르는 전 과정에서 환경에 부정적 영향을 최소화하기 위해 노력한다. 시민 사회는 각종 정책과 사업을 환경 보전 측면에서 감시하고 정부가 환경 관련 정책을 수립하고 시행하도록 촉구하기도 한다. 개인은 환경 문제에 관심을 가지고 생태시민으로서의 자질을 함양하기 위해 노력해야 한다.

① 환경 영향 평가는 정부가 실시하는 것이다.

03
주요 환경 협약의 특징 이해

정답 찾기 제시된 지도의 A는 파리, B는 교토, C는 몬트리올이다. 따라서 관련된 환경 협약은 각각 파리 협정, 교토 의정서, 몬트리올 의정서이다. 기후변화와 관련 있는 환경 협약은 파리 협정과 교토 의정서이다. 따라서 (가)는 C이다. 선진국과 개발 도상국 모두에게 온실가스 감축 의무를 부과한 협정은 2015년 체결된 파리 협정으로 A이다. 나머지 (나)는 B이다.

04
생태시민으로서의 노력 이해

정답 찾기 환경 문제는 우리의 삶을 위협할 수 있다. 따라서 각 개인도 환경 문제에 관심을 가지고 적극적으로 활동에 나서야 한다. 생태시민은 환경 문제에 대한 책임과 의식을 가지고 지속가능한 삶을 추구하는 생태적 소양을 지닌 시민을 의미한다. 아울러 생태시민은 지역의 시민인 동시에 세계시민으로서 지역 및 국가 차원의 환경 문제와 환경 정책에 관심을 기울여야 한다.

④ 채식보다 육류를 소비할 경우 에너지 소비량이 더 많기 때문에 친환경적인 생활 방식을 실천하려면 가능한 육류 소비보다는 채식을 하는 것이 바람직하다.

본문 71~73쪽

대단원 종합 문제

01 ④   02 ⑤   03 ⑤   04 ④   05 ②
06 해설 참조   07 ⑤   08 ①   09 ④
10 해설 참조   11 ②   12 ③   13 ⑤

01
기후에 따른 생활양식의 차이 이해

정답 찾기 (가)는 유목 생활을 하며 전통 가옥인 게르가 있는 건조 기후 지역 중 초원 지역에 해당한다. (나)는 주민들이 털옷을 입고 챙이 긴 모자를 쓰며, 해발 고도가 높아 우리나라의 봄과 같은 고산 기후가 나타나는 지역이다. 지도의 A는 지중해 지역의 그리스 아테네, B는 몽골의 울란바토르, C는 미국 알래스카의 앵커리지, D는 페루의 마추픽추이다. 따라서 (가)는 B, (나)는 D이다.

02
열대 기후 지역의 음식 특성 이해

정답 찾기 기후, 지형 등의 자연환경은 지역마다 다르게 나타난다. 인간은 자연환경에 적응하며 고유한 생활양식을 만들어 왔다. 따라서 의식주 등의 생활양식은 자연환경의 영향을 받아 지역에 따라 다양하게 나타난다. 특히 열대 기후 지역은 연중 기온이 높다. 따라서 음식물이 상하지 않도록 기름에 볶거나 튀기고 향신료를 사용하는 요리가 발달하였다.

오답 피하기 ① 육식을 금기시하는 문화는 불교와 관련이 있다.
② 열대 기후 지역은 기온의 연교차가 작다.
③ 열대 기후 지역은 연중 기온이 높다.
④ 기름에 볶거나 튀기는 음식 조리법은 식량 부족 문제와 관련 없다.

03
자연환경과 인류 문명의 발생 이해

정답 찾기 지도는 세계 4대 문명이 발생한 지역을 표시한 것이다. 인류 문명이 발달한 지역은 대부분 강을 끼고 있다. 그 이유는 하천 유역이 농업용수 등 각종 용수 확보에 유리하고, 수상 교통로를 통해 물자를 쉽게 교역할 수 있기 때문이다. 또한, 하천의 범람을 막기 위한 치수 대책을 위해 협력과 분업이 필요하였으며, 이 과정에서 도시가 만들어지고 문명이 발생하였다.

오답 피하기 ㄱ. 현재 이라크 지역에 해당하는 ㉠은 메소포타미아 문명으로, 티그리스강과 유프라테스강 주변에 형성된 고대 문명이다.

04
지진과 홍수 피해의 특징 이해

정답 찾기 제시된 (가)는 지진, (나)는 집중 호우에 의한 홍수 피해 사진이다.
ㄴ. 지진에 의한 건물이나 구조물의 붕괴를 막기 위해서는 내진 설계가 필요하다.
ㄹ. 우리나라에서는 여름철 태풍과 집중 호우에 의한 홍수 발생 가능성이 높다.

오답 피하기 ㄱ. 지진(가)은 지형적 요인에 의한 자연재해이다.
ㄷ. 홍수(나)는 기후적 요인에 의한 자연재해이다.

05
생태 중심주의에 대한 이해

정답 찾기 제시문은 생태 중심주의와 관련된 내용이다.
② 생태 중심주의는 자연이 그 자체로서 가치 있는 존재, 즉 내재적 가치를 지닌 존재라고 본다.

오답 피하기 ① 생태 중심주의는 인간과 자연의 관계를 전일론적으로 바라본다.
③ 생태 중심주의는 자연을 인간에게 유용함을 주어야 하는 수단으로만 바라보지 않는다.
④ 생태 중심주의는 자연과 인간이 모두 내재적 가치를 지닌다고 본다.
⑤ 생태 중심주의는 인간을 포함한 자연 전체를 하나로 보아 자연과 인간이 모두 도덕 공동체에 포함된다고 본다.

06 서술형
동양의 자연관에 대한 이해

문제 접근 환경친화적 자연관 정립에 도움을 주는 동양의 자연관에 대한 이해가 필요하다.

예시 답안 동양은 전통적으로 모든 존재의 상호 의존성을 중시하는 유기체적 자연관을 가지고 있었으며 인간과 자연의 조화를 강조하였다.

평가 기준	
상	상호 의존성, 유기체적 자연관, 인간과 자연의 조화 등의 표현을 명확하게 쓰면서 동양의 자연관이 이러한 관점을 중시하고 있다는 점을 정확하게 서술한 경우
중	동양의 자연관이 상호 의존성, 유기체적 자연관, 인간과 자연의 조화를 추구한다는 점을 서술하였으나 관점과 내용이 미흡한 경우
하	동양의 자연관의 특징을 부분적으로만 서술한 경우

07
칸트의 인간 중심주의 이해

(정답 찾기) 제시문은 인간 중심주의 사상가인 칸트의 입장이다. ⑤ 칸트는 동물을 학대하지 말아야 하는 것은 인간의 직접적인 의무가 아니라 인간성 실현을 위한 간접적인 의무에 불과하다고 보았다.

(오답 피하기) ① 칸트는 인간만이 도덕적 지위를 지닌다고 보았다.
② 칸트는 인간과 동물을 동일하게 대우해야 한다고 보지 않았다.
③ 칸트는 인간만이 도덕적 행위의 주체라고 보았다.
④ 칸트는 인간만이 내재적 가치를 지닌다고 보았다.

08
인간 중심주의와 생태 중심주의 비교

(정답 찾기) (가)는 인간 중심주의, (나)는 생태 중심주의의 입장이다.
① (가)의 입장에 비해 (나)의 입장은 '인간과 자연 간에 위계질서가 있음을 강조하는 정도(X)'는 낮고, '자연이 내재적 가치를 지님을 강조하는 정도(Y)'와 '인간의 이익보다 생태계의 조화를 중시하는 정도(Z)'는 높다. 따라서 ㉠이 적절한 위치가 된다.

09
인간과 자연의 공존 방안에 대한 이해

(정답 찾기) 인간과 자연은 서로 대립하거나 한쪽을 파괴하지 않고 조화롭게 공존해야 하는 관계이다.
갑. 인간과 자연이 공존하기 위해서는 생태 공동체 의식을 정립해야 한다.
정. 인간과 자연이 공존하기 위해서는 자연과 조화를 이루는 개발을 해야 한다.
무. 인간과 자연이 공존하기 위해서는 인간과 자연이 공생하는 정책을 마련해야 한다.

(오답 피하기) 을. 인간 우월적인 관점에서 자연을 개발하게 되면 인간과 자연이 공존하기 어렵다.
병. 미래 세대를 고려하지 않고 현세대의 이익을 위해 자연을 이용하는 것은 인간과 자연이 공존할 수 있는 지속가능한 개발이 아니다.

10 서술형
지구 온난화에 따른 영향

(문제 접근) 산업 혁명 이후 온실가스 배출 증가에 따라 지구의 평균 기온이 높아지는 지구 온난화가 가속화되고 있다. 기후변화는 장기간에 걸쳐 기후의 평균 상태가 변화하는 것으로

자연적, 인위적 요인의 영향을 받는다.

(예시 답안) 지구 온난화에 따라 북극해를 운항할 수 있는 항로가 열리면서 북극의 경제적 가치가 높아지고, 농업 활동이 불가능한 그린란드 지역에서 농업이 가능해진다. 그러나 해수면이 상승해 해안 저지대에 있는 지역이 침수되거나 기상 이변이 발생해 인명 및 재산 피해가 발생한다.

평가 기준	
상	긍정적, 부정적 사례를 모두 정확하게 서술한 경우
중	긍정적, 부정적 사례 중 한 가지만 정확하게 서술하고 한 가지의 서술이 부족한 경우
하	긍정적, 부정적 사례 모두 부족하게 서술한 경우

11
런던 협약과 람사르 협약의 이해

(정답 찾기) 환경 문제는 오염 물질이 대기나 물의 흐름에 따라 이동하기 때문에 한 국가만의 노력으로는 해결하기 어렵다. 따라서 환경 문제의 해결에는 국제적인 공조와 협력이 필요하다. 런던 협약은 1972년 런던에서 체결된 환경 협약으로 폐기물 투기에 의한 해양 오염 방지가 목적이며, 람사르 협약은 1971년 이란의 람사르에서 체결된 환경 협약으로 물새 서식지로서 국제적으로 중요한 습지 보호를 목적으로 한다.

(오답 피하기) 유해 폐기물 국제 이동 규제는 바젤 협약에 관한 내용이다.

12
태풍의 피해 이해

(정답 찾기) 침수 피해가 발생할 수 있으며, 강한 바람과 호우가 예상되는 자연재해는 태풍이다. 태풍은 필리핀 인근 저위도 지역에서 발생하는 열대 저기압으로 우리나라에 7월부터 9월 정도까지 피해를 준다.

(오답 피하기) ① 태풍은 기후적 요인에 의한 자연재해이다.
② 겨울철에 주로 발생하는 자연재해는 대설, 한파이다.
④ 일사병은 강한 햇볕이 내리쬐는 한여름에 주로 발생한다.
⑤ 판과 판의 경계 부근에 위치한 국가는 일본과 필리핀 등이 있으며, 지진과 화산 활동이 발생한다.

13
환경 문제 해결을 위한 개인의 노력 이해

(정답 찾기) 환경 문제 해결을 위해 국제 사회뿐만 아니라 정부, 시민 사회, 기업이 다양한 노력을 하고 있다. 개인은 환경 문제에 관심을 가지고 생태시민으로서의 자질을 함양하기 위

해 노력해야 한다. 이를 위해 인간과 자연의 공존과 지속가능성을 추구하는 생태 전환적 사고가 필요하다. 생태 감수성을 키워 인간과 자연이 유기적으로 연결되어 있음을 인식하고 우리의 행동이 자연과 환경에 어떠한 영향을 끼치는지 지속해서 성찰해야 한다. 또 지구촌에서 일어나는 환경 문제를 해결하기 위해 일상생활에서 친환경적인 생활 방식을 실천해야 한다.
⑤ 디지털 탄소 발자국을 줄이기 위해서는 사용하지 않은 전자 메일은 삭제하는 것이 좋다.

수능 유형 문제
본문 74~75쪽

01 ①   02 ⑤   03 ⑤   04 ④   05 ④
06 ④   07 ①   08 ④

01
열대 기후, 건조 기후 지역의 음식을 통한 기후 특성 이해

정답 찾기 (가)는 열대 기후 지역이다. 일반적으로 열대 기후 지역은 기름에 튀기거나 볶는 요리가 많으며, 음식에 향신료가 많이 들어간다. 열대 기후 지역에 위치한 동남아시아의 타이에서는 해산물과 향신료가 많이 들어간 똠얌꿍을 즐겨 먹는다. (나)는 대추야자를 많이 먹는 건조 기후(사막 기후) 지역이다.
① 열대 기후 지역(가)에 비해 건조 기후(사막 기후) 지역(나)은 기온의 일교차가 크며, 적도와의 거리는 멀고, 연 강수량은 적다.

02
기후변화에 따른 영향 이해

정답 찾기 자료를 통해 주요 농작물의 재배 지역이 한반도 남쪽에서 북쪽으로 이동하고 있음을 알 수 있다. 이는 지구 온난화에 따른 기후변화 때문이다. 기후변화가 지속될 경우 지구의 평균 기온 상승에 따른 해수면 상승으로 해안 저지대의 침수 피해가 증가할 것이다.
오답 피하기 ① 봄꽃의 개화 시기가 빨라질 것이다.
② 겨울이 짧아지기 때문에 하천의 결빙 일수는 감소할 것이다.
③ 여름이 길어지기 때문에 단풍의 절정 시기는 늦어질 것이다.
④ 평균 기온 상승에 따른 수온의 상승으로 한류성 어종의 어획량은 감소할 것이다.

03
카르스트 지형의 특징

정답 찾기 자료는 튀르키예의 대표적 관광지인 파묵칼레이다. 파묵칼레는 탄산 칼슘이 많이 포함된 지하수가 경사를 따라 흘러내리면서 석회질 성분이 쌓여 만들어진 계단 모양의 카르스트 지형이 발달해 있다.
오답 피하기 ① 화산 활동으로 칼데라, 용암 대지 등이 형성된다.
② 파랑의 퇴적 작용으로 사빈, 석호 등이 형성된다.
③ 파랑의 침식 작용으로 해식애, 해식동 등이 형성된다.
④ 빙하의 침식 작용으로 U자곡, 피오르 등이 형성된다.

04
인간 중심주의와 생태 중심주의의 입장 비교

정답 찾기 갑은 인간 중심주의 사상가인 베이컨, 을은 생태 중심주의 사상가인 레오폴드이다.
ㄱ. 베이컨은 인간만이 도덕적 지위를 지닌다고 보았고, 레오폴드는 인간뿐만 아니라 동식물, 그리고 무생물을 포함한 생태계 전체가 도덕적 지위를 지닌다고 보았다.
ㄴ. 베이컨과 레오폴드는 모두 인간은 도덕적으로 대우받아야 할 존재라고 보았다.
ㄹ. 베이컨은 인간이 자연에 대한 도덕적 의무를 지닌다고 보지 않았다. 레오폴드는 인간이 자연에 대해 도덕적 의무를 지닌다고 보았다.
오답 피하기 ㄷ. 레오폴드만의 입장이다. 베이컨은 인간만을 도덕적으로 고려해야 한다고 보았다.

05
유교 사상의 자연관 이해

정답 찾기 유교는 자연과 인간이 조화를 이루는 천인합일(天人合一)의 경지를 추구한다.
첫 번째 입장. 유교에서는 만물이 내재적 가치를 지니고 있다고 보기 때문에 모든 생명체와 자연의 가치를 존중해야 한다고 본다.
두 번째 입장. 유교에서는 하늘과 인간이 하나 되는 경지인 천인합일을 추구해야 한다고 본다.
세 번째 입장. 유교에서는 자연과 인간이 서로 조화를 이루고 유기적 관계를 맺으며 살아야 한다고 본다.
오답 피하기 네 번째 입장. 유교에서는 자연과 인간은 상호 의존적인 관계라고 본다.

06
칸트의 인간 중심주의 이해

(정답 찾기) 제시문은 인간 중심주의 사상가인 칸트의 주장이다.
ㄱ. 칸트가 부정의 대답을 할 질문이다. 칸트는 인간은 인간에 대해서만 직접적 의무를 가진다고 보았다.
ㄴ. 칸트가 부정의 대답을 할 질문이다. 칸트는 인간이 동물을 가혹하고 잔인하게 다루어서는 안 된다고 보았다.
ㄹ. 칸트가 긍정의 대답을 할 질문이다. 칸트는 인간이 자연을 함부로 대하면 인간의 도덕성이 약화될 수 있기 때문에 인간이 자연을 대하는 태도와 인간의 도덕성이 관련 있다고 보았다.

(오답 피하기) ㄷ. 칸트가 부정의 대답을 할 질문이다. 칸트는 인간은 자율적이고 이성적으로 행동할 수 있으므로 자연보다 우월한 지위를 가진다고 보았다.

07
환경 문제의 특징

(정답 찾기) 오늘날 지구촌 곳곳에서는 인간의 무분별한 개발과 자원 남용 등으로 생태계의 균형이 깨지고 자정 능력이 약해지면서 다양한 환경 문제가 나타나고 있다. 대표적인 환경 문제에는 지구 온난화에 따른 기후변화, 열대림 파괴, 사막화, 산성비, 오존층 파괴 등이 있다. 오존층 파괴는 염화 플루오린화 탄소의 사용량 증가로 발생하며, 인간에게 해로운 자외선의 증가로 각종 피부 질환 및 안구 질환이 증가한다.

(오답 피하기) ② 사막화 확대 지역은 주로 사막 주변의 초원 지역이다.
③ 지구 온난화 관련 협약에는 교토 의정서, 파리 협정 등이 있다.
④ 열대림 파괴를 막기 위해서는 무분별한 벌채와 경지 개간을 막아야 한다.
⑤ 산성비로 인해 건축물과 조각상이 부식되거나 토양 오염 등의 피해가 발생하고 있다.

08
환경 문제 해결을 위한 정부와 시민 사회의 노력

(정답 찾기) 환경 문제는 지구촌 모든 구성원들이 함께 협력하고 해결해 나가야 한다. 정부는 환경 문제를 해결하기 위해 다양한 정책을 세우고, 이를 지원하기 위한 법과 제도를 만들고 집행한다. 시민 사회는 정부와 기업이 추진하는 각종 정책과 사업을 환경 보전 측면에서 감시하고, 잘못된 부분은 고발하기도 한다. 따라서 (가)는 정부, (나)는 시민 사회이다.

(오답 피하기) ㄴ. 생산 활동의 주체로 상품을 생산·유통하는 주체는 기업이다. 기업은 이 모든 과정에서 환경에 부정적 영향을 최소화하기 위해 노력해야 한다.

문화와 다양성

01 세계의 다양한 문화권

개념 체크 문제

본문 79쪽

❶ ○ ❷ ○ ❸ ○ ❹ ○ ❺ × ❻ 많이 ❼ 냉대 ❽ 크리스트교 ❾ 문화 경관 ❿ 할랄 ⓫ 옥수수 ⓬ ㉡ ⓭ ㉢ ⓮ ㉣ ⓯ ㉠

본문 81쪽

❶ ○ ❷ × ❸ ○ ❹ ○ ❺ 고온 건조 ❻ 남부 ❼ 북부 ❽ 힌두교 ❾ 이슬람교, 아랍어 ❿ 사하라 ⓫ 마오리족 ⓬ ㉢ ⓭ ㉡ ⓮ ㉠

기본 문제

본문 82~83쪽

01 ④ 02 ④ 03 ③ 04 ① 05 ⑤
06 ② 07 ③ 08 ①

01
문화, 문화권, 점이 지대 이해

(정답 찾기) 문화(가)는 한 사회의 구성원이 환경과 상호 작용하면서 형성된 것으로 의식주, 언어, 종교 등의 사회 전반의 생활양식을 포함한다. 문화권(나)은 문화 요소나 경관이 비슷하게 나타나는 넓은 지리적 범위를 하나로 묶은 것으로 기후, 지형과 같은 자연환경과 종교, 산업과 같은 인문환경의 영향을 받아 형성된다. 점이 지대(다)는 서로 다른 지리적 특성을 가진 지역과 지역 사이에 위치해 있으며, 두 지역의 특징이 모두 나타나는 지역을 의미한다.

(오답 피하기) ㄷ. 문화권의 경계는 대체로 높은 산맥이나 큰 하천 또는 거대한 사막 등의 자연환경을 기준으로 나누며, 국경과 일치하지 않은 경우가 많다. 문화를 구분하는 기준에 따라 여러 나라가 하나의 문화권으로 또는 한 나라가 여러 문화권으로 나뉘기도 한다.

02
전통 가옥의 특징 이해

정답 찾기) 전통 가옥은 자연환경의 영향을 받아 형성된다. 특히 전통 가옥은 주변에서 쉽게 구할 수 있는 재료를 이용하여 짓기 때문에 자연환경의 영향이 잘 반영된다. (가)는 돌집으로 높은 산지 지역에서는 나무를 구하기 어려워 주변에 흔한 돌을 이용해 집을 짓는다. (나)는 통나무집으로 냉대 기후 지역에서는 침엽수림이 발달해 있어 나무를 이용해 집을 짓는다. (다)는 가축의 가죽으로 지은 집으로 한대 기후 지역에서는 나무나 흙을 구하기 어려워 유목 생활에서 이용하기 쉬운 가축의 가죽을 이용한 이동식 천막을 사용한다.

④ 한대 기후 지역은 냉대 기후 지역보다 최난월 평균 기온이 낮다.

오답 피하기) ① 침엽수림이 분포하는 지역은 냉대 기후 지역이다.
② 유목 생활은 건조 초원 지역이나 한대 기후 지역에서 나타난다.
③ 높은 산지 지역에서는 돌집이 발달한다.
⑤ 전통 가옥 구조의 차이는 주로 자연환경의 영향이 반영된다.

03
세계 주요 종교의 특징 이해

정답 찾기) 전 세계적으로 골고루 분포하는 A는 크리스트교, 서남아시아와 북부 아프리카 및 중앙아시아 지역 등 건조 문화권에 주로 분포하는 B는 이슬람교, 동아시아 및 동남아시아 지역에 집중 분포하는 C는 불교, 인도를 중심으로 하는 남부 아시아 지역에 집중 분포하는 D는 힌두교이다. 불교의 대표적인 종교 경관은 사찰과 불상, 탑 등이다.

오답 피하기) ① 돼지고기를 금기시하는 것은 이슬람교이다.
② 갠지스강에서 목욕을 하는 등 종교 의식을 치르는 것은 힌두교이다.
④ 할랄 식품은 이슬람교와 관련 있다.
⑤ 세계의 신자 수는 크리스트교(A)가 이슬람교(B)보다 많다.

04
크리스트교와 이슬람교의 종교 경관 이해

정답 찾기) (가)는 독일의 쾰른 대성당으로 크리스트교의 대표적인 사원 건축물이다. (나)는 튀르키예의 이스탄불에 있는 블루 모스크로 돔형 구조물과 주변의 첨탑 등 이슬람교의 사원 형식을 갖추고 있는 건축물이다.

05
세계 문화권의 특징 이해

정답 찾기) 지도의 A는 유럽 문화권, B는 건조 문화권, C는 아프리카 문화권, D는 동양 문화권, E는 아메리카 문화권이다. 아메리카 문화권은 유럽인이 진출하면서 유럽의 언어와 종교 등이 전파되어 영어, 에스파냐어, 포르투갈어를 사용하며, 크리스트교 신자가 많다.

오답 피하기) ① 이슬람교를 믿고, 아랍어를 사용하는 곳은 건조 문화권이다.
② 근대 산업과 자본주의 사상의 진원지는 산업 혁명이 발생한 영국을 중심으로 하는 유럽 문화권이다.
③ 계절풍의 영향으로 벼농사가 발달한 곳은 동양 문화권이다.
④ 영어를 사용하고 개신교를 믿는 곳은 앵글로아메리카 문화권이다.

06
건조 문화권과 아프리카 문화권의 특징 이해

정답 찾기) (가)는 건조 문화권이다. 건조 문화권은 주로 건조한 기후가 나타나 주민들은 지하수나 외래 하천을 이용하거나 오아시스 주변에서 농사를 한다. 재배하는 작물은 대추야자나 밀이다.
(나)는 아프리카 문화권이다. 아프리카 문화권은 대부분의 지역이 열대 기후 지역으로 토양이 척박해 전통적으로 이동식 화전 농업이 발달하였다. 일부 지역에서는 유럽인의 식민 지배 시기에 들어온 플랜테이션을 통해 바나나, 카카오, 커피 등의 작물을 대규모로 재배한다.

07
문화를 반영하는 축제 이해

정답 찾기) 세계에는 많은 축제가 있는데, 대부분의 축제는 각 지역의 문화적 특징이 반영되어 있다. 우기가 찾아 오기 전 서로에게 물을 뿌려 주며 축복을 기원하는 축제는 타이의 송끄란 축제로 부처에게 축복을 기원하기 위해 불상을 물로 씻는 데서 유래하였다. 지도의 A는 에스파냐, B는 인도, C는 타이, D는 페루, E는 브라질이다.

오답 피하기) ① 에스파냐에는 부뇰의 토마토 축제가 있다.
② 인도에는 홀리 축제가 있다.
④ 페루에는 쿠스코의 태양제가 있다.
⑤ 브라질에는 리우 카니발이 있다.

08
세계의 언어 문화권 이해

정답 찾기) 문화권은 언어를 기준으로도 구분할 수 있다. 주로 사용하는 언어에 따라 영국·미국·오스트레일리아 등은 영어 문화권, 에스파냐·아르헨티나·멕시코 등은 에스파냐어

문화권 등으로 구분할 수 있다. 지도의 A는 중국에서만 사용되는 중국어, B는 영국과 미국, 캐나다 등에서 사용하는 영어, C는 에스파냐와 라틴 아메리카에서 사용되는 에스파냐어, D는 건조 문화권 지역에서 주로 사용되는 아랍어, E는 포르투갈과 브라질에서 주로 사용되는 포르투갈어이다.

(오답 피하기) ② 아랍어 사용자가 많은 지역은 이슬람교의 신자 수가 많다.
③ 공용어로 사용되는 국가 수는 에스파냐어가 중국어보다 많다.
④ 아메리카에 전파된 에스파냐어와 포르투갈어는 남부 유럽의 영향 때문이다.
⑤ 사용자 수는 인구가 많은 중국어가 포르투갈어보다 많다.

서술형 문제
본문 84쪽

Step1 핵심 키워드 파악하기

01
문화권에 따른 의복 문화의 차이의 이해
(1) (가) - (열대 우림) 기후 (나) - (사막) 기후
(2) (예시 답안) (열대 우림) 기후 지역의 주민들은 일 년 내내 덥고 습해 (가볍고 얇은) 옷차림을 한다. (사막) 기후 지역 주민은 모래바람과 (햇볕)을/를 막기 위해 (긴 옷)을/를 입는다. 이와 같은 차이는 지역에 따라 (기후)이/가 다르기 때문이다.

02
화폐를 통한 건조 문화권의 특징 이해
(1) 종교 - (이슬람교) 문화권 - (건조 문화권)
(2) (예시 답안) 주민의 대부분은 (아랍어)을/를 사용하고 전통적으로 (오아시스 농업)와/과 (유목) 생활을 하였다. 그러나 최근 자원 개발과 (도시화)이/가 진행되면서 정착 생활을 하는 경우가 늘어나고 있다. 또한 (석유) 자원으로 인한 국제적인 (분쟁)이/가 많은 편이다.

Step2 스스로 답안 작성하기

03
건조 문화권과 아프리카 문화권의 특징 이해
(문제 접근) 세계의 각 문화권 구분 지도를 통해 제시된 지도의 두 문화권을 파악하고 그 차이점을 종교, 자연환경, 언어 측면에서 서술한다.

(1) (가) - 건조 문화권 (나) - 아프리카 문화권
(2) (예시 답안) 건조 문화권은 이슬람교를 주로 믿으며, 건조 기후 지역이며 사막이 많다. 언어는 아랍어를 주로 사용한다. 아프리카 문화권은 크리스트교와 토착 종교를 믿으며, 열대 기후 지역이 대부분이며, 각 지역마다 언어가 다양한 편이다.

(평가 기준)

상	(가), (나) 문화권의 이름과 각 문화권의 특징을 정확하게 서술한 경우
중	(가), (나) 문화권의 이름은 정확하게 서술하였지만, 각 문화권의 특징을 모두 서술하지 못한 경우
하	(가), (나) 문화권의 이름만 정확하게 작성한 경우

04
문화권의 특징이 반영된 축제의 이해
(문제 접근) 자료는 북반구 고위도 지역에 위치한 국가의 축제 모습이다. 위도가 높은 지역은 여름과 겨울의 낮과 밤의 길이 차이가 크다는 점을 생각한다. 이 차이점이 주민들의 일상생활에 큰 영향을 미친다.

(1) 하지 축제
(2) (예시 답안) 스웨덴처럼 고위도에 위치한 국가들은 여름에는 낮의 길이가 길다. 특히, 하지를 전후한 시기가 낮의 길이가 가장 길다. 반면에 여름은 짧고, 겨울은 길다. 또한 겨울에는 낮보다 밤이 길다. 따라서 낮이 긴 하지를 특별하게 여기고 여름 햇빛을 감사하는 마음에서 축제를 즐긴다.

(평가 기준)

상	축제의 이름을 정확하게 작성한 후 여름과 겨울의 낮과 밤의 길이의 차이를 정확하게 설명한 경우
중	축제의 이름은 정확하게 작성하였지만, 여름과 겨울의 낮과 밤의 길이에 관한 서술이 부정확한 경우
하	축제의 이름만 정확하게 서술한 경우

1등급 도전 문제
본문 85쪽

01 ②	02 ③	03 ①	04 ④

01
한대 기후와 건조 기후 지역의 특징 이해
(정답 찾기) (가)는 한대 기후 지역 중 툰드라 기후 지역에 거주하는 네네츠족의 이동식 천막이다. (나)는 건조 기후 지역 중

사막 기후 지역의 흙벽돌집이다. 툰드라 기후 지역은 극 지방에 분포하는 기후로 연중 기온이 낮아 농사가 불가능해 주민들은 순록 유목이나 어로 활동을 주로 한다. 사막 기후 지역은 고온 건조한 기후로 전통 가옥의 경우 주변에서 구하기 쉬운 흙벽돌로 집을 짓는다.

② 사막 지역은 온몸을 감싸는 얇은 천으로 만든 옷을 입는다.

오답 피하기 ① 돼지고기를 금기시하는 것은 이슬람교로 건조 문화권과 관련있다.

③ 연평균 기온은 (나)가 (가)보다 높다.

④ (가)는 극지방 주변에 분포해 (나)보다 고위도 지역에 위치한다.

⑤ 쌀을 주식으로 하는 지역은 주로 계절풍의 영향을 받는 아시아 지역이다.

02
문화권 형성에 영향을 주는 요인 이해

정답 찾기 문화는 사회의 구성원이 자연환경 및 인문환경과 상호 작용하면서 형성한 사회 전반의 생활양식이다. 세계에는 다양한 문화가 존재하는데, 유사한 문화적 특성이 나타나며 주변의 다른 지역과 구별되는 공간 범위를 문화권이라고 한다. 문화권은 자연환경과 인문환경의 영향을 받아 형성된다.

③ 남아메리카의 고산 지대에서는 감자와 옥수수를 주식으로 하는 음식 문화가 발달되었다.

03
문화권에 따른 주식 문화의 차이 이해

정답 찾기 세계 각 지역은 기후, 지형, 식생 등 자연환경에 따라 서로 다른 주식 문화를 형성하는데, 이는 문화권을 구분하는 기준이 되기도 한다. 건조 문화권 지역에서는 유목 생활에서 유래한 케밥(가)이 유명하다. 이 음식은 고기를 숯불에 구워 빵이나 채소와 함께 먹는다. 동남아시아 지역에서는 풍부한 쌀을 이용한 음식이 발달하는데 인도네시아의 나시고렝(나)이 유명하다. 나시고렝은 쌀에 해산물과 향신료를 넣고 볶은 요리이다. 남아메리카의 고산 지역은 감자나 옥수수를 이용한 음식 문화가 발달해 있다. 타코(다)는 옥수수 가루로 만든 토르티야에 채소나 고기를 싸서 먹는 음식이다. 지도의 A는 튀르키예, B는 인도네시아, C는 멕시코이다.

04
앵글로아메리카 문화권 중 캐나다의 특징

정답 찾기 자료는 앵글로아메리카 문화권의 주요 특징으로

미국과 캐나다에 해당한다. 두 국가는 모두 유럽의 영향을 받아 영어를 공용어로 사용하며 종교는 개신교를 주로 믿는다. 또한 산업화 이후 해외로부터 많은 이민자를 받아들여 국가 발전의 원동력이 되었다. 이 중 프랑스의 식민 지배를 받아 프랑스어도 공용어로 지정한 국가는 캐나다이다. 특히 캐나다의 동부에 있는 퀘벡주는 프랑스 문화가 현재도 많이 남아 있다.

오답 피하기 ① A는 남아프리카 공화국이다. 과거 네덜란드와 영국의 식민 지배를 받은 지역으로, 공용어는 영어와 아프리칸스어 등 다양하다.

② B는 인도이다. 과거 영국의 식민 지배를 받았으며, 공용어도 힌디어, 영어, 벵골어 등 매우 다양하다.

③ C는 몽골이며, 공용어는 몽골어이다.

⑤ E는 아르헨티나이다. 과거 에스파냐의 식민 지배의 영향으로 에스파냐어가 공용어이다.

02 문화 변동과 전통문화

개념 체크 문제

본문 87쪽

❶ ✕ ❷ ✕ ❸ ○ ❹ ✕ ❺ 발견 ❻ 자극 전파
❼ 문화 변동 ❽ 문화 접변 ❾ 문화 동화 ❿ ㄴ
⓫ ㄷ ⓬ ㄱ

본문 89쪽

❶ ✕ ❷ ○ ❸ ✕ ❹ 전승 ❺ 비판적 ❻ 능동적
❼ 유대감 ❽ 정체성 ❾ 전통문화 ❿ 창조적 ⓫ ㄴ, ㄹ

기본 문제

본문 90~91쪽

01 ⑤   02 ④   03 ③   04 ②   05 ②
06 ④   07 ②   08 ③

01
문화 변동의 요인 이해

정답 찾기 ⑤ 문화 변동의 내재적 요인인 C, D는 각각 발견, 발명 중 하나이고, 알려지지 않았던 문화 요소를 찾아낸 C는 발견이므로 D는 발명이다. 문화 변동의 외재적 요인인 A, B

는 전파에 해당하므로 각각 직접 전파, 자극 전파 중 하나이다. '기존에 없던 새로운 문화 요소를 만들어 냈는가?'에 대해 '예'라고 응답한 A는 자극 전파이므로 B는 직접 전파이다.

02
문화 변동의 요인 이해

(정답 찾기) ④ A국의 갑은 선조 대대로 이어져 오던 전통 음식에서 아이디어를 얻어 새로운 발효 음식 ★★을 만들었는데, 이는 발명에 해당한다. A국 드라마에 등장한 ★★을 본 B국 사람들이 건강에 좋다는 이유로 ★★을 만들어 먹는 것이 유행한 것은 간접 전파에 의한 문화 변동에 해당한다.

(오답 피하기) ① A국에서는 내재적 요인인 발명에 의한 문화 변동이 나타났다.
② B국에서는 간접 전파에 의한 문화 변동이 나타났는데, 이것은 외재적 요인에 의한 문화 변동에 해당한다.
③ A국에서는 내재적 요인에 의한 문화 변동이 나타났다.
⑤ A국, B국 모두 새로운 요소의 등장으로 인해 문화 변동이 나타났다.

03
문화 변동의 요인과 양상 이해

(정답 찾기) ③ 갑국에서는 자발적 문화 접변에 의한 문화 융합이, 을국에서는 강제적 문화 접변에 의한 문화 병존이 나타났다.

(오답 피하기) ① 갑국에서는 A국에서 온 이민자들이 듣는 A국 전통 음악을 갑국의 사람들이 듣게 된 것이므로 간접 전파가 아닌 직접 전파에 의한 문화 변동이 나타났다.
② 을국에서는 직접 전파에 의한 문화 변동이 나타났으므로 내재적 요인이 아닌 외재적 요인에 의한 문화 변동이 나타났다.
④ 을국에서는 문화 병존이 나타났으므로 자문화의 정체성이 상실된 것은 아니다.
⑤ 갑국에서는 자발적인 문화 변동이, 을국에서는 강요에 의한 강제적인 문화 변동이 나타났다.

04
문화 병존과 문화 융합 이해

(정답 찾기) ② 갑국 국민들이 수저를 사용하는 을국 문화를 수용하면서 전통적인 방식과 수저를 함께 사용하게 되었으므로 문화 병존에 해당한다. 병국에서는 정국의 종교와 자신들의 민간 신앙을 접목하여 새로운 종교를 창조했으므로 문화 융합이 나타났다.

05
문화 동화, 문화 병존, 문화 융합의 이해

(정답 찾기) ㄱ. t 시기 갑국에서는 의복 분야에서 을국의 문화 요소로 대체되므로 문화 동화가 나타났다.
ㄷ. t + 2 시기에는 음식 분야에서 갑국과 을국의 문화 요소가 결합하여 제3의 문화 요소가 나타난 문화 융합이 나타났다. 문화 융합은 외래문화 요소가 전통문화를 바탕으로 재해석되고 재구성되어 정착한 현상이다.

(오답 피하기) ㄴ. t + 1 시기에 주거 분야에서 새로운 문화 요소가 등장하여 문화 병존이 나타났지만 새로운 문화 요소가 만들어진 것은 아니다.
ㄹ. t 시기에는 문화 동화가 나타났으므로 자문화 정체성이 상실되었다. 하지만 t + 1 시기, t + 2 시기에서는 각각 문화 병존과 문화 융합이 나타났으므로 자문화 정체성이 상실된 것은 아니다.

06
문화 변동 양상의 이해

(정답 찾기) ④ 문화 동화, 문화 병존, 문화 융합 중 자문화 정체성이 유지되지 않는 C는 문화 동화이고, 전통문화 요소와 외래문화 요소가 함께 나란히 존재하는 B는 문화 병존이므로 A는 문화 융합이다. 문화 융합은 문화 병존과 달리 새로운 문화 요소가 만들어지는 문화 변동 양상이다.

(오답 피하기) ① A는 문화 융합이다.
② B는 문화 병존이므로 외재적 요인에 의한 문화 변동 양상이다.
③ C는 문화 동화이고, 문화 동화는 직접 전파, 간접 전파 모두에 의해 나타날 수 있다.
⑤ 문화 병존, 문화 동화는 모두 외래문화 요소의 등장으로 나타난다.

07
전통문화의 이해

(정답 찾기) ② 필자는 전통문화가 우리 고유의 독특한 모습을 가져 우리 사회를 지탱시켜 주는 중요한 가치를 유지시켜 준다고 보고 있다. 이를 통해 전통문화가 우리 사회의 정체성 원천임을 강조하고 있다.

(오답 피하기) ① 전통문화가 문화 변동의 원동력이 될 수 있지만 제시문과는 거리가 멀다.
③ 전통문화와 다른 문화 간에 갈등이 나타날 수 있지만 제시문과는 거리가 멀다.
④ 극단적인 민족주의로 인한 피해 발생의 요인에 대해서는 제시문에서 찾아볼 수 없다.

⑤ 전통문화가 과거의 모습을 그대로 지속·유지시키는 도구일 수 있지만 제시문과는 거리가 멀다.

08
전통문화의 창조적 계승 이해

정답 찾기 ③ 전통문화를 재해석하여 창조적으로 계승하려는 노력이 나타나고 있는 이유는 세계화 시대에 전통문화의 가치를 높이고 더욱 발전시킬 수 있기 때문이다.

오답 피하기 ① 다른 사회와 같은 문화적 양식으로 통일하는 것은 문화의 획일화를 초래할 수 있으므로 이는 전통문화를 창조적으로 계승하는 것이 아니다.
② 오래전부터 전해져 오는 전통문화를 그대로 보존하는 것은 창조적으로 전통문화를 계승하는 것이 아니다.
④ 전통문화의 창조적 계승이 우리나라보다 질적으로 낮은 수준의 다른 사회의 문화를 수용해야 하기 때문이라고 보기 어렵다.
⑤ 다른 사회의 문화가 우리보다 우수하기에 그 사회의 문화로 대체되어야 한다고 보는 것은 창조적으로 전통문화를 계승하는 것과는 거리가 멀다.

서술형 문제
본문 92쪽

Step1 핵심 키워드 파악하기

01
문화 변동의 요인 이해

(1) A-(발명) B-(발견) C-(직접 전파) D-(간접 전파) E-(자극 전파)
(2) 예시 답안 갑국의 문화 변동 요인은 발명이고, 을국의 문화 변동 요인은 자극 전파이다. 갑국과 을국의 문화 변동 요인의 공통점은 새로운 문화 요소가 (창조)된다는 것이고, 차이점은 갑국의 문화 변동 요인은 을국의 문화 변동 요인과 달리 (내재적) 요인에 해당한다는 것이다.

Step2 스스로 답안 작성하기

02
문화 변동 양상의 이해

문제 접근 문화 변동 양상 (가)는 현재 갑국 사람들이 자국의 언어 대신에 을국의 언어로만 생활하고 있으므로 문화 동화이고, (나)는 현재 갑국 사람들이 자국의 전통 음식과 을국의 전통 음식을 함께 즐겨 먹고 있으므로 문화 병존이며, (다)는 현재 갑국의 전통 리듬에 을국의 악기가 결합되어 새로운 음악

이 유행하고 있으므로 문화 융합이다.
(1) (가) - 문화 동화 (나) - 문화 병존 (다) - 문화 융합
(2) 예시 답안 문화 융합은 문화 동화, 문화 병존과 달리 새로운 문화 요소가 만들어진 문화 변동 양상이다.

평가 기준	
상	(가)~(다)의 명칭을 명확히 쓰고, 문화 융합만의 특징을 정확히 서술한 경우
중	(가)~(다)의 명칭을 명확히 쓰고, 문화 융합만의 특징을 서술하였으나 내용이 다소 미흡한 경우
하	(가)~(다)의 명칭만 쓴 경우

03
전통문화의 창조적 계승 이해

문제 접근 제시문에서는 우리 문화의 정체성을 유지하면서도 외래문화를 능동적으로 수용하였기에 우리 문화의 세계화가 가능하다고 보았다. 이를 통해 전통문화의 계승과 발전을 위해 창조적 계승이 필요하다는 것을 알 수 있다.

예시 답안 전통문화를 창조적으로 계승하는 방안을 모색해야 한다.

평가 기준	
상	전통문화를 창조적으로 계승하는 방안을 모색하는 것이 필요하다고 명확히 서술한 경우
중	전통문화를 창조적으로 계승하는 방안을 모색하는 것이 필요하다는 서술 내용이 다소 미흡한 경우
하	전통문화를 창조적으로 계승하는 방안을 모색하는 것이 필요하다고 제대로 서술하지 못한 경우

1등급 도전 문제
본문 93쪽

01 ③ 02 ⑤ 03 ② 04 ①

01
문화 변동의 요인 이해

정답 찾기 ③ A국에서는 B국 문자의 모양과 발음에서 아이디어를 얻어 B국 문자와 다른 독특한 문자를 만들었으므로 자

극 전파가 나타났다. B국에서는 직접 전파에 의한 문화 융합이 나타났다.

오답 피하기 ① A국에서는 자극 전파가 나타났으므로 외재적 요인에 의해 문화가 변동되었다.
② B국에서는 문화 융합이 나타났으므로 전통문화가 소멸된 것은 아니다.
④ A국, B국에서는 모두 새로운 문화 요소가 등장하여 문화가 변동되었다.
⑤ A국, B국 모두 강제적인 문화 변동이 아닌 자발적인 문화 변동이 발생하였다.

02
문화 변동의 양상 이해

정답 찾기 ⑤ t + 1 시기 갑국과 을국은 모두 교역 과정에서 문화가 변동되었으므로 직접 전파에 의한 문화 변동이 나타났다. 갑국에서는 의류 분야에서 새로운 문화 요소가 만들어진 문화 융합이, 을국에서는 문화 동화가 나타났다.

오답 피하기 ① 갑국에서는 외재적 요인에 의한 문화 변동이 나타났다.
② 을국에서는 직접 전파에 의한 문화 변동이 나타났다.
③ 갑국에서는 문화 융합이 나타났다.
④ 을국에서는 문화 동화가 나타났다.

03
문화 변동의 양상 이해

정답 찾기 ② 갑국에서는 다양한 종교 기념일이 공휴일로 지정된 것으로 보아 문화 병존이 나타났음을 알 수 있다. 을국에서는 을국 전통 악기를 활용하여 서양의 멜로디, 아프리카 대륙 특유의 가창 방식이 어우러진 새로운 형식의 음악이 만들어졌으므로 문화 융합이 나타났음을 알 수 있다. 문화 융합은 전통적인 문화 정체성이 상실되지 않고 유지된다.

오답 피하기 ① 갑국에서는 문화 병존이 나타났다.
③ 갑국과 을국에서는 모두 직접 전파에 의해 문화 변동이 나타났다.
④ 을국에서는 문화 융합이, 갑국에서는 전통문화 요소와 외래문화 요소가 나란히 공존하는 문화 병존이 나타났다.
⑤ 갑국과 달리 을국에서는 기존에 없었던 새롭게 문화 요소가 창조된 문화 융합이 나타났다.

04
전통문화의 이해

정답 찾기 ① A는 전통문화이다. 전통문화는 급속한 문화 변동 과정에서 점차 사라질 수 있으므로 전통문화의 가치를 깨닫고 시대적 변화에 맞게 재창조하는 창조적 계승이 필요하다.

오답 피하기 ② '악수'나 '양복'은 서양 문화가 오늘날 한국 사회에 정착한 것으로 우리나라의 전통문화라고 볼 수 없다. 우리나라의 전통문화로는 '절', '한복' 등을 들 수 있다.
③ 외래문화 요소를 비판적으로 수용하여 전통문화와 조화를 이룰 수 있도록 재구성하는 과정에서 문화 변동이 나타날 수 있다.
④ 전통문화는 우리 사회의 정체성을 유지시키는 중요한 요인이다.
⑤ 전통문화의 창조적 계승은 현대 사회에서의 문화 발전과 관련이 깊다.

03 문화 상대주의와 보편 윤리

개념 체크 문제

본문 95쪽

❶ ○ ❷ × ❸ ○ ❹ × ❺ 자문화 중심주의 ❻ 순기능 ❼ 역기능 ❽ 문화 제국주의 ❾ 정체성 ❿ 절대적 ⓫ ㄴ ⓬ ㄱ

본문 97쪽

❶ ○ ❷ ○ ❸ × ❹ × ❺ 명예 살인 ❻ 연고주의 ❼ 편견 ❽ 보편 윤리 ❾ 윤리 상대주의 ❿ ㄴ ⓫ ㄱ

기본 문제

본문 98~99쪽

01 ④   02 ③   03 ③   04 ②   05 ④
06 ①   07 ③   08 ⑤

01
자문화 중심주의와 문화 사대주의 비교

정답 찾기 (가)는 자문화 중심주의, (나)는 문화 사대주의이다.
④ 문화 사대주의는 자기 문화를 열등하게 바라보는 문화 이해 태도이다. 자기 문화를 기준으로 다른 사회의 문화를 열등하게 평가하는 것은 자문화 중심주의이다.

오답 피하기 ① 자문화 중심주의는 자기 문화를 가장 우월하다고 바라보기 때문에 자기 문화에 대한 자부심을 강화시킨다.
② 자문화 중심주의는 다른 문화와의 갈등을 초래할 수 있으며, 국수주의와 문화 제국주의로 이어져 자기 문화의 발전 가능성을 저해할 수 있다.

③ 문화 사대주의는 자기 문화보다 타 문화를 우수한 것으로 여김으로써 자기 문화의 주체성과 정체성을 상실할 수 있다.
⑤ 자문화 중심주의와 문화 사대주의는 문화적 차이를 바라보는 바람직하지 못한 태도에 해당한다.

02
문화 다양성에 대한 이해

(정답 찾기) 제시문은 세계 문화 다양성 선언 중 일부 내용이다. 세계 문화 다양성 선언은 2001년 프랑스 파리에서 열린 제31차 유네스코 총회에서 채택된 선언이다.
③ 세계 문화 다양성 선언의 취지는 개별 국가의 문화를 하나의 문화적 관점만으로 평가해야 한다는 것이 아니라 개별 국가의 다양한 문화를 존중해야 한다는 것이다.

(오답 피하기) ① 세계 문화 다양성 선언의 취지는 개별 국가들의 문화를 존중해야 한다는 것이다.
② 세계 문화 다양성 선언의 취지는 개별 민족의 문화가 유지될 수 있도록 문화의 고유성을 보호해야 한다는 것이다.
④ 세계 문화 다양성 선언의 취지는 개별 국가들의 문화가 형성된 특수성을 고려하여 이해해야 한다는 것이다.
⑤ 세계 문화 다양성 선언의 취지는 문화 다양성 존중을 통해 문화 간의 교류를 활성화해야 한다는 것이다.

03
문화 상대주의에 대한 이해

(정답 찾기) 제시문은 티베트의 장례 문화인 천장을 그 사회의 자연환경과 종교적 배경을 통해 이해해야 한다는 문화 상대주의를 주장한다.
세 번째 입장. 천장이 티베트의 고유한 생활 방식에 따라 형성된 문화이기 때문에 존중해야 한다는 것은 문화 상대주의의 입장이다.
네 번째 입장. 천장이 티베트의 자연환경에 적응하는 과정에서 생겨난 문화이기 때문에 존중해야 한다는 것은 문화 상대주의의 입장이다.

(오답 피하기) 첫 번째 입장. 문화 상대주의는 천장을 야만적인 문화라고 보지 않는다.
두 번째 입장. 문화 상대주의는 천장을 위생적이지 않다거나 없애야 하는 문화로 보지 않는다.

04
문화 상대주의에 대한 이해

(정답 찾기) 제시문은 문화 상대주의의 입장이다.

② 문화 상대주의는 문화 간 우열을 가리려는 태도를 경계하고 각 문화를 그 사회의 특수한 환경과 역사적 상황, 사회적 맥락에서 이해하려는 태도이다.

(오답 피하기) ① 자기 문화의 우수성보다는 타 문화의 우수성을 강조하는 것은 문화 사대주의이다.
③ 문화 상대주의는 타 문화를 평가의 대상이 아니라 이해의 대상이라고 본다.
④ 문화 상대주의는 선진국의 문화를 무조건 받아들여야 한다고 주장하지는 않는다.
⑤ 문화 상대주의는 특정한 문화를 기준으로 다른 사회의 문화를 바라보는 것이 아니라 해당 사회의 맥락 속에서 그 사회의 문화를 이해해야 한다고 본다.

05
문화 다양성에 대한 이해

(정답 찾기) 그림의 강연자는 문화 다양성이 중시되어야 한다고 주장하고 있다.
ㄴ. 강연자는 문화 다양성이 구성원들에게 혁신의 원천인 창의성과 상상력을 높일 수 있기 때문에 문화 다양성이 사회의 발전에 기여한다고 주장한다.
ㄹ. 강연자는 문화 다양성을 통해 구성원들이 당면한 문제에 대한 새로운 해법을 제시할 창의성을 기를 수 있다고 주장한다.

(오답 피하기) ㄱ. 강연자는 문화 다양성이 구성원의 창의성과 상상력을 신장시킨다고 주장한다.
ㄷ. 강연자는 문화 다양성이 보장되는 사회에 속하는 구성원들은 풍부하고도 다양한 체험을 할 수 있다고 주장한다.

06
보편 윤리와 문화 성찰에 대한 이해

(정답 찾기) 제시문은 고대 사회에 존재했던 순장 문화에 대한 내용이다.
① 보편 윤리의 관점에서 순장은 인권과 같은 인류의 보편적 가치를 훼손하는 문화라고 평가된다.

(오답 피하기) ② 보편 윤리의 관점에서는 순장이 사회 질서 유지를 위해 필요하다고 보지 않는다.
③ 보편 윤리의 관점에서 순장은 구성원의 기본적 권리를 침해하는 것이기 때문에 공동체의 결속을 위해 필요한 정당한 문화라고 볼 수 없다.
④ 보편 윤리의 관점에서 순장은 그 사회의 역사적 맥락이 아니라 인류의 보편적 가치로 평가되어야 한다.
⑤ 순장을 보편 윤리가 아니라 문화 상대주의적 관점에서 평가한 내용이다.

07
문화를 바라보는 다양한 관점 이해

(정답 찾기) 갑은 사티를 보편 윤리의 관점에서 바라보아야 한다는 입장이고, 을은 사티를 문화 상대주의의 관점에서 바라보아야 한다는 입장이다.

ㄴ. 갑은 보편 윤리에 위배되는 사티를 인정하는 것은 극단적 문화 상대주의에 해당되기 때문에 사티는 사라져야 할 문화라고 본다.

ㄷ. 을은 문화 상대주의적 관점에서 사티는 힌두교의 종교적 전통에서 생겨난 것이므로 존중해야 한다고 본다.

(오답 피하기) ㄱ. 갑은 사티가 여성의 인권을 침해하는 것이기 때문에 사라져야 할 문화라고 본다.

ㄹ. 갑은 사티가 도덕적 평가의 대상이라고 본다.

08
문화 상대주의에 대한 이해

(정답 찾기) 제시문은 서로에 대한 문화를 이해하지 못해 발생하는 갈등의 사례이다. 이러한 갈등을 해결하기 위한 문화 이해 태도는 문화 상대주의이다.

⑤ 문화 상대주의는 타 문화도 고유한 의미와 가치가 있음을 인정하는 태도이기 때문에 문화 갈등을 해결하는 데 필요한 문화 이해 태도이다.

(오답 피하기) ① 자기 문화의 우수성만을 타 문화에 적극적으로 전파하는 것은 문화 갈등을 심화시킬 수 있다.

② 타 문화를 자기 문화의 관점에서 이해하게 되면 문화 갈등을 해결할 수 없다.

③ 자문화만이 옳다는 신념을 가지고 타 문화를 바라보는 것은 자문화 중심주의이다. 자문화 중심주의 입장으로는 문화 갈등을 해결하기 어렵다.

④ 문화의 우열을 가리는 태도는 문화 갈등을 심화시킬 수 있다.

서술형 문제
본문 100쪽

Step1 핵심 키워드 파악하기

01
문화 다양성 이해

(예시 답안) 성인식은 사회마다 다른 방식으로 나타나는데, 이는 각 사회마다 서로 다른 (자연)환경과 사회적 상황에 적응하면서 독특한 생활 방식과

(가치관)을/를 형성해 왔기 때문이다.

02
자문화 중심주의에 대한 이해

(1) ㉠ - (자문화 중심주의)

(2) (예시 답안) (자문화 중심주의)은/는 다른 문화가 갖는 고유한 가치를 인정하지 않기 때문에 다른 문화에 대한 부정적인 (편견)을/를 갖게 하여 (갈등)을/를 일으킬 수 있다.

Step2 스스로 답안 작성하기

03
문화 상대주의에 대한 이해

(문제 접근) 제시문은 문화를 각 사회의 특수한 환경과 역사적 배경, 사회적 맥락에서 이해하며, 서로 다른 문화 간의 우열을 평가하는 절대적 기준은 존재하지 않는다는 문화 상대주의의 입장이다.

(1) ㉠ - 문화 상대주의

(2) (예시 답안) 문화 상대주의는 다양한 문화의 모습을 편견 없이 이해하고 공존할 수 있도록 하고, 자문화 중심주의와 문화 사대주의와 같은 문화 절대주의에 따른 갈등을 예방할 수 있기 때문이다.

평가 기준	
상	문화 상대주의, 편견, 공존, 문화 절대주의, 갈등, 예방 등의 표현을 명확히 쓰고 문화 상대주의가 문화 이해 태도로 필요하다는 점을 정확히 서술한 경우
중	문화 상대주의, 편견, 공존, 문화 절대주의, 갈등, 예방 등의 표현을 썼지만, 문화 상대주의가 문화 이해 태도로 필요하다는 점을 서술하지 못한 경우
하	문화 상대주의, 편견, 공존, 문화 절대주의, 갈등, 예방 등의 표현만을 쓴 경우

04
보편 윤리와 문화 성찰에 대한 이해

(문제 접근) 제시문은 '트리플 탈라크' 문화가 보편 윤리를 훼손하는 악습이라는 점을 제시하고 있다.

(예시 답안) ○○국 의회가 '트리플 탈라크'에 의한 이혼 성립을 금지하고 이를 통해 이혼하려는 남성을 형사 처벌하는 법을 통과시킨 것은 보편 윤리의 관점에서 정당하다. 이러한 법이 이슬람의 종교나 문화적 관습에 어긋난다고 해도 여성의 자유와 인권이라는 보편 윤리를 침해하는 악습이기 때문이다.

평가 기준	
상	보편 윤리, 종교, 문화적 관습, 자유, 인권, 악습 등의 표현을 명확히 쓰고, 보편 윤리의 관점에서 트리플 탈라크가 악습이라는 점을 정확히 서술한 경우
중	보편 윤리, 종교, 문화적 관습, 자유, 인권, 악습 등의 표현을 썼으나, 보편 윤리의 관점에서 트리플 탈라크가 악습이라는 점을 정확하게 서술하지 못한 경우
하	보편 윤리, 종교, 문화적 관습, 자유, 인권, 악습 등의 표현만을 쓴 경우

1등급 도전 문제

본문 101쪽

01 ④　　02 ③　　03 ②　　04 ④

01
문화 상대주의에 대한 이해

(정답 찾기) 제시문의 문화 이해 태도는 문화 상대주의이다. 〈사례〉 속 가 부족의 장례 문화를 문화 상대주의의 관점으로 이해해야 한다.

ㄴ. 문화 상대주의는 그 사회의 역사적 맥락에서 문화를 바라보아야 한다고 본다.

ㄹ. 문화 상대주의는 특정 사회의 문화를 그 사회의 고유한 가치에 따라 이해하고 존중해야 한다고 본다.

(오답 피하기) ㄱ. 문화 상대주의는 특정 사회의 문화를 보편 윤리적 관점만으로 이해해야 한다고 보지 않는다.

ㄷ. 문화 상대주의 입장에서 가 부족의 장례 문화가 보편 윤리를 훼손한다고 보기 어렵다.

02
보편 윤리와 문화 성찰에 대한 이해

(정답 찾기) 제시문의 '나'는 각 사회의 다양한 문화를 존중하는 것이 필요하지만, 보편 윤리가 존재한다고 보는 입장이다. '어떤 사람'은 각 사회의 문화의 고유성과 다양성을 존중해야 하기 때문에 보편 윤리는 존재하지 않는다고 보는 입장이다.

③ 나는 어떤 사람이 보편 윤리로 각 사회의 문화를 성찰해야

함을 간과한다고 생각한다.

(오답 피하기) ① 어떤 사람은 보편 윤리가 존재할 수 없음을 간과하지 않는다.

② 어떤 사람은 보편 윤리가 존재하지 않는다고 보는 입장이기 때문에 보편 윤리를 훼손하는 문화도 수용해야 함을 간과하지 않는다.

④ 어떤 사람은 각 사회의 다양한 문화의 고유성을 존중해야 한다고 보기 때문에 각 문화를 그 문화의 관점에서 평가해야 함을 간과하지 않는다.

⑤ 어떤 사람은 각 사회가 지닌 다양한 문화를 존중해야 함을 간과하지 않는다.

03
보편 윤리와 문화 성찰 이해

(정답 찾기) 제시문은 연고주의 문화의 부정적 측면을 보여 주는 내용이다.

ㄱ. 연고주의를 통해 직원을 채용하게 되면 채용 비리가 발생할 수 있기 때문에 사회 정의라는 보편 윤리에 어긋나는 관행이다.

ㄷ. 연고주의를 통해 직원을 채용하게 되면 공정한 기회가 보장되지 않을 수 있기 때문에 사회 구성원들의 인권을 침해하는 관행이다.

(오답 피하기) ㄴ. 연고주의는 개인의 전문성보다는 혈연을 중시하는 관행이다.

ㄹ. 연고주의는 친족 간의 정을 중시하여 친인척을 우선적으로 채용할 수 있기 때문에 보편 윤리에 부합하지 않는 관행이다.

04
극단적 문화 상대주의에 대한 이해

(정답 찾기) 그림은 극단적 문화 상대주의에 대한 노트 필기이다.

④ 극단적 문화 상대주의는 타 문화뿐만 아니라 자문화도 비판할 수 없게 된다는 문제점이 있다.

(오답 피하기) ① 극단적 문화 상대주의는 보편 윤리를 훼손하는 문화까지 해당 사회에서 고유한 의미와 가치가 있다는 이유로 인정하는 태도이다.

② 극단적 문화 상대주의는 타 문화뿐만 아니라 자문화의 문제점을 비판하거나 개선할 수 없기 때문에 건전한 문화 발전을 기대하기 어렵다는 문제점이 있다.

③ 극단적 문화 상대주의는 인류의 보편적 가치를 침해하는 문화까지 인정할 수 있다는 문제점이 있다.

⑤ 극단적 문화 상대주의의 사례로는 식인 풍습, 명예 살인, 전족, 사티 등이 있다.

개념 체크 문제

본문 103쪽

❶ ○ ❷ ○ ❸ × ❹ × ❺ ○ ❻ 다양성 ❼ 농어촌
❽ 문화적 ❾ 고령화 ❿ 이주민 ⓫ ㄴ ⓬ ㄱ

본문 105쪽

❶ ○ ❷ × ❸ ○ ❹ × ❺ ○ ❻ 개인적 ❼ 사회적
❽ 공존 ❾ 다양성 ❿ 교육 ⓫ ㄴ ⓬ ㄱ

기본 문제

본문 106~107쪽

01 ② 02 ① 03 ④ 04 ② 05 ④
06 ⑤ 07 ④ 08 ①

01
다문화 사회에 대한 이해

(정답 찾기) 제시된 그래프는 우리 사회의 외국인 주민 수의 증가를 보여 준다. 제시된 그래프를 통해 우리 사회가 다문화 사회가 되어 가고 있다는 점을 알 수 있다.
② 외국인 주민의 수가 증가한다고 해서 문화의 단일성이 강화된다고 볼 수 없다.

(오답 피하기) ① 다문화 사회가 되면 다양한 문화를 경험할 수 있기 때문에 문화 발전이 촉진될 수 있다.
③ 다문화 사회가 되면 다양한 곳으로부터 이주한 사람들과 교류가 활성화될 수 있다.
④ 다문화 사회가 되면 새로운 문화를 창조할 수 있고 기존 문화를 발전시키는 데 기여할 수도 있다.
⑤ 외국인 근로자와 국제결혼 이주민이 많아지면서 다문화 사회가 되어 간다.

02
다문화 사회의 갈등과 해결 방안 이해

(정답 찾기) ㉠에 들어갈 내용은 다문화 사회에서 발생할 수 있는 갈등을 해결하고 예방하기 위한 방안이다.
ㄱ. 다문화 사회에서 갈등을 해결하고 예방하기 위해서는 다문화 이해 증진을 위한 다양한 교육을 강화해야 한다.

ㄴ. 다문화 사회에서 갈등을 해결하고 예방하기 위해서는 타문화와 자문화 사이의 차이를 이해하고 존중하는 관용의 자세를 길러야 한다.

(오답 피하기) ㄷ. 다문화 사회에서 이주민들을 주류 문화에 동화되도록 제도를 만들면 갈등이 오히려 심화될 수 있다.
ㄹ. 자민족 중심주의를 바탕으로 문화 정체성을 강조하게 되면 다문화 사회에서 서로 다른 문화적 배경을 가진 사람들 사이에 갈등이 더욱 심화될 수 있다.

03
다문화 사회의 갈등에 대한 이해

(정답 찾기) 제시된 그림은 다문화 사회에서 나타날 수 있는 갈등과 관련된 수업 장면이다.
갑. 다문화 사회에서는 내국인과 외국인 사이에 서로 다른 문화적 차이에 따른 갈등이 발생할 수 있다.
정. 다문화 사회에서는 서로 다른 문화에 대한 이해 부족으로 인해 편견과 차별에 따른 갈등이 발생할 수 있다.
무. 다문화 사회에서는 내국인과 외국인 간의 일자리와 경제적 자원과 관련된 갈등이 발생할 수 있다.

(오답 피하기) 을. 서로 다른 문화 간의 교류를 통해 새로운 문화를 형성하는 것은 다문화 사회에서 나타날 수 있는 갈등이라고 보기 어렵다.
병. 다른 문화에 대한 다양한 경험을 하는 것은 다문화 사회에서 나타날 수 있는 갈등이라고 보기 어렵다.

04
동화주의와 다문화주의 비교

(정답 찾기) (가)는 동화주의, (나)는 다문화주의에 대한 내용이다.
② 동화주의는 이주민의 문화를 주류 문화로 동화시켜야 한다고 보기 때문에 문화 단일성을 전제로 문화 통합을 이루어야 한다고 본다.

(오답 피하기) ① 동화주의는 다양한 문화가 대등하다고 보지 않으며 다양한 문화에는 위계가 있다고 본다.
③ 다문화주의는 이주민의 문화적 정체성을 존중하고 다양한 문화의 공존을 추구해야 한다고 본다.
④ 다문화주의는 문화의 다양성을 중시하기 때문에 사회 구성원들의 문화 선택권을 허용해야 한다고 본다.
⑤ 다문화주의는 문화적 배경이 다른 사람들을 배타적으로 대하면 안 된다고 본다.

05
다문화 사회의 갈등 해결 방안 이해

(정답 찾기) 제시문은 다문화 사회의 갈등을 해결하기 위한 방안으로 개인적 차원의 노력과 사회적 차원의 노력이 필요하다는 내용이다.

ㄱ. 다문화 사회의 갈등을 해결하기 위해 이주민의 문화를 그 사회의 맥락에서 이해하고 이주민들에 대해 개방적인 태도를 가지는 것은 개인적 차원의 노력이다.

ㄴ. 다문화 사회의 갈등을 해결하기 위해 편견과 고정 관념을 없애기 위한 다문화 교육을 강화하는 것은 사회적 차원의 노력이다.

ㄷ. 다문화 사회의 갈등을 해결하기 위해 이주민들의 인권을 보호하기 위한 법과 제도를 만드는 것은 사회적 차원의 노력이다.

(오답 피하기) ㄹ. 이주민들에게 주류 사회의 종교로 개종을 요구하는 것은 다문화 사회의 갈등을 심화할 수 있다.

06
다문화 사회의 갈등 해결 방안 이해

(정답 찾기) 제시문은 이주민에 대한 차별과 갈등을 보여 주는 사례이다.

첫 번째 입장. 이주민에 대한 차별과 갈등을 해결하기 위해서는 다른 문화에 대한 차별적인 태도를 버려야 한다.

두 번째 입장. 이주민에 대한 차별과 갈등을 해결하기 위해서는 다른 문화를 이해하려는 노력을 기울여야 한다.

네 번째 입장. 이주민에 대한 차별과 갈등을 해결하기 위해서는 이주민의 문화적 정체성을 인정하고 존중하는 자세를 지녀야 한다.

(오답 피하기) 세 번째 입장. 이주민에 대한 차별과 갈등을 해결하기 위해서는 이주민뿐만 아니라 내국인에 대한 문화 교육도 강화해야 한다.

07
다문화 사회의 갈등에 대한 이해

(정답 찾기) 제시문은 다문화 사회에서 편견과 차별에 따른 갈등의 예시인 제노포비아에 대한 내용이다.

④ 다문화 사회에서 사회 구성원들이 타 문화에 대한 관용과 존중하는 의식을 가지게 되면 갈등이 발생하는 것이 아니라 예방할 수 있다.

(오답 피하기) ① 제노포비아와 같은 다문화 사회의 갈등은 타 문화에 대한 편견과 선입견으로 인해 발생할 수 있다.

② 제노포비아와 같은 다문화 사회의 갈등은 자기 문화에 대한 우월 의식으로 인해 발생할 수 있다.

③ 제노포비아와 같은 다문화 사회의 갈등은 다양한 문화들 간의 차이에 대한 이해 부족으로 인해 발생할 수 있다.

⑤ 제노포비아와 같은 다문화 사회의 갈등은 문화 상대주의적 태도의 부족으로 인해 발생할 수 있다.

08
다문화 사회의 갈등에 대한 이해

(정답 찾기) 제시문은 다문화 사회의 갈등을 해결하기 위해 관용의 자세가 필요하지만, 이러한 관용이 무제한적이지 않다는 것을 보여 준다.

ㄱ. 다문화에 대한 관용에도 한계가 필요한 이유는 사회의 기본 질서를 훼손하지 않기 위해서이다.

ㄴ. 다문화에 대한 관용에도 한계가 필요한 이유는 자유와 같은 보편적 가치를 훼손하지 않기 위해서이다.

(오답 피하기) ㄷ. 이주민의 혈통을 배척하고 순수한 혈통을 유지하는 것은 다문화에 대한 관용과 무관한 내용이다.

ㄹ. 문화 상대주의와 윤리 상대주의의 정신의 강조는 관용의 역설을 초래할 수 있기 때문에 다문화에 대한 관용에도 한계가 필요한 이유로 적절하지 않은 내용이다.

서술형 문제
본문 108쪽

Step1 핵심 키워드 파악하기

01
다문화 사회의 갈등 해결 방안 이해

(예시 답안) 다문화 사회의 갈등을 해결하기 위해 이주민에 대한 편견과 (고정 관념)을/를 해소하기 위한 다문화 교육과 같은 (사회적) 차원의 노력이 필요하다. 예를 들어 이주민의 사회 적응을 위한 언어 교육, 다른 문화를 이해할 수 있는 (체험) 행사 등이 있다.

02
다문화주의에 대한 이해

(1) ㉠ - (다문화주의)

(2) (예시 답안) (다문화주의) 정책의 특징은 이민자가 자신의 문화를 유지하면서 사회 구성원으로 살아갈 수 있게 소수자 집단의 문화 (고유성)을/를 인정하고 다양한 문화의 (공존)을/를 추구한다는 것이다.

Step2 스스로 답안 작성하기

03
다문화 사회의 긍정적 측면 이해

(문제 접근) 제시문은 서로 다른 문화적 배경을 가진 사람들이 함께 어우러져 살아가는 다문화 사회에 대한 내용이다.

(1) ㉠ - 다문화

(2) (예시 답안) 다문화 사회는 다양한 문화가 공존하기 때문에 문화의 다양성 증진에 이바지하고 문화 발전을 촉진한다. 또한 다문화 사회는 여러 산업 분야에 우수한 인력이 유입되어 경제를 활성화하고 노동력 부족 문제를 해결하는 데 기여하기도 한다.

평가 기준	
상	다문화 사회, 공존, 문화 다양성, 경제 활성화, 노동력 부족 등의 표현을 명확히 쓰고, 다문화 사회에서 나타날 수 있는 긍정적 측면과 관련지어 정확히 서술한 경우
중	다문화 사회, 공존, 문화 다양성, 경제 활성화, 노동력 부족 등의 표현을 썼지만, 다문화 사회에서 나타날 수 있는 긍정적 측면과 관련지어 서술하지 못한 경우
하	다문화 사회, 공존, 문화 다양성, 경제 활성화, 노동력 부족 등의 표현만을 쓴 경우

04
용광로 이론과 샐러드 볼 이론의 비교

(문제 접근) (가)는 용광로 이론과 관련된 내용이고, (나)는 샐러드 볼 이론과 관련된 내용이다.

(예시 답안) 용광로 이론은 펄펄 끓는 용광로처럼 여러 민족의 다양한 문화를 하나로 녹여 그 사회의 주류 문화에 동화시키고자 하는 관점이다. 반면에 샐러드 볼 이론은 국가라는 샐러드 볼 안에서 각 문화의 고유성이 나타날 수 있도록 다양한 인종과 문화가 함께 공존하는 문화를 만들자는 관점이다.

평가 기준	
상	주류 문화, 동화, 고유성, 공존 등의 표현을 명확히 쓰고 용광로 이론과 샐러드 볼 이론에 정확하게 적용하여 서술한 경우
중	주류 문화, 동화, 고유성, 공존 등의 표현을 썼지만 용광로 이론과 샐러드 볼 이론에 적용하여 서술하지 못한 경우
하	주류 문화, 동화, 고유성, 공존 등의 표현만을 쓴 경우

1등급 도전 문제

01 ①   02 ⑤   03 ④   04 ②

01
다문화 사회의 갈등 해결 방안 이해

(정답 찾기) 그림의 강연자는 다문화 사회의 갈등 해결을 위해서는 다문화 교육이 필요하다는 입장이다.

ㄱ. 다문화 교육은 다문화 사회에서 필요한 지식과 기능, 태도를 습득하게 하기 때문에 다양한 문화를 이해하기 위해 필요하다.

ㄴ. 다문화 교육은 다른 문화의 관점으로 자신의 문화를 바라보게 함으로써 자기 문화에 대한 비판적 성찰을 위해 필요하다.

(오답 피하기) ㄷ. 다문화 교육은 소수 인종과 민족 집단이 겪는 고통과 차별을 감소시키는 것이기 때문에 인종적 차별을 해소하기 위한 교육과 관련이 있다.

ㄹ. 다문화 교육은 우리나라에 거주하고 있는 모든 외국인을 대상을 실시되어야 한다.

02
문화 다양성을 증진하기 위한 활동 이해

(정답 찾기) 제시문은 문화 다양성을 증진하기 위한 활동이 필요하다는 내용이다.

⑤ 다른 문화권의 음식 판매 금지를 위한 운동을 하는 것은 문화 다양성을 증진하는 활동이라고 볼 수 없다.

(오답 피하기) ① 다른 문화권의 영화를 보거나 책을 읽는 것은 문화 다양성을 증진할 수 있는 활동이다.

② 다른 문화권의 명절이나 축제를 경험하는 것은 문화 다양성을 증진할 수 있는 활동이다.

③ 다른 문화권의 유물이 전시된 박물관을 방문하는 것은 문화 다양성을 증진할 수 있는 활동이다.

④ 다른 문화권에서 온 이주민 가족과 대화하는 것은 문화 다양성을 증진할 수 있는 활동이다.

03
다문화 사회의 갈등에 대한 이해

(정답 찾기) 제시문은 다문화 사회에서 이주민에 대한 편견과 고정 관념으로 인해 발생하는 갈등에 대한 내용이다.

④ 다문화 사회에서 이주민에 대한 편견과 차별은 혐오나 인종 차별처럼 보편적 인권을 침해하는 문제를 초래할 수 있다.

오답 피하기 ① 제시문을 통해 내국인이 사회적으로 역차별을 당할 수 있다는 내용을 유추할 수 없다.

② 제시문과 같은 이주민에 대한 편견과 차별로 인한 갈등이 지속되면 이주민에 대한 내국인의 차별이 늘어날 수 있다.

③ 제시문을 통해 내국인과 이주민 사이의 일자리 경쟁이 줄어들 수 있다는 내용은 유추할 수 없다.

⑤ 제시문을 통해 내국인과 이주민 간의 의사소통의 어려움이 사라진다는 내용은 유추할 수 없다.

04
다문화주의와 동화주의 비교

정답 찾기 갑은 다문화주의를 주장하고, 을은 동화주의를 주장한다.

② 다문화주의는 국가가 한 사회의 다양한 문화가 공존할 수 있도록 이민자의 문화를 존중하고 보호하기 위해 노력해야 한다고 본다.

오답 피하기 ① 다문화주의는 사회 통합을 위해 다양한 문화가 공존할 수 있어야 한다고 본다.

③ 동화주의는 이민자들이 그들의 문화적 정체성을 포기해야 한다고 본다.

④ 동화주의는 이민자의 문화와 주류 문화를 동등하게 보지 않으며, 이민자의 문화가 주류 문화에 흡수되어야 한다고 본다.

⑤ 다문화주의는 이민자들이 그들의 문화를 포기해야 한다고 보지 않는다.

대단원 종합 문제
본문 111~113쪽

01 ⑤	02 해설 참조	03 ⑤	04 ④
05 ②	06 ⑤	07 ③	08 ③	09 ⑤
10 ①	11 ②	12 ②	

01
세계의 음식 문화권 특징 이해

정답 찾기 음식 문화는 기후에 따라 다르게 나타난다. 계절풍의 영향을 받는 아시아 지역은 벼농사에 유리하여 쌀을 주식으로 하는 음식 문화가 발달하였으며, 유럽이나 건조 기후 지역에서는 밀 농사를 지어 빵을 주식으로 하는 음식 문화가 발달하였다. 초원이 있는 건조 기후 지역인 중앙아시아 지역에서는 목축업이 이루어져 고기, 유제품과 관련된 음식이 발달하였다. 또 남아메리카 안데스 산지 등의 저위도 고산 지역에서는 서늘한 기후에 잘 자라는 감자와 옥수수를 이용한 음식이 발달하였다. 따라서 A는 쌀, B는 밀이다.

오답 피하기 ㄱ. 아프리카 문화권 지역은 주로 감자류를 주식으로 하며, 일부 지역에서는 옥수수나 수수를 주식으로 먹는다.

ㄴ. 쌀은 고온 다습한 기후 지역에서 재배되며, 상대적으로 밀은 서늘하고 건조한 기후 지역에서도 재배가 가능하다.

02 서술형
이슬람교의 영향을 받은 국가의 특징 이해

문제 접근 이슬람교의 영향을 강하게 받는 국가의 국기에는 이슬람 문화와 종교를 상징하는 다양한 요소가 담겨져 있다. 녹색은 이슬람교의 창시자인 마호메트를 상징하며, 녹색의 푸른 생명력을 표현한다. 초승달과 별은 이슬람 문화에서 매우 중요한 상징이다. 또한 일부 국가에서는 국기에 아랍어가 써져 있기도 하다. 제시된 국기는 왼쪽 위부터 알제리, 튀르키예, 파키스탄, 리비아이다.

예시 답안 네 국가의 국기는 모두 초승달과 별이 들어간 모양으로 이슬람교의 영향을 받은 것이다. 네 국가의 문화적 공통점은 모두 이슬람교 신자의 비율이 매우 높으며, 둥근 지붕과 첨탑이 있는 모스크를 쉽게 볼 수 있고, 문화권은 건조 문화권에 해당한다는 것이다.

평가 기준	
상	문화적 공통점 세 가지를 모두 정확하게 서술한 경우
중	문화적 공통점 두 가지만을 정확하게 서술한 경우
하	문화적 공통점 한 가지만을 정확하게 서술한 경우

03
불교와 힌두교의 분포 지역 이해

정답 찾기 불교는 사찰과 불상, 탑 등의 종교적 경관을 볼 수 있으며, 살생을 금하는 교리가 있어 대부분의 승려들은 육식을 하지 않는다. 힌두교는 대표적인 다신교로, 사원에는 수많은 신들의 모습이 조각되어 있다. 갠지스강에서 몸을 씻거나 죽은 사람을 화장하여 뿌리는 등의 종교 의식을 행한다. 일반적으로 소를 신성하게 여기며, 쇠고기를 먹지 않는다. 지도는 세계의 종교 분포를 나타낸 것으로, A는 유럽과 아메리카 지역에 분포하는 크리스트교, B는 북부 아프리카와 서남아시아 지역에서 주로 분포하는 이슬람교, C는 한국과 중국 등 동아시아에 분포하는 불교, D는 인도의 힌두교이다. 따라서 (가)는 C, (나)는 D이다.

04
세계의 다양한 문화권 이해

(정답 찾기) 문화권은 일반적으로 기후, 지형 등의 자연환경과 종교, 산업 등의 인문환경을 종합적으로 고려하여 구분한다. 세계의 문화권은 크게 동양 문화권, 유럽 문화권, 건조 문화권, 아프리카 문화권, 아메리카 문화권, 오세아니아 문화권, 북극 문화권 등으로 구분할 수 있다. 또한 같은 문화권에 속하더라도 다른 문화적 특징에 따라 세부적으로 구분할 수도 있는데, 유럽은 북서 유럽, 남부 유럽, 동부 유럽 문화권으로 구분하고, 동양 문화권은 동아시아 문화권, 동남아시아 문화권, 남부 아시아 문화권으로 구분한다. 오세아니아 문화권에는 오스트레일리아의 애버리지니, 뉴질랜드의 마오리족 등 원주민 문화가 있다.

④ 아메리카 문화권은 문화적으로 미국과 캐나다 등은 앵글로 아메리카 문화권, 그 이외 대부분 지역은 라틴 아메리카 문화권으로 구분한다. 북아메리카, 남아메리카는 지리적 위치에 따른 지역 구분이다.

05
문화 변동의 요인 이해

(정답 찾기) ㄱ. A국에서는 자국의 전통문화 요소에서 착안한 발명에 의한 문화 변동이 나타났다.
ㄷ. B국에서는 A국 의복 문화와 B국 의복 문화가 함께 공존하는 문화 병존이 나타났다.

(오답 피하기) ㄴ. B국에서는 간접 전파에 의한 문화 변동이 나타났다.
ㄹ. A국에서는 내재적 요인에 의한 문화 변동이, B국에서는 외재적 요인에 의한 문화 변동이 나타났다.

06
문화 변동의 양상 이해

(정답 찾기) C는 제3의 문화 요소가 만들어지는 문화 융합이므로 A, B는 각각 문화 병존, 문화 동화 중 하나이다.
⑤ 자국을 식민 지배한 나라의 언어와 자국의 전통 언어를 함께 공용어로 사용하는 것은 문화 병존이고, 전통문화가 외래 문화로 대체되는 것은 문화 동화이므로 해당 질문은 (가)에 들어갈 수 있다.

(오답 피하기) ① 문화 병존, 문화 동화 모두 외재적 요인에 의해 나타난다.
② 문화 융합은 자문화 정체성이 상실되지 않는다.
③ '서구 의학과 한의학이 공존하는 것'은 문화 병존의 사례이다.

④ 전통문화 요소와 외래문화 요소가 나란히 공존하는 것은 문화 병존이다. 따라서 A가 문화 병존이다.

07
문화 변동의 양상 이해

(정답 찾기) ③ A는 한 사회의 문화 정체성이 상실되는 것으로 문화 동화이고, C는 두 문화가 만나 새로운 문화가 형성되는 것으로 문화 융합이므로 B는 문화 병존이다.

(오답 피하기) ① 문화 동화는 문화의 다양성 확대에 기여하지 못한다.
② 한글 창제는 발명의 사례이다.
④ 우리나라의 차이나타운을 설명하기에 적절한 것은 문화 병존이다.
⑤ 문화 동화, 문화 융합 모두 자발적 문화 접변을 통해서 나타날 수 있다.

08
전통문화의 창조적 계승 이해

(정답 찾기) ③ 자료에서는 각국의 전통문화가 올바르게 이해되고 다른 문화와 공존할 수 있어야 문화적 다양성과 창조적 발전이 나타날 수 있다고 보고 있다. 이는 전통문화의 가치를 창조적으로 계승할 필요성을 강조한다.

(오답 피하기) ① 제시문에서는 전통문화도 발전의 대상이 된다고 본다.
② 제시문에서는 각 사회의 전통문화의 가치가 올바르게 이해되어야 한다고 하였으므로 전통문화가 서구 문화의 가치보다 우월하다고 보는 것은 아니다.
④ 제시문에서는 전통문화를 창조적으로 계승하는 것이 필요하다고 본다.
⑤ 제시문에서는 각 사회의 전통문화의 가치가 올바르게 이해되어야 한다고 하였으므로 우리의 전통문화가 다른 사회의 전통문화보다 더 중요하다고 보는 것은 아니다.

09
보편 윤리와 문화 성찰 이해

(정답 찾기) (가)는 보편 윤리의 관점에서 문화를 바라보아야 한다는 입장이며, (나)는 일부 이슬람 사회의 관습인 명예 살인에 대한 서술이다.
ㄷ. 명예 살인은 인류의 보편적 가치인 인간의 존엄성을 훼손하는 관습이다.
ㄹ. 명예 살인은 누구나 존중해야 하는 보편 윤리를 훼손하는 관습이다.

(오답 피하기) ㄱ. 보편 윤리의 관점에서 명예 살인이 이슬람 전통을 훼손하는 관습이라고 보기 어렵다.
ㄴ. 보편 윤리의 관점에서 명예 살인이 문화의 다양성을 훼손하는 관습이라고 보기 어렵다.

10
다양한 종교의 황금률에 대한 이해

정답 찾기 제시문은 다양한 종교들에서 제시하고 있는 황금률에 대한 내용이다.

① 다양한 종교의 황금률이 공통적으로 강조하고 있는 내용은 타인에 대한 존중과 배려의 정신을 중시한다는 점이다.

오답 피하기 ② 다양한 종교의 황금률은 인간에 대한 배려를 중시한다.
③ 다양한 종교의 황금률은 특정 종교만을 중시해야 한다고 강조하지 않는다.
④ 다양한 종교의 황금률은 자문화 중심주의를 주장하지 않는다.
⑤ 다양한 종교의 황금률은 종교 간의 교리를 하나로 통일해야 한다고 보지 않는다.

11
다문화 사회의 갈등 해결 방안 이해

정답 찾기 제시문은 우리나라에서 시행되고 있는 다문화 교육에 대한 내용이다.

ㄱ. 다문화 교육은 다문화 학생들이 한국 사회에 적응할 수 있도록 돕는다.
ㄷ. 다문화 교육은 다문화 학생들에게 다양한 문화를 존중하는 태도를 함양하도록 한다.

오답 피하기 ㄴ. 다문화 학생들에게 한국의 주류 문화에만 동화되도록 하는 것은 다문화 교육을 통해 얻고자 하는 효과가 아니다.
ㄹ. 다문화 학생들에게 한국인으로서의 정체성만을 가지게 하는 것은 다문화 교육을 통해 얻고자 하는 효과가 아니다.

12
다문화 정책에 대한 이해

정답 찾기 제시문의 총리는 다문화 정책 중에 동화주의를 주장하고 있다.

② 동화주의는 이민자들의 문화를 주류 문화에 동화시키는 것이 목적이기 때문에 이민자들의 고유한 문화와 전통을 존중하지 않는다.

오답 피하기 ① 동화주의는 다양한 문화 간의 조화가 아니라 주류 문화로의 통합을 강조한다.
③ 동화주의는 다양한 이민자 문화의 주류 문화로의 편입을 강조한다.
④ 동화주의는 주류 문화와 이민자 문화 간에 서열이 존재함을 강조한다.
⑤ 동화주의는 이민자들이 주류 문화에 편입될 수 있는 제도나 정책이 필요함을 강조한다.

본문 114~115쪽

수능 유형 문제

01 ④　　02 ③　　03 ④　　04 ④　　05 ①
06 ⑤　　07 ⑤　　08 ③

01
건조 문화권, 아프리카 문화권, 유럽 문화권의 특징 이해

정답 찾기 세계의 다양한 문화권과 관련된 다큐멘터리 촬영 장면으로 세 문화권과 관련되어 있다. 첫 번째 촬영지는 이슬람교의 성지인 메카로 건조 문화권과 관련 있다. 메카는 사우디아라비아에 위치해 있다. 두 번째 촬영지는 마사이족의 거주지로 마사이족은 현재 케냐와 탄자니아의 초원 지대에 사는 전통 부족이다. 세 번째 촬영지는 산업 혁명 시기 발명된 방적기가 있는 박물관으로 산업 혁명이 시작된 지역은 영국의 런던이다. 지도에 제시된 A는 영국의 런던, B는 이탈리아의 로마, C는 이집트의 카이로, D는 사우디아라비아의 메카, E는 케냐의 나이로비이다. 따라서 순서는 D → E → A 순이다.

02
건조 문화권의 특징 이해

정답 찾기 자료는 건조 문화권인 이란의 한 도시에 있는 전통 가옥과 건조 문화권의 특징에 대한 것이다. 건조 문화권 지역의 전통 가옥의 주요 재료는 흙이며, 지붕은 평평하다. 뜨거운 햇볕을 막기 위해 벽이 두꺼우며, 창문은 작은 편이다. 특히 이란의 전통 시설인 바드기르는 건물 안의 더운 공기를 빼내는 건물 냉각 시설이다.

오답 피하기 ㄱ. 이란은 건조 문화권에 있는 국가로 이슬람교를 주로 믿는다.
ㄹ. 건조 문화권에서 행해지는 관개 농업과 오아시스 농업을 통해서는 밀이나 대추야자 등을 재배한다. 곡물 재배와 가축 사육을 함께하는 농업 방식은 북서 유럽 지역의 혼합 농업이다.

03
문화 변동의 요인 이해

정답 찾기 A, B는 문화 변동의 내재적 요인이므로 각각 발견, 발명 중 하나이고, C, D는 문화 변동의 외재적 요인이므로 각각 직접 전파, 자극 전파 중 하나이다. A는 내재적 요인이면서 새로운 문화 요소가 창조되었으므로 발명이고, C는 외재적 요인이면서 새로운 문화 요소가 창조되었으므로 자극 전파이다. 따라서 B는 발견, D는 직접 전파이다.

④ 자극 전파와 직접 전파는 모두 다른 사회와의 접촉을 통한 문화 변동 요인이다.

오답 피하기 ① 발견, 발명 모두 한 사회 내에서의 변동 요인이다.
② 자극 전파는 새로운 문화 요소의 등장 요인이다.
③ 매체에 의한 문화 변동 요인은 간접 전파이다.
⑤ 접촉한 외래문화 요소에 자극을 받아 새로운 문화 요소가 창조된 것은 자극 전파이다

04
문화 변동의 양상 이해

정답 찾기 우리나라의 온돌과 서구의 침대가 결합된 돌침대는 문화 융합의 사례이고, 이웃 나라의 특정 음식이 교역을 통해 들어와 자국민이 즐겨 먹는 음식 중 하나가 된 것은 문화 병존의 사례이다. 교사의 평가에서 갑과 을만 옳다고 했으므로 A는 문화 융합, B는 문화 병존, C는 문화 동화이다.
④ 문화 동화는 자문화 정체성이 상실된다는 비판을 받는다.

오답 피하기 ① 북아메리카 원주민의 문화가 이주한 유럽인의 문화로 대체된 것은 문화 동화의 사례이다. (가)에는 문화 동화에 해당하는 사례가 들어갈 수 없으므로 해당 내용은 (가)에 들어갈 수 없다.
② 각 사회의 문화가 나란히 존재하는 현상을 의미하는 것은 문화 병존이다.
③ 문화 병존은 외재적 요인에 의해 나타난다.
⑤ 새로운 문화 요소가 만들어지는 현상은 문화 병존이 아닌 문화 융합이다.

05
문화 상대주의의 한계에 대한 이해

정답 찾기 그림의 강연자는 문화 상대주의의 한계와 보편 윤리의 필요성을 강조하고 있다.
첫 번째 입장. 강연자는 문화 상대주의를 남용해서는 안 되며, 보편 윤리를 바탕으로 문화를 바라보아야 한다고 본다.
세 번째 입장. 강연자는 문화 상대주의가 관용의 도구가 될 수 있다고 보기 때문에 다양한 문화들의 정체성을 인정하고 존중해야 한다고 본다.

오답 피하기 두 번째 입장. 강연자는 다양한 문화를 서열화해야 한다고 보지 않는다.
네 번째 입장. 강연자는 다양한 문화를 하나의 문화로 통합해야 한다고 보지 않는다.

06
보편 윤리에 대한 이해

정답 찾기 제시문은 다양한 사회의 문화를 기본적으로 존중해야 하지만, 모든 문화가 존중되어야 하는 것은 아니며, 모든 사회에 보편적 도덕률이 존재한다고 본다.
ㄱ. 제시문의 입장에서 긍정의 대답을 할 질문이다. 제시문은 보편적 도덕률이 사회 유지를 위해 필요하다고 본다.
ㄷ. 제시문의 입장에서 긍정의 대답을 할 질문이다. 제시문은 다양한 사회의 문화를 기본적으로 존중해야 한다고 본다.
ㄹ. 제시문의 입장에서 긍정의 대답을 할 질문이다. 제시문은 보편적 도덕률을 바탕으로 문화를 바라보는 것이 필요하다고 본다.

오답 피하기 ㄴ. 제시문의 입장에서 부정의 대답을 할 질문이다. 제시문은 보편적 도덕률이 모든 사회에서 보편적으로 적용된다고 본다.

07
동화주의와 다문화주의 비교

정답 찾기 (가)는 동화주의, (나)는 다문화주의이다.
⑤ (가)의 입장에 비해 (나)의 입장은 '다양한 문화의 공존을 강조하는 정도(X)'와 '이주민의 문화적 정체성 존중을 강조하는 정도(Y)'는 높고 '다양한 문화 간의 서열이 있음을 강조하는 정도(Z)'는 낮다. 따라서 ⓜ이 적절한 위치이다.

08
다문화 정책에 대한 이해

정답 찾기 갑은 동화주의, 을은 다문화주의의 입장이다.
ㄴ. 동화주의는 긍정, 다문화주의는 부정의 대답을 할 질문이다. 동화주의는 이민자 문화는 주류 문화에 흡수되어야 한다고 보며, 다문화주의는 이민자 문화와 주류 문화를 동등하게 존중해야 한다고 본다.
ㄹ. 다문화주의가 긍정의 대답을 할 질문이다. 다문화주의는 다양한 문화를 동등하게 바라보아야 한다고 본다.

오답 피하기 ㄱ. 동화주의는 긍정, 다문화주의는 부정의 대답을 할 질문이다. 동화주의는 주류 문화와 이민자 문화 간에 서열이 있다고 본다. 다문화주의는 주류 문화와 이민자 문화 간에 서열이 있다고 보지 않는다.
ㄷ. 동화주의가 부정의 대답을 할 질문이다. 동화주의는 이민자 문화를 주류 문화에 흡수시켜야 한다고 보기 때문에 모든 문화를 인정해야 한다고 보지 않는다.

V 생활공간과 사회

01 산업화와 도시화에 따른 변화

개념 체크 문제

본문 119쪽

❶ × ❷ ○ ❸ × ❹ 울산 ❺ 외곽 지역 ❻ 부도심
❼ 고층 건물 ❽ 인천 ❾ 경기도 ❿ 접근성 ⓫ ㄷ ⓬ ㄴ
⓭ ㄱ

본문 121쪽

❶ ○ ❷ × ❸ ○ ❹ ○ ❺ 빨라, 높아 ❻ 넓어, 많다
❼ 도시 재생 ❽ 열섬 현상 ❾ 낮아 ❿ 높다 ⓫ ㄴ ⓬ ㄱ

기본 문제

본문 122~123쪽

01 ⑤	02 ①	03 ②	04 ①	05 ②
06 ②	07 ⑤	08 ④		

01

우리나라 산업 구조 변화 파악

정답 찾기 취업자 수를 기준으로 한 우리나라의 산업 구조는 1차 산업은 지속해서 감소하고 2차 산업은 증가하다가 감소하며, 3차 산업은 지속해서 증가한다.

취업자 수 비율 (가)는 지속해서 증가하고 2022년에 가장 높으므로 3차 산업, (나)는 증가하다가 감소하므로 2차 산업, (다)는 지속해서 감소하므로 1차 산업이다.

02

우리나라의 산업화·도시화에 따른 토지 이용 변화 파악

정답 찾기 우리나라는 산업화·도시화 과정에서 임야와 경지(논밭)의 면적은 줄어들고 대지와 도로의 면적은 늘어났다. 따라서 (가), (나) 중에서 임야와 논밭의 면적이 넓고 대지와 도로의 면적이 좁은 (나)는 1970년, 나머지 (가)는 2022년이다.

① 2022년(가)은 1970년(나)보다 토지 이용의 집약도가 높다.

오답 피하기 ② 2022년(가)은 1970년(나)보다 촌락에 거주하는 인구 비율이 낮다.

③ 1970년(나)은 2022년(가)보다 불투수 면적이 좁다.

④ 1970년(나)은 2022년(가)보다 아파트, 연립 주택 등 공동 주택 거주 인구가 적다.

⑤ (가)는 2022년, (나)는 1970년이다.

03

산업화·도시화에 따른 도시의 변화 이해

정답 찾기 ㉠은 지역 간 지대와 지가의 차이가 나타나는 원인이므로 접근성이다.

② 지역 분화 현상(㉣)은 접근성의 차이에 따른 지대와 지가의 차이가 뚜렷하게 나타나고 다양한 기능이 입지하고 있는 대도시가 소도시에서보다 뚜렷하게 나타난다.

오답 피하기 ① 접근성(㉠)은 도심이 주변 지역보다 높다.

③ 인구와 산업 시설이 주변 지역으로 이동하는 현상(㉥)을 교외화라고 한다.

④ 대도시권(㉤)은 대체로 대도시로 통근하는 범위이므로 교통이 발달하면 거리 극복에 드는 시간과 비용이 감소하여 그 범위가 확대된다.

⑤ 입지에서 접근성의 영향을 크게 받는 상업 및 업무 기능(㉢)은 주거 기능(㉡)보다 도심에 입지하는 경향이 뚜렷하다. 상업 및 업무 기능은 접근성이 좋은 곳에 입지하는 것이 유리하다.

04

산업화·도시화에 따른 생활양식의 변화 이해

정답 찾기 ㉠에는 산업화와 도시화로 변화된 생활양식에 해당하는 내용이 들어가야 한다.

① 산업화·도시화로 공동체보다 개인을 중시하는 경향이 강해졌다.

오답 피하기 ② 공동 주택 거주 인구 비율 상승, ③ 직업이 분화되면서 직업의 종류가 다양해지는 것, ④ 여가 시설 및 문화 시설의 이용자 수가 많아지는 것, ⑤ 인간관계에서 2차적 인간관계의 중요성이 커지는 것은 모두 산업화·도시화에 따른 생활양식의 변화에 해당한다.

05

지역 간 성장 격차를 해결하기 위한 정부의 노력 이해

정답 찾기 혁신 도시는 수도권에 위치하던 공공 기관을 비수도권으로 이전하여 비수도권 지역을 발전시켜 지역 간 격차를 완화하려는 목적 등을 위해 추진되었다. 제5차 국토 종합 계획(2020~2040년)은 어디서나 살기 좋은 균형 국토를 지향한다. 따라서 두 정책 시행에 따른 공통적 기대 효과로 가장 적절한 것은 ② 지역 간 성장 격차 완화이다.

오답 피하기 ① 노후한 주거 환경 개선은 도시 재생 정책 시행과 관련이 깊다.
③ 도시와 촌락 간 소득 격차 해소, ④ 대도시의 대기 오염 물질 배출량 감축, ⑤ 촌락의 노동력 부족과 기반 시설 문제 완화는 제5차 국토 종합 계획(2020~2040년)과는 다소 관련이 있지만 혁신 도시 정책과는 관련이 적다.

06
도시화가 도시 내를 흐르는 하천 수위 변화에 미치는 영향 이해

정답 찾기 도시 내를 흐르는 하천은 도시화에 따라 녹지 면적이 감소하고 콘크리트, 아스팔트 포장 등으로 인한 불투수 면적이 증가하면서 최고 수위에 도달하는 시간이 빨라지고 최고 수위도 높아진다. 하천의 최고 수위가 높고, 하천의 최고 수위에 도달하는 시간이 이른 (가)는 도시화 이후 하천 수위 변화, 따라서 나머지 (나)는 도시화 이전 하천 수위 변화이다.
② 도시화 이후(가)는 도시화 이전(나)보다 하천의 유역 면적 내 불투수 면적 비율이 높다. 이로 인해 강수 시에 빗물이 토양층을 통해 지하로 스며드는 양이 감소하고 지표 유출량이 증가하여 하천 유량이 빠르게 증가한다.

오답 피하기 ① 도시화 이후(가)는 도시화 이전(나)보다 하천의 최대 유량 도달 시간이 빠르다. 하천의 최대 유량은 하천 수위가 가장 높을 때의 하천 유량이다
③ 상대적으로 강수 시 토양 흡수량이 많은 도시화 이전(나)은 강수 시 지표 유출량이 많은 도시화 이후(가)보다 하천의 최고 수위와 최저 수위의 차가 작다.
④ 도시화 이전(나)은 도시화 이후(가)보다 불투수 면적이 좁기 때문에 강수 시 지표를 통해 하천으로 흘러드는 물의 양이 적다.
⑤ (가)는 도시화 이후, (나)는 도시화 이전의 하천 수위 변화를 나타낸 것이다.

07
산업화 전후의 생활양식 차이 이해

정답 찾기 (가)는 1960년, (나)는 2023년이다. ㄷ. 촌락 거주 인구 비율이 높고 산업화 수준이 낮은 1960년(가)에 비해 도시화·산업화 수준이 높은 2023년(나)은 하루 중 평균적으로 만나는 사람의 수가 많다.
ㄹ. 취업자의 거주지와 직장 간의 평균 이동 거리가 멀다.

오답 피하기 1960년(가)에 비해 2023년(나)은 ㄱ. 산업화·도시화로 핵가족화가 진행되고 1인 가구가 증가하여 가구당 구성원 수가 적고, ㄴ. 주민들의 직업이 이질적이다.

08
지역(대륙)별 도시화 특성 이해

정답 찾기 산업화 수준이 높은 국가는 대체로 도시화율도 높다. 세계 여러 지역(대륙)은 산업화 시기와 수준에 차이가 있는데, 이로 인해 도시화율의 변화도 차이가 나타난다. 세계 평균에 비해 선진국이 많이 분포하는 유럽과 앵글로아메리카는 도시화율이 높고, 개발 도상국이 많이 분포하는 아시아와 아프리카는 도시화율이 낮다. 따라서 (가)~(다) 중에서 도시화율이 가운데 위치한 것이 세계 평균(나)이고 이보다 높은 지역(대륙)인 (가)는 앵글로아메리카, 이보다 낮은 지역(대륙)인 (다)는 아프리카이다.

서술형 문제

본문 124쪽

Step1 핵심 키워드 파악하기

01
도시화에 따른 거주 공간 변화 특성 이해

예시 답안 (1) (촌락)에서 (도시)(으)로의 인구 이동이 활발하다.
(2) 좁은 지역에 많은 인구가 (집중)하면서 인구 밀도가 높아졌고, 많은 인구를 수용하기 위해 아파트, 연립 주택 등 (공동 주택)이/가 (증가)하였다.

02
도시 성장에 따른 도시 내부 지역 분화 특성 이해

예시 답안 도시가 성장하면서 도시 내부는 접근성의 차이에 따라 지역마다 서로 다른 기능이 입지하면서 상업 지역, 주거 지역, 공업 지역 등으로 분화된다. (접근성)이/가 높은 (도심)은/는 지대 및 지가가 높아서 주거 기능이나 공업 기능에 비해 (상업) 기능이 집중한다. 또한 도심은 높은 지가의 지대 부담을 줄이고 공간을 효율적으로 사용하기 위해 (고층 건물)이/가 밀집하게 된다. 따라서 (주거) 기능은 도심보다는 외곽 지역에 입지하게 된다.

Step2 스스로 답안 작성하기

03
도시화가 도시를 흐르는 하천의 유량과 수위에 미치는 영향 이해

문제 접근 도시화가 진행되면 도시 내 녹지 면적이 감소하고

포장 면적이 증가한다. 이는 하천 수위에도 영향을 미치는데 지표면이 포장된 곳은 강수 시 빗물이 지하로 스며들기 어려워 하천으로 빠르게 흘러들기 때문이다.

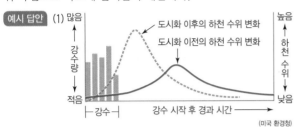

예시 답안 (1) 많음

(미국 환경청)

(2) 기온 측면에서 녹지 면적이 감소하고 불투수 면적이 증가하게 되면 주변 지역에 비해 기온이 높아져 열섬 현상이 강화될 수 있고, 홍수 측면에서 강수 시에 하천 최고 수위가 높아지므로 홍수 위험이 증가하게 된다.

평가 기준	
상	그래프에 최고 수위와 최고 수위 도달 시간의 경향을 정확하게 표현하고, 문제점을 기온과 홍수 측면에서 모두 정확히 서술한 경우
중	그래프에 최고 수위와 최고 수위 도달 시간의 경향을 정확하게 표현하고, 문제점을 기온과 홍수 측면에서 서술하였으나 내용이 다소 미흡한 경우
하	그래프에 최고 수위와 최고 수위 도달 시간의 경향만을 표현한 경우, 또는 문제점을 기온과 홍수 측면에서 서술하였으나 내용이 다소 미흡한 경우

04
산업화·도시화에 따른 생활양식 변화 특성 파악

문제 접근 산업화·도시화 과정에서 새로운 산업 발달, 많은 인구가 좁은 지역에 거주하는 도시의 성장 등으로 새로운 직업들이 나타나고, 촌락과는 다른 가치관이 뚜렷해진다.

예시 답안 (1) 산업화 과정에서 분업화가 활발하게 진행되었고 이로 인해 직업이 세분되고 전문화되었다. 한편 도시에 많은 인구가 집중하면서 이들을 대상으로 한 서비스업도 전문화되어 서비스 직업 또한 세분화, 전문화되었다. 이러한 결과 직업 분화가 활발했고 그 결과 직업의 다양성이 커졌다.
(2) 산업화·도시화 과정에서 가족 구성원의 직업이 다양해져 대가족이 한 곳에 모여 살기 어려워지면서 주된 가족의 형태가 핵가족과 1인 가구로 변화하게 되었다. 또한 같은 지역에 거주하더라도 소득 수준과 직업에 차이가 커서 주민 간의 이질성이 증대되었다. 이러한 변화로 사회 전체적으로 공동체보다 개인의 가치와 성취를 중시하는 개인주의 가치관이 확산되었다.

평가 기준	
상	생활양식의 변화를 직업 분화 측면과 가치관 측면에서 명확하게 서술한 경우
중	생활양식의 변화를 직업 분화 측면과 가치관 측면에서 서술하였으나 내용이 다소 미흡한 경우
하	생활양식의 변화를 직업 분화 측면과 가치관 측면 중 하나만을 서술한 경우

본문 125쪽

1등급 도전 문제

01 ④   02 ②   03 ④   04 ⑤

01
도시화·산업화의 주요 개념 이해

정답 찾기 퀴즈에서 (1) 산업의 중심이 1차 산업에서 2·3차 산업으로 변화하는 과정에 해당하는 글자는 산업화, (2) 특정한 목적 의식을 가지고 모인 수단적이고 간접적인 인간관계에 해당하는 글자는 2차적 인간관계, (3) 도심 지역의 기온이 주변 지역에 비해 높게 나타나는 현상에 해당하는 글자는 열섬 현상이다. 글자판에서 이에 해당하는 글자를 모두 지우고 나면 이촌 향도가 남는다. 이촌 향도란 ④ 산업화·도시화가 진행되면서 인구가 촌락을 떠나 도시로 이동하는 흐름을 말한다.

오답 피하기 ① 전체 인구 중에서 도시 인구 비율이 증가하고 도시적 생활양식이 확산하는 현상은 도시화이다.
② 도시에 거주하는 사람들이 가지는 특징적인 사고 및 행동 양식은 도시성이다.
③ 인간의 풍요로운 생활을 위해 만든 물질이 거꾸로 인간을 지배하는 현상은 인간 소외 현상이다.
⑤ 도로, 병원, 하수도 등 도시 주민들의 생활과 도시 기능을 유지하기 위한 필수 시설은 도시 기반 시설이다.

02
열섬 현상 이해

정답 찾기 자료의 ㉠, ㉡은 도심의 기온이 주변 산지나 강변보다 높음을 서술한 것으로 열섬 현상을 의미한다. 열섬 현상은 도심이 주변 지역보다 기온이 높은 현상으로, 이의 주요 원인은 인공 열의 발생량이 많고 고층 건물이 많아 바람이 잘 통하지 않으며 먼지 등 대기 오염 물질이 많아 온실 효과를 발생하는 것 등이다.

② 녹지 공간의 면적을 확대하는 것은 기온을 낮추는 효과가 있으므로 열섬 현상의 원인이 아니다.

오답 피하기 ① 여름철에는 냉방, 겨울철에는 난방을 위한 에너지 사용량이 많은 것. ③ 도시 성장으로 도심을 통행하는 자동차의 수가 많아지는 것은 모두 인공 열의 발생량을 증가시키는 요인으로 열섬 현상의 원인이 된다.

④ 도심에서 토지 이용의 효율성을 높이기 위해 고층 건물을 건설하는 것은 도심 내 바람길을 막고 지구 복사 에너지 방출을 막을 수 있으므로 열섬 현상을 심화시키는 요인이다.

⑤ 서울 시내 한강의 지류 하천 위를 콘크리트로 덮고 도로를 건설하는 것은 기온을 높이게 되므로 열섬 현상의 원인에 해당한다.

03
도시 내부의 지역별 특성 이해

정답 찾기 (가)는 주거 지역, (나)는 서울 도심의 상업 및 업무 지역이다. ④ 상업 및 업무 지역(나)은 주거 지역(가)보다 거주 인구당 일자리 수가 많다.

오답 피하기 ① (가)에는 주로 주거 기능이 입지하였고, ② (나)에는 주로 상업 및 업무 기능이 입지하였다.

③ 서울의 외곽 지역에 위치한 주거 지역인 (가)는 서울의 중심부에 위치한 상업 및 업무 지역인 (나)에 비해 접근성이 낮다.

⑤ 서울의 도심이 위치하고 상업 및 업무 지역인 (나)는 외곽 지역에 위치하고 주거 지역인 (가)보다 야간 인구 대비 주간 인구가 많다.

04
지역(대륙)별 도시화 자료 분석

정답 찾기 ㄷ. 도시화율은 총인구에서 도시에 거주하는 인구 비율이므로 도시화율이 50% 미만이면 도시 인구보다 촌락 인구가 많다는 의미이다. 1950년에 라틴 아메리카, 아시아, 아프리카 모두 도시화율이 50% 미만이므로 촌락 인구가 도시 인구보다 많았다.

ㄹ. 1950~2022년의 도시화율 상승 폭이 가장 큰 지역(대륙)은 라틴 아메리카이다.

오답 피하기 ㄱ. 그래프에 표현된 1950~2022년의 유럽과 앵글로아메리카의 도시화율을 비교하면 모든 시기에 유럽이 앵글로아메리카보다 도시화율이 낮다.

ㄴ. 그래프 상에서 오세아니아의 도시화율은 1950~1982년에는 상승하였으나 1982~2022년에는 낮아진 것으로 나타나 있다.

개념 체크 문제

본문 127쪽

❶ ○ ❷ ○ ❸ ○ ❹ × ❺ ○ ❻ ○ ❼ 증가 ❽ 길어 ❾ 증가 ❿ 높아 ⓫ 교외화 ⓬ 전자 ⓭ 재택근무 ⓮ 사물 인터넷

본문 129쪽

❶ ○ ❷ × ❸ × ❹ × ❺ ○ ❻ 늦었다 ❼ 감소, 늘어나는 ❽ 고령층 ❾ 빨라 ❿ 빨대 ⓫ 정보 격차 ⓬ 증가 ⓭ 디지털

기본 문제

본문 130~131쪽

01 ② 02 ④ 03 ⑤ 04 ④ 05 ①
06 ③ 07 ③ 08 ⑤

01
디지털 정보 격차 실태 그래프 분석

정답 찾기 ㄱ. 역량 수준이 가장 높은 계층인 저소득층은 활용 수준도 높다.

ㄷ. 계층 간 디지털 정보 격차의 접근 수준, 역량 수준, 활용 수준 중에서 계층 간 차이가 가장 큰 것은 역량 수준, 가장 작은 것은 접근 수준이다.

오답 피하기 ㄴ. 고령층은 농어민보다 디지털 접근·역량·활용 수준 모두 낮다.

ㄹ. 저소득층은 접근·역량·활용 수준 모두 일반 국민 수준과의 차이가 가장 작다.

02
정보 통신 기술 발달 영향 이해

정답 찾기 ㄹ 전자 상거래는 기존의 오프라인 매장을 이용한 상품 구매보다 생산자와 소비자의 직거래에 유리하므로 상품의 유통 단계가 단순해진다.

오답 피하기 인터넷 쇼핑 거래액이 증가하는 과정에서 ㉠ 전자 상거래가 발달하였고, ㉡ 무점포 상점이 증가하였다. 또한 ㉢ 전자 상거래를

통해 구매한 상품이 택배를 통해 배달되면서 택배업이 발달하였다. ⓜ 전자 상거래를 통한 제품의 구매는 제품 구매를 위해 공간을 이동하지 않으므로 상품 구매를 위한 공간적 제약이 기존의 오프라인 매장을 이용하던 것에 비해 적다.

03
교통 및 과학기술의 발달 영향 이해
(정답 찾기) (가)에서 전통적인 일자리 감소, 새로운 일자리 증가 내용을 통해 노동 시장의 양극화를 파악할 수 있다.
(나) 교통로 건설로 교통 조건이 불리한 지역에서 인구와 기능이 빠져나간다는 내용을 통해 지역 격차가 심화하는 문제를 파악할 수 있다.
(오답 피하기) 생태계 교란은 (가), (나) 사례와 관계가 적다.

04
교통 발달과 대도시권 형성 이해
(정답 찾기) ㉠에 들어갈 용어는 대도시의 기능과 영향력이 주변 지역으로 확대하면서 형성되었다는 내용을 통해 대도시권임을 알 수 있다. ㄱ. 교통이 발달하면 거리 이동에 드는 시간이 감소하므로 대도시권의 범위는 확대될 수 있다.
ㄴ. 대도시권은 대도시로 통근·통학하는 것과 같이 대도시를 중심으로 일상생활이 이루어지는 범위이다.
ㄷ. 대도시권은 중심 대도시와 그 영향을 받는 주변 지역으로 구성된다.
(오답 피하기) ㄹ. 대도시권에서는 외곽 지역에서 중심 도시로 통근하는 비율이 높은 편이지만 모든 취업자가 중심 대도시로 통근하는 것은 아니다.

05
4차 산업 혁명 특징 이해
(정답 찾기) ① 2차 사업 혁명은 섬유 제조업과 제철 공업, 철도, 석탄, 증기 기관에 의존하던 1차 산업 혁명과 달리, 중화학 공업, 석유와 전기, 내연 기관 등 다양한 분야에서 공학과 산업의 과학화를 통한 대량 생산으로 변화가 일어났다. 석유와 전기 사용에 따른 비약적인 산업 발전은 2차 산업 혁명과 관련이 깊다.
(오답 피하기) ② 인간의 언어를 알아듣고 사람처럼 지각하고 판단하는 인공지능, ③ 사람이 운전하지 않아도 자율적으로 주행하는 자율 주행 자동차, ④ 방대한 양의 데이터(big data)를 관리하고 분석해서 유용한 정보로 사용하는 기술, ⑤ 사람, 사물, 공간 등이 인터넷으로 연결되어

정보가 생성·수립·공유되는 초연결망은 모두 4차 산업 혁명과 관계가 깊다.

06
교통·통신 및 과학기술의 발달에 따른 문제점 해결을 위한 정부의 노력 이해
(정답 찾기) (가)의 낙후된 지역에 대한 투자, 상대적으로 발전 수준이 높은 수도권에 있던 공공기관을 발전 수준이 낮은 비수도권으로 이전하는 정책을 시행하는 것은 지역 격차 확대 문제를 해결하기 위한 방안이다.
(나)는 생태 교란종의 국내 유입을 줄이려는 노력이다. 이는 외래생물에 의한 생태환경 파괴 문제를 예방하기 위한 것이다.
(오답 피하기) 노동 시장의 양극화는 (가), (나)의 내용과 관련이 적다.

07
교통 발달 영향 파악
(정답 찾기) 서울과 춘천을 오가는 열차인 ITX 청춘의 개통은 사람들이 두 지역 간을 오가는 시간을 감소시켰다.
ㄴ. 춘천 대학가에서 자취생이 감소하여 상가의 소비자 확보가 어려워진 것은 빨대 효과가 나타난 영향이 크다.
ㄷ. 서울과 춘천을 오가는 ITX 청춘의 개통으로 춘천 지역의 자취생이 감소하고 서울에서 춘천으로 통학하는 대학생 수가 증가하였다.
(오답 피하기) ㄱ. 서울과 춘천을 오가는 시간이 줄어들었으므로 춘천을 찾는 서울 주민의 수가 증가하게 된다.
ㄹ. 서울과 춘천을 오가는 열차인 ITX 청춘의 개통으로 버스 승객의 일부가 철도를 이용하게 되므로 서울—춘천 간의 철도 이용객 수 대비 버스 이용객 수의 비율은 낮아지게 된다.

08
4차 산업 혁명의 영향 이해
(정답 찾기) 글 자료는 4차 산업 혁명으로 인해 단순한 노동을 바탕으로 한 일자리가 감소할 것이고, 과학·수학·정보 통신 기술 분야 일자리는 증가할 것이라는 내용을 담고 있다. 이로 인해 발생할 수 있는 문제점으로 가장 적절한 것은 ⑤ 노동 시장의 양극화이다.
(오답 피하기) ① 전염병 확산, ② 생태환경 파괴, ③ 정보 격차 발생, ④ 지역 격차 확대는 제시된 자료의 노동 시장 양극화와 관련이 적다.

서술형 문제

Step1 핵심 키워드 파악하기

01
교통로 신설이 지역에 미치는 영향 이해

문제 접근 새로운 교통로 개설은 지역 간에 접근성의 차이를 가져오게 되고 이는 지역 성장에 영향을 미쳐 지역 격차 발생, 또는 확대로 이어질 수 있다.

예시 답안 강원특별자치도 관광객 수 변화: 강원특별자치도의 (접근성) 이/가 향상되었으므로 강원특별자치도를 방문하는 관광객 수는 (증가)하였을 것이다.

평창군 내의 지역 격차: 평창군의 고속 철도 정차역 부근은 관광객이 많아져 상권이 (성장)하지만 고속 철도 정차역과 먼 지역은 그러한 효과를 덜 누려 평창군 내 지역 격차가 (확대)되었을 것이다.

02
정보 격차 현황 분석

문제 접근 디지털 기기 및 정보의 소유와 접근성, 역량 측면에서 일반 국민과 정보 취약 계층 간 정보화 수준에 차이가 있다.

예시 답안 정보 취약 계층의 디지털 정보화 수준은 접근 부문과 역량 부문 모두 2012년에 비해 2022년에 (개선)되었는데, 일반 국민에 비해 역량 부문은 여전히 큰 차이를 나타낸다. 따라서 정보 격차 문제 해결을 위해서는 (정보 취약 계층)을/를 대상으로 한 정보화 (교육)을/를 통해 (역량)을/를 개선하여야 한다.

Step2 스스로 답안 작성하기

03
교통로 건설이 생태환경에 미치는 영향 이해

문제 접근 교통로가 건설되면 동식물의 서식지가 단절될 수 있다. 이러한 문제를 완화하기 생태 통로를 건설한다.

예시 답안 생태 통로이다. 생태 통로는 파편화된 서식지를 연결하여 생태계의 다양성을 높일 수 있고 야생 동물이 생태 통로로 이동할 수 있게 되어 로드킬을 줄일 수 있다.

평가 기준

상	글 자료에 나타난 문제점을 해결하기 위해 만든 시설의 이름을 명확히 쓰고, 기대 효과를 정확히 서술한 경우
중	글 자료에 나타난 문제점을 해결하기 위해 만든 시설의 이름을 명확히 쓰고, 기대 효과를 서술하였으나 내용이 다소 미흡한 경우
하	글 자료에 나타난 문제점을 해결하기 위해 만든 시설의 이름만을 쓴 경우

04
정보화와 4차 산업 혁명의 영향 이해

문제 접근 정보 사회에서는 디지털 기기 사용 증가 및 개인 정보가 디지털 기기에 저장되는 것과 관련된 다양한 문제가 발생하고 있다.

예시 답안 (1) 문제점: ㉠ 일상생활에 지장을 받을 정도로 스마트폰 등 디지털 기기에 지나치게 의존하여 인간관계가 악화하는 디지털 중독 문제, ㉡ 디지털 기기를 통해 개인의 사생활 정보가 유출되어 나타나는 사생활 침해 문제를 들 수 있다.
(2) 해결 방안: 정부 차원의 해결 방안으로는 디지털 중독 예방 및 치료를 위한 시설과 프로그램 만들기, 개인 정보 보호와 사생활 침해 방지를 위한 법률 정비, 각종 사이버 범죄 피해를 예방하기 위한 보안 프로그램 및 관련 법과 제도 정비 등이 있다. 개인적 차원의 해결 방안으로는 올바른 디지털 기기 사용 습관 갖기, 개인 정보 잘 관리하기, 가상 공간에서 정보 윤리 실천하기 등이 있다.

평가 기준

상	㉠, ㉡에 따른 문제점을 각각 하나씩 명확히 쓰고, 문제에 대한 해결 방안을 정부 차원과 개인 차원으로 나누어 정확히 서술한 경우
중	㉠, ㉡에 따른 문제점을 각각 하나씩 명확히 쓰고, 문제에 대한 해결 방안을 정부 차원과 개인 차원으로 나누어 서술하였으나 내용이 다소 미흡한 경우
하	㉠, ㉡ 중 하나만 쓴 경우

1등급 도전 문제

01 ⑤　　02 ④　　03 ①　　04 ⑤

01
교통·통신 및 과학기술 발달과 관련된 주요 개념 이해

정답 찾기 (1) 생활 속 사물들을 인터넷으로 연결하여 정보를 공유하는 환경을 사물 인터넷이라고 한다. (2) 도로나 댐 등의 건설로 인해서 야생 동물의 서식지가 단절되는 것을 막기 위해 야생 동물이 지날 수 있도록 인공적으로 만든 길을 생태 통로라고 한다. 글자판에서 사물 인터넷, 생태 통로 글자를 모두 지우고 남는 글자는 빨대 효과이다. 빨대 효과는 ⑤ 새로운 교통수단이 개통되면서 대도시가 주변 중소 도시의 인구나 상권을 흡수하는 현상을 말한다.

오답 피하기 ① 인공위성을 통하여 위치를 알 수 있는 시스템은 위성 위치 확인 시스템(GPS)이다.

② 인터넷을 이용하여 상품, 서비스 등을 사고파는 행위를 전자 상거래라고 한다.

③ 인터넷을 통해 국가의 의사결정과 집행에 국민이 직접 참여하는 민주주의를 전자 민주주의라고 한다.

④ 통행이 발생한 지역으로부터 특정 지역이나 시설로 접근할 수 있는 가능성을 접근성이라고 한다.

02
교통 발달 영향 이해

정답 찾기 ㄴ. 석탄을 연료로 하는 증기 기관을 활용한 증기 기관차와 증기선이 이용된 1850~1930년(나)은 마차와 범선이 이용된 1500~1840년(가)보다 대기 오염 물질의 배출량이 많다.

ㄹ. 제트 비행기가 이용된 1980년대(라)는 증기 기관차와 증기선이 이용된 1850~1930년(나)보다 지역 간 사람과 물자의 이동량이 많다.

오답 피하기 ㄱ. 마차와 범선이 이용된 1500~1840년(가)은 제트 비행기가 이용된 1980년대(라)보다 인간이 공간을 인식하는 범위가 좁다.

ㄷ. 프로펠러 비행기가 이용된 1950년대(다)는 이보다 속력이 빠른 제트 비행기가 이용된 1980년대(라)보다 대륙 간 이동에 드는 시간이 짧다.

03
정보 통신 기술 발달의 영향 이해

정답 찾기 (가), (나)는 정보 통신 기술 발달이 생활에 미친 영향에 대한 사례이다. ① 당일 조업된 수산물을 직거래하는 플랫폼(㉠)을 이용하면 구매자가 조업을 하는 어부로부터 직접 수산물을 구매할 수 있으므로 수산물의 유통 단계가 기존의 오프라인 매장을 이용하는 것에 비해 줄어들게 된다.

오답 피하기 ② 당일 조업된 수산물을 직거래하는 플랫폼(㉠)을 이용하면 생산자(어부)가 조업을 통해 생산한 수산물을 소비자에게 바로 배송하게 되므로 조업부터 소비자의 손에 이르기까지의 기간이 짧아져 소비자가 신선한 수산물을 구매할 수 있게 된다.

③ 드론과 위성 위치 확인 시스템(㉡)은 불법적인 삼림 벌채와 어업 활동 감시에 활용할 수 있다.

④ 드론과 위성 위치 확인 시스템(㉡)을 통해 인간이 접근하기 어려운 지역에서 생태 조사를 할 수 있다.

⑤ 당일 조업된 수산물을 직거래하는 플랫폼(가), 드론과 위성 위치 확인 시스템(나)은 모두 정보통신 기술 발달의 영향을 나타낸 사례이다.

04
교통 발달에 따른 생태환경 오염 문제 이해

정답 찾기 자료는 가시박을 사례로 하여 외래 식물의 유입으로 생태계에 피해가 나타난 것을 보여준다. ㄷ. 선박 평형수 처리 장치 설치를 의무화하면 선박 평형수에 의한 외래 생물종의 유입을 줄일 수 있다.

ㄹ. 생태 교란종의 국경 이동을 통제하고 조기에 발견하기 위해 노력하는 것은 외래 생물종에 의한 생태계 피해 방지에 도움이 된다.

오답 피하기 ㄱ. 도로 건설 시 다양한 형태의 생태 통로를 만드는 것은 동·식물의 서식지 확보에 도움이 되는 방안이고, ㄴ. 환경 오염 물질 배출을 규제하는 정책을 강화하는 것은 환경 오염 문제 완화를 위한 방안에 해당한다.

03 우리 지역의 공간 변화

개념 체크 문제

본문 135쪽

❶ × ❷ ○ ❸ ○ ❹ 실내 ❺ 유출 ❻ 짧게 ❼ 지역 ❽ 지역성 ❾ ㄷ, ㄹ ❿ ㄱ, ㄴ ⓫ ㉠ ⓬ ㉡

본문 137쪽

❶ ○ ❷ × ❸ × ❹ 단계 구분도 ❺ 설문 조사 ❻ 주제도 ❼ 실내 조사 ❽ 조사 보고서 ❾ ㄷ, ㄹ ❿ ㄱ, ㄴ ⓫ ㉡ ⓬ ㉠

기본 문제

본문 138~139쪽

| 01 ⑤ | 02 ⑤ | 03 ① | 04 ④ | 05 ① |
| 06 ⑤ | 07 ③ | 08 ④ | | |

01
지역 조사 과정의 이해

정답 찾기　지역 조사 과정 중 지역 정보의 분석 단계는 수집한 지역의 지리정보를 분석하고 정리하여 그래프, 주제도 등으로 표현한다.

오답 피하기　① 실내 조사 단계에서는 문헌, 통계 자료, 인터넷 검색 등이 이루어진다.
② 야외 조사 단계에서는 관찰, 실측, 면담, 설문 조사 등이 이루어진다.
③ 보고서 작성 단계에서는 수집된 지리정보를 분석 및 종합하여 결과물을 산출한다.
④ 조사 주제 선정은 지역 조사를 시작하기 전 조사 계획을 수립하는 단계에 해당한다.

02
지역 조사 방법의 비교

정답 찾기　주민들의 가치관은 면담, 설문 조사 등의 방법이 적합하며, 항공 사진과 위성 사진 등 원격 탐사를 통하여 파악하기 어렵다.

오답 피하기　① ㉠ 인간관계 조사에는 가치관 조사와 같이 면담, 설문 조사 등의 방법이 유용하다.
② ㉡ 지역의 산업 구조는 실내 조사를 통해 통계 자료를 획득하는 것이 유용하다.
③ ㉢ 지역의 생태환경은 실내 조사를 통해 자료를 수집할 수도 있지만, 직접 현장에 방문하여 자료를 수집하는 방법도 유용하다.
④ ㉣ 지역의 토지 이용 상태는 바로 야외 조사를 통해 정보를 수집하기에는 범위가 넓지만, 실내 조사를 통하여 획득한 정보를 직접 확인하는 측면에서 답사하는 것은 효과적이다.

03
지역 조사 순서의 이해

정답 찾기　지역 조사의 순서는 조사 계획 수립 → 실내 조사를 통한 지역 정보 수집 → 야외 조사를 통한 지역 정보 수집 → 수집한 지역 정보 분석 → 보고서 작성으로 이루어진다. (가)는 조사 계획 수립 단계, (나)는 실내 조사 단계, (다)는 야외 조사 단계, (라)는 지역 정보 분석 단계에 해당한다. 따라서 (가) → (나) → (다) → (라) 순서로 지역 조사가 이루어진다.

04
산업 구조 변화에 따른 지역의 공간 변화 이해

정답 찾기　그래프는 용인시의 1968년과 2020년의 산업별 종사자 비율을 비교하여 표현하고 있다. 용인시는 1968년 1차 산업의 비율이 62.1%인 작은 촌락이었으나, 2020년 현재 0.1%로 감소하고 99% 이상을 2·3차 산업이 차지하는 도시로 변화하였음을 알 수 있다. 따라서 1968년에 비해 2020년에 인구 밀도, 공장 용지 면적, 서비스업 생산액, 토지 이용의 집약도는 증가하였으며, 농업 종사자 비율은 감소하였다.

05
지역 조사 과정의 이해

정답 찾기　조사 주제 및 지역 선정 과정에서 조사 주제와 지역은 조사 목적에 부합하게 선정하여야 하며, 지역을 답사하기 이전에 실내 조사 단계에서 답사 계획을 수립한다.

오답 피하기　ㄷ. 지도, 문헌, 통계 자료 등을 통해 지리정보를 수집하는 방법은 실내 조사에 해당한다.
ㄹ. 우리나라 시·군별 유소년층 인구 비율 지도는 통계 지도에 해당한다.

06
실내 조사와 야외 조사의 비교

정답 찾기　조사 지역에 방문하여 설문 조사를 실시하는 것은 야외 조사에 해당한다. 하천의 과거 모습이 사진으로 게재된 문서를 찾는 것은 실내 조사에 해당한다.

07
지역 조사 과정의 이해

정답 찾기　부산광역시에 인접하여 위치한 양산시는 부산의 인구를 분담하는 위성 도시에 해당하여 최근 인구가 증가하고 있다. 따라서 지속적인 인구 유출이 발생하는 촌락의 모습을 조사하려는 주제에 적합하지 않은 지역이다.

08
지역 조사 방법의 이해

정답 찾기　여성과 청년 계층의 의견만을 수렴한 것은 남성, 어린이 등의 의견이 배제되었으므로 모든 계층을 대상으로 한 것이 아니다.

오답 피하기　① ㉠ 과거의 토지 이용이 나타난 사진과 통계 자료 수집은 실내 조사 중 문헌 조사가 적절하다.
② ㉡ 현재의 토지 이용 사진 촬영은 야외 조사의 방법 중 하나이다.
③ ㉢ 산업별 종사자 수와 이주 노동자 수는 산업 구조 변화와 이주 노동자 현황 조사 내용에 해당한다.
⑤ ㉤ 경기만의 조류 서식지 탐방은 생태환경의 변화를 파악할 수 있는 조사 내용에 해당한다.

서술형 문제

본문 140쪽

Step1 핵심 키워드 파악하기

01
지역의 유형 이해

예시 답안 지역은 기후 지역, 문화권 등 특정한 지리적 현상이 동일하게 나타나는 공간 범위인 (동질 지역)와/과 상권, 통근권 등 중심지와 그 기능의 영향을 받는 배후지로 구성된 공간 범위인 (기능 지역)(으)로 구분할 수 있다.

02
용도별 토지 이용 변화를 통한 지역성 변화 추론

예시 답안 위 지역의 1986년과 2022년의 용도별 토지 이용을 비교하면 (도시)적 용도인 (대지)의 비율은 5.5%에서 12.9%로, (공장용지)의 비율은 7.4%에서 8.2%로, (학교용지)의 비율은 0.3%에서 1.8%로 증가하였다. 반면, (촌락)적 용도인 (밭)의 비율은 10.2%에서 7.8%로, (논)의 비율은 26.6%에서 6.5%로, (임야)의 비율은 34.1%에서 33.2%로 감소하였다. 이로 미루어 보아 위 지역은 이 기간에 (도시)적 특성이 증가하였음을 알 수 있다.

Step2 스스로 답안 작성하기

03
지역 조사의 방법 이해

문제 접근 (가), (나)는 각각 지리정보 수집 단계 중 실내 조사와 야외 조사에 해당한다.
(1) (가) - 실내 조사 (나) - 야외 조사
(2) 예시 답안 실내 조사의 방법으로는 문헌, 지도, 사진, 항공 사진, 통계 자료, 인터넷 등을 이용한 정보 수집, 설문지 작성, 야외 조사 시 이동 경로 등 현장 답사 계획 수립 등이 있다. 야외 조사의 방법으로는 조사 지역의 현장에서 주민 면담, 설문 조사, 실측, 사진 촬영 등이 있으며, 이를 통해 미리 파악한 정보를 확인하고 새로운 정보를 얻는다.

평가 기준	
상	실내 조사와 야외 조사 용어를 명확히 쓰고, 각각에 알맞은 조사 방법을 서술한 경우
중	실내 조사와 야외 조사 용어를 명확히 썼으나, 각각에 알맞은 조사 방법에 대한 서술이 다소 미흡한 경우
하	실내 조사와 야외 조사 용어를 명확히 썼으나, 조사 방법이 무관한 경우

04
항공 사진 분석을 통한 지역 변화 모습 파악

문제 접근 항공 사진은 각각 경기도 안산시 고잔역 일대의 1967년과 2017년 모습이다.

예시 답안 위 지역은 1967년에는 해안가 갯벌과 염전, 그리고 농지가 있던 작은 농촌 마을이었다. 2017년에는 택지 개발이 진행되어 갯벌과 농지가 대지로 바뀌었음을 알 수 있고, 아파트가 빼곡하게 들어선 신도시로 변모하였다. 협궤 열차가 지나던 굽은 수인선(노랑)은 사라지고 직선화된 지금의 전철 4호선 노선(빨강)으로 바뀌었다.

평가 기준	
상	1967년과 2017년 항공 사진에서 볼 수 있는 내용을 명확히 기술하여 두 시기 간의 차이점을 서술한 경우
중	1967년과 2017년 항공 사진에서 볼 수 있는 내용을 썼으나 서술이 다소 미흡한 경우
하	서술 내용이 1967년과 2017년 두 시기의 모습과 무관한 경우

본문 141쪽

1등급 도전 문제

01 ②   02 ②   03 ⑤   04 ⑤

01
산업 구조 및 외국인 수의 변화에 따른 지역의 공간 변화 이해

정답 찾기 ㄴ. 촌락이 도시로 변화하며 외부에서 유입하는 인구가 증가하여 전통적인 가치관과 문화가 약화되고 주민들 간의 이질성이 증가하였다.
ㄷ. 우리나라 사람들이 공장에서 일하는 것을 기피하여 외국인 노동자들이 공장 근로를 대체하면서 외국인 인구가 증가하였다.

오답 피하기 ㄱ. 1차 산업의 비율은 76%에서 0.2%로 급감하였다.
ㄹ. 산업 구조와 외국인 수는 야외 조사보다는 실내 조사를 통한 수집이 적합하다.

02
시기별 농업 특성을 통한 지역의 공간 변화 이해

정답 찾기 농가 인구당 논 면적은 0.24ha에서 0.36ha로 증가하였고, 지역 내 경지 면적에서 차지하는 밭 면적의 비율은

29%에서 52%로 증가하였다.

오답 피하기 ㄱ. 총 경지 면적은 236,020ha에서 134,738ha로 감소하였다.

ㄴ. 농가 호당 농가 인구는 농가 인구를 농가 호수로 나누어 산출하는데, 3.76명에서 1.99명으로 감소하였다.

03
지형도를 통한 지역의 공간 변화 이해

정답 찾기 과거에는 주로 농경지가 분포하던 지역이었으나, 시가지의 범위가 확대되고 아파트가 증가하였으며 병원이 들어서고 초등학교가 추가로 설립되는 등 도시화가 진행되었음을 알 수 있다. 초등학교가 3개에서 11개로 증가하면서 초등학생들의 평균 통학 거리는 이전보다 짧아진다.

오답 피하기 ① 가옥과 아파트가 많아지고 전입 인구가 증가하여 상주 인구는 증가한다.

② 경지로 이용되던 토지가 도로, 가옥, 아파트 등으로 변화하며 경지 면적은 축소된다.

③ 도로 포장 면적이 증가하여 도로 총연장 길이가 늘어난다.

④ 1차 산업에 주로 종사하는 과거와 달리 주민들의 직업의 종류가 다양해진다.

04
지역 조사 항목별 조사 계획 파악

정답 찾기 생태환경 변화를 파악하기 위해 울산에 위치한 태화강의 과거와 현재 수질 오염 통계 정보를 수집한다.

오답 피하기 ① 시기별 산업 종사자 수에 대한 통계 자료 수집은 산업구조 변화에 대한 조사에 해당한다.

② 답사를 통해 도심과 주변 지역의 토지 이용 상태를 사진으로 촬영하는 것은 토지 이용 변화에 대한 조사에 해당한다.

③ 주민 가치관 변화를 설문 조사할 때 관광객을 대상으로 하는 것은 적절하지 않다.

④ 공원 이용 실태를 조사할 때는 주민을 대상으로 하는 설문 조사가 적절하다.

본문 143~145쪽

대단원 종합 문제

01 ④	02 ⑤	03 ⑤	04 ②	05 ④
06 ②	07 ⑤	08 ⑤	09 ③	10 ③
11 ⑤	12 ①			

01
열섬 현상 이해

정답 찾기 그래프의 (가)에 나타난 현상은 도심 지역의 기온이 주변 지역보다 높은 열섬 현상이다. 도심에서 열섬 현상이 나타나는 주요 원인은 인공 열의 발생량이 많고 바람이 잘 통하지 않아 가열된 공기의 확산이 어렵다는 점 등이다.

ㄱ. 가로수 심기를 통해 녹지 면적을 늘리는 것, ㄹ. 바람이 잘 통할 수 있도록 바람길을 조성하는 정책을 시행하는 것은 모두 열섬 현상을 완화시킬 수 있는 방안이다.

ㄷ. 차량 2부제 실시로 차량의 도심 통행량이 줄면 도심의 인공 열 발생량 감소로 열섬 현상이 완화될 수 있다.

오답 피하기 ㄴ. 냉·난방용 에너지 사용 시 보조금을 지급하면 에너지 사용량이 증가하게 되어 열섬 현상이 심화될 수 있다.

02
우리나라의 산업화·도시화 특성 이해

정답 찾기 우리나라는 급격한 산업화 과정에서 도시화율이 빠르게 높아졌는데, 이 과정에서 도시에서 시설 부족, 환경 오염 심화 등의 문제가 나타났다.

⑤ 촌락에서 농가가 감소하면서 농가의 가구당 경지 면적이 증가한 것은 옳지만 농가의 가구당 소득이 도시 근로자 가구의 가구당 소득보다 높아진 것은 아니다. 우리나라는 도시 근로자의 가구당 소득이 농가의 가구당 소득보다 높다.

오답 피하기 ① 유입 인구가 많은 도시에서는 개인 간의 경쟁이 심해졌다.

② 유입 인구가 많은 도시에서는 주택 수요가 증가하면서 주택 가격 상승 현상이 나타났다.

③ 유출 인구가 많은 촌락에서는 인구 감소로 기반 시설 유지가 어려워지는 문제점이 나타났다.

④ 산업화 기간에 1인당 쓰레기 배출량이 증가하는 등의 영향으로 도시와 촌락 모두에서 생태환경을 위협하는 오염 물질의 배출량이 증가하였다.

03
우리나라의 도시화 특성 이해

정답 찾기 ⑤ 1980~2020년에 호남권(광주, 전북, 전남)보다 영남권(부산, 대구, 울산, 경북, 경남)의 도시 수가 더 많이 증가하였다.

오답 피하기 ① 지도에서 인구 규모는 원의 크기로 나타냈는데, 원의 크기가 클수록 인구 규모가 크다. 1980년, 2020년 모두 부산이 대구보

정답과 해설

다 원의 크기가 크므로, 부산이 대구보다 인구가 많다.
② 호남 지방은 광주, 전북, 전남을 포함하는 지역인데 두 시기 모두 인구가 가장 많은 도시는 광주이다. 광주는 호남권의 유일한 광역시이다.
③ 각 기간별 증가한 도시 수는 두 지도에서 해당 기간의 신생 도시 수 비교를 통해 확인할 수 있는데 1960~1980년보다 1980~2020년에 더 많이 증가하였다.
④ 1980~2020년의 신생 도시는 경기도에 가장 많이 분포한다.

04
산업화·도시화의 영향에 따라 촌락과 도시에서 발생하는 문제 이해

(정답 찾기) ② 도시와 촌락 간의 지역 격차(ⓒ)에서 2024년 기준 촌락이 도시보다 가구당 소득이 낮다.

(오답 피하기) ① 산업화·도시화 과정에서의 이촌 향도 현상은 주로 촌락에서 도시로 일자리를 찾아 이동하는 것으로 인해 발생한 것이어서 노년층 인구보다는 청장년층 인구에서 활발하였다.
③ 촌락에서 기반 시설의 부족 현상이 나타난 것은 인구 유출로 생활 편의 시설인 상업 점포들이 수익성 악화로 문을 닫는 사례가 많아진 것과 관계 있다.
④ 도시에서 인구 집중으로 주택 수요가 증가하여 주택 가격이 상승한 것은 도시의 주거 문제에 해당한다.
⑤ 도시의 주차 공간 부족 문제의 해결책으로 공영 주차장 확충 등을 들 수 있다.

05
인간 소외 현상 문제의 해결 방안 이해

(정답 찾기) 인간 소외 현상 문제를 해결하기 위한 방안으로 ④ 지역 차원에서 다양한 마을 공동체 활동을 지원하는 것은 적절하다.

(오답 피하기) ① 국가적 차원에서 생태환경을 복원하는 것은 환경 오염 문제에 대한 대책이다.
② 지역 차원에서 노후 주거 환경을 개선하는 것은 주거 환경 문제에 대한 대책이다.
③ 개인 차원에서 쓰레기 분리배출 실천을 생활화하는 것은 환경 오염 문제에 대한 대책이다.
⑤ 지역 차원에서 공영 주차장과 대중 교통수단을 확충하는 것은 교통 문제에 대한 대책이다.

06
해외 직접 구매 변화 사례를 통한 교통·통신 발달 영향 이해

(정답 찾기) 을: 2021년은 2022년과 구매액은 비슷한데 구매

건수가 적으므로, 2021년은 2022년보다 구매 건수당 구매액이 많다.

(오답 피하기) 갑: 그래프에 제시된 기간에 해외 직접 구매 건수(막대 그래프)는 증가했다.
병: 그래프와 같은 현상이 발생한 것은 선박 및 항공기의 대형화와 같은 교통의 발달, 관련 산업 발달 등으로 상품의 국제 이동에 드는 비용이 감소하였기 때문이다.
정, 무: 해외 직접 구매 건수와 구매액이 증가 추세이므로 온라인 매장과 오프라인 매장 간의 경쟁은 치열해지고, 상품 구매에 미치는 시간적·공간적 제약은 감소하였다.

07
교통·통신 발달 영향 이해

(정답 찾기) 증기 기관을 이용한 증기 기관차, 증기선에 의한 사람과 물자의 이동(ⓒ)이 주로 이루어지던 시기는 도보나 마차, 범선을 이용한 사람과 물자의 이동(㉠)이 주로 이루어지던 시기에 비해 지역 간 이동에 드는 시간과 비용의 감소로 ㄷ. 지역 간 문화 교류가 활발하고, 화석 에너지인 석탄의 사용량 증가로 ㄹ. 대기 오염 물질의 배출량이 많다.

(오답 피하기) 증기 기관을 이용한 증기 기관차, 증기선에 의한 사람과 물자의 이동(ⓒ)이 주로 이루어지던 시기는 도보나 마차, 범선을 이용한 사람과 물자의 이동(㉠)이 주로 이루어지던 시기에 비해 ㄱ. 생활권의 범위가 넓고, ㄴ. 지역 간 물자 이동량이 많다.

08
교통·통신 발달 영향 이해

(정답 찾기) 그래프의 (가)에는 교통·통신 발달로 감소하는 항목이 들어가야 한다. 교통·통신이 발달하면 ㄴ. 상품 구매에 미치는 공간적 제약이 줄어들고, ㄷ. 사람, 물자, 정보의 이동에 드는 시간과 비용이 줄어든다.

(오답 피하기) ㄱ. 교통·통신이 발달하면 사람과 물자의 지역 간 이동량은 증가한다.

09
교통 발달이 전염병 확산에 미치는 영향 파악

(정답 찾기) 자료는 우리나라에 영향을 미친 두 전염병 사례이다. 19세기 콜레라가 우리나라에 전파되는 데 걸린 기간(㉠)보다 21세기 코로나바이러스감염증-19가 우리나라에 전파되는 데 걸린 기간(ⓒ)이 짧은 것은 항공 교통 발달 등의 영향으로 ③ 국가 간의 인적 교류가 활발해졌기 때문이다.

오답 피하기 전염병의 전파 속도가 빨라진 것과 ① 지역 간 정보 교류 활발, ② 개인의 위생 상태 개선, ④ 전염병에 대한 방역 강화, ⑤ 전염병 극복에 대한 국제 사회의 연대 강화와는 관련이 적다. 오히려 ② 개인의 위생 상태 개선, ④ 전염병에 대한 방역 강화, ⑤ 전염병 극복에 대한 국제 사회의 연대 강화는 전염병의 전파 속도를 늦추는 요인으로 작용한다.

10
토지 이용 변화에 따른 지역의 공간 변화 이해

정답 찾기 1970년대의 지도에는 군, 면 등의 행정구역이 나타나므로 촌락에 해당하며, 농경지가 주로 분포하고 있다. 최근의 지도에는 시, 구 등의 행정구역이 나타나므로 도시로 변화하였고, 농경지가 감소하고 시가지가 확장되었음을 알 수 있다. 따라서 경지 면적은 감소하고, 3차 산업 종사자 수와 토지 이용 집약도는 증가하였다.

11
지역 조사 과정의 이해

정답 찾기 수집한 지역의 지리정보를 인식에 용이하도록 그래프나 주제도로 작성하는 것은 지역 정보의 분석 과정에 해당한다.

오답 피하기 ① 생태환경 자료를 인터넷으로 검색하는 것은 지역 정보 수집 단계의 실내 조사에 해당한다.
② 직접 하천을 방문하여 서식 어종을 촬영하는 것은 지역 정보 수집 단계의 야외 조사 단계에 해당한다.
③ 수집한 자료를 분류하고 선별하는 것은 지역 정보 분석 단계의 자료 분석 및 정리에 해당한다.
④ 주제 선정은 조사 계획 수립 단계에서 이루어진다.

12
정보 격차 변화 특성 이해

정답 찾기 ㄱ. 2018년에 비해 2022년에는 모든 수치가 높아졌으므로 디지털 정보화 수준이 향상되었다.
ㄴ. 정보화 수준의 수치가 가장 높은 계층은 저소득층이므로, 저소득층은 일반 국민과 디지털 정보 격차가 가장 작은 계층이다.

오답 피하기 ㄷ. 수치의 상승 폭은 2022년의 수치에서 2018년의 수치를 빼서 구할 수 있다. 증가 폭이 가장 큰 계층은 농어민이고 가장 작은 계층은 고령층이다.
ㄹ. 수치는 일반 국민을 100으로 한 상대적 수치인데 수치가 상승하였으므로 일반 국민과 취약 계층 간의 디지털 정보 격차는 감소하였다.

수능 유형 문제

01 ①   02 ②   03 ③   04 ②   05 ④
06 ①   07 ⑤   08 ⑤

01
도시화의 영향 파악

정답 찾기 (가)~(다)는 우리나라 도시화 시기를 나타낸 것이다. (가)는 1960년대 중반 이전으로 도시화율이 50% 미만인 시기, (나)는 산업화에 따른 이촌 향도 현상의 영향으로 도시화율이 빠르게 높아져 50% 이상이 된 시기, (다)는 도시화율이 높은 상태에서 정체되고 있는 시기이다.
ㄱ. 1960년대까지 우리나라는 1차 산업 종사자 수 비율이 60% 이상 높았던 시기이다. 따라서 (가)에서는 1차 산업 취업자 수가 3차 산업 취업자 수보다 많았다.
ㄴ. 도시화율이 높아진다는 것은 총인구에서 도시 인구 비율이 높아진다는 의미이다. 따라서 도시화율이 높아지는 시기는 도시 인구 증가율이 촌락 인구 증가율보다 높다.

오답 피하기 ㄷ. 인구가 증가하고 도시화율이 높아지면 주택 등 건축에 이용되는 토지, 즉 대지 면적이 증가한다. 따라서 (가)는 (나)보다 우리나라 인구가 적고 도시화율도 낮기 때문에 국토 면적에서 대지 면적이 차지하는 비율이 낮다.
ㄹ. 이촌 향도 현상이 활발한 시기에는 도시화율이 빠르게 높아진다. 그래프에서 (다)는 (나)보다 도시화율이 빠르게 높아지지 않으므로 이촌향도 현상이 활발하게 나타나지 않았다. (다)는 인구의 대부분이 도시에 거주하고 있기 때문에 촌락을 떠나 도시로 이동하는 인구가 (나)에 비해 많지 않다.

02
우리나라 산업 구조 변화 이해

정답 찾기 그래프는 우리나라의 산업별 취업자 수 비율 변화를 나타낸 것이다. (가)는 지속해서 증가하므로 3차 산업, (나)는 증가하다가 감소하므로 2차 산업, (다)는 지속해서 감소하므로 1차 산업이다.
ㄱ. 2차 산업(나)은 광공업인데 우리나라는 광업 취업자 수 비율이 매우 낮고 제조업의 경우 일자리의 대부분이 공장이 주로 입지하고 있는 도시에 위치하므로 2차 산업의 일자리는 주로 도시에 분포한다.
ㄷ. 3차 산업(가)은 1차 산업(다)보다 직업의 종류가 다양하다.

오답 피하기 ㄴ. 1차 산업(다) 취업자 수의 비율은 도시화가 진행될수록 낮아지는 추세를 나타내므로 도시 인구 비율과 반비례하는 경향이 나타난다.

ㄹ. (가)는 3차 산업, (나)는 2차 산업, (다)는 1차 산업이다.

03
산업화·도시화로 인한 생활양식의 변화 이해

정답 찾기 여가 생활 동반자에 대한 조사에서 혼자의 비율이 증가한 것, 1인 가구 수의 비율이 증가한 것은 모두 ③ 개인주의 가치관이 확대된 것과 관계 깊다.

오답 피하기 ① 그래프에 나타난 현상은 가족 간의 유대감이 강화된 것과 반대되는 흐름이다.

② 그래프와 같은 현상은 1차적 인간관계가 아니라 2차적 인간관계가 확대된 것과 관계가 깊다.

④, ⑤ 토지 이용 집약도가 높아진 것과 지역 간 소득 격차가 확대된 것은 관련이 적다.

04
교통 발달이 도시 성장에 미치는 영향 이해

정답 찾기 ㄱ. 1980년보다 2020년의 경기도 인구가 많은데, 1980년에 비해 2020년에 경기에서 서울로 통근하는 비율이 높아진 시·군이 많으므로 경기에서 서울로의 통근·통학자 수는 2020년이 1980년보다 많다.

ㄷ. 1980년보다 2020년에 1호선, 경의중앙선, 경춘선을 통해 서울과 연결되는 경기 시·군의 수가 많아졌다.

오답 피하기 ㄴ. 1호선, 경의중앙선, 경춘선의 종점은 1980년에는 서울 내의 성북에도 있고 2020년에는 충남의 신창, 강원의 춘천에도 있으므로 모두 경기에 위치한 것은 아니다.

ㄹ. 1호선, 경의 중앙선, 경춘선을 통해 서울과 연결되는 경기 시·군인 수원의 경우 서울로의 통근·통학자 비율이 5% 미만인 사례가 있다.

05
교통 발달과 전염병 확산과의 관계 파악

정답 찾기 두 지도를 통해 14세기 전염병(흑사병)의 전파(가)가 21세기 전염병(코로나바이러스감염증−19)의 전파(나)보다 확산 속도가 느리다는 것을 알 수 있다.

④ (가)에 표현된 시기는 14세기이고, (나)에 표현된 시기는 21세기다. 전염병 발생에 대한 국가 간 정보 공유 수준은 21세기가 14세기보다 높다.

오답 피하기 ① 흑사병의 전파(가)가 나타난 시기는 항공 교통이 발달하기 이전이다.

② 코로나바이러스감염증−19(나)의 지역 간 확산은 주로 항공 교통 이용객에 의한 것이다.

③ (가)에 표현된 시기는 14세기이고, (나)에 표현된 시기는 21세기이므

로, 전염병의 확산 속도는 지역 간 교류가 더 활발한 (나) 시기에 빠르다.

⑤ 상대적으로 지역 간 교류가 활발하지 않았던 14세기에 비해 교류가 활발한 21세기에 전염병의 전파 속도가 빠르므로, 두 사례를 통해 전염병은 지역 간 교류가 활발할수록 전파 속도가 빨라질 수 있다는 것을 알 수 있다.

06
교통 발달 영향 파악

정답 찾기 ㄱ. 증기 기관을 이용한 철도와 선박의 등장(가)으로 지역 간 물자 수송 비용이 감소하였으므로 유럽−미국 간의 곡물 교역량이 증가하였다.

ㄴ. 상업용 제트기 등장(나)의 영향으로 국가 간 이동에 드는 시간과 비용이 감소하였으므로 국제 여행객 수가 증가하였다.

오답 피하기 ㄷ. (가) 현상이 나타난 시기에 화물은 주로 철도나 선박, (나) 현상이 나타난 시기에 화물은 주로 선박을 통해 운송되었다. 항공기를 이용한 화물 운송은 선박을 이용한 화물 운송보다 비용이 비싸기 때문에 화물 운송에는 선박이 많이 이용된다.

ㄹ. (가) 현상이 나타난 시기에 교통수단의 주요 연료는 석탄이고, (나) 현상이 나타난 시기에 교통수단의 주요 연료는 석유이다.

07
지역 조사의 순서와 방법의 이해

정답 찾기 제시된 자료의 첫 순서인 조사의 목적에 알맞은 주제와 대상 지역을 선정하는 것은 지역 조사의 계획 단계에 해당한다. (가)는 지역 조사의 자료 수집 단계 중 실내 조사, (나)는 지역 조사의 자료 수집 단계 중 야외 조사에 해당한다. (다)는 지역 정보의 분석 단계에 해당한다. 따라서 (가)는 ㄷ, (나)는 ㄴ, (다)는 ㄱ이다.

08
토지 이용 변화에 따른 지역의 공간 변화 이해

정답 찾기 2002년의 항공 사진에서는 주로 농경지가 관찰되는 데 비해 2020년의 항공 사진에서는 농경지가 많이 줄어들었고, 과거 논이었던 지역에 아파트 단지가 들어섰으며, 도로가 건설되고 하천이 정비된 모습이 보인다. 이를 통해 과거 촌락이었던 지역이 도시로 변모하였음을 알 수 있다.

ㄷ. 농업에 종사하던 사람들이 있던 마을에 공동 주택이 입지하였으므로 지역 주민의 직업 동질성이 약화된다.

ㄹ. 지역 총생산에서 차지하는 1차 산업 비중이 감소하였다.

오답 피하기 ㄱ. 도시화의 진행으로 (가)의 단위 면적 당 지가는 상승하였다.

ㄴ. 지역 내 농경지 면적 비율은 감소하였다.

EBS

개념완성 통합사회 1

정답과 해설

고1~2, 내신 중점

구분	고교 입문 >	기초 >	기본 >	특화	+ 단기
국어		윤혜정의 개념의 나비효과 입문 편 + 워크북 / 어휘가 독해다! 수능 국어 어휘	기본서 올림포스	국어 특화 / 국어 독해의 원리 / 국어 문법의 원리	
영어	고등예비과정	정승익의 수능 개념 잡는 대박구문 / 주혜연의 해석공식 논리 구조편	올림포스 전국연합 학력평가 기출문제집	영어 특화 / Grammar POWER Listening POWER / Reading POWER Voca POWER / 영어 특화 고급영어독해	단기 특강
수학		기초 50일 수학 + 기출 워크북 / 매쓰 디렉터의 고1 수학 개념 끝장내기	유형서 올림포스 유형편	고급 올림포스 고난도 / 수학 특화 수학의 왕도	
한국사 사회			기본서 개념완성	고등학생을 위한 多담은 한국사 연표	
과학		50일 과학	개념완성 문항편	인공지능 / 수학과 함께하는 고교 AI 입문 / 수학과 함께하는 AI 기초	

(세로축 "내 등급은?"은 고교 입문과 기초 사이에 위치)

과목	시리즈명	특징	난이도	권장 학년
전 과목	고등예비과정	예비 고등학생을 위한 과목별 단기 완성		예비 고1
	내 등급은?	고1 첫 학력평가 + 반 배치고사 대비 모의고사		예비 고1
국/영/수	올림포스	내신과 수능 대비 EBS 대표 국어·수학·영어 기본서		고1~2
	올림포스 전국연합학력평가 기출문제집	전국연합학력평가 문제 + 개념 기본서		고1~2
	단기 특강	단기간에 끝내는 유형별 문항 연습		고1~2
한/사/과	개념완성&개념완성 문항편	개념 한 권 + 문항 한 권으로 끝내는 한국사·탐구 기본서		고1~2
국어	윤혜정의 개념의 나비효과 입문 편 + 워크북	윤혜정 선생님과 함께 시작하는 국어 공부의 첫걸음		예비 고1~고2
	어휘가 독해다! 수능 국어 어휘	학평·모평·수능 출제 필수 어휘 학습		예비 고1~고2
	국어 독해의 원리	내신과 수능 대비 문학·독서(비문학) 특화서		고1~2
	국어 문법의 원리	필수 개념과 필수 문항의 언어(문법) 특화서		고1~2
영어	정승익의 수능 개념 잡는 대박구문	정승익 선생님과 CODE로 이해하는 영어 구문		예비 고1~고2
	주혜연의 해석공식 논리 구조편	주혜연 선생님과 함께하는 유형별 지문 독해		예비 고1~고2
	Grammar POWER	구문 분석 트리로 이해하는 영어 문법 특화서		고1~2
	Reading POWER	수준과 학습 목적에 따라 선택하는 영어 독해 특화서		고1~2
	Listening POWER	유형 연습과 모의고사·수행평가 대비 올인원 듣기 특화서		고1~2
	Voca POWER	영어 교육과정 필수 어휘와 어원별 어휘 학습		고1~2
	고급영어독해	영어 독해력을 높이는 영미 문학/비문학 읽기		고2~3
수학	50일 수학 + 기출 워크북	50일 만에 완성하는 초·중·고 수학의 맥		예비 고1~고2
	매쓰 디렉터의 고1 수학 개념 끝장내기	스타강사 강의, 손글씨 풀이와 함께 고1 수학 개념 정복		예비 고1~고1
	올림포스 유형편	유형별 반복 학습을 통해 실력 잡는 수학 유형서		고1~2
	올림포스 고난도	1등급을 위한 고난도 유형 집중 연습		고1~2
	수학의 왕도	직관적 개념 설명과 세분화된 문항 수록 수학 특화서		고1~2
한국사	고등학생을 위한 多담은 한국사 연표	연표로 흐름을 잡는 한국사 학습		예비 고1~고2
과학	50일 과학	50일 만에 통합과학의 핵심 개념 완벽 이해		예비 고1~고1
기타	수학과 함께하는 고교 AI 입문/AI 기초	파이썬 프로그래밍, AI 알고리즘에 필요한 수학 개념 학습		예비 고1~고2